青少年知识小百科

王 烨 主编

神秘文化百科

SHEN MI WEN HUA BAI KE

云南大学出版社

图书在版编目（CIP）数据

神秘文化百科/王烨主编. —昆明：云南大学出版社，2010

（青少年知识小百科）

ISBN 978 - 7 - 5482 - 0321 - 6

Ⅰ.①神… Ⅱ.①王… Ⅲ.①宗教史—世界—青少年读物 Ⅳ.①B929. 1 - 49

中国版本图书馆 CIP 数据核字（2010）第 260403 号

青少年知识小百科

神秘文化百科

主　　编：王　烨
责任编辑：于　学　刘　焰
装帧设计：林静文化

出版发行：云南大学出版社
电　　话：(0871) 5033244　5031071　（010）51222698
经　　销：全国新华书店
印　　刷：北京旺银永泰印刷有限公司

开　　本：710mm × 1000mm　1/16
字　　数：302 千字
印　　张：15
版　　次：2011 年 3 月第 1 版
印　　次：2011 年 3 月第 1 次印刷
书　　号：ISBN 978 - 7 - 5482 - 0321 - 6
定　　价：29. 80 元

地　　址：云南省昆明市翠湖北路 2 号云南大学英华园内
邮　　编：650091
E - mail：market@ynup. com

前　言

　　时光如梭、岁月如流、迈步进入 21 世纪。这是一个信息的时代、这是一个知识的世界、这是一个和谐发展的社会。亲爱的青少年读者啊，遨游在地球村，你将发现瑰丽的景象——自然的奥秘、文明的宝藏、宇宙的奇想、神奇的历史、科技的光芒。还有文化和艺术，这些是人类不可缺少的营养。勇于探索的青少年读者啊，来吧，快投入这智慧的海洋！它们将帮助你，为理想插上翅膀。

　　21 世纪科学技术迅猛发展，国际竞争日趋激烈，社会的、信息经济的全球化使创新精神与创造能力成为影响人们生存的首要因素。21 世纪世界各国各地区的竞争，归根结底是人才的竞争，因此培养青少年创新精神，全面提高青少年素质和综合能力，已成为我国基础教育的当务之急。

　　为满足青少年的求知欲，促进青少年知识结构向着更新、更广、更深的方向发展，使青少年对各种知识学习发生浓厚兴趣，我们特组织编写了这套《青少年知识小百科》。它是经过多位专家遴选编纂而成，它不仅权威、科学、规范、经典，而且全面、系统、简洁、实用。《青少年知识小百科》符合中国国情，具有一定前瞻性。

　　知识百科全书是一种全面系统地介绍各门类知识的工具书，是人类科学与思想文化的结晶。它反映时代精神，传承人类文明，作为一个国家或民族文明进步的标志而日益受到世界各国的重视。像法国大学者狄德罗主编的《百科全书》，英国 1768 年的《不列颠百科全书》，以及我国 1986 年出版的《中国大百科全书》等，均是人类科学与文化的巨型知识百科全书，堪称"一所没有围墙的大学"。

　　《青少年知识小百科》吸收前人成果，集百家之长于一身，是针对中国青少年的阅读习惯和认知规律而编著的；是为广大家长和孩子精心奉献的一份知识大餐，急家长之所急，想孩子之所想，将家长的希望与孩子的想法完美体现的一部智慧之书。相信本书会为家长和孩子送上一份喜悦与轻松。

全书 500 多万字，共分 20 册，所涉范围包括文化、艺术、文学、社会、历史、军事、体育、未解之谜、天文地理、天地奇谈、名物起源等多个领域，都是广大青少年需要和盼望掌握的知识，内容很具代表性和普遍性，可谓蔚为大观。

本书将具体的知识形象化、趣味化、生动化，知识化、发挥易读，易看的功能，充分展现完整的内容，达到一目了然的效果。内容上人性、哲理兼融，形式上采用编目式编辑。是一部可增扩青少年知识面、启发青少年学习兴趣的百科全书。

本书语言生动，富有哲理，耐人寻味，发人深省，给人启迪，有时甚至一生铭记在心，终生受益匪浅，本书易读、易懂让人爱不释手，阅读这些知识，能够启迪心灵、陶冶情操、培养兴趣、开阔眼界、开发智力，是青少年读物中的最佳版本，它可以同时适用于成人、家长、青少年阅读，是馈赠青少年的最佳礼品，而且也极具收藏价值。

限于编者的知识和文字水平，本书难免有疏漏之处，敬请专家学者和广大读者批评指教，同时，我们也真诚地希望这套系列丛书能够得到广大青少年读者的喜爱！

本书编委会

目 录

第一篇　冥冥之中——神秘文化的起源与发展 ……………… 1

　第一节　黑色幽灵——神秘文化 …………………………… 1

　　1. 从原始思维学看神秘文化 ………………………… 1

　　2. 从概率学看神秘文化 ……………………………… 3

　　3. 从心理学看神秘文化 ……………………………… 5

　　4. 从医药学看神秘文化 ……………………………… 7

　第二节　光怪陆离——鬼神观念的起源和发展 ………… 9

　　1. 灵魂观念的产生和发展 …………………………… 9

　　2. "鬼"和"神" ………………………………… 11

　　3. 对至上神——上帝、天的崇拜 ………………… 12

　　4. 五行、五德、五帝和祭天 …………………… 14

　　5. 神仙和方士 ……………………………………… 18

　　6. 卜筮、望气和风角、占星术 ………………… 19

　　7. 谶纬及其被禁毁 ……………………………… 24

　第三节　虔诚信仰——中国古代的主要宗教 ………… 25

　　1. 佛教的传入和发展 …………………………… 26

　　2. 道教的形成和发展 …………………………… 33

　　3. 民间秘密宗教 ………………………………… 38

　　4. 伊斯兰教 ……………………………………… 39

　　5. 宗教典籍 ……………………………………… 40

　第四节　肃然起敬——自然神信仰 …………………… 41

　　1. 自然神信仰的起源 …………………………… 41

　　2. 天地诸神信仰 ………………………………… 42

　　3. 动植物神与灵物崇拜 ………………………… 52

第五节　自我崇拜——人神、人鬼信仰 …………… 56
　　1. 灵魂崇拜与祖先崇拜 …………………………… 56
　　2. 人的神化 ………………………………………… 58
　　3. 人鬼与冥世信仰 ………………………………… 60

第六节　顶礼膜拜——社会神信仰 ………………… 63
　　1. 社会神信仰的起源 ……………………………… 63
　　2. 门神、灶神信仰 ………………………………… 63
　　3. 财神、行业神信仰 ……………………………… 66
　　4. 城隍神与玉皇大帝信仰 ………………………… 68
　　5. 佛、道诸神的民间化 …………………………… 70
　　6. 神鬼信仰与民众的社会心态 …………………… 71

第七节　心存敬畏——宗教信仰与禁忌 …………… 73
　　1. 自然崇拜 ………………………………………… 73
　　2. 动物崇拜与图腾崇拜 …………………………… 76
　　3. 鬼魂崇拜与冥世崇拜 …………………………… 79
　　4. 法术崇拜 ………………………………………… 81
　　5. 血崇拜与婚姻上的禁忌 ………………………… 83
　　6. 农事崇拜与门、户、灶的崇拜 ………………… 85
　　7. 日用器物崇拜 …………………………………… 86

第八节　风尘习俗——社会习惯与禁忌 …………… 87
　　1. 生活经验与社会心理 …………………………… 87
　　2. 阴阳五行 ………………………………………… 88
　　3. 关于妇女的禁忌 ………………………………… 89

第二篇　曲径探幽——神秘文化博览 ……………… 91
第一节　中国神秘文化探究 ………………………… 91
　　1. 以貌取人——中国古代相术 …………………… 91
　　2. 文字中的奥秘——测字 ………………………… 104

第二节　平安护身符——揭秘古代辟邪宝物 ……… 108
　　1. "水" ……………………………………………… 108
　　2. 灰 ………………………………………………… 109
　　3. 石　头 …………………………………………… 110

4. 鸡头狗血 ‥‥‥‥‥‥‥‥‥‥‥‥‥‥‥‥‥‥ 110

5. 小　豆 ‥‥‥‥‥‥‥‥‥‥‥‥‥‥‥‥‥‥‥ 110

6. 桃　木 ‥‥‥‥‥‥‥‥‥‥‥‥‥‥‥‥‥‥‥ 111

7. 铜　镜 ‥‥‥‥‥‥‥‥‥‥‥‥‥‥‥‥‥‥‥ 112

第三节　语言仙境——中国文化中的神仙 ‥‥‥‥ 112

1. 黄金时代 ‥‥‥‥‥‥‥‥‥‥‥‥‥‥‥‥‥‥ 112

2. 隐匿民间 ‥‥‥‥‥‥‥‥‥‥‥‥‥‥‥‥‥‥ 114

3. 死水微澜 ‥‥‥‥‥‥‥‥‥‥‥‥‥‥‥‥‥‥ 115

第四节　通天玄奥——《周易》 ‥‥‥‥‥‥‥‥‥ 118

1. 阴阳世界——太极图 ‥‥‥‥‥‥‥‥‥‥‥‥ 118

2. 杂卜专著——灵棋经 ‥‥‥‥‥‥‥‥‥‥‥‥ 119

第五节　神秘莫测——玛雅文化 ‥‥‥‥‥‥‥‥‥ 120

1. 鬼斧神工——玛雅金字塔 ‥‥‥‥‥‥‥‥‥‥ 120

2. 离奇古怪——金字塔内的能场 ‥‥‥‥‥‥‥‥ 121

3. 超乎想象——玛雅天文历法 ‥‥‥‥‥‥‥‥‥ 122

4. 谜中之谜——水晶头骨 ‥‥‥‥‥‥‥‥‥‥‥ 122

5. 考古研究——玛雅文化的产生和发展 ‥‥‥‥‥ 123

6. 文明古典——玛雅文化的主要内容 ‥‥‥‥‥‥ 124

第六节　印度的文化艺术 ‥‥‥‥‥‥‥‥‥‥‥‥ 127

1. 文化"黑洞"——印度史上的"黑暗时代" ‥‥ 127

2. 古老文献——印度的《吠陀》 ‥‥‥‥‥‥‥‥ 128

3. 史诗故事——印度的《摩诃婆罗多》和《罗摩衍那》 129

4. 举足轻重——历史悠久的印度古代寓言 ‥‥‥‥ 133

5. 多姿多彩——印度的神秘舞蹈 ‥‥‥‥‥‥‥‥ 136

6. 神奇无比——印度的瑜伽 ‥‥‥‥‥‥‥‥‥‥ 145

7. 极乐世界——印度的宗教 ‥‥‥‥‥‥‥‥‥‥ 147

8. 神的启示——印度主要宗教教义及特征 ‥‥‥‥ 152

9. 姓氏"神授"——印度的种姓制度 ‥‥‥‥‥‥ 167

第七节　西方神典——《圣经》 ‥‥‥‥‥‥‥‥‥ 181

1. 创　世 ‥‥‥‥‥‥‥‥‥‥‥‥‥‥‥‥‥‥‥ 181

2. 伊甸园 ‥‥‥‥‥‥‥‥‥‥‥‥‥‥‥‥‥‥‥ 182

3. 原 罪 ……………………………………………………… 183

4. 失乐园 …………………………………………………… 184

5. 最初的嫉妒 ……………………………………………… 185

6. 奇人辈出 ………………………………………………… 186

7. 诺亚方舟 ………………………………………………… 187

8. 和平鸽与橄榄枝 ………………………………………… 188

9. 巴比伦塔 ………………………………………………… 189

10. 吾珥的富翁 …………………………………………… 190

11. 迁往商城哈兰 ………………………………………… 191

12. 哈兰悟道 ……………………………………………… 192

13. 迦南之路 ……………………………………………… 192

14. 乐土迦南 ……………………………………………… 193

15. 以柔克刚 ……………………………………………… 194

16. 叔侄分家 ……………………………………………… 195

第八节　佛教拾趣 …………………………………………… 195

1. 立地成佛——释迦牟尼王子 ………………………… 195

2. 菩提生慧——佛教教义的产生 ……………………… 198

3. 天堂地狱——佛教的本质 …………………………… 200

4. 我行我素——佛教的派别 …………………………… 202

5. 政治外衣——出家做和尚的皇帝 …………………… 203

6. 曲高和寡——奇特的喇嘛教 ………………………… 204

7. 文化大使——两个值得纪念的和尚 ………………… 205

8. 精美绝伦——石窟中的佛教艺术 …………………… 207

第九节　众神崇拜大观 ……………………………………… 208

1. 万物之灵——人创造了神 …………………………… 208

2. 美好向往——神奇的图腾崇拜 ……………………… 211

3. 英雄化身——人类社会发展过程中的神 …………… 213

4. 时代变迁——众神崇拜 ……………………………… 215

5. 穷苦人的"救世主"——基督教 …………………… 217

6. 是谁毁灭了哈拉帕文化? …………………………… 229

第一篇 冥冥之中——神秘文化的起源与发展

第一节 黑色幽灵——神秘文化

中国传统文化内容十分丰富，且多带有浓厚的神秘色彩，犹如谜语，令人费猜。实际上，许多问题虽然诡逸莫测，但并不是解不开的谜。弄清了它们的来龙去脉，再以现代科学进行验证，那些隐晦曲折的、玄秘深奥的事物，或者露出庐山真面目，昭然若揭，使人得以了解事情的原委；或者犹抱琵琶半遮面，初露端倪，为进一步揭开谜底找到途径。

1. 从原始思维学看神秘文化

原始思维、文明思维和原始巫术

原始思维学的创造者、法国学者列维－布留尔认为原始思维规律与文明思维不同，它是一种前逻辑思维，具有四个特点：一是"本质上是综合的思维"；二是"思维、语言差不多只具有具体的性质"；三是"思维、感觉和行为的整个方式本质上是神秘的"；四是具有稳定性，是停滞的，很少变化。概括地说，原始人的原始思维具有综合性、直观性、神秘性和稳定性的特点。

布留尔又指出：原始思维不是以概念去反映事物，把握世界，而是用幻想、集体表象去认识事物，把握世界。所以它不遵循逻辑规律。文明思维带有自主性，原始思维缺乏独立性；文明思维富有理性，原始思维富有情感；文明思维遵循同一律和矛盾律，原始思维遵循互渗律。如果把原始思维和原始巫术加以对照，就会发现原始思维的特点基本上概括了原始巫术的特点。巫术就是在生产力低下，人的认识能力低、语言能力和思维逻辑能力低下的原始社会里，在知识受到限制，人对大自然无能为力的情况下，产生的一种具有实用目的的特殊仪式活动。这种特殊仪式的程式是固定不变的，每一个举动都包含着标准化的行为。语言（咒语）既符合规定的格式，又针对具体的对象；主持仪式的巫师竭尽全力发挥情感的魔力。不言而喻，这种巫术仪式正是远古原始思维的产物。

互渗律

布留尔在讲到原始思维遵循"互渗律"时列举了梦中的事物与真正的事物互渗，人与影子互渗，人的衣服、工具、指甲与人互渗等例证。"互渗律"就是巫术的"交感律"。梦中的事物与真正的事物互渗可以初民狩猎为例。原始人在未发明刀耕火种之前，是以采集渔猎为生的。他们白天去打猎，晚上躺在洞穴里，常常在睡梦中亦去野外打猎。明明自己的肉体并未离开洞穴，怎么会去外面打猎呢？经过长期的思索，逐渐在头脑中形成一种观念：在人的肉体当中，还受一种支配肉体而又看不见、摸不着的东西，这个东西在入睡眠时离开肉体到外面去活动。梦中重现白天活动的情景，重复白天所做的事情，就是这个东西活动的映象。这个东西不仅夜晚脱离肉体而活动，人死之后也离开尸体而游转，不知什么时候，人们给这个空灵的东西起了一个名字叫做灵魂，从而形成灵魂观念。古人把梦境和灵魂活动联系起来，认为做梦是灵魂离开肉体外游，这样又形成梦魂观念。按照初民的认知，发爪等也是可以同人互相渗透的。发爪是人的精华，一个人除去性命，身上最可宝贵的东西就是发爪，所以它是本人最好的替身，祭祀神鬼时可以代替他为牺牲，还可以代替本人做许多自己不能做或做不到的事。发爪如果被人或鬼、精怪或禽兽弄去厌制、吞噬，或者染上污秽，本人的身心就要受到影响，不是生病，就要遭灾。所以会有这样的观念，就是"互渗律"，即"同感式法术"在那里起作用。

右脑和左脑

国外一些学者在研究原始思维产生的根源时，从生理学的角度，研究了原始思维与大脑活动的关系。近代美国学者斯佩里研究人的思维特点，发现了大脑两个脑半球不同的思维特点和相互关系。右脑的思维具有形象性、直观性和幻想性的特点，左脑的思维具有逻辑的、抽象的特点。据认为原始思维是人的右脑思维方式，原始人类的精神活动右脑起主要作用，所以右脑所具有的特点也正是原始思维的特点。后来随着社会发展水平和语言发展水平的提高，左脑逐渐发达起来。这样人类的思维就逐渐由富有感性变为富有理性，或者感情和理智联合发生作用。由此得出这样的结论：文明思维是由原始思维发展而来，原始思维是文明思维的源头，中国的八卦最能说明这个问题。八卦的起源很早，是原始社会原始思维的产物。原始八卦是表象的，具有形象性、直观性和幻想性，最初仅限于探测神意，表示吉凶。随着社会发展水平的提高，人的思维开始启动左脑，感性逐渐向理性倾斜。人们在演算八卦的实践中，逐步发现八卦的排列组合具有一定的规律性，含有某种数学意义。运用它的特殊规律，可以将八卦组成一个严密的系统，据以进行演算和发展。对于八卦作哲学的解释并加以发挥的是成书于春秋的

《易传》，它以八卦来论述社会等级制度和伦理关系的永恒性和合理性，又赋予八卦以社会政治和伦理的内涵。天文学把八卦同天体和地理方位结合起来，进行天象研究，并利用它来制定历法。道士以及后来的气功师利用八卦研究真气的运行，而使气功学得到很大的发展。

原始思维把人们内心主观世界的东西和客观世界外在的东西在许多地方混同起来，因而在推理时，联系推论两端的并不是实在的、合理的实证，而是虚幻的、空灵的冥想，这就必然会使思维、意识观念以及由此而发生的行为带上神秘的、迷信的色彩。人类只是在进入文明思维阶段之后，才能从迷信中解脱出来，赋予自然和人事的变化以科学的解释。

2. 从概率学看神秘文化

碰和猜

有人说过占卜一是碰，二是猜，这话说得不无道理。碰，从数学的角度来看，实则是概率学问题；猜，既是数学问题，也是心理学问题。概率学是以数量的角度研究"或然现象"规律性。因为某种事件在同一条件下可能发生，也可能不会发生，表示发生的可能性大小的量叫做概率。概率理论应用的范围非常广泛，占卜术不论是金钱占、灵棋占，还是测字占、签占、牌占，都是概率论的"或然现象律"的作用。

让我们来看看掷线法。用三个铜钱抛掷，可能出现四种不同的结果：两个面一个背，是少阳一；两个背一个面，是少阴一；三个背，是变爻老阴；三个面，是变爻老阳，这样抛掷六次就可以由下而上得到全卦。我们还可以把掷钱法再简化一下：用三个不同年号的铜钱装在袋内，每次摸出一枚，记下年号，再放回袋内，这样摸十次、八次，显示出的三种年号肯定是不规律的，但若摸几百次、几千次，进行分类统计，就会发现摸到的三种年号的铜钱数量几乎相等。同样，用一枚硬币随意抛掷，可能出现正面，也可能出现背面，抛掷几次当然看不出什么名堂，但若抛掷几百次、几千次，正面和背面呈现的次数则大体相等。国外学者对此作过试验，一枚硬币分别抛掷四千次和一万次，正面和背面出现的次数相差都只在1%左右。

八卦的六十四重卦的卦辞和爻辞虽然冗繁深奥，但是，归纳起来它所预示的无非是"吉"、"无咎"、"吝"（或"悔"）、"凶"四种情况。吉是吉祥；无咎表示没有灾难、过错，虽不是吉，也不是凶；吝是羞辱，悔是后悔，程度相同，虽不是凶，但是恶运；凶是凶恶、凶险，恶运。用50根（实为49根）竹签演算。以其余数1~8，对应八个单卦，演算两次求得下、上卦，得一就卦。用同样的方式演算，以其余数1~6，对应六爻，寻求变爻。看起来错综复杂，使人眼花缭乱，实际上同样具有规律性，演算多次，预示四种结果的重卦出现的次数大体相等。任何问卜者占到其中之一的可能都是一样的。从由竹签筮法衍化的签占看得更清楚。假若签筒中有 20 根衍签，预示的不外乎吉、凶两种情况。虽然吉凶又有上上、上中、上下、中上、中中、中下，下上、下中、下下之分，但这只是表明吉凶的程度，等级，并不影响其性质。求签时摇出其中任何一种的可能性都是 1/20，从实质来看仅为 1/2，因为非凶即吉，非吉即凶，所以灵验的程度是很高的。信徒弟子不懂这些，以为真是神灵旨意，当然也就迷而笃信了。

推理、诡辩、骗

不过，机会相等是就总体而言，不论采取什么方法进行占卜，其结果未必都能"碰"得那么准，这就需要运用"骗"的办法以圆其说。就八卦来说，它不仅具有高度的抽象性，而且具有高度的辩证性，这就给巫师、卜者以很大的回旋余地。卦变了，对卦义的解释就不一样，是凶、是吉；是交好运，还是交恶运？解释的随意性是很大的，俗谓"变卦"就是这个道理。特别是反映自然或人事在不断变化过程中某一瞬间的"时"，解释卦时意义的"时义"以及反映卦的时间效用的"时用"，在判断吉、凶、无咎、吝（悔）时往往带有很大程度的不确定性，卜者可以揣度问卜者的心理，随意发挥，加以阐释。

抽象概括的八卦融进"数"的关系，这就使得占筮中的易数推理可以随意组合，变化万千。所谓"参伍之变，错综其数，通其变，遂成天地之文；极其度，遂定天下之象"。加上在概括归纳过程中渗入了阴阳五行、社会政治、人伦德性诸种因素。用四十九策（竹签）演卦，把占算对象纳入卦中，然后"引而申之，触类而长之"，事无大小，物无远近，都可以"探赜索隐，钩深致远"，宇宙的万事万物似乎都可以收容到这个阴阳八卦太极图中。但是，在占筮的演算过程中，被作为推论判断重要依据的，是那些被赋予必然属性的偶然因素，如筮数、时、时效等等。这在一定的程度上就要靠"碰"。同时，占断的结论主要依据解释"卦辞"的《周易·象传》和《周易·象传》，这些解释又大多带有脱离实证的虚幻性，都是玄秘深奥的东西。这种阴阳变易理论应用于被占事物，是否真正能够对上号也是一个疑问。

当然，自八卦、《周易》与占卜结合以后，在古代，占筮受到人们的普遍信奉，说明占筮有一定的应验性，历史上还出现过一些著名的占筮家。三国的管辂、晋代的郭璞都是精通《周易》以及占、相之道，"妙于阴阳算历"的高手。《三国志·管辂传》、《晋书·郭璞传》中就记载了许多他们进行占筮的案例。传说玄学家何晏梦见青蝇聚于自己的鼻准，驱之不散，让管辂为他释梦，占卜吉凶。管辂根据《荀爽九家易》解释，按易象"艮"为鼻，又为山。鼻在天中，天中之山，高而不危。逐臭的青蝇落在鼻准之上，高上加高，预示物极必反，高耸过头则有倾覆的危险。并按易传中《彖》、《象》的精神，奉劝何晏谨慎行事。果然不出所料，没过多久，何晏即以谋反罪被司马懿杀害。

这个筮案灵验不灵验呢？从表面上看当然是灵验的，但是只要有点历史知识，认真思索一下，就会看出营辂占筮之所以应验，并不是由于天人感应，受天命鬼神力量终驱使，而是根据何晏当时社会环境和个人处境，作一般哲理性的推论。

从人事关系来看，何晏的母亲被曹操纳之为妾，他自己又娶金乡公主为妻，官至吏部尚书，在政治上是曹氏集团中的一员。"内忌外定，猜忌多权变"的司马懿一直觊觎曹魏政权，对曹氏集团中人自然视为政治上的隐患。司马氏世族服膺儒教，并不把"绝礼弃学"的老子当圣人，而玄学的始创者何晏则认为老子"与圣人同"，在政治思想上又和司马氏针锋相对。对这样一个人物，司马懿岂不欲除之而后快，而何晏授人以把柄的地方又是很多的。管辂为他占筮，按易象所作的解释，实际上是根据何晏当时处境问题性质、发展前景所作的常理的判断，正是"旁观者清"。

占筮应验靠"碰"，因为数算中有个"概率"的问题，所以任何高明的占筮家也无法保证自己的占筮完全应验。偶然既寓于必然，也就存在着"碰着"和"碰不着"两种可能性。碰着了也就应验了；碰不着呢？那也不要紧，可以用"骗"去弥补。不过，这种骗术不是街坊算命先生的无稽之谈，而是依据《易传》中的《彖》、《象》进行唯心主义形而上学的诡辩。

3. 从心理学看神秘文化

巫术和心理活动

巫术、迷信活动是通过感知、模仿而达到理解和信任的心理活动，这种心理活动主要受想象中的存在或暗指的存在影响。当经验和理智告诉人们科学无能为力时，人们就想象有一种在那里支配着的力量，这种力量就是天命鬼神。人们于是对这种想象中的力量产生敬畏、寻求依赖和保护的感情，这就是巫术信仰、占筮迷信的主要心理因素。

人们相信巫术，是因为对自然界怀有敬畏和恐惧的心理，但是为着生存和发展，人们总想利用、控制和驾驭自然。当找不到有效现实途径而感到无能为力时，便幻想通过一种神秘的仪式或行动来达此目的。从心理分析来看，既作为手段又是目的的神秘仪式和举动，不过是让无出路的情感得到戏剧性的发泄，以求得心理平衡而已。

就是平常不相信神鬼的人，当恐惧的心理支配着自己的时候，也会皈依于

"神圣"的事物，甚至会作出极其愚蠢的行动。即使在现在仍有这样的事情发生。狂热的情绪和失常的举动，都是使心理不平衡得到发泄的替代动作。因为"当一个人的情感到了他自己不能控制的时候，他的言语举动，以及他的身体内部和相关的生理作用，都会让那被遏制的紧张情绪奔放出来。在这种情形下。替代的动作便发生了一种必需而有益的生理功效"。(《文化论》) 这种"替代的动作"置于巫术观念之下，总有一个希望的目标在那里支配着。这时，想望的目的完全支配了人们的意识，人们相信自己神秘的语言和动作所产生的"魔力"，可以达到自己所想望的目的。

"他人存在"：实际、想象、暗指

巫术、迷信具有暗示性，并且大多采用暗示手段，实质上都是一种暗示活动。人和环境之间的信息交流，形成人的无意识的心理倾向，通过这种倾向激发人的潜力，都是暗示的作用。心理学家、研究人和环境关系的先驱比奈经过对儿童进行一系列实验证实，接受暗示的能力是人类的本能，凡是影响于心理的都是暗示。这就证明巫术心理、迷信心理活动受暗指（暗示）存在的影响，是经过实证得出的科学结论。事实表明，颜色、语言、声音、气味等都可以对人们构成某种暗示，进而转化为人的一定的行为或产生某种效应，巫术行为和巫术效应就是这样产生的。

圆梦：直解、转释、反说

占梦术的逻辑分析不外乎"直解"、"转释"和"反说"三种方式。直解比较简单，梦象和所预兆的人事在形式和内容上属于同一关系，有什么样的梦象，就认为会有什么样的人事。转释比较复杂，有"象征法"、"破译法"、"谐音法"等等。"反说"是从反面解释梦意，说明人事，这是一种流传很广的释梦方法，民间即有"梦是反的"谚语。梦见火烧房子预兆发财；梦见身死是长命有福的预兆；梦见哭泣有喜事；梦见秽物污衣得财；梦见斩伤出血大吉；等等。

梦，说明人在睡眠之中，通过潜意识系统使得感情、理智和意念等精神活动处于松弛的状态，而不受自我支配，因而有助于调节各种心理因素的平衡。人的意识活动一般来说总是比较紧张的，自我的欲望，如在意识活动中遇到障碍，失业、失恋、事业失败，夫妻失和，人的心境不佳，便会感到困惑，产生忧虑和烦恼。在这种精神状态下，潜意识活动往往会使自我欲望在梦中得到实现。所以，尼采认为"梦是白天失却的快乐与美感的补偿"。占梦家正是抓住这个可以在梦境里找回的"补偿"加以直解、转释、反说，游刃有余地把梦说圆，所以占梦俗谚圆梦。

催眠——意识变更

关亡和过阴从心理分析来看，主要是催眠的作用。根据现代科学实验，注意力集中于一个明确的对象，意识场被极度缩减，人便会进入催眠状态。催眠使人的中枢神经系统受到抑制，在这种状态下，可以使接受暗示能力达到最高值。催眠暗示可以导致"意识的变更"和"存在的转变"，使思维改变，对自我和现实去控制的情感，知觉被歪曲。导致年龄上的倒退，能够找回失去已久的记忆。这一切都是在催眠者的语言、动作、情绪的导引下产生的，被催者则依从于催眠者的充满感情的愿望和期待。

催眠状态的心态，极为接近巫术心理，进入催眠而呈现出的恍惚状态被视为滋生超自然现象的温床。就关亡和过阴来说，催眠者通常是巫婆。与亡灵对话和灵魂被引入地府去会亡灵的人就是被催眠者。需要特别注意的是催眠能找回失去已久的记忆。关亡、过阴者和亡灵一般都是亲属关系，一旦陷入神情恍惚状态，见到死去的亲属，自要话说往事。巫婆正是抓住这个特点来探路问话，随机应答的。和扶乩一样，关亡、过阴只能回答已知的事物，预知的事物则为模糊概念，只能附会，无法明说。

4. 从医药学看神秘文化

五运大气

中国医药学的发展，经历了由巫到巫医混合，再到巫医分立这样一个过程。从原始公社末期至西周，医一直为巫所掌握。到了东周，巫医开始分化，医学的发展逐渐从巫术中挣脱出来。但是，下层社会的巫师，很多走向民间成为江湖医生，这就使得医巫不分的遗风长期在社会上流传。战国以后，阴阳五行盛行，阴阳五行学术被引进医学领域。及至东汉，道教产生以后，医学又渗入道家神仙导养之法．由于诸种因素的掺杂、糅合，使中医学精华与糟粕并存。实际上阴阳五行学说导入医学，对形成中医学的独特的理论体系，对促进中医诊断学的发展，起了巨大的作用。对许多巫术、迷信的行为，运用医学科学分析，可以拨开迷雾，作出合理的解释。

我国古代医学的诊断治疗、养生保健等方面，医巫混杂、科学和迷信不分的现象相当普遍。符咒是巫术，具有浓厚的迷信色彩，但是有些治疗的符咒如果揭去它的符象，里面包藏的却是防治疾病的奇妙药方。如专供产妇吞服的难产符，符后说明："此符难产，随年几（纪）与吞。桃汤下，以醋点汤。七立（粒）桃仁，去兴。此法极秘，勿传。"李时珍《本草纲目》指出：桃肉和桃仁均有治妇人难产与产后百病的功效。醋也是产后用到的一种中药，"产妇房中，常以火炭沃醋气为佳，酸益血也"。胎死不下，"大豆煮醋服三升，立便分解，未下再服"。胞衣不下，"以水入醋少许，螺面，神效"。难产符是道士故弄玄虚画的，吞符是荒诞无稽的，但是，掺和中草药吞服则是符合治疗原则的。起实效的不是一张黄表纸，而是几味中草药，迷信符咒效力也就难免受到道士的蒙骗。过去，道士作道场、打平安醮清宅驱鬼，都用炭火喷醋，实际上喷醋起到了消毒杀菌的作用。

蛊和病

蛊是人们谈虎色变的黑巫术，关于蛊有许多使人毛骨惊然的传说，并有一些预防中蛊的禁忌。但是，经过实地考察的结论是：蛊是以毒虫害人的一种现象。一般用蛇、蜈蚣、金蚕等有剧毒的爬虫；或用浸透毒液的物品如石头、蒉片等人们容易接触的东西；或提取毒菌的毒汁；或将泥鳅放在用竹叶和蛊药浸泡的水中，让泥鳅带有毒素，使人中毒致病，甚至致人于死地。

一说蛊为寄生虫。《说文》中指出："蛊，腹中虫也。"是指蛔虫、绦虫、饶虫之类的寄生虫。古人缺乏卫生知识，不知道吃了虫卵腹腔会生虫，以为是鬼邪作祟，所以称之为蛊。一说蛊为自然界的毒虫。除蛊的一个方法就是"嘉草攻之"。"嘉草攻之"就是用草药熏虫除蛊。根据这个说法，蛊，似为自然界的毒虫。近代医学史家陈邦贤根据《左传·昭公元年》"晋侯有疾"的记载认为蛊亦指花柳病。不过，陈氏所指的花柳病似为淋病。常见的性病梅毒，在16世纪以前，中国医学文献尚无记载。据确切的考证，中国最初发现梅毒是在1505年，是葡萄牙商人在印度感染后带入广东的。

古代建造房宅"太岁"为了大禁忌。太岁是古人假想出来的一个天体，太岁纪年法在汉代以前曾被广泛应用。堪舆家则认为太岁是对应于天上岁星的地上凶神，可以根据岁星的位置推测地上太岁所在的方位。建宅如在太岁所在的方位兴工动土，便会掘出蠕动的球状的肉块，这就是"太岁土"，建宅者必须避忌，否则就要遭灾，谚语"太岁头上动土"，就是这样来的。1986年12月，甘肃省永登县连村有三位农民掘土打坯，从十米深的地下挖出一个上白下黄、状如坛子、光滑的"肉球"，即传说的"六岁土"。经兰州大学有关专家鉴定，这个直径14厘米、高17厘米的"太岁土"，竟是一种罕见的白膜菌新种，现已正式命名为"太岁菌"。"太岁土"原来是"太岁菌"，古人缺乏生物知识，加上迷信思想严重，建宅时掘出"太岁菌"这样的怪物，因而和太岁方位联系起来，附会为太岁凶神，这也是合乎当时人们的思维逻辑的。

见鬼及"后象"作用

见鬼是具有迷信思想的人坚信无疑的事实，有的人不仅夜晚见鬼，而且白日见鬼，其实见鬼是人的主体的心理作用和生理作用。或是由于错觉、幻觉造成的。因为心里有鬼，所以总是疑神疑鬼。见鬼也可能是视觉的"后象"作用。我们在和别人闲谈时，眼睛注视对方，时间久了，视觉的"后象"作用便会加强，忽然望外一瞥，往往就会发现似乎有人影在那里移动，心里如果存有鬼魂观念便以为看到鬼了。

由于"后象"所现的底色与实物为相反的比色，实物是白色，"后象"便是黑色，实物是黄色，"后象"便是蓝色；实物是红色，"后象"便现绿色。夜晚在没有灯光的情况下，整个空间是一片灰黑色，"后象"呈现的则是不同程度的灰白色。所以，描述夜晚见到的鬼，几乎都是身披白色的衣物。鬼，本来就是生理的和心理的原因，在主、客观条件相结合、相印证下的心灵的产物。

第二节　光怪陆离——鬼神观念的起源和发展

1. 灵魂观念的产生和发展

在原始社会，生产力很低，人们对周围的自然界和人们自身的生理结构都不能正确认识，因而形成灵魂不灭和鬼神观念。在原始人看来，作梦时人的灵魂可以暂时离开身体而到处游荡，在死后灵魂就永远离开身体而到另一个世界过着与生前大致一样的生活。

考古资料证明，人们的灵魂观念是随着社会的发展而发展的，它与不同时代的社会关系和社会观念是基本相应的。在我国，早在距今两万年以前的山顶洞人就已开始产生灵魂观念。他们为死者举行葬礼，在死者墓葬周围撒上赤铁矿粉末，并以石器和装饰品做随葬品。在山顶洞下室内发现了一个青年妇女、一个中年妇女和一个老年男子的墓葬，他们的随葬物，大致是一样的数量。从这里可以看出，当时人们认为在世上氏族成员过着简单的共同劳动、共同消费的生活，那么死后在另一个世界也当然过着同样的生活。

我国的新石器时代，其代表性的文化遗迹包括仰韶文化（五六千年以前）和后来的龙山文化（约3000年以前）。此时的氏族公社制得到进一步发展，其中前一段是母系氏族公社，后一段是父系氏族公社。在氏族公社里，财产共有，实行原始民主，过集体生活。在婚姻方面实行族外对偶婚。这种情况也反映到墓葬中。在属于仰韶文化遗址的一些较大的村落中，都有氏族公共墓地。宝鸡北首岭发现了当时的墓葬400多座，西安半坡村有250多座，华县元君庙有近六十座，洛阳王湾有七十多座。这些墓一般都按一定的次序排列，布局整齐，反映了氏族血缘关系的密切和牢固。北首岭墓地还发现男女分区埋葬的现象，即同一块墓地，一边是男性单人葬，另一边是女性单人葬，反映了母系氏族公社族外婚的制度。在母系氏族公社制社会，妇女受到尊重。在元君庙的一些墓葬中，有的以一位女性尸体为中心，是一次葬，而其他男女骨架是二次葬的，表明在某一个氏族内有地位的女性死后，把许多同氏族的先死者的尸骨迁出葬在这一女性墓葬的周围。在临潼姜寨遗址中，还发现一位少女的墓，随葬品十分丰富，仅骨珠就有8577件。此外，在半坡遗址的儿童瓮棺上有供灵魂出入的小孔。在新石器晚期的甘肃武威齐家文化遗址，还发现了以牲畜为牺牲的祭祀场。这都反映了当时人们的灵魂观念。

在原始社会后期，由于农业、畜牧业和手工业的发展，男性在社会生产中渐居于主导地位，促使社会关系发生新的变化，从母系氏族公社转变为父系氏族公社，随着私有制的发展，原始社会解体，逐渐进入阶级社会。在父系氏族公社，已废除夫妻关系不固定的对偶婚，而采取妇女从属男子的男娶女嫁制，在财产关系上实行父子继承制。这时的墓葬，逐渐盛行男女合葬，有的还以妻妾殉葬。从墓葬中已可以鲜明地看出贫富不均的现象。在山东泰安大汶口文化遗址中，富人的墓坑很大，有的坑内还用木材做椁室。随葬物达三四十件，最富裕的达一百八十多件。而在穷人的墓葬中，只有极少或没有随葬品，由此可见，当时人们认为死后的灵魂也是有贫富差别的。

在奴隶制社会，奴隶主生前残酷地奴役广大奴隶，死后还要杀众多奴隶殉葬。在他们的意识中，死后也要依靠剥削奴隶继续作威作福。例如，在河南安阳殷墟西北的武官村、侯家庄和西北冈，曾挖出11座巨大的商代王陵和1200多座奴隶杀殉坑。西北冈有的王陵，在"亚"字形木椁室的八个角落，各埋着一个奴隶，在椁室的顶部和仪仗一起排列着的是商王的兵器，也有殉葬的奴隶。在北面墓道和墓室接近的地方，整齐地埋着许多奴隶的头颅，每排10个，共有20多列。在王陵周围，还有20个附属的陪葬坑，里面分别埋有奴隶、车子和各种器物，每一个陪葬坑陪葬奴隶的数目为5人到10人不等。这一座王陵，用来陪葬的奴隶达三四百人。此外一些王陵和商贵族墓葬，都有几百人或几十人的奴隶殉葬。在殉葬物中有贵重的青铜器具，有金质装饰品、玲珑精巧的玉饰和少量象牙器物等。商王室每次祭祀祖先也要杀死大批奴隶。在商代以后，这种杀殉做法一直沿续到春秋战国时期。《史记·秦本纪》记载：秦缪公死（公元前621年），从死者百七十七人，秦之良臣子舆氏三人名曰：奄息、仲行、鍼虎，亦在从死之中。

《墨子·节葬》说：天子杀殉，众者数百，寡者数十；将军大夫杀殉，众者数十，寡者数人。墨子生活在战国中期（约公元前468—前376年），此时已进入封建社会了。

从以上史实可以看出，灵魂观念是与人们所处的现实社会的生产关系密切相关的。在原始社会，人们认为灵魂在另一个世界也过着与他们一样的共同劳动，共同消费的原始公社制生活，而在进入阶级社会以后，人们认为灵魂也分成不同的阶级和等级，有的役使众多奴隶，享受富贵，有的则是被人驱使宰割的奴隶。

人的灵魂观念虽是现实社会生活在人头脑中的虚幻反映，但与人们当时的社会观念大体上是一致的。

2. "鬼"和"神"

如前所述，古代人们认为人死后灵魂是不灭的，这个不灭的灵魂，也就是鬼。据记载：

> 大凡生于天地之间者皆曰命，其万物死皆曰折，人死曰鬼，此五代（按，指黄帝、尧、舜、禹、汤）之所不变也。（《礼记·祭法》）
>
> 众生必死，死必归土，此之谓鬼。（《礼记·祭义》）

汉代郑玄注："鬼之言归也。"人们对死者进行埋葬和按时进行祭祀，就是为了使死者的灵魂得到安定的归宿。

所谓"神"和"鬼"，没有严格的界限。古人一般认为神鬼有尊卑之别，神住天上，而鬼游荡世间。据说：

> 圣人之精气谓之神，贤知之精气谓之鬼。（《礼记·乐记》郑玄注："幽则有鬼神"）
>
> 天神曰神，人神曰鬼。（《吕氏春秋·顺民》东汉高诱注："上帝鬼神伤民之命"）
>
> 鬼之灵者曰神。（《史记·五帝本纪》唐张守节注："依鬼神以制义"）

从先秦到西汉的一些资料看，当时的人们是把一般人死后的灵魂称之为"鬼"，而对于一些原始公社制社会的著名部落首领（传说人物）和在历史上有过重大贡献的历史人物，因为他们受到人民的爱戴和拥护，死后便称之为"神"。例如我国古代传说中的三皇——伏羲、神农、女娲，五帝——黄帝、帝喾、颛顼、尧、舜，原来都是某一部落或部落联盟的首领，因为有伟大功劳，给人民带来这样或那样的利益，死后被尊为神。一些有重大发明的人，例如周人的祖先弃（后稷）传说教人农耕稼穑，死后被奉为稷神；共工氏之子后土善治水，死后被奉为社神；颛顼的后裔祝融原为祭火神的官（火正），可能对教人用火有功，死后被奉为火神。由于这些都是传说，古书的记载很不一致，如稷神，也有说是有烈氏之子柱的（见《左传·昭公二十九年》蔡墨语）；火神也有说是炎帝的（见《淮南子·氾论训》）等。

夏、商、周的统治者为了表明自己受命于天，也竭力抬高他们祖先的地位，把他们的祖先说成是在天帝周围的神，与天帝共同享受他们的祭祀，这叫做"配天"。古籍记载：

夏后氏亦禘黄帝而郊鲧，祖颛顼而宗禹；殷人禘喾而郊冥，祖契而宗汤；周人禘喾而郊稷，祖文王而宗武王。（《礼记·祭法》）

昔者周公郊祀后稷，以配天，宗祀文王于明堂，以配上帝。（《孝经·圣治章》）

据郑玄注，"禘"是指祭天。夏商周的统治者往往把他们的祖先神与至上神上帝同一视之。"郊"，指在国都的南郊祭天，这里是指在祭上帝的同时还祭祖先神鲧、冥、稷；而所谓"祖"、"宗"，是指在称做"明堂"的祖庙中祭祀的祖先神。

此外，由于人们不能正确地认识自然界，在自然界面前无能为力，所以产生对自然的崇拜。人们把灵魂观念扩大到自然界，认为万物与人一样，都有灵魂。于是认为，日月星辰、山川湖海、风雨雷电等等，都有神灵。如《礼记·祭法》所说："山林川谷丘陵，能出云为风雨，见怪物，皆曰神。"在社会上出现统一的君主以后，便逐渐形成这样一种思想，即认为在一切精灵之上还有最高的至上神"帝"、"上帝"或"天"。

3. 对至上神——上帝、天的崇拜

在原始公社制社会，氏族是社会的基层单位，由几个氏族组成部落，由几个部落组成部落联盟。在宗教上是多神信仰。随着氏族、部落的兼并组合，宗教信仰也日趋统一，一些强大氏族所崇奉的神变成部落神，部落神变为部落联盟的神。进入阶级社会，随着国家的形成，便形成统一的全能的至上神。中国的夏、商两代是早期奴隶制王朝，但对夏代只有传说，没有信史可证，而关于商代则有大量甲骨文和考古资料，从中可了解商代的历史文化和宗教。

据甲骨卜辞可以看出，商代统治阶级认为在天上存在着主宰自然和人类社会的至上神，它有人格和意志，称之为"帝"或"上帝"。这个"帝"或"上帝"在不少场合就是商族的祖先神（即原商部落的祖先神帝喾或帝俊）。在《尚书·盘庚》中商王盘庚既称这个至上神为"上帝"，也称为"天"。当然，无论是"上帝"还是"天"，都不过是人们还无力驾驭的外部自然力量和社会力量（如战争和民族、国家的兴亡等）在人头脑中幻想的反映。在他们看来，"上帝"或"天"有好恶意志，能发命令，一切自然现象如风雨晦冥，农业的丰歉，人事的吉凶祸福，战争的胜败，城邑的建筑，等等，都由它主宰。例如甲骨文载：

帝隹（唯）癸其雨。（《卜辞通纂》364 片）

帝令雨足年？帝令雨弗其足年？（年意为丰收。见《卜辞通纂》363 片）

帝其降堇（馑）？（《卜辞通纂》371 片）

贞卯，帝弗其降祸。（《殷契佚存》36 片）

伐邛方，帝受我又（佑）。（《龟甲兽骨文字》卷 1）

商王以上承天命自任，把对社会的统治和行政措施说成是秉承上帝的意志。在商王盘庚迁殷（今河南安阳西北）的过程中，曾受到守旧贵族的激烈反对，盘庚借助"天"、"上帝"的名义对这些人进行说服：

天其永我命于兹新邑，绍复先王之大业，底绥四方。（《尚书·盘庚上》）

在迁殷之后，又用上帝的名义进行安抚：

肆上帝将复我高祖之德，乱（治理）越（及于）我家。朕及笃敬，恭承民命，用永地于新邑。肆予冲（童）人，非废厥谋，吊（乃至）由（采用）灵（善）。各非敢违卜，用宏兹贲（大业）。（《尚书·盘庚下》）

到商代最后一个国王纣时，自恃有天命保佑，荒淫无度，政治腐败，最后被周武王推翻。武王在出征誓师时就斥责纣王自恃天命，不思悔悟其侮慢上帝祖先之罪。（《尚书·泰誓上》："乃曰：吾有民有命。罔惩其侮。"）

周朝统治者鉴于商朝灭亡的经验教训，虽然在思想上继承商代的天帝观念，但认为"天命靡常"（《诗经·大雅·文王》），如果违背天的意志，"皇天上帝"就连它的"元子"（如殷）也会抛弃（《尚书·召诰》）。他们认为民心向背不可忽视，天命和民众的利益是息息相关的，天的意志往往通过民众表现出来：

天矜于民，民之所欲，天必从之。（《尚书·泰誓上》）

天视自我民视，天听自我民听。（《尚书·泰誓中》）

因此，周统治者提出顺天和敬德保民的思想，主张对人民实行比较宽容的统治政策，认为这样才会得到上帝的保护，使统治巩固。例如：

天亦哀于四方民，其眷命用懋，王其疾敬德。(《尚书·召诰》)

王敬作所，不可不敬德。我不可不监于有夏，亦不可不监于有殷……惟不敬厥德，乃早坠厥命……肆惟王其疾敬德，王其德之，用祈天永命。其惟王勿以小民淫用非彝，亦敢殄戮，用民若有功。(《尚书·召诰》)

西周王朝这种敬德保民思想，对于周初实行重农慎刑，发展农业生产的社会政策有很大影响。

春秋战国时期，奴隶制生产关系没落，代之而起的是新兴的封建制生产关系。当时自然科学已取得很大进步，人们对于自然界和事物发展的客观规律有了一定程度的认识。某些进步的政治家和思想家对于维护奴隶制王权统治的天帝观念发生怀疑，主张"天道远，人道迩"(《左传·昭公十八年》郑子产语)，有的甚至提出"制天命而用之"(《荀子·天论》)等人定胜天的思想。然而，作为至上神"天"或"上帝"的地位没有发生动摇。不仅孔子、孟子这样的思想家都鼓吹天命论，就连代表手工业小生产者利益的墨子也宣传"尊天"、"顺天意"(《墨子·天志》)的思想。那些已在各诸侯王国掌握政权的封建统治阶级，也借助"上帝"的旗号来维护自己的统治。当然，上帝的阶级属性已经变了，如果说商周的上帝是奴隶制王权在天上的影子的话，那么，封建地主阶级所说的"上帝"则是封建王权在天上的影子。

4. 五行、五德、五帝和祭天

天帝观念在不同历史时期有不同的表现形式。秦、汉都是统一的封建王朝，它们的专制主义中央集权的政治制度和经济制度，都对后代封建社会有深远影响，同样，这个时期的宗教观念也对后世有很大影响。秦汉时期盛行的"五帝"崇拜和祭天制度，是天帝观念的新的表现形式。"五帝"观念与阴阳五行学说密切相关，在先秦已开始形成。

战国时期，全国逐渐出现统一的趋势。各派学者提出种种哲学、政治学说，以供封建统治者采纳。其中，阴阳五行学说曾对秦汉时期的宗教和哲学发生重大影响。按照《荀子·非十二子》的说法，这一学说的最早创立者是子思及其门徒孟子，然而实际上是由比孟子稍后的齐国邹衍(公元前305—前240年)完成的。《汉书·艺文志》所录《邹子》四十九篇和《邹子终始》五十六篇皆已佚失。《史记·孟子荀卿列传》说邹衍：

深观阴阳消息，而作怪迂之变，《终始》、《大圣》之篇十余万言。其语闳大不经，必先验小物，推而大之，至于无垠。先序今以上至黄帝，学者所共术，大并世盛衰，因载其砓祥度制，推而远之，至天地未生，窈冥不可考而原也。……称引天地剖判以来，五德转移，治各有宜，而符应若兹。

看来是在运用和发挥天人感应和循环论思想。

邹衍讲的"五德"，即《尚书·洪范》中讲的水、火、木、金、土五种元素，也称"五行"。邹衍利用天人感应和天道循环论的观点，对《洪范》的五行说进行改造，创立了"五德终始"说。《吕氏春秋·应同》有这样一段记载：

> 凡帝王者之将兴也，天必先见祥乎下民。黄帝之时，天先见大螾大蝼，黄帝曰："土气胜。"土气胜，故其色尚黄，其事则土。及禹之时，天先见草木秋冬不杀，禹曰："木气胜。"木气胜，故其色尚青，其事则木。及汤之时，天先见金刃生于水，汤曰："金气胜。"金气胜，故其色尚白，其事则金。及文王之时，天先见火，赤乌衔丹书集于周社，文王曰："火气胜。"火气胜，故其色尚赤，其事则火。代火者必将水，天且先见水色胜。水气胜，故其色尚黑，其事则水。水气至而不知，数备，将徙于土。

此处虽然没有明言是邹衍的学说，但据《文选》卷六左思《魏都赋》李善注引《七略》："邹子有《终始》，五德从所不胜，木德继之，金德次之，火德次之，水德次之"。可以认为，这至少是源出于邹衍的"五德推移"说。引文说的是从黄帝经夏、商、周，到行将出现的王朝是按照五行相胜的过程（即木胜土，金胜木，火胜金，水胜火）演变的，以后的人类历史就是按照五行相胜次序分为五个大的环节的无限循环过程；历代帝王政权的交替就是按照五行相胜的公式进行的。邹衍的学说在齐、梁、燕受到欢迎。因为战国后期一些封建诸侯都希望上天按照"五德终始"的循环次序使他们得到新的机会，像过去的圣王一样建立统一的王朝。

战国末年有人把当时的天文历法学说与阴阳五行思想相比附，认为春夏秋冬和东西南北的方位都与阴阳五行有关。如《吕氏春秋·十二纪》与《礼记·月令》都以春夏秋冬与四帝、四神、四德、四方等相配，配合的程序如下：

> 春，其帝太皞（谓为"木德之帝"），其神句芒（谓为"木官之神"），其虫鳞，其音角（角，木也，位于东方），其数八（五行之数为五，此为基数，木序为三，故数序为八）。
> 夏，其帝炎帝（火德之帝），其神祝融（火官之神），其虫羽，其

音徵（徵，火也，位于南方），其数七。

秋，其帝少皞（金德之帝），其神蓐收（金神），其虫毛，其音商（商，金也，在西方），其数九。

冬，其帝颛顼（水德之帝），其神玄冥（水神），其虫介，其音羽（羽，水也，位在北方），其数六。

可见，在关于天的神化方面，除了一般称谓的"天"、"上帝"以外，还认为在天的四方有四个帝，这四个帝原来都是人间的"圣王"，都曾以五行的一"行"（德）作为天命所归的标志而进行统治，死后成为主管四方、四时和五行之神。结合其他资料，四帝是：东方天帝太皞，属木，主春，因木为青色，故亦称青帝；南方天帝炎帝，属火，主夏，因火为赤色，故亦称赤帝；西方天帝少皞，属金，主秋，因金为白色，故亦称白帝；北方天帝颛顼，属水，主冬，因水为黑色，故亦称黑帝。如果再加上"土德"的黄帝，则正好为五帝。

在秦始皇建立统一的封建专制主义中央集权的过程中，曾利用阴阳五行学说为自己服务，论证秦王朝统治的合法性和神圣性。史载：

自齐威、宣之时，邹子之徒，论著终始五德之运，及秦帝而齐人奏之，故始皇采用之。……（《史记·封禅书》）

秦始皇既并天下而帝，或曰："黄帝得土德，黄龙地螾见。夏得木德，青龙止于郊，草木畅茂。殷得金德，银自山溢。周得火德，有赤乌之符。今秦变周，水德之时。昔秦文公出猎，获黑龙，此其水德之瑞。"于是秦更命河曰"德水"，以冬十月为年首，色上黑，度六以为名，音上大吕，事统上法。（《史记·封禅书》）

按照阴阳五行学说，水在季节上属冬，颜色为黑色，时间应从夏历十月（见《吕氏春秋·十二纪》）开始，五德循环的位数是六，在音律上属阴，水阴主刑杀；因此，秦得水德，就应以冬十月为岁首，崇尚黑色（衣服、旌旗为黑色），以六为度量单位（如符是六寸，步为六尺之类），以大吕（为阴律之始）为正音，以法为施政准则。秦始皇就是这样做的。

秦始皇认为得到上天的委任，很重视祭上帝。即位的第三年（公元前219年）就到泰山封禅。"封"是在泰山顶上祭天帝；"禅"是在泰山下的梁父山祭地神（"地主"）。此外，还祭青、黄、赤、白四帝。

汉初制度草创，因袭秦代的很多，对汉代应得五行的哪一德，长期没有定论。汉高祖东击项羽入关，"问：'故秦时上帝祠何帝也？'对曰：'四帝，有白、青、黄、赤帝之祠。'高祖曰：'吾闻天有五帝，而有四，何也？'莫知其说"。

（《史记·封禅书》）他即命立黑帝寺，称为"北畤"，按时命人祭祀。据此，汉高祖自认为是直接承周（火德）而得水德。文帝时虽有人上书说汉承秦后，应为土德，改正朔，但当时丞相张苍认为"汉乃水德之时"，提出反对意见。直到汉武帝太初元年（公元前104年）才正式按土德改制：定历法，以正月为岁首，崇尚黄色，数用五，定官名，协音律。

所谓"五帝"说本来是国家分裂的产物。商、西周国家统一，只有"天"、"上帝"，而没有各据一方的五帝。东周以后诸侯称雄割据，才出现五帝说。秦据西方，为表明自己受天命，曾自称得"金德"，祠白帝；后来也祠青、赤、黄帝，可能与它想吞并四海有关。汉初一度祠黑帝，以受水德自命，后来虽认为受"土德"，但并没有特别强调祠黄帝，而是五帝并祠，这也许与国家已统一有关。汉代皇帝的"郊祀"，就是祭这五帝。《淮南子·天文训》在介绍"五星"时对五帝有个概括的说法：

东方，木也，其帝大皞，其佐句芒，执规而治春，其神为岁星（木星），其兽苍龙，其音角，其日甲乙。南方，火也，其帝炎帝，其佐朱明，执衡而治夏，其神为荧惑（火星），其兽朱鸟，其音徵，其日丙丁。中央，土也，其帝黄帝，其佐后土，执绳而制四方，其神为镇星（土星），其兽黄龙，其音宫，其日戊己。西方，金也，其帝少皞，其佐蓐收，执矩而治秋，其神为太白（金星），其兽白虎，其音商，其日庚辛。北方，水也，其帝颛顼，其佐玄冥，执权而治冬，其神为辰星（水星），其兽玄武，其音羽，其日壬癸。

虽特别指出"黄帝"是"制四方"的，但五帝毕竟是各据一方，以主宰五星者。汉武帝时，在它们之上又安置了一个更高的统一的天帝，此即"太一"神。

汉武帝时，社会生产已得到恢复发展，由于削弱诸侯王势力，中央集权已相当巩固，在政治上已出现大一统的政治局面。元光六年（公元前134年）汉武帝接受董仲舒的政治主张，罢黜百家，独尊儒术。第二年，方士谬忌奏祠太一方，说："天神贵者太一，太一佐曰五帝。古者天子以春秋祭太一东南郊……"（《史记·封禅书》）。明确指出五帝只是"太一"神之"佐"，可见"太一"是至上神。武帝采纳这个建议，在长安东南郊立祠祭祀，此后又在甘泉设太一祭坛。武帝东到泰山举行封禅仪式，采用的也是"如郊祠太一之礼"。（《汉书·郊祀志》）

汉武帝以后，汉王朝的祭祀制度没有发生根本变化，直到东汉也是如此；只是"太一"已经取得统一的至上神地位，不再称为"太一"，而一般称为"皇天上帝"，与"后土神祇"并祀，并配祀以皇祖。

秦汉的天帝观念和祭天制度一直影响到宋元以后。《礼记》中的《郊特牲》、《月令》诸篇和《周礼》中的《大宗伯》、《大司乐》诸章，以及东汉郑玄、三国魏王肃等人的注疏，便成为历代封建王朝制定祭祀天地神祇礼法的重要根据。对于至上神也有不同称法。《元史·祭祀志》载：

> 《周礼》所祀天神，正言昊天上帝。郑氏以星经推之，乃谓即天皇大帝。然汉、魏以来，名号亦复不一。汉初曰上帝，曰太一，曰皇天上帝。魏曰皇皇帝天。梁曰天皇大帝。惟西晋曰昊天上帝。与《周礼》合。唐、宋以来，坛上既设昊天上帝第一等，复有天皇大帝，其五天帝与太一、天一等，皆不经见。本朝大德九年，中书圆议，止依《周礼》，祀昊天上帝。至大三年圆议，五帝从享，依前代通祭。

明清时代祭天制度大致相同。明成祖迁都北京后，以至清代，每年分祭天地于南北郊，即冬至在圜丘（天坛）祭昊天上帝，以大明（日）、夜明（月）、星辰、太岁（值岁之神）从祀；夏至在方丘（方泽坛、地坛）祭皇地祇，以五岳、五镇、四海、四渎从祀。此外，春分时在日坛祭日，秋分时在月坛祭月，并配祀二十八宿、五星。

5. 神仙和方士

在战国时期出现了一种神仙学派。《汉书·艺文志》说：

> 神仙者，所以保性命之真，而游求于其外者也。聊以荡意平心，同死生之域，而无怵惕于胸中……

所录神仙家书目不少都冠以"黄帝"、"太一"名称，看来直接吸收了道家思想。与邹衍同时的神仙家有宋毋忌、正伯侨、充尚、羡门高，都是燕人。他们"为方仙道，形解销化，依于鬼神之事"（《史记·封禅书》）。

从现存资料看，《庄子》书中已有不少神仙家思想。它称得道者为"真人"、"至人"、"神人"、"圣人"，说他们可以不食人间烟火物，凌空飞行，长生不老。如《逍遥游》中的列御寇可乘风飞行，周游天下；而更高的"神人"、"圣人"连风也不凭借，"乘天地之正，而御六气之辩，以游无穷"。藐姑射山的神人"不食五谷，吸风饮露，乘云气，御飞龙，而游乎四海之外"。《大宗师》说真人"登高不栗，入水不濡，入火不化"，"其寝不梦，其觉无忧，其食不甘，其息深深；真人之息以踵，众人之息以喉"。这些思想直接被神仙家吸收。

秦汉时期的神仙家也称为方士，认为他们掌有可以与鬼神往来的方术。秦始皇时的徐市（福）、韩当、侯公、石生、卢生，汉武帝时的李少君、栾大等，都说在东海中有蓬莱、方丈、瀛洲三座神山，上面住着神仙。那里的宫殿是用黄金、白银建造的，禽兽全是白色的。但此地一般人难以达到。据称，此处的神仙有羡门、高誓、安期生等，他们有长生不老之药。

这种神仙思想与传统的上帝鬼神观念不完全相同。以上帝为首的诸神一般都是自然界和人类社会某一方面的主宰者。方士讲的神仙却是在世外洞天过着逍遥自在的生活，长生不老。如果有人按照方士的指导从事修炼，据称可以成仙，肉体飞升。战国时的齐威王、齐宣王和燕昭王以及秦始皇、汉武帝，都曾派人入海求仙，找长生不老之药。

汉武帝时国力强盛，积极利用和发展宗教，祭太一神，封禅，祭山川，改正朔，又任用许多方士，为他求长生不老的药。李少君称自己有祠灶、谷道（"辟谷"，不吃五谷）、却老之方，能役使鬼神，炼丹沙化为黄金，入蓬莱山求仙药。武帝对他十分宠信。当他病死时，武帝还认为他是"化去"的。方士谬忌、少翁、栾大、公孙卿等也受到武帝的宠任。少翁自称能致鬼神，为骗武帝相信他能请来天神，自写帛书使牛吞入腹中，说："此牛腹中有奇！"杀牛得帛书，武帝认得是他的笔迹，就把他杀了。公孙卿对武帝说，当初黄帝采首山铜铸鼎于荆山下，鼎成，有龙从天上垂胡须把黄帝迎上天去，群臣后宫七十余人乘龙上天。武帝十分向往，说："吾诚得如黄帝，吾视去妻子如脱屣耳！"武帝每次车巡海上，都有许多齐方士上书，言神仙，献奇方的，有时达万人。汉武帝常派出数千人去海上寻神仙，虽一再上当受骗，但总是抱有一种侥幸心理。正如《史记·孝武本纪》所说："天子益怠厌方士之怪迂语矣，然终羁縻弗绝，冀遇其真。"

神仙思想是道教创立时所吸收的主要思想之一，在道教中对神仙思想又有新的发展。魏晋时有人托汉代刘向之名撰《列仙传》，记述从赤松子至玄俗等七十二位神仙的事迹。晋以后言神仙者多引述此书，且为道教所利用。东晋葛洪撰《神仙传》，记述神仙八十四人，其中不少取自《庄子》、《史记》、《汉书》、《后汉书》等，有些内容是新增加的。道教兴盛以后，在宋代以前成书的《洞仙传》（未题撰人）、南唐沈汾（玢）撰《续仙传》、南宋陈葆光撰《三洞群仙录》等，其中不少神仙是道教人物的神化。当然，道教所奉的神灵神仙系统十分庞大，后面将分别介绍。

6. 卜筮、望气和风角、占星术

神学天命论认为，自然界和人类社会的最高主宰是至上神"上帝"或"天"。天是有意志和感情的，天的意志和感情经常通过自然现象和社会人事表现出来。人们如果通过特定的方术窥测出天的意志和感情，就可以按天意行动，做到避凶趋吉。商周以来设在国王周围的巫、祝、史、卜的重要任务就是运用各种占卜方术来探测天意，向统治者预告吉凶。汉代从董仲舒以后，儒者以天命论来解释天人关系的做法十分盛行，鼓吹君权神授和天人感应，同样把占卜方术置于重要地位。

先秦以来所流行的占卜方术主要有以下几种。这些方术在封建社会各个时期都不同程度地存在着。

卜 筮

卜筮早在我国奴隶社会初期就产生了。卜有种种方式，商周以来最常用的方式是钻灼龟甲和兽骨，视其纹络来进行占卜。我国近代以来在殷墟发现的大量甲骨文，就是殷商王室占卜的记录。筮是用蓍草进行占卜。二者往往同时使用。《尚书·洪范》记载周初商王族箕子向周武王提出治国应当注意的八件大事（八政），其中第七件大事就是"稽疑"。他说：

> 稽疑，择建立卜筮人，乃命卜筮。曰雨，曰霁，曰蒙，曰驿，曰克（雨、霁等皆为卜兆，即龟甲上灼钻的不同纹络的名称）；曰贞，曰悔（贞、悔是占卦的两种方式，"内卦为贞，外卦为悔"），凡七。卜五，占用二，衍忒（推衍人事的吉凶）。三人占则从二人之言。汝则有大疑，谋及乃心，谋及卿士，谋及庶人，谋及卜筮。汝则从，龟从，筮从，卿士从，庶民从，是之谓大同；身其康强，子孙其逢，吉。汝则从，龟从，筮从，卿士逆，庶民逆，吉。卿士从，龟从，筮从，汝则逆，庶民逆，吉。庶民从，龟从，筮从，汝则逆，卿士逆，吉。汝则从，龟从，筮逆，卿士逆，庶民逆，作内吉，作外凶。龟筮共违于人，用静吉，用作凶。

说明卜筮在国王决策中的重要地位。这里举出六种情况，如果国王、卿士（朝臣）、庶民之中有一方表示赞同，而其他两方不同意，但卜、筮是吉利的，都是可以做的；如果卜、筮都不吉利，即使三方都赞同，事情也不可做。当时人之所以这样看重卜筮，正是因为把卜筮看做是神意的象征。

据《周礼》记载，周王室设有"太卜"、"占人"的官职，负责卜筮吉凶。朝廷设"龟人"专门养龟，按特定方法取龟甲。朝廷每逢祭祀或举行重大活动，都要向上帝和祖先占卜吉凶。各诸侯国也设专人主管卜筮。

《易经》（又称《周易》）是一种占卜的书，是在社会上盛行占卜的情况下逐渐形成的。从内容看，《易经》可能最初出现于殷周之际，在流传过程中曾经孔子整理加工。

《易经》内容包括卦、爻两种符号和卦辞、爻辞两种说明文字，共六十四卦，三百八十四爻。每卦都有卦象、卦名，还有说明本卦性质的卦辞。爻分阳爻，阴爻，有爻辞说明这一爻在本卦中的性质。例如，《易经》的开头："乾，元、亨、利、贞。初九，潜龙勿用。"是"乾卦"的卦象，"乾"是卦名，"元、亨、利、贞"是卦辞；"初九"是"乾卦"的第一个阳爻（从卦象的下面向上数）的爻名，而"潜龙勿用"则是爻辞。占卦人占着哪一个卦，便根据卦辞和爻辞推断吉凶。

　　秦汉朝廷皆设太卜官。秦始皇焚书坑儒时，唯有"医药卜筮种树之书"不焚。他晚年听说"今年祖龙死"的谶言，即求卜，"卦得游徙吉"，于是远游，最后死于途中。汉朝吕后死后，丞相陈平、太尉周勃派人迎代王刘恒（文帝）为帝，代王先占卜得吉兆，才决定入京即位。汉武帝重占卜，重用一大批占卜者，北击匈奴，西征大宛，南伐南越，都先进行卜筮。有时赏给卜者钱数千万，卜者邱子明富贵腾达，显赫一时。据《史记·日者列传》，当时占卜方法多种多样，有用五行占卜的，有据月和十二辰定吉凶的（建除家），有以十二辰神灵定吉凶的（丛辰家），还有用日历（历家）、天人感应论（天人家）、太一神（太一家）等占卜吉凶的。据《后汉书·方术列传》，当时占卜术更是五花八门，有"七政"（日、月、五星占验术）、"元气"（阴阳占验术）、"六日七分"（用《易经》占卜的一种方术）、"遁甲"（用天干占卜）、逢吉（应人所问而占卜）、挺专（折竹而卜）、孤虚（用天干地支搭配日辰占卜）等。

望气和风角

　　我国古代人民在从事农牧业生产中认识到风云变化和天气、季节有密切关系，因而很注意对风云的观测。但限于当时的生产力和科学认识水平，人们对风云的观测难以摆脱宗教神学的影响，形成神秘主义的望气和风角学说，认为从中可以预测社会人事的吉凶祸福。

　　望气是依据云气的色彩、形状和变化来占验人事吉凶的一种方术。《吕氏春秋·明理》说在乱世，"君臣相贼，长少相杀，父子相忍，弟兄相诬"，就会在云气的形状上表现出来，有的"若犬、若马、若白鹄、若众车"；有的"其状若人，苍衣赤省不动"；等等。汉代，有个叫王朔的人善于望气。《史记·天官书》对望气的方术作了介绍，说仰望云气可达三四百里，如果登高可看得更远，根据云气形状可判断吉凶顺逆。如果两军对垒而战，云青白色而前面稍底，就会"战胜"，云前面赤而稍仰起，将"战不胜"。汉文帝十五年（公元前165年），赵人望气者新垣平对文帝说："长安东北有神气，成五彩，若人冠冕焉……天瑞下，宜立祠上帝，以合符应。"（《汉书·郊祀志》）文帝于是在此地立五帝庙。望气者认为，在日旁及皇帝所在的地方都有一股非同一般的云气，叫做"天子气"。《洛书》说："有云象人，青衣无手；在日西，天子之气。"（《史记·天官书》正义引）还认为，凡是命里注定要当皇帝的，即使没有即位，他周围也有五彩绚丽的"天子气"。《史记·项羽本纪》载，范增劝项羽设"鸿门宴"，把刘邦杀死，说："吾令人望其气，皆为龙虎，成五彩，此天子气也。急击勿失！"

风角是依据风的方向、强弱、状态和声音来进行占验吉凶的一种方术。《后汉书·郎顗传》注说："风角谓候四方四隅之风，以占吉凶也。"《史记·天官书》说汉代著名占岁者名魏鲜，他每年正月初一从风向、风力来占验一年气候和农事的丰歉情况。《唐开元占经》卷九十一保留了一些材料，说占候风者，要在高旷的土山上立竿，用鸡毛编成"羽葆"，吊在竿上，根据它测到风向、风力，进行占验，按不同情况可判断出"祥风"、"灾风"、"大兵将至风"、"旱火风"、"大水杀人风"等等。

占星术

我国早在远古时代就已注意观察天象，逐渐形成了古天文学，从而制定历法，指导农业生产。《周易·系辞》载："古者包牺氏之王天下也，仰则观象于天，俯则观法于地。"《尚书·尧典》说尧"乃命羲、和，钦若昊天，历象日月星辰，敬授人时。"《史记·天官书》说，在高辛氏以前掌管天文星象的是重、黎，唐虞时是羲、和，夏代是昆吾，殷商是巫咸，周朝是史佚、苌弘，春秋宋国是子韦，郑国是裨灶，战国时齐国是甘德，楚国是唐昧，赵国是尹皋，魏国是石申。汉代司马迁的父亲司马谈在汉初任太史令，曾跟天文家唐都学天文。

尽管我国古代天文学在观测日月星辰天体变化和制定历法方面取得了重大成就，为世界天文学作出了卓越贡献，但由于时代的限制，天文科学与神秘主义的占星术曾长期交织在一起。由于当时科学水平不高，人们对天体构造和实际运行规律认识不够，特别对一些罕见的天象如日食、月食、彗星、流星雨、新星等，对五大行星视运动（天文学把从地球上所观测到的天体运动称为"视运动"）中的顺行、逆行和停留的复杂现象，还不能作出科学的解释，因而认为各种天象是天帝意志的表现。汉代董仲舒及一些今文经学家，也是星象占验家。《史记·天官书》、《汉书·天文志》、《后汉书·天文志》中也包含不少占星术成分。西汉末年及东汉初年出现的大量谶纬图书中，有不少就是讲星象占验的。《汉书·艺文志·天文家》说："天文者，序二十八宿，步五星日月，以纪吉凶之象，圣王所以参政也。"《易传》曰："观乎天文，以察时变。"说明了占星术的由来。

占星术包括日占、月占、五星占、二十八宿占、星变占等等。这里扼要加以介绍。

日　占　古代占星者认为太阳代表世上一切阳的方面，是国君的象征，从其形象可推知世上国君统治情况。如果"明主之践位，群贤履职，天下和平，黎民康宁，则日丽，扬其光曜"（《唐开元占经》卷五）。如果太阳暗淡无光，表明国君"无道"，就要亡国。

月　占　占星者认为月是世上阴的方面的代表，如臣、子、妇、弟都属阴的方面。"臣道修则月明有光"，"臣行刑罚，执法不得其中，怨气盛，并及良善，则月食"（《唐开元占经》卷十七引）。

五星占　古代人对水、金、火、木、土五大行星及其运动缺乏科学的认识，把它们的不同运动形象看成是天意的表现。汉代人还把五星看成是五行的精灵，五帝之子。《春秋纬》说："天有五帝，五星为之使"（《唐开元占经》卷十八引）；《荆州占》说："五星者，五行之精也，五帝之子"（《唐开元占经》卷十八引）。占经家认为，五星分别象征五方、五帝、五事……神灵和事物。

木星（岁星）　是东方青（苍）帝使者，五行中"木"的精灵，主春，决定农业丰歉。木星和国君五常之一的"仁"和五事的"貌"相应。如果国君"仁亏貌失"等，上帝通过木星的天象来表示谴告。

火星（荧惑）　是南方赤帝（炎帝）使者，五行中"火"的精灵，主夏，决定天气干旱。国君如果在"礼"、"视"方面有了问题，天帝便以火星警告。世上会发生暴乱、饥馑、死丧等。

土星　是中央黄帝的使者，五行中"土"的精灵，主季夏，主土。如果国君在"信"、"思"方面出了问题，上帝便以土星谴告，土星运行失常，国土就要丧失，或发生山崩地震。

金星（太白星）　是西方白帝使者，五行中"金"的精灵，主秋，主兵，主刑杀。如果国君"义"失，"言"不当，上帝就使金星有所表示，"当出不出，当入不入"，世上就有战乱。

水星（辰星）　是北方黑帝的使者，五行中"水"的精灵，主冬，主水，主刑。如果国君在"智"、"听"方面出了问题，水星就"变怪"，四时风雨不调，发生水灾。

二十八宿占　古人把月球轨道（白道）和太阳视运动轨道（黄道）附近天区分布的恒星按月亮相对恒星运动的周期数字（27.32 天），分为二十八组，因月亮每天入住（宿）一组，故称为二十八宿。《史记·天官书》按当时五帝信仰，把二十八宿分属其中四帝（黄帝除外）的四种神兽之下，即：

东宫苍龙，包括角、亢、氐、房、心、尾、箕七宿；
南宫朱雀，包括井、鬼、柳、星、张、翼、轸七宿；
西宫白虎，包括奎、娄、胃、昴、毕、觜、参七宿；
北宫玄武，包括斗、牛、女、虚、危、室、壁七宿。

　　占星家认为这二十八宿与地上十二州（或各地区）密切相应，每二三宿主世上一州，如果某宿出现星变现象，地上某州就会发生灾异。据说"心"、"房"二宿代表"明堂"，如果火星进入这个星区，朝廷就会发生变故。

　　二十八宿之外的另一个星区拱极星区叫"中宫"，又叫"紫微垣"。历代占星家都把它看做是朝廷的象征。汉代奉太一神为至上神，认为天极星（北极星）是太一神住的地方，旁边三星是"三公"，后勾四星是"正妃"和"三宫"，周围十二颗星是"藩臣"。据说在这个星区出现怪变星象（流星、彗星），朝廷就会发生变乱。

　　星变占通过彗星、流星雨、新星（客星）等罕见天象进行占验，认为出现这些星象，天下就会发生战乱或水旱灾害、瘟疫灾害等。

　　总之，在占星家看来，日月星辰有规律地出没是上帝安排的次序。一切天象都是上帝意志的表现，日、月食及彗星、流星等罕见天象是上帝对世上最高统治者的谴告。占星者的责任是通过观察天象把天意及时告诉最高统治者，要推行善政，避免暴虐统治。

7. 谶纬及其被禁毁

　　董仲舒《春秋繁露》的基本思想是讲天人感应，君权神授。汉武帝定儒家为一尊，这套学说十分盛行。从西汉末年以来，以预言天命为内容的谶纬图书大量出现，曾对社会产生很大影响。

　　谶就是预言，说是传达天意的。纬是纬书，是用来解释六经的。谶纬密切结合，纬书里也充满神秘的预言。谶纬往往借用阴阳五行的语言来预言朝代的兴衰和"天命"的归向。所谓"图"和"书"，表明有的符命采取图的形式，上面有图；而一般是既有图也有书。《易传》讲"河出图（八卦），洛出书（《洪范》）"，可以说是最早的图和书。二者一般不可分，统称为"图书"。谶的起源很早，自秦汉以后逐渐增多。西汉哀、平帝之时（公元前6年—5年），王莽利用图谶，假托天命废汉帝建立新朝，开始称摄皇帝，最后即皇帝位（公元9年），派使者"班符命四十二篇于天下"（《汉书·王莽传》）。此后各种谶纬图符越来越多。

　　东汉光武帝刘秀是在谶纬盛行的时候当上皇帝的。王莽末年，宛人李通用河图谶语"刘氏复起，李氏为辅"，劝刘秀起兵。建武元年（公元25年），又有人从关中带来"赤伏符"（河图的一种），上面说："刘秀发兵捕不道，四夷云集龙斗野，四七之际火为主"。当时流行的《春秋演孔图》说："卯金刀，名为刘，赤帝后，次代周。"表示从汉高祖到刘秀共二百二十八年（四七之际），刘秀当继汉的火德当皇帝。刘秀以为天命所归，就顺众议即位称帝。平定全国后，刘秀对谶纬十分重视，命人校定图谶，把其中与王莽有关的内容删掉。中元元年（公元56年）"宣布图谶于天下"（《后汉书·光武纪》）。明、章二帝也迷信谶纬。虽经桓谭（约公元前23—56年）、张衡（公元78—139年）等学者的反对，但谶纬一直在社会上盛行。

谶纬假托天命，讲天人感应、阴阳五行，预言国家兴废，人事吉凶。这样对当政者构成两种威胁：①统治阶级内部有人可以利用谶纬篡权作乱；②劳动群众也可以利用谶语符命发动起义。因此晋武帝泰始三年（公元267年）、南朝宋孝武帝大明（公元457—464年）年间、梁武帝天监（公元502—515年）年间，北魏孝文帝太和九年（公元485年）都曾下令禁止谶纬，但没有禁绝，直到隋初，经文帝、炀帝采取严厉禁毁措施，谶纬书籍才基本绝迹。《隋书·经籍志》说："炀帝即位，乃发使四出，搜天下书籍与谶纬相涉者，皆焚之，为吏所纠者至死。自是无复其学，秘府之内，亦多散亡。"

纬书是研究两汉神学天命思想的重要资料，因为对后代的宗教神学（特别是道教）影响较大，所以对研究两汉以后的宗教、哲学也有参考价值。据《后汉书·张衡传》及注文所载，纬书包括"《河》、《洛》五九，《六艺》四九，谓八十一篇也"。《隋书·经籍志》说：

> 说者又云：孔子既叙六经，以明天人之道，知后世不能稽同其意，故别立纬及谶，以遗来世。其书出于前汉，有《河图》九篇，《洛书》六篇，云自黄帝至周文王所受本文。又别有三十篇，云自初起至于孔子，九圣之所增演，以广其意。又有《七经纬》三十六篇，并云孔子所作，并前合为八十一篇。

数字与张衡讲的一样，共有八十一篇。所谓《七经纬》包括《易纬》、《书纬》、《诗纬》、《礼纬》、《乐纬》、《春秋纬》、《孝经纬》。中国自古以来的灵魂、鬼神和天帝诸观念，为了适应不同历史时期的情况，有所发展。这种观念经儒家整理加工，成为儒家的宗教神学观念。因为儒家学说是中国封建社会的正统思想，因而它的宗教神学观念曾影响到社会意识形态的各个方面。佛教的传入、发展和道教的形成，对中国的鬼神观念有所丰富和发展，但传统的鬼神观念仍作为儒家学说的组成部分而相对独立地存在着，并通过皇室贵族的祭天祀祖以及民间的祭神祀祖而体现出来，直至今日在民间还有一定的影响。

第三节 虔诚信仰——中国古代的主要宗教

中国在两汉时期已形成相当系统的以尊奉天帝为中心内容的宗教观念和宗教理论，并存在相应的宗教习俗。虽然称之为中国传统的宗教也未尝不可，但学术界一般不这样说。我国古代的主要宗教有佛教，道教以及明清时期的民间秘密宗教，唐朝传入而在元以后有较大发展的伊斯兰教。

1. 佛教的传入和发展

佛教在公元前 6 世纪至前 5 世纪产生于印度。创始人是当时北印度的城镇国家迦毗罗卫（在今尼泊尔国境内）释迦族净饭王的太子释迦牟尼（公元前565—前485年）。由释迦牟尼创立的佛教僧团得到了当时位于印度西北部的摩揭陀国、憍萨罗国等国的国王和工商业主的支持，因为主张在宗教信仰方面"四姓平等"，从而也得到农民、手工业者和从事低贱职业的劳动者的支持，发展迅速。在释迦牟尼去世一两百年的时候，佛教僧团发生分裂，形成以主张改革的大众部和主张维护原始佛教教义和戒律的上座部两大派，此后在这两个大的部派之下又出现很多支派。在印度孔雀王朝阿育王（约公元前273—前232年）时期，佛教从恒河中下游地区传到印度各地，并不断向邻国传播，逐渐成为世界性宗教。

在公元前后的两汉之际，佛教从古印度经中亚传到中国内地。《三国志·魏志·东夷传》注引鱼豢《魏略·西戎传》说，汉哀帝元寿元年（公元前 2 年）博士弟子景庐受大月氏（今阿富汗、巴基斯坦北部一带）使者伊存口授《浮屠经》（大概是讲佛陀生平的经）；东汉初年，楚王刘英"诵黄老之微言，尚浮屠之仁祠"（《后汉书·楚王英传》）；汉明帝也曾派人去印度求法，取回《四十二章经》（小乘佛经的摘要著作）译为汉文。

当时盛行黄老、神仙方术，人们也把佛教看成是道术的一种。东汉末年，安息（伊朗高原东北部）僧安世高等人来华译出大量小乘佛教经典，其中包括介绍佛教基本教义的理论著作（《阿毗昙》）和指导修持禅定的禅经（如《安般守意经》等）。支谶是同时来华的大月氏僧人，他第一次把大乘般若学传入中国内地。他所译的《般若道行品经》（或《道行般若经》）很快就受到人们的注意，在魏晋曾风靡一时。

魏晋盛行玄学，重《老子》、《庄子》和清谈。魏正始（公元240—249年）年间，何晏、王弼提倡"贵无"，认为天下万有"以无为本"，名教出于自然。魏晋之间，向秀、郭象注《庄子》，认为万有"自生"、"自尔"、"独化"，名教即自然。以般若学说为基本内容的大乘空宗因为在思想上与玄学有相似的地方（如空与无、真俗二谛与言意之辨等），所以受到士大夫的欢迎，并得到迅速传播。《般若道行品经》宣传"诸法性空"，认为世俗认识及其面对的一切现象都是因缘和合的产物，假而不实，唯有体认永恒真实的、超越世俗认识的"实相"、"真如"、"第一义谛"才能达到觉悟。玄学家以佛教般若学说来发挥玄学的理论，佛教学者用玄学来解释般若学说，佛玄交融贯通，两晋时期形成具有中

冥冥之中——神秘文化的起源与发展

国民族特色的般若学派——"六家七宗"，其中以本无宗（主张本体为空）、心无宗（空心不空外境）、即色宗（万有即空）影响较大。

东晋十六国后期，战乱不断，生灵涂炭，佛教因宣传因果报应和彼岸世界的教义，受到社会普遍欢迎，发展很快，几乎普及到社会各个阶层。西域佛图澄（公元232—348年）受到后赵石勒、石虎的尊崇，除传教外，还参与军政机要。在他的影响下，朝廷正式允许汉人可出家为僧。北方广立佛寺，僧人增加很多。佛图澄的弟子分散到全国各地，对佛教义理和组织制度的发展，影响很大。其中道安（公元312—385年）提倡般若空宗，用玄学观点论释般若理论，主"本无宗"。他还整理佛典，撰《综理众经目录》，为僧团制定仪规，组织僧人系统翻译小乘经戒。他的弟子慧远（公元334—416年）住庐山，广交朝野名士，提出协调王权和僧团、名教与佛法的理论，既倡般若，又倡西方净土信仰，对后世净土宗的创立有直接影响。后秦王姚兴迎龟兹（今新疆库车县）名僧鸠摩罗什（公元343—413年）至长安，译出经典35部300卷。其中大乘经典《般若经》（大小品）、《大智度论》、《中论》、《十二门论》和《百论》、《法华经》等，对后世影响深远。弟子僧肇（公元384—414年）著《不真空论》、《物不迁论》、《般若无知论》等，发挥般若中观的学说，对以往佛学和玄学所讨论的中心问题作了总结，认为世界在本质上是虚幻不实的，是静止不动的，但"如来功流万世而常存，道通百劫而弥固"，劝人们应相信佛教报应理论和成佛学说。

南北朝时期，从广译佛经进入深入地研究佛经，讲经和著述之风甚盛。围绕研究佛经的不同和理论主张的差异，出现了涅、成实、三论、毗昙、地论、摄论、楞伽等学派。继魏晋盛行般若之后，涅佛性学说特别受到人们的重视。竺道生（公元355—434年）在南朝大讲"一切众生，悉有佛性"，"一阐提人（谓善性灭绝者）皆得成佛"和"顿悟成佛"的理论，在佛教界发生了振聋发聩的作用。南朝宋文帝和梁武帝等人都提倡这个理论。从此，般若空义和涅佛性理论成为中国佛学的两大理论支柱。《大乘起信论》虽题为印度马鸣造，陈真谛译，实际是南北朝末的编译著作。此书认为人的精神世界（心）生来即具有善（真如、净）、恶（无明、染）的两个方面，前者即众生所秉有的佛性，后者即情欲烦恼；前者被后者遮蔽不能显现。此书主张通过信奉佛教，坚持断恶修善的修行，就可使佛性显现，达到解脱。这种佛教心性论不仅为隋唐大部分佛教宗派所吸收，对哲学界心性论的兴起也有直接推动作用。

南朝的统治者都崇信佛教。梁武帝曾四次舍身寺院，由朝廷和群臣以巨额金钱赎回。梁武帝并多次登坛讲经，从事著述。北朝虽发生过北魏太武帝（公元446年）和北周武帝（公元574年）发起的两次灭佛事件，但总的来说是积极扶植佛教的。云冈、龙门石窟的建造，大量寺院的修建就是证明。正是由于统治阶级的支持，南北朝时已形成了相当稳固的以经营土地为中心的寺院经济，并在世俗官僚制度之外形成了比较完备的僧官制度。

隋唐时期，在国家分裂了近三百年以后重新建立统一的封建王朝，政治、经济和文化都取得了空前发展，成为亚洲乃至世界的先进国家。由于统治阶级重视文治政策，对儒、释、道三教都予以扶植，于是佛教进入鼎盛时期。隋朝承北周武帝灭佛之后，文帝自小受尼鞠养，即帝位后常对群臣讲："我兴由佛法。"（《续高僧传·道密传》）他广建佛寺，度僧尼出家，命人译经写经，从仁寿元年（公元601年）开始，前后令百余州（全国共有州或郡190个）建舍利塔。据《辨正论》卷三记载，隋时建寺3985所，度僧尼236 000余人。唐太宗即位后，曾命在全国"交兵之处"建立寺刹，"给家人、车、牛、田庄，并立碑颂德"（《广弘明集》卷二十八）。在贞观十一年（公元637年）下的诏令中，他虽然有意抬高道教，说"朕之本系，出于柱史（老子李耳）"，"自今以后，斋供行立，至于称谓，其道士女冠，可在僧尼之前"（《唐大诏令集》卷一百一十三），但实际上，采取的是二教并重政策。武则天时因曾利用佛教篡夺帝位，于是谕令佛教应在道教之前（《唐大诏令集》卷一百一十三），从此进一步刺激了佛教的发展。唐武宗时曾一度灭佛（公元845年），没收寺院土地财产，毁坏佛寺、佛像，命僧尼还俗。据《资治通鉴》卷二百四十八记载，被毁寺院达4 600所，招提兰若等佛教建筑4万余所，僧尼还俗的达26万多人，没收的寺院土地达数千（"千"当为"十"）万顷，查出奴婢15万人。但武宗以后，佛教很快又得到恢复和发展。

佛教传入中国后，经过六七百年的初传、普及，逐渐成为中国民族文化的一个组成部分，寺院经济也成为中国封建经济的一个方面。在教义理论方面，佛教对中国传统思想文化中的哲学本体论、天人关系论和人性论以及宗教习俗、鬼神观念等广泛吸收。在僧团组织方面，采取了中国封建宗法观念和制度，从而形成许多具有鲜明民族特色的佛教宗派。

主要佛教宗派

在隋唐时期形成的主要佛教宗派有：天台宗、三论宗、法相宗、华严宗、律宗、禅宗、净土宗、密宗。其中对后世影响较大的宗派有天台宗、法相宗、华严宗、禅宗和净土宗。

天台宗创始人是隋代天台山国清寺的僧人智颛（公元531—597年），以《法华经》和智颛的《法华玄义》、《法华文句》和《摩诃止观》为主要依据。此宗认为世界是万有乃一心的产物，所谓"一念三千"。在这个前提下又提出"一心三观"和"三谛圆融"的理论，认为世界一切空幻无实（空谛），存在者皆为假有或名相（假谛），二者不即不离或相即相离，是万有的本质（中谛）。空、假、中三谛系于一心，修行者通过体认三者融通相即的关系，可灭惑证智，达到解脱。佛与众生没有根本差别，也是相即不二的。人所具之本性有善恶两个方面（性具善恶），极恶的人也可修证成佛。九祖湛然（公元711—782年）甚至提出连无情草木瓦石也有佛性。

法相宗（也称唯识宗）创始人是唐代名僧玄奘（公元602—664年）和弟子窥基（公元632—682年），以玄奘的《解深密经》、《瑜伽师地论》、《成唯识论》和窥基著的《成唯识论述记》等为主要依据。本宗对世界各种现象，特别是心理活动和精神现象作了极为烦琐的分析和论证，认为一切皆为精神的产物，所谓"三界唯心，万法唯识"。把人的主观认识机能或精神作用分为"八识"，即眼、耳、鼻、舌、身、意、末那、阿赖耶八种识。前六识是认识外界的六种机能或作用，末那识是联系前六识和第八识阿赖耶识的中间桥梁，而阿赖耶识是主宰前七识的"根本识"，实为灵魂。认为构成世界万物的精神种子即藏在阿赖耶识之中。世界上一切事物和现象既然属于精神作用的因缘和合而显现，那么就不是真实的，只有清净的真如佛性（"圆成实性"）才是真实的。人要达到觉悟就应体认真如、为此应断除对法、我的两种执著，达到"转识成智"，觉悟成佛。

华严宗实际由唐初僧人法藏（公元643—712年）创立，主要依据《华严经》和法藏所著《华严经探玄记》、《华严五教章》等。因法藏号贤首，故该宗也称贤首宗。主张"真如缘起"论，认为世界上一切事物和现象是"一真法界"（真如、法性）的显现。它用事法界、理法界、理事无碍法界、事事无碍法界（四法界）的教义论证世界的本质和现象，宣称体现真如本体的"理"，显现出世界一切千差万别的事物和现象（"事"），如月映万川那样，"一一事中，理皆全遍"，"事理融通，非一非异"（《华严发菩提心章》）。世界上没有任何矛盾和斗争，各种事物（包括概念）皆"圆融无碍"。既然理体与事相融通，众生与佛也就无根本差别。众生之所以轮回于生死苦恼之中，是因为有"妄想"（世俗认识和情欲），如果能认识法界缘起重重无尽，事事无碍的道理，就可清除"妄想"，而达到觉悟。

禅宗唐中叶以后，逐渐发展成为中国佛教的最有势力的宗派。禅宗奉北魏时来华弘传禅法的印度僧菩提达摩（？—约536年）为初祖，以慧可为二祖，僧璨为三祖，道信为四祖，弘忍为五祖。但实际上唐末以来所流行的禅宗是由唐中期的被称为六祖的慧（或作"惠"）能（公元638—713年）创立的。《楞伽经》、《金刚般若经》、《涅经》、《大乘起信论》等对该宗有较大影响。传为慧能说法记录的《六祖坛经》和历代禅师的语录为该宗传授禅法的重要依据。据记载，五祖弘忍（公元602—675年）弟子中有神秀、慧能二人。神秀（？—706年）的禅法主张可用他作的心偈表示：

身是菩提树，心如明镜台。时时勤拂拭，莫使有尘埃。（《坛经》敦煌本）

主张渐悟，认为通过勤苦修行，坐禅观心，可以消除"妄念"，达到觉悟。慧能主张顿悟，针对神秀的偈也作了一偈，说：

菩提本无树，明镜亦无台。佛性常清净，何处有尘埃。

后两句也作"本来无一物，何处有尘埃"（《坛经》惠昕本）。慧能认为心性本净，一切皆空，何有尘埃可染。他指出神秀的"观心看净"也是一种执著，因为"净无形相"。他主张在坚信自身本有佛性的基础上以任运自在为坐禅，不借助世俗观念、思虑和名相，排除任何心理追求，通过直观内省使心与"真如"相应，此即所谓"立无念为宗，无相为体，无住为本"（《坛经》敦煌本）。神秀的禅系因在北方，被称为北宗。慧能的禅系开始在南方流行，称为南宗。慧能死后，弟子神会（公元684—758年）与北宗辩论，推广南宗禅法，南宗逐渐风行全国，北宗湮没无闻。禅宗简化修行方法，不重读经、礼佛、修忏，寓修道求佛于行住坐卧，搬柴运水的日常生活之中。慧能门下，著名的有行思、怀让两系。行思一系形成曹洞、云门、法眼三宗。怀让一系形成沩仰、临济二宗。临济宗在宋代分为黄龙、杨歧二派。以上合称"五家七宗"。其中影响较大的有临济、曹洞二宗。

净土宗由唐代道绰（公元562—645年）及其弟子善导（公元613—681年）创立，主要依据《无量寿经》、《阿弥陀经》、《观无量寿经》和《往生论》等。此宗认为相信阿弥陀佛及其西方极乐世界（净土），反复诵念"南无（意为归命，致敬）阿弥陀佛"，就可消除无量的罪，死后可被阿弥陀佛接引转生西方净土，过福寿无边的生活。

佛、菩萨信仰

佛教是宗教，自然有其信奉崇敬的超自然的神灵崇拜。佛教对佛、菩萨的信仰就是这种神灵崇拜的表现形式。佛教的经典中不乏否认有神的论证。但这主要是反对婆罗门教或其他"外道"的神灵崇拜的，并不是从实质上反对一切神灵。佛教经典，特别是大乘经典中所描述的佛、菩萨，一般都神通广大，威力无穷，虽不用"神"的称呼，但实际上就是宗教学里所说的神。这里仅介绍佛、菩萨信仰的一部分内容。

佛　佛教把"佛"奉为最高的崇拜对象，但对佛的解释却是各种各样的。原始佛教基本经典《阿含经》中所说的佛，一般是指教主释迦牟尼，其中有关"过去七佛"的说法，当是进入部派佛教以后被加进去的。部派佛教时期（公元前4—前3世纪）对释迦牟尼佛进一步神化，而在进入大乘佛教时期（公元前后）以后，除信奉释迦牟尼佛之外，还造出种种佛。大乘教派宣称三世十方，到处有佛，其数多如恒河之沙，如过去有七佛、燃灯佛，未来有弥勒佛，东方有阿䦆佛、药师佛，西方有阿弥陀佛等。从佛身说，有无所不在的"法身佛"（与法性、真如、佛性大同），有作为修行果报之身及应菩萨需要而显身的"报身佛"，有随三界六道的不同情况而显化出来的"化身佛"。还有其他说法。在不同经典、不同宗派，虽同奉佛为本尊，但或以释迦牟尼佛为主尊，或以卢遮那佛为主尊，或以大日如来（摩诃毗卢遮那，与前同）为主尊，或以阿弥陀佛为主尊，等等。因此，不仅汉地寺院与藏蒙地区寺院的佛像不全相同，在汉地寺院的佛像也有差异。

阿弥陀佛　中国对阿弥陀佛及其西方净土（极乐世界）的信仰特别盛行。从东汉末年到东晋，有关这种信仰的佛经陆续传到中国。《无量寿经》、《阿弥陀经》以及《观无量寿经》宣称，遥远的古代有个国王叫法藏，他出家修道，发下四十八个大愿，表示在他成佛后，他所管辖的佛国净土内没有地狱、饿鬼、畜生，一切众生皆可转生此处过长寿美满的生活。后来，他果然成了佛，号阿弥陀佛（无量寿佛），其佛国在西方叫"极乐世界"。众生一心专念阿弥陀佛，或口称阿弥陀佛，死后就可转生到此处。东晋以后，弥陀信仰迅速流行，至唐代由道绰（公元562—645年）和善导（公元613—681年）成立以弥陀信仰为基本内容的净土宗，特别提倡口称念佛，说一心专念阿弥陀佛的名号，可以消除无量的罪业，死后可转生西方极乐世界。净土宗在各个佛教宗派中是最为流行的，因修行方法简单，在下层民众中影响很大。宋代以后，它与禅宗结合密切。

观世音菩萨　西晋竺法护译出《正法华经》，其中的《光世音普门品》就是讲观世音信仰的。"光世音"是"观世音"的异译。东晋鸠摩罗什所译《法华经·观世音菩萨普门品》是另一种异译本，后世最为流行。"观世音"在唐代为避唐太宗之讳也称"观自在"。据称，观世音菩萨在众生遭受苦难之时，会"观其音声"而去解救。在佛教信仰中，观世音菩萨是大慈大悲、以解救众生的现世苦难为主要职责的。人们遇到水火灾害、疾病以及遭遇盗贼，生命受到威胁之时，如果称念观世音菩萨的名字，据说就可得救；甚至向观世音祈求生个好儿好女，也可如愿。佛经还说观世音可化为各种形象，或以男以女，以人非人，以贫以富的等等形象，向众生传教说法，救人苦难。隋唐以后，密教观世音经典被大量译出，介绍了种种观世音形象和相应的供养礼拜仪规、密咒，其中主要的观世音形象有十一面观音、千手观音、马头观音、不空绢索观音、如意轮观音、准提观音等。唐代以后，妇女形象的观世音菩萨的信仰和造型逐渐盛行，其中的妙善公主观音、马郎妇观音（鱼篮观音）、水月观音、杨柳观音等比较有名。南宋祖琇《隆兴佛教编年通论》载云：过去有位国王与王后生有三女，最小女儿妙善公主生得秀丽慈祥，因抗拒婚配而出家为尼。后来父王长癞，久治不愈。有神医称如得到"无嗔人手目"，便可把病治好。妙善公主于是献上了自己的手、眼。其父病愈以后，入山致谢，此时妙善显化为"千手千眼圣像"。此为妙善公主观音的出处。所谓马郎妇观音，源于这样一个传说：唐末陕西有位年轻貌美的妇女，挎篮卖鱼，后嫁给一位能熟背《法华经·观世音普门品》的马郎，结婚当天，"客未散而命终"。有老僧说她是观世音化身。女性观世音形象，在宋以后特别流行，小说、造像中大量出现。

弥勒菩萨 佛教信仰中，弥勒是将要继承释迦牟尼佛位、象征"未来"与光明的菩萨。西晋至南北朝，有关弥勒的经典《弥勒下生经》、《弥勒成佛经》、《观弥勒上生兜率天经》等被译出。这些经典讲弥勒所在的佛国净土在兜率天，如果有人信仰并称诵弥勒的名号，死后可转生此处。又说，弥勒菩萨在释迦去世后五十六亿多万年以后下降人间，在龙华树下成佛，普度众生。据称此时到处光明，五谷丰登，民众长寿多福。五代以后，人们把弥勒与布袋和尚混同，一些寺院里的弥勒造像取布袋和尚的形象。《宋高僧传》卷二十一载，布袋和尚名契此，明州（今浙江宁波市）奉化人，常以杖背一布袋入市乞讨，随处坐卧，出语无常，向人预告吉凶，死前说偈：

> 弥勒真弥勒，分身千百亿。时时示时人，时人自不识。

世人以为他是弥勒的显化。他死后，人们便以他的形象来塑弥勒佛的造像。中国古代农民起义军常打出弥勒的旗帜来号召民众参加，因为弥勒象征未来和光明，在农民遭受天灾、残酷的剥削压榨时，便期望弥勒出世，改变他们的处境。

宋代以后，中国佛教内部各宗逐渐融合，其中以禅宗和净土宗，禅宗和天台、华严宗的结合最为密切。一般说来，净土宗在组织上最为松散，没有独立的教团，但它的教义、修行方法几乎为一切宗派所吸收。密宗在唐末已经衰微，它的修行仪规、密咒，也被别的宗派吸收。此外，佛教与道教、儒家学说，也日益结合，一般称为"三教合流"或"三教合一"。佛教日益世俗化，是它在新形势下的发展。佛教在唐初传入西藏地区，8世纪后形成藏传佛教（喇嘛教），元初确立政教合一体制，15世纪宗喀巴（1357—1419年）创立黄教，成为藏传佛教主流，并流传到青海、内蒙等地区。

佛教是中国封建意识形态中的重要组成部分，它影响到哲学、道德、文学、音乐、雕塑、美术等各个文化领域。佛教教义中的时空无限、体用相即、心性善恶以及对心理作用的细密分析等，对中国哲学的发展起过启示和推动作用，同时，它的悲观厌世、因果报应和三世轮回、对佛菩萨的迷信等教义，也对中国古代人民的精神产生过严重的麻醉腐蚀作用。

2. 道教的形成和发展

我国从远古以来就有灵魂不死的观念和对天帝鬼神的信仰，秦汉以来盛行黄老神仙方术和天人感应、阴阳五行学说。东汉顺帝时，以黄老学说为基础，吸收传统的鬼神观念和迷信方术，正式形成道教。当时的道教有两支：一是张陵创立的五斗米道；一是于吉等人创立的太平道。

据《后汉书·刘焉传》和《三国志·魏志·张鲁传》记载，张鲁的祖父张陵（张道陵）在东汉顺帝时到蜀郡鹄鸣山（在今四川省大邑县内）创立道教，作《道书》，凡信奉者须出五斗米。因此他创立的道教被称为"五斗米道"或"五斗米师"。因张陵称受太上老君之命为"天师"，故亦称"天师道"。张陵死后，其子张衡继之；张衡死后，其子张鲁继之。五斗米道奉老子为教主，以《道德经》为主要经典，今存《老子想尔注》残卷（敦煌文书中发现）即为张陵注释《道德经》之作。教人奉道悔过，用符水咒法治病。设祭酒统领教徒。教徒有病，令自首罪过，写三份服罪书表，一置山上，表示致意于天；一埋地下；一沉水下，称"三官（天地水三官）手书"。又在路旁设置义舍，放置米肉，行人可量腹食用，但不可食之过量，否则受到鬼的祟害。犯法者先原谅三次，最后才用刑。史称张鲁用此法治汉中三十年，直到建安二十年（公元215年）才被曹操吞灭。

与张陵创五斗米道几乎同时，于吉等人在东海（治所在今山东郯城北）创立太平道。顺帝时琅玡人宫崇到洛阳向朝廷献其师于吉所著《太平清领书》（《太平经》）。太平道的主张可从《太平经》中了解。此书分甲乙丙丁戊己庚辛壬癸十部，每部十七卷，共一百七十卷。其基本思想来自两汉流行的黄老道家，也吸收了董仲舒以来的神学目的论和阴阳五行思想。东汉襄楷说此书"专以奉天地、顺五行为本，亦有兴国广嗣之术。其文易晓，参同经典"（《后汉书·襄楷传》）；《后汉书》作者范晔说此书"其言以阴阳五行为家，而多巫觋杂语"。（《后汉书·襄楷传》）

《太平经》神化老子，把他尊为九玄帝君，为至尊之天神。书中借用道家和阴阳家的语言宣传神仙信仰，兼及天地、五行、灾异、瑞应、养生、巫术及伦理道德、政治主张等等。从《太平经》可以看出，太平道的创立者有强烈的干预社会政治的愿望。它用神学的语言强调忠君孝亲，严格上下等级，辅助帝王"致太平"。但《太平经》中也有一些批评贫富悬殊，"为富不仁"的内容，反对以强凌弱，主张自食其力和救穷救急。东汉末年黄巾起义（公元184年）曾利用《太平经》。起义军首领张角在发动和组织起义的过程中，自称"大贤良师"，"持九节杖为符祝，教病人叩头思过，因以符水饮之。得病或日浅而愈者，则云此人信道，其或不愈，则为不信道"。（《三国志·魏志·张鲁传》注引《典略》）这与五斗米道十分相似。黄巾起义失败后，太平道也受到镇压。但道教作为一种宗教在江南、江北广大地区仍然继续流传，在上层社会也拥有不少信徒。

东晋时道教日渐兴盛。据史书记载，东晋的哀帝信奉道教；常服"长生药"，以致中毒不能亲自执政。著名大臣郗忄音、郗昙兄弟，王羲之家族，都信奉天师道，与道士过从甚密。道士葛洪（公元283—343年）以博学知名，尤好神仙导养之法。其从祖葛玄为道士，以其炼丹秘术授弟子郑隐。葛洪曾师事郑隐，又从师于南海太守鲍玄。葛洪因功官至司徒橡、谘议参军，后于罗浮山炼丹。所著《抱朴子》内外篇七十卷。"内篇"言"神仙方药，鬼怪变化，养生延年，禳邪却祸之事"，属道家；"外篇"论述"人间得失，世事藏否"，属儒家。葛洪提出改造民间流行的道教，建立官方道教的主张。他认为应把儒家纲常名教思想吸收到道教教义之中，求仙长生者不仅要致力于炼丹、服药和"行气"内修，而且"要当以忠孝、和顺、仁信为本，若德行不修，而但务方术，皆不得长生也"。（《抱朴子·内篇·对俗》）葛洪还著有《神仙传》十卷、《隐逸传》十卷及《金匮药方》、《肘后要备方》等。

在这个时期，道教在下层民众中也拥有众多信徒。在汉中、四川一带，道教十分流行。西晋末年，道教徒范长生"率千余家依青城山"。李特之子李雄攻入成都称王，拥立范长生为丞相，又拜为"天地太师"（《晋书·李雄载记》）。东晋末年孙恩、卢循曾以五斗米道为号召，在今山东南部和江浙一带领导农民起义，他们称自己的道徒为"长生人"。

南北朝时期，官方道教已经形成，道教受到统治阶级的保护和扶植。北魏太武帝太平真君（公元440—450年）年间，嵩山道士寇谦之改革天师道，"除去三张伪法，租米钱税"，（《魏书·释老志》）吸收儒家学说及佛教经律格式、斋戒祭祀仪式，以"帝王师"、"辅佐北方太平真君"自任。自称受太上老君之命任"天师"之位，继张陵之后。因此把他创的道派称"北天师道"。寇谦之经司徒崔浩的荐引，受到太武帝的崇信，为他建天师道场及道坛。从北魏太武帝至北周诸帝即位都要登坛受符录。

在南朝，刘宋时有庐山道士陆修静致力传道，"祖述三张（张陵、张衡、张鲁），弘衍二葛（葛玄、葛洪）"（《广弘明集》卷四），受到宋文帝、明帝的礼遇。他广搜道书，编成《三洞经书目录》，此为我国最早的道经目录。陆修静依据封建宗法制度和伦理，吸收佛教修持方法，广制斋仪，"意在王者遵奉"。他认为"斋直是求道之本"，重礼拜、诵经、神思。此为南天师道。

此后，南朝梁时茅山（今江苏南京市东南）道士陶弘景（公元456—536年）自称得自上清系"真人"杨羲、许谧的真传，以茅山为中心传教、整理道教典籍。主要弘传《上清经》，是道教上清派的重要代表人物。所著《真诰》认为"道"为元气、太极，是天地万物之源。他构造道教神仙体系，主张三教合流，对后世影响很大。他还精于医学、天文历算。在医药学方面首创以玉石、草木、虫兽、果菜、米实等分类法。梁武帝对他十分崇敬，每有吉凶征讨大事，皆有咨询，时人称为"山中宰相"（《梁书·陶弘景传》）。从隋唐到明代中叶，道教进入兴盛时期。道教教义、仪式日益完备，形成庞杂的经典体系，在组织上存在全国性的管理体制和道官系统。

隋唐时期佛、道二教与儒家形成鼎足并立的局面。隋朝比较重视佛教。唐朝皇室自认为是道教教主李耳的后裔，以道、儒、释排列三教次序。高宗时尊老子为太上玄元皇帝，玄宗时"制两京、诸州各置玄元皇帝庙并崇玄学，置生徒，令习《老子》、《庄子》、《列子》、《文子》"（《旧唐书·玄宗本纪》）。玄宗还为《道德经》作注，并派使者搜访道经，亲自寻阅。在他主持下，首次把道教经典编为"藏"，其目为《三洞琼纲》，凡录目7300卷，命人传写，以广流布，名《开元道藏》。唐代著名道士王远知、成玄英、孙思邈、潘师正、王玄览、李筌、闾丘方远、司马承祯、吴筠等，在传教或整理道书、发展教义等方面都具有较大影响。

宋代皇室也尊崇道教，称其祖赵玄朗为道教尊神，封为"圣祖上灵高道九天司命保生天尊大帝"，并加封老子为"太上老君混元上德皇帝"。宋徽宗自称道君皇帝，于太学置《道德经》、《庄子》、《列子》博士，并自注道书。宋初道士陈抟（？—989年）得到宋太宗赏识，好《周易》，作《无极图》、《先天图》，依托《周易》"太极"之说，图示内丹修炼过程。宋代周敦颐（公元1017—1073年）著《太极图说》提出以"太极"为本原的宇宙构成论，邵雍（公元1011—1077年）著《皇极经世书》也以"太极"（道、心、性）为宇宙本原，提出一套"象数之学"（"先天学"），据说都受到陈抟的影响。他们二人的学说对理学影响很大。宋代三教合一是时代潮流。道教对理学的影响是多方面的。宋儒"主静"的修养方法是源于《礼记·乐记》"人生而静，天之性也"，但也受到佛、道二教的影响。道士张紫阳（公元984—1082年）著《悟真篇》，宣传内丹修炼，又主张三教合一，说"教虽分三，道乃归一"，主张以道教的修炼性命学说来结合三教。他的思想对后世道教影响甚大，南宋以后被奉为全真道南宗之祖。

南宋、金时期，国家南北分裂，道教内部也形成很多派别。在南宋统治下的南方，除以龙虎山为中心的天师道（传说张鲁之子迁居今江西贵溪县西南的龙虎山，宋真宗时始在此山置上清观，赐道士张正随号）、茅山为中心的上清派、阁皂山为中心的灵宝派以外，还兴起如神霄派、清微派、混元派、东华派、净明派等，它们多从前述三山符箓派分化而来。这些派别倡导儒、释、道三教同源一致，融合儒、释，又以大量援引、融摄理学思想为特色。在北方地区，有金大定七年（公元1167年）由王重阳创立的全真道，此外还有真大道教和太一道等。

但对后世影响最大的只有原来是天师道的正一道和全真道二派，它们直接得到元明统治者的支持。

南宋以后，南北天师道逐渐与上清、灵宝等符箓派合流，称正一道。元世祖平定江南，命三十六代天师张正演"主领江南道教"；元成宗大德五年（1301年）授三十八代天师张与材"正一教主，主领三山（龙虎、阁皂山、茅山）符箓"（《元史·释老传》）。明代改天师为"正一嗣教真人"，后又恢复天师号。清代对张天师只许称"正一真人"，又不许朝觐。正一道以《正一经》为主要经典，崇拜神仙，重视画符念咒，降神驱鬼，祈福禳灾，不注重修持。道士可不居观而有家室。

全真道由金朝王重阳（1112—1170年）创立于山东宁海（今牟平），入道者称"全真道士"。主张三教合一，以《道德经》、《般若心经》、《孝经》为主要经典，教人"孝谨第一"，"正心诚意，少思寡欲"；认为"性者神也，命者气也，性命是修行之根本"；重视个人修炼"性命"，不尚符箓和黄白之术；主张修道者应出家，仿照佛教建立出家和丛林制度。（参见王重阳《立教十五论》、樗栎道人《金莲正宗记》等）王重阳死后，此派迅速流传北方广大地区。元世祖时，王重阳的弟子丘处机（1148～1227年）应诏赴西域雪山，时世祖正进行西征，丘处机劝他"不嗜杀人"。"及问为治之方，则对以敬天爱民为本；问长生久视之道，则告以清心寡欲为要。"（《元史·释老传》）因此受到礼遇，全真道进入全盛期。此后因全真道广占佛教寺院改为道观，大肆宣传《老子化胡经》等，引起佛教信徒和僧众的不满。元宪宗五年（1255年）召少林寺长老与道士李志常（掌道教）辩论，志常词屈，于是降诏禁止毁坏佛像并伪造经文。元世祖至元十八年（1281年）命佛道二家辩论道教经典真伪，后将《道德经》以外的道书焚毁。全真道为此受到打击。（祥迈《辨伪录》）元代统一中国后，禁令渐弛，全真道又得到恢复。

明代重正一道，明世宗尤躬亲斋醮，不理朝政。道士邵元节、陶仲文出入宫廷，担任要职。明代朝廷重视搜集整理道书，在正统、万历年间分别编印《正统道藏》、《万历续道藏》共5485卷。明代在首都设道录司掌天下道士。清代以后，道教日益衰微，其管理制度基本因袭明朝。

道教尊奉的神

道教所奉的神甚多且杂，中国自古以来所传说的神灵几乎都可在道教中找到它们的影子。这里仅介绍几个主要的。

三清指玉清、上清、太清，是道教所奉的最高尊神。玉清是天宝君，也称元始天尊，说是由混洞太无元之青气化生，居清微天的玉清境；上清是灵宝君，又称灵宝天尊，说是由赤混太无元玄黄之气化生，居禹余天之上清境；太清是神宝君，也称道德天尊，即老君（老子），说是由冥寂玄通元玄白之气化生，居大赤天之太清境。（《道教宗源》）据说"此三号虽年殊号异，本同一也"（《云笈七签·三宝大有金书》）。它们所由以化生的三气是天地万有的本原，此三位尊神统御诸天神。

道教最早尊奉老子，如张陵《老子想尔注》说："一（按，指"道"）散形为气，聚形为太上老君。"《魏书·释老志》说"道家之原，出于老子。其自言也，先天地生，以资万类。上处玉京，为神王之宗；下在紫微，为飞仙之主"，为黄帝、帝喾之师。可见，这里的老子（太上老君）即为"道"的人格神。

据近人考证，元始天尊的偶像崇拜始于南北朝。《隋书·经籍志》谓："元始天尊，生于太元之先，禀自然之气，冲虚凝远，莫知其极……天尊之体，常存不灭。"看来也是"道"的神化。唐代道观内立元始天尊像，左右立二真人夹侍。从此对元始天尊崇拜的风气便盛行开来。

四御在三清之下的四位天帝：第一是玉皇大帝，又称昊天金阙至尊玉皇大帝，是总执天道的地位最高的神，如同人间的皇帝。宋真宗、徽宗都曾奉上尊号。第二是中央紫微北极大帝，是协助玉皇执掌天地经纬、日月星辰和四时气候之神。第三是勾陈上宫天皇大帝，是协助玉皇执掌北极和天地人三才，统御诸星，并主持人间兵革之神。第四是后土皇地祇，或后土皇祇，为执掌阴阳化育万物之美、山河大地之秀的女神。

此外，道教还尊奉日月五星、四方之神（青龙、朱雀、白虎、玄武）等等。对民间早已存在的自然神，诸如雷神、风伯以及与日常生活密切相关的门神、灶神及城隍、土地等神，道教也都信奉。至于道教传述的神仙更多，如赤松子、黄帝、西王母、东王公、三茅真君、八仙等等，或为神话传说，或为修道者的神化，兹不详述。

道教追求"长生不老"，自然重视养生修炼之道。其中有直接继承道家的，有的则在秦汉神仙方术的基础上有所发展。在修炼方术中，有以静修心神的"守一"内修方术，也有以吐纳为主的呼吸修炼方术"服气"（行气）、服食药物（或草药，或烧炼的丹药）的"服食"等等。道教的修炼方术虽含有不少迷信糟粕，但也含有一些我国古代人民在与疾病斗争中所积累的医药保健经验，至今仍有一定的借鉴意义。

在中国古代封建思想结构中，儒、释、道三教是三大精神支柱。道教与儒、释既有互相排斥的一面，同时又互相吸收。在历史上，道教作为华夏之教有时站到儒家一边共同对抗佛教。宋代以后三教合流已成定局。道教从创立以来，对中国古代的政治、哲学、文学、艺术以及医药、卫生保健等各个领域，都产生过深刻影响。作为宗教，它的消极方面自然不能低估，但作为文化的一个组成部分，也有不可抹煞的积极方面。

3. 民间秘密宗教

民间秘密宗教是指在民间秘密流行而受到封建统治阶级禁止和镇压的宗教。严格说来，东汉以来已存在秘密宗教。但这里所说的是特指宋元，特别是明清的秘密宗教。宋以后中国封建社会进入后期，各种社会矛盾日益激化，农民反抗封建地主阶级的斗争方式也是多种多样的，其中打着宗教的旗帜，或以宗教作为组织形式的农民起义时有发生。农民利用的宗教，一般就是秘密宗教。由于时代潮流的影响，这些宗教都具有三教合一的特点，并且带有强烈的政治色彩。影响较大的有白莲教、摩尼教、罗教、黄天教、红阳教、闻香教、八卦教等。

白莲教　原为佛教净土宗的一支，称白莲宗，为南宋初茅子元所创立。他先学天台宗，后慕东晋慧远建白莲社遗风，"劝人皈依三宝，受持五戒"，编成《莲宗晨朝忏仪》，代众生礼佛忏悔，祈愿众生往生净土，在平山淀山湖（今上海青浦县西）建立"莲宗忏堂"，自称"白莲导师"。他主张禅、净一致，即使"不断烦恼，不舍家缘，不修禅定"，也可往生净土。官府以"事魔"之罪把他流放到江州（今江西九江），以后被赦，应诏为孝宗说教义，受赐"劝修净业莲宗导师慈照宗主"，著有《圆融四土图》等。（《莲宗宝鉴》卷四）该宗教徒"谨葱乳，不杀，不饮酒，号白莲菜"。（《佛祖统纪》卷四十七）元代以后，此宗吸收弥勒信仰，认为弥勒菩萨将从兜率天宫下生人间成佛，在龙华树下三度说法度众，信徒到处成立白莲社。元武宗至大元年（1308 年）、英宗至治二年（1322 年）反复遭禁。在流传中又吸收摩尼教的二宗（光明、黑暗）三际（初、中、后）教义及其明王信仰，认为光明（善的方面）终将战胜黑暗（恶的方面），出现光明的王国。元末韩山童领导的红巾军起义曾利用白莲教，称"弥勒佛下生，明王出世"（《明史·韩林儿传》）。明正德（公元 1506—1521 年）以后，受罗教影响，吸取"真空家乡，无生老母"观念，说无生老母派弥勒佛等神佛下凡，拯救众生回"真空家乡"。白莲教的教派很多，明代有闻香教、大乘教清茶门等教门；清代有清水教、八卦教、天理教等。利用这些教门起义的农民很多，著名的有明天启二年（公元 1622 年）山东徐鸿儒起义，清嘉庆年间川、鄂、陕的白莲教大起义等。

摩尼教　公元 3 世纪，由古伊朗的摩尼所创立。此教在祆教二元论的基础上吸收基督教、佛教、诺斯替教（希腊—罗马古代秘传宗教之一）等教义而形成自己的信仰理论，以二宗（光明、黑暗）、三际（初际、中际、后际）为根本教义，认为"先知"摩尼作为明王的使者，将通过传教教化，最终战胜黑暗，出现光明王国。唐初传入中国，武则天延载元年（公元 694 年），波斯国拂多诞持《二宗经》来华传教；玄宗开元二十年（公元 732 年）敕"末尼是邪见，妄称佛教，既为西胡师法，其徒自行，不须科罚"（《佛祖统纪》卷五十四）。此后在两京及荆扬诸州都建有为波斯人及回纥人使用的摩尼教寺，其徒白衣白冠。唐武宗会昌五年（公元845年）灭佛，摩尼寺也被毁，教徒被迫还俗，此后便成为秘密宗教。五代梁贞明六年（公元920年），有人曾利用摩尼教发动起义。《佛祖统纪》卷五十四记载："其徒以不茹荤饮酒……画魔王踞坐，佛为洗足，云佛大乘，我乃上上乘。"统治者蔑称此教为"食菜事魔"教。北宋方腊起义（1120年）曾利用摩尼教；南宋初年，信州，严州、宣州、赣州的农民起义也曾利用此教。

罗　教　明正德年间（公元1506—1521年）由山东即墨人罗清（又名罗梦鸿，后被教徒尊为罗祖）创立于直隶密云（今北京市密云县）。罗清著有《苦功悟道卷》。其教与禅宗南宗相近，主张不立文字，否定佛像寺庙；以"真空"（此取自佛教般若学）为宇宙本原，创"真空家乡，无生老母"八字真诀，劝人修证来世。该教的基本群众是漕运水手，以运河两岸为活动中心，在各地设有庵堂，内供奉罗祖像，并有五部文册经卷。曾对青帮的形成有较大影响。罗教后来分为无为教、大乘教，江南则有老官斋教。

八卦教　康熙年间（公元1662—1722年）由山东单县人刘佐臣创立，以八卦作为组织形式，形成"内安九宫，外立八卦"的宗教体系。此教也称五荤道、收元教、清水教、天理教、九宫教等。实际是从元明白莲教演变而来。清中叶，山东的清水教起义和直、鲁、豫的天理教起义，清末的义和团运动，都曾利用此教。

4. 伊斯兰教

伊斯兰是阿拉伯语"Islām"的音译，意为"顺从"。伊斯兰教在中国也称"回教"、"清真教"、"天方教"等。7世纪初由阿拉伯半岛麦加人穆罕默德（约公元570—632年）创立。主要教义是：信仰安拉（Allāh，中国也译为"真主"）是创造宇宙万物的唯一的神，穆罕默德是安拉的使者。以《古兰经》为根本经典，认为它来自安拉的"启示"。信世间一切事物都是安拉的"前定"，并信仰"死后复活"、"末日审判"等。规定教徒应做到"五功"：念"清真言"（"除了安拉，再没有神，穆罕默德是安拉的使者"）、礼拜、斋戒、纳天课（宗教课税）、朝觐（教徒如有可能，一生应去麦加朝觐一次）。穆罕默德创教后，在麦地那建立了政教合一的政权，随着阿拉伯半岛的统一，发展为全半岛的统治宗教，8世纪初发展为跨欧、亚、非三洲的世界性宗教。

7世纪随着大食（阿拉伯）与中国的经济往来，传入中国。现史学界一般以唐永徽二年（公元651年）大食朝贡使进献作为伊斯兰教传入中国的开始。唐时称伊斯兰教为"大食法"，杜环《经行记》最早记述了伊斯兰教的基本信仰和仪规（见杜佑《通典》卷一百九十三、一百九十四）。但整个唐宋时期，信仰伊斯兰教的主要是来华的阿拉伯人、波斯人等。元代，随着西域等地被蒙古军征服，大量所谓"色目人"（包括畏吾儿、回回等十几个民族）来到内地，他们大部分已信奉伊斯兰教。此时大食人来华的也比前代多。因此，元代伊斯兰教得到较大发展。在《元史》和《元典章》中，一般把信奉伊斯兰教的人称为"回回"，其礼拜堂为"回回寺"。从元代政策来看，对伊斯兰教是歧视的。明清时期，伊斯兰教虽仍受到统治阶级的歧视和压迫，但取得比较深入的传播，教徒以中国人为主体，不仅信奉此教的汉人是中国人，就连过去来自阿拉伯、波斯等地的信徒，也成为中国人了。

伊斯兰教深入内地农村，各地建了很多礼拜寺。伊斯兰教在宗教教育、学术研究方面，也有较大发展。伊斯兰教的寺院教育，其首倡者是明代的胡登洲（公元1522—1597年）。到清末，以礼拜寺为中心的宗教教育相当普遍，主要课程包括学习阿拉伯文、教授教法和宗教哲学。明清时期，中国出了一批伊斯兰教学者，他们著述译书，对传教和伊斯兰教教育的普及，起了推动作用。其中，明末清初的王岱舆所著《清真大学》、《正教真诠》，张中的《归真总义》，伍遵契所译《归真要道》，马注的《清真指南》，清代刘智的《天方性理》、《天方圣礼择要解》、《天方至圣实录》，马德新所译《四典要会》、所著《性命宗旨》等，都比较有名。马德新的《宝命真经直解》和清末马联元的《孩听》，可说是《古兰经》的最早汉文译本。伊斯兰教至今仍在回、维吾尔、哈萨克、乌孜别克、塔吉克、塔塔尔、柯尔克孜、撒拉、东乡、保安等十个少数民族中流行，在历史上对这些民族的生活习俗、道德观念和文化艺术等有过深刻的影响。

5. 宗教典籍

中国拥有丰富的宗教典籍，其中佛、道二教的典籍最多，影响也最广泛。它们不仅是宗教典籍，实际也是中华民族文化遗产的一部分，其中虽然具有大量神秘主义和封建迷信的内容，但也包含不少有价值的以至科学的成分。

自佛教传入中国以后，中外僧人翻译了不少佛典，我国僧人也写出了大量佛教著作。从东晋道安开始，不少人对佛教典籍进行分类整理，撰写目录和提要。现存经录中，著名的有南朝梁僧《出三藏记集》、隋代费长房《历代三宝记》、唐代道宣《大唐内典录》、唐代智升《开元释教录》、唐代圆照《贞元新定释教目录》等。随着印刷术的进步，佛经从手写转为雕版印刷。我国第一部雕版《大藏经》是在北宋初的开宝四年（公元971年）至太平兴国八年（公元983年）由朝廷主持雕印的，所收范围以《开元释教录》为准，简称《开宝藏》。以后民间也多次组织雕印佛经，其中至今保存完备的有宋末元初由江苏碛砂延圣院雕印的《大藏经》，简称《碛砂藏》，现在流行的是上海1935年的影印本。辽、金、元、明、清各朝统治者也都组织雕印《大藏经》。中国的《大藏经》也流传到朝鲜、日本等国。现存13世纪由朝鲜高丽王朝雕印的《高丽藏》，主要依据的是《开宝藏》和《契丹藏》。现国内常用的有20世纪初由上海频伽精舍出版的

《频伽校印大藏经（《频伽藏》，此原据日本《缩刷藏经》排印），以及日本出版的《大正新修大藏经》（《大正藏》）。目前我国正在据《金藏》（《赵城藏》本）和其他经藏编印《中华大藏经》（汉文部分）。西藏文《大藏经》由称做"甘珠尔"（经律）和"丹珠尔"（论）的两大部分组成，现存的主要有 18 世纪的北京版、德格版、纳塘版三种。这些《大藏经》是研究古代印、中、日等国佛教史的重要资料，也是研究这些国家古代社会和文化的重要资料。

道教创立后，从《太平经》开始，以后各种道书大量出世。南北朝宋时，道士陆修静首编道书目录，名为《三洞经书目录》，书中称行世经典 1090 卷。"三洞"者，指洞真、洞玄、洞神，谓分别传授自天宝、灵宝、神宝三清系统的经典，即用作道书的分类法。唐开元年间（公元 713—741 年），首次将道书编辑成"藏"，天宝七年（公元 748 年）诏令传写传布。宋时编《宝文统录》，以后又加以增编。按三洞、四辅（太清、太平、太玄、正一）分类，采千字文编号，称《大宋天宫宝藏》，奠定了后世《道藏》编纂体制。宋徽宗崇宁年间（公元 1102—1106 年）又重加较补，称《崇宁重校道藏》。政和年间（公元 1111—1118 年）又增修，称《政和万寿道藏》，并予以雕印。此后金、元均以此藏为底本重行刊印。但以上道藏因兵火和元代佛道之争，几经焚毁，早已散失。明英宗正统十年（公元 1445 年）由邵以正督校，编为《正统道藏》雕印；万历三十五年（公元 1607 年）又雕印《万历续道藏》。此二藏至今保存，为研究道教提供了基本资料。此外，清康熙年间（公元 1662—1722 年）彭定求收集道书 200 多种，辑成《道藏辑要》，以二十八宿编号，分为 28 集，200 余册。虽为《道藏》的节本，其中也包括明版《道藏》之外晚出的道书。现流行的是光绪三十二年（1906 年）的重刊本《道藏辑要》。《道藏》内容十分庞杂，除道书外，还有诸子论著及注释，以及有关医学、化学、生物、体育、保健等著作。佛、道教经典帙庞大，例如，《大正藏》全一百卷（册），收佛书 3360 部，13520 卷，现正编纂的《中华大藏经》拟出 220 册，正续二编拟收佛书 4200 种，23000 卷。道教书籍，正续《道藏》收道书 5485 卷。与此相比，修于清乾隆三十七年至四十七年（1772—1782 年）的《四库全书》，共收书 3503 种，79337 卷。以卷数与之相比，佛书相当它的 1/4 左右，道书相当它的 7% 左右。由此也可以看出佛、道教典籍在中国文化典籍中的分量。

第四节　肃然起敬——自然神信仰

1. 自然神信仰的起源

人类自降生以来，就与自然界有着不可分割的血肉联系。日月星辰、风雨雷电引起人类丰富的想象和直接的感受，大地为人类提供了生存的场所和条件，动植物是人类的食物来源。人类最初把自己作为自然界的有机组成部分，整体融和在自然之中，没有与自然对立的观念。但早期人类生活的自然环境是非常恶劣的，风雨雷电、洪水猛兽，经常给他们带来毁灭性的灾难。这些自然现象刺激着人类思维的发展，久而久之，自然在人类的观念中，就变成了一种神秘的异己力量。人类对自然除了依赖之外，又感受到一种懵懂的恐惧。于是他们想象自然界中有一个神秘的存在，"一个能够到处渗透的弥漫的本原，一种遍及宇宙的广布的力量在使人和动物有灵性，在人和物里发生作用并赋予他（它）们以生命"。这个神秘的存在是看不见、摸不着的，但它可以寄居在自然物上。根据甲骨卜辞的记载，殷人最初的"帝"就是这样一个神秘的存在。殷人认为"帝"是各种自然现象的操纵者，但它本身又是神秘莫测的。殷人祭祀山川，实际是把山川当做"帝"的寄居之所。这种"神秘的存在"观是原始宗教信仰的重要组成部分，作为一种观念，它深深地影响了中国民间信仰。

随着人类思维的发展，特别是灵魂观念产生以后，人类不再满足于用"神秘的存在"来解释自然。"人本来并不把自己与自然分开，因此也不把自然与自己分开；所以他把一个自然对象在他自己身上所激起的那些感觉，直接看成了对象本身的形态。"自然界的千变万化，尤其是那些最能引起人的依赖感的现象的变化，使人觉得自然是一个有人性的、有主意的实体，它有自己的动机和情欲。于是人类就赋予自然万物以人格化的"灵"，而不再只是由一个"神秘的存在"向万物渗透、扩散灵气。为了迎合自然物的动机和情欲，使之顺从于人，人类开始把自然物作为独立的、有意志的实体进行祭祀。至此，自然神的雏形就产生了。

2. 天地诸神信仰

原始人类最初是靠采集、渔猎维持生活的，进而过渡到以畜牧业、农业生产维持生活。中国的农业生产起源很早，一万多年以前，我们的祖先就开始了农业生产，直到今天，我们仍是一个以农业为主的国家，这就决定了中国民间信仰必然带有农耕社会的特色。古代生产力不发达，农业生产的成败，主要取决于季节和天气的变化，以及地理条件的影响。因而在民间信仰中，天地信仰占据了重要的地位，天地诸神受到民间广泛的奉祀。

大约在商周时代，中国人就用"天、地"来概括整个自然界，形成了天地六宗的信仰体系。《尚书·尧典》："肆类于上帝，出于六宗，望于山川，遍于群神。"六宗，贾逵注曰："天宗三：日、月、星；地宗三：河、海、岱。"《左传·昭公元年》："山川之神，则水旱、疫疫之灾，于是乎敬之；日月星辰之神，则雪、霜、风、雨之不时，于是乎祭之。"古人还认为，天地是对应的，"天有九部八纪，地有九州八柱"。不但天地是对应的，而且天人也是对应的。《史记·天官书》"正义"引张衡说："众星列布，体生于地，精成于天，列居错峙，各有所属，在野象物，在朝象官，在人象事。……明运行，历示吉凶。"这种观念肇始于商周，至汉代董仲舒使趋于完备。天地一体、天人感应论成为古代民间信仰的思想基础。

1. 天体、天象的神化

"天"对古人来讲是一个变幻莫测的神秘存在，日夜交替，四季更换，风、雨、雷、电时时发生，这都是古人感到迷惑不解的现象。于是他们就想象是由神灵操纵着这一切，因此产生了对日、月、星辰及风、雨、雷、电等天体、天象的崇拜。人类对自然界的第一个感觉恐怕是日夜的交替，世界各民族普遍存在着对日神、月神的崇拜，中国也有许多关于日神、月神的神话传说。《山海经》："东南海之外，甘水之间，有羲和之国。有女子名曰羲和，方日浴于甘渊。羲和者，帝俊之妻，生十日。"(《大荒南经》) 又 "下有汤谷。汤谷上有扶桑，十日所浴，在黑齿北，居水中，有大木，九日居下枝，一日居上枝"。(《海外东经》) 显然赋予了太阳人格化的"灵"。

《淮南子》中关于古时存在着十个太阳和尧时十日并出害人的记载，则更把太阳当成有意志的神灵看待。既然是神灵，就要敬畏。甲骨卜辞中有许多崇拜日神的记录，据郭沫若先生考证，殷人对日神有朝夕迎送的仪式。《礼记·祭义》记载："郊之祭，大报天而主日，配以月。夏后氏祭其暗，殷人祭其阳，周人祭日以朝及暗。"可见自夏以至商周，日神是被作为主宰上天的神来崇拜的。周时齐地奉祀的八神中就有日神，而南方楚地则把日神人神化，称之为"东君"或"东皇太一"。周以后，日神的地位逐渐为"天帝"所代替，日神崇拜随之衰落。由于对日神的崇拜，民间对日食这一自然现象也产生了迷信，认为日食是不祥之兆，需要进行隆重的祭祀。每当发生日食时，民间往往敲击锣鼓、器皿，以赶走食日的天狗。《尚书·胤征》孔颖达疏："日有食之礼，有救日之法，于是瞽人、乐官进鼓而击之，啬夫驰骋而取币以礼天神，庶人奔走供救日食之百役。此为灾异之大，群官促遽，若此羲和主其官而不闻知日食，是大罪也。"日神崇拜在秦汉以后对民间影响不大，而对日食的迷信和祭祀却广泛流传，直至今日。

在诸天体中，月亮的隐显、圆缺，月食，月中的模糊图像，也引起了人类的想象；月亮又能带给人类黑夜生活的光明，以及判断时日的方便。因此，月亮也成为古人崇拜的对象。我国至迟在商周时代，就有了对月亮的崇拜，天地六宗信仰体系中，月神是作为天宗之一享受祭祀的。民间有关月亮的神话，如玉兔、蟾蜍传说，嫦娥奔月传说等，实际也是以月神信仰为基础的。与其他自然神相比，月神没有独立的神格，对民间的影响也很小，这可能与其自然性能在对人类发生变化时影响较小，其运动规律也比较容易为人掌握有关。秦汉以后，民间有拜月的风俗，特别是在每年的中秋节。"陈瓜果于庭，饼面绘月中蟾兔。男女肃拜烧香，旦而焚之。"但这种拜月是以神话传说为根据的，失去了具体的神性，只是把月亮作为天的象征物之一，酬谢风调雨顺的恩德，祈求美好愿望的实现。

星辰就其自然属性讲，不足以引起人类对它的崇拜，所以我们在甲骨卜辞中看不到有关祭祀星辰的材料。但是星辰遍布天空，时隐时现，夜空中不时有流星划过，这些都带给人们一种神秘的感觉。经过长期观察，古人还发现星辰能标定方位。于是把一些想象加到了神秘的星辰身上，使之具有社会属性，从而完成了星辰神化的过程。这个过程大约是从周代开始，至汉代完成，道教又加以整理，使之系统化。从此，星辰具有主宰人类功名利禄、福祸寿夭等神性，并得到民间广泛的信仰。其中最主要的星辰是北斗七星和二十八宿。

在众多的星辰信仰中，文昌神（又称文昌帝君，道家又认为即梓潼帝君）为主宰人世功名利禄之神，受到科举制度下广大士人的崇信，加上道教的附会，致使文昌宫、祠遍布各地，成为古代一大尊神。据《史记·天官书》记载："斗魁戴匡六星，曰文昌宫；一曰上将，二曰次将，三曰贵相，四曰司命，五曰司中，六曰司禄。"可见文昌神的社会职能本来是比较广泛的。实际上自先秦以至唐宋，文昌神的"司命"职能，无论在民间还是官方祀典中，都很受重视。但由于道教"南斗注生，北斗注死"说教的流行，民间泰山神、灶君信仰的兴起，文昌神的"司命"职能逐渐被取代，最后和四川民间的梓潼神信仰结合，成为专掌禄籍之神。梓潼神本来是四川梓潼一带的地方神，关于它的来历，说法不一。当地人为梓潼神取名张恶子（亦作张垩子），说他仕晋而战死，故立庙祀之。唐、宋两代帝王都曾利用这种民间信仰，宋初还封梓潼神为英显王，致使梓潼神信仰广为流传。宋、元间道士见此信仰可以利用，遂假托梓潼神降笔，伪造《清河内传》（后衍化为《梓潼化书》），附会历史上一些著名人物，并说玉帝命梓潼神掌神仙人鬼生死爵禄，实际是继承了文昌宫司禄星"赏功进士"的职能。元仁宗三年（1314 年）又封梓潼神为"辅元开化文昌司禄宏仁帝君"。至此文昌神与梓潼神合而为一。在星辰信仰中，魁星（据顾炎武考证，应为奎星）也是主文运的，古代学宫中多有奉祀，为一青面赤发鬼。另外文曲星、武曲星也是民间信仰的掌管功名的星神，并被用来附会一些历史人物。

如果说日、月、星辰等天体是以其神秘性引起人类的想象和崇拜的话，那么风、雨、雷、电等天象带给人类的却是实在的感受，因此，风、雨、雷、电也很早就受到了人类的崇拜，并被神化。这种神化一直延续了下来，直到今天民间仍有对雨神、雷神等的信仰。

在农耕社会里，雨与人类的关系可以说是非常密切的，它关系到庄稼的丰歉，关系到人们生命财产的安全。但雨何时下，雨量的多寡，又是人们无法控制的。于是古人就认为有一位神灵在控制着降雨，并向它献祭，祈求它根据人世的需要降雨。这样，雨神信仰就形成了。殷代甲骨卜辞中，已有大量祈雨、求止雨的记载，但祭祀的多是笼统的上帝，独立的雨神还未产生。总的说来，春秋、战国以前，由于地区、民族的差异，人们祈雨的方式、祭祀的对象是不同的，没有形成统一的雨神。春秋、战国以后，各地雨神信仰相对集中，形成了统一的雨神——"雨师"，并被列入国家祀典。但南北方对雨师的信仰仍有不同。北方将雨师与星宿联系起来。《尚书·洪范》："星有好风，星有好雨。"孔传曰："箕星好风，毕星好雨。"《龙鱼河图》："天太白星主兵，其精下为雨师之神。"南方则称雨师为屏翳（也有称为雷师、云师）。汉代以后，又有称雨师为玄冥、龙，或是仙人赤松子者。至此，雨神完成了由自然神到人神的转变。但自秦汉以后，雨师主要用于官方祭祀，民间求雨、祈晴，则主要是奉祀本地的社神、山神、水神、龙王等。尤其是龙王信仰兴起之后，几乎完全取代了雨神、水神、河神信仰，民间对雨师的奉祀更是名存实亡。

在诸多天象中，雷电对古代人来讲是最使人恐怖的。雷电往往伴随着疾风暴雨，它击毁房屋、树木，引起火灾，使人畜毙命。这些都是古人所无法理解的，于是就产生了雷神崇拜。雷神的形象和神性的塑造，经历了一个复杂的过程。在《山海经》中，雷神都是兽形，或"龙身而人头，鼓其腹"（《海内东经》），或"状如牛，苍身而无角，一足，出入水则必风雨，其光日月，其声如雷"（《大荒东经》）。秦汉以后的记载中，雷神也常常以兽形出现。《楚辞》中称雷神为雷师，名丰隆。据《文献通考·郊社考》卷八十记载，唐天宝五年，雷师列入国家祀典。宋代徐铉《稽神录》卷一载，雷师娶民女为妻，而且"亲族甚众，婚姻之礼，一同人间"。可见雷师已人神化。所以，明代徐道《历代神仙通鉴》卷四谓雷师是黄帝驾下大臣力牧，在雷州半岛，宋元时封雷公为王，明代传说雷王名陈文玉。但是在民间，对雷神普遍的称呼是雷公，而且仍为兽形或半兽形，一般说是像猴，也有说像猪、像鬼的。清代黄斐默《集说诠真》说："今俗所塑之雷神，状若力士，裸胸袒腹，背插两翅，额具三目，脸赤如猴，下颏长而锐，足如鹰爪，而爪更厉，左手执楔，右手持槌，作欲击状。自顶至膀，环悬连鼓五个，左足盘蹴一鼓，称曰雷公江天君。"经过无数次加工，民间奉祀的雷公就成为这样一种形象。

根据雷神特有的自然属性，春秋战国以后，人们还给他加上了许许多多的社会职能。认为它代天帝执法，击杀有罪之人，主持正义，并认为它有辨别善恶的能力。王充《论衡·雷虚篇》说："世俗以为击折树木、坏败房屋者，天取龙；其犯杀人也，谓之阴过。饮食人以不洁净，天怒，击而杀之。隆隆之声，天怒之音，若人之欷跻印！"在中国长期的封建社会中，雷神作为封建伦理道德的维护神，获得了民众普遍的信仰。道教产生后，又对民间的雷神信仰进行了改造，给它增加了社会职能，并扩大了它的执行机构，从单一的雷神（雷师、雷公）发展为由众神组成的雷部。《历代神仙通鉴》卷四载雷部有三十六面雷鼓，有三十六神主之，总领雷部的大神号九天应元雷声普化天尊。但这一套对民间信仰影响不大。

雷和闪电两种天象是连在一起的，所以早期的雷神是兼司雷、电两职的，以后又分为雷公、电父。但随着雷神的人格化，其男性特征越来越突出，而民间信仰中又喜欢为神匹配，于是电神就很自然地演化为雷公的配偶神，称为电母（或闪电娘娘）。苏轼有诗"麾驾雷车呵电母"，可见电母信仰至迟在宋代已经出现。后世关于电母又有其他种种传说，并把电母列入民间祠祀。清代黄斐默《集说诠真》云："今俗又塑电神像，其容如女，貌端雅，两手各执镜，号电母秀天君。"民间造神想象力之丰富，由此可见一斑。

风、雹、雪、霜等天象在古代也受到民间的崇拜，并各有神主之，但影响较小，本章不再专门论述。

2. 大地诸神

"地"是与"天"相对应的概念，它是人类生存的场所，其土地、山、川、湖、海等自然物与人类生活有着密切的关系，因而也被神化。农业生产的第一对象是土地，土地关系到庄稼的丰歉，直接影响人们的现实生活。因此，在原始宗教信仰中，土地不仅作为人类生产活动不可缺少的资料，对人类产生影响；而且还作为一种超自然的存在，支配着人们的精神生活。这就是对土地的崇拜及神化。最初的土地崇拜主要是因为土地具有生养万物的自然属性，祭祀是一种报答形式。《礼记·郊特牲》记载说："地载万物，天垂象，取材于地，取法于天，是以尊天而亲地也。故教民美报焉。"与其他自然物崇拜一样，土地崇拜由自然属性崇拜，又发展到了人格化神崇拜，这就是大地之神"后土"。关于后土的身份、来历，《山海经》、《左传》、《周礼》、《礼记》诸书记载不一，有人名、官名、神名等各种说法。后土在汉代列入国家祀典，并为历代所沿袭，成为与皇天上帝相对应的大神。唐代以后，民间也奉祀后土，许多地方建有后土祠。由于古人有天阳地阴的观念，因而后土神多塑为女像，称后土娘娘。但后土娘娘已不仅仅是大地之神，而是成为具有广泛社会职能的神。

唐代以前，后土是一个抽象化的大地之神，由皇帝专祀，其他各级社会组织则奉祀管理本地区的社神。所谓"方丘之祭，祭大地之神；社之所祭，乃邦国乡原之土神也"。（汉代蔡邕《独断》）社神信仰也是起源于对土地的崇拜。汉代纬书《孝经纬》说："社，土地之主。地阔不可尽敬，故封土地为社，以报功也。"殷周时代的社，一般是一个土坛，四周种植许多松、柏、槐、栗之类树木，人们定期在这里举行祭祀（一般是丰收之后），报答土地生养万物之功。西周时代，社神奉祀与土地分封制相配合，也分成等级。周天子领有全部土地，"溥天之下，莫非王土"，所以他有权立最高等级的社，即"太社"或"王社"。后世封建王朝的"社稷坛"就是由此发展而来。诸侯有了封土后，也有权立社，即诸侯国内建立的"国社"和"侯社"。而民间则每二十五家立一社。社神信仰发展到这一阶段，实际上已丧失了自然崇拜的性质，转化成为具有多种社会职能的地区守护神信仰。人们不仅向社神祈庆丰收，还向它祷雨，祈求福佑。社神人格化的倾向也发生了，许多地方以大禹或勾龙为本地区的社神。

秦代正式确立了中央集权的郡县制，社神信仰也随之发生了变化，中间层次（诸侯、大夫）奉祀的社神随着所依附阶层的消亡，被"县社"代替。县是一级行政机构，官吏由中央任命，并不领有封土，所以"县社"与"国社"、"侯社"大不相同。县社除奉祀社神外，还把一些人鬼列入县社配食，甚至把他们奉为当地的社神（也有称之为社公者）。这种事例在东汉以后尤其多。如《后汉书·宋登传》载：宋登"为汝阴令，政为明能，号称'神父'"，死后，汝阴人把他"配社祀之"。《晋书·陆云传》载：陆云出补浚仪令，去职后"百姓追思之，图画变象，配食县社"。这些以"死节"、"殉职"的人鬼配食的县社，后世转化为"先贤祠"。社，本来只是一个土坛，周围种植一些树木。汉末以后的县社，由于配食人鬼画像，就不仅有坛，而且有房屋了，故被称为"社祠"或"社庙"，民间多称之为"土地祠"或"土地庙"。

古代除了官方奉祀的社神之外，民间也奉祀较小地区的社神。《汉书·五行志》注："臣瓒曰：'旧制，二十五家为一社。而民或十家、五家共为田社，是私社。'"民间所立的社称做"里社"或"民社"。民间社神奉祀，带有明显的实用目的，人们向社神祈求风调雨顺，获得好的收成。《诗经·小雅·有田》说："以御田祖，以祈甘雨。"而丰收之后，人们又向社神献祭，报答它的恩赐。对社神的定期祭祀，后来演变成了节日，即社日。社除了祭祀社神外，还成为议论乡里大事、男女社交的场所。至西汉时代，民间所立的"里社"、"民社"基本上转变成一种社会组织形式，社神的土地崇拜色彩逐渐淡薄，而作为守护神的形象日趋明显。《史记·高祖本纪》载："高祖初起，祷丰榆社。"西汉以后，社会结构不断发生变化，里社、民社作为一种社会组织形式逐渐被取代，民间社神崇拜也就失去了赖以存在的基础。于是，兼具多种社会职能，并有明确地理辖区的土地神就取代了社神，成为民间土地崇拜观念的代表神，受到了广泛的信仰。

土地神的奉祀和土地庙（或土地祠）的建立，最早见于旧题晋干宝撰的《搜神记》。书中记载东吴赤乌年间，孙权为秣尉蒋子文"鬼魂"建立土地庙。早期的土地神仍带有土地崇拜的色彩，具有农业神和保护神的双重职能，受到从帝王到平民的崇祀，只是不再具有社神的聚合作用。魏晋南北朝时期，土地神多由有功于当地的历史人物充任。如南朝沈约将父亲的墓地捐给了普静寺，寺僧们就尊沈约为土地神。宋代以后，土地神（俗称土地公公、土地爷爷）信仰盛行，几乎村村有土地庙，住宅、园林、寺庙、山岳也各有自己的土地神。但这时土地神已成为城隍神的下属，它的守护神职能转给了城隍神，农业神职能也不明显，只是一个有着明确辖区、职能有限的小神。由于官卑职微，神威不大，土地神的形象也就很一般化。多数土地庙都塑一个须发皆白、和蔼可亲的老翁形象，而且还给他配上一个对偶神，称土地奶奶或土地婆。也有些地方仍将历史人物作为土地神，而民间也有某人死后被天帝任命为某处土地神的传说。宋代以后的土地神，实际上是封建官僚机构中低层官吏的化身。

山是大地的组成部分，它往往高大雄伟，谷深路险；山中既有丰富的食物资源，又栖息着凶禽猛兽。这一切很自然地引起了原始人类神秘的猜测，于是山也跟土地一样被神化，认为有神灵主宰。我国古代山神崇拜非常普遍，在神话传说中，山往往是神灵的寄居之所。《山海经》就把我国山地划分成二十六个区，记载了四百五十一座山以及各山的神灵。由于有些山峰"高与天接"，古人就把它想象成天地相通的道路而加以崇拜。《淮南子·地形训》："昆仑之丘，或上倍之，是谓凉风之山，登之而不死。或上倍之，是谓悬圃，登之乃灵，能使风雨。或上倍之，乃维上天，登之乃神，是谓太帝之居。"又由于山谷中能生云，而云可以致雨，所以古人就以为山能兴云作雨。《礼记·祭法》："山林川谷丘陵，能出云，为风雨。"甲骨卜辞中有许多祭祀山岳的内容，殷人已经把山神当成了求雨、止雨、祈年的对象。这种对山神致雨功能的信仰一直流传到春秋、战国时代。《史记·赵世家》中还有"晋大旱，卜之，曰霍太山为祟"的记载。

山神崇拜本是人类早期的一种自然崇拜，但当一些名山被想象成天神寄居之所和通往上天的道路之后，这些名山的祭祀就为官方所垄断。《礼记·王制》："天子祭天下名山大川，五岳视三公，四渎视诸侯。诸侯祭名山大川之在其地者。"历代帝王在许多名山封禅祭天地，向天地报功，表明自己是顺应天命而进行统治的。《史记·封禅书》："管仲曰：古者封泰山、禅梁父者七十二家。"历代帝王祭祀的名山本来很杂，但随着统一帝国的出现，大致在西汉时期确立了以五岳（东岳泰山、中岳嵩山、西岳华山、南岳衡山、北岳恒山）为代表的山岳祭祀系统，以后历代沿袭，奉为祀典，并屡屡加封。

随着人们对山岳神秘性的认识，汉代以后，山神信仰逐渐失去了自然崇拜的性质，山神不再是兴云作雨的主体，人们崇拜的主要是它的社会职能。既然山神能"与天相通"，人们就给它加上了主宰官吏仕途、人间生老病死等社会职能，如泰山神被称做"泰山府君"，成为管理人们的灵魂和决定世人寿夭之神。当然这只是就五岳等名山而言，民间众多的山神与土地神一样，只不过是管理某一山界的小神而已。山神随着社会职能的增强，也渐渐被人神化。除了把山神人格化之外，古人还把一些神话人物、历史人物列为山神。如晋葛洪《枕中书》以颛顼、祝融、轩辕等神话人物为五岳神，而民间有些山神则是由历史人物充任的。

东岳泰山是五岳之首，汉代以后又成为治鬼之府，所以历代崇祀尤隆。最初的泰山神崇拜，也是基于其自然职能，所谓"云触石而出，肤寸而合，不崇朝遍雨天下，唯泰山乎"。春秋、战国以后，泰山以其"峻极于天"，成为君主告成于天地的封禅圣地。根据《史记·封禅书》记载，泰山有天主、地主之祠，即君主封禅之场所。古人有天阳地阴的观念，泰山作为地主之祠，也就很自然地被当成治鬼之府。倪思宽《二初斋读书记》曰："愚案万物之始，阴阳交代，后世泰山治鬼之说，实造端于此。"根据现有材料看，泰山作为治鬼之府这一观念，可能是始于汉代。《后汉书·乌桓鲜卑传》："中国人死者，云魂神归岱山。"东汉纬书《孝经援神契》："泰山一曰天孙，言为天帝孙也。主召人魂魄。东方万物始成，知人生命之长短。"东汉墓出土的镇墓券中，也常有"生人属西长安，死属太山"的说法。可见泰山治鬼的信仰在东汉已比较流行，而且此后一直是重要的民间信仰。

泰山成为治鬼之府后，泰山神实际已丧失了自然崇拜的性质，并且被人神化。泰山神的人神化，始见于东汉时纬书《孝经援神契》、《龙鱼河图》等。魏晋时民间传说泰山府君掌管阴府，他有子有女，其阴府如同阳间官府。唐宋时，泰山神被封为天齐王、东岳大帝，此后民间遂沿袭东岳大帝之名。唐宋以后，东岳大帝的庙祀不限于泰山，而遍及全国各地，俗称东岳庙，又名天齐庙。民间传说东岳大帝是商朝大臣黄飞虎，因助周武王伐纣有功，被姜子牙封为东岳大帝，为五岳之尊。东岳大帝"总管天地人间吉凶祸福，执掌幽冥地府一十八重地狱，凡一应生死转化人神仙鬼，俱从东岳勘对，方可施行"。佛教传入中国后，随着它的广泛流传，以地藏王、阎罗王主阴府的信仰逐渐为民间所接受。至明清时代，东岳大帝信仰与阎罗王信仰基本合流，二位冥神往往并存于东岳庙中。东岳庙中还配有七十五司（一说七十二司，或说七十六司）分掌众务。每司都有一位神做司主，相传速报司之神是岳飞，一说是包拯。至此，泰山神完成了从自然神到社会神的彻底转化，成为民间信仰的大神。李家瑞《北平风俗类征·岁时》条引《都间赘语·东岳庙诗》云："七十五司信有无，朝阳门外万人趋。也知善恶终须报，不怕官刑愧鬼诛。"

与泰山崇拜相关的还有一位神灵，这就是近代信仰极盛的碧霞无君，俗称泰山娘娘。此神出现很晚，其前身是民间传说的泰山玉女。关于泰山玉女的来历，主要有以下四种说法：一是东岳大帝之女；二是黄帝七女之一；三是华山玉女；四是为一凡女或成神之女巫。这些说法显然是附会之词。宗力、刘群认为泰山玉女是受到了东汉山川崇拜以及神仙家、道家思想影响而出现的，后来又与泰山神有子有女的民间传说相附会。这个解释是比较合理的。泰山玉女大约在明代被封为碧霞元君，而民间则习惯称泰山娘娘。泰山娘娘既然是一位女神，其社会职能也就和其他女神一样，主要是使妇女多子，保护儿童，赐福免灾。因此尤其受到妇女的崇祀，不仅泰山有庙，各地也有许多"娘娘庙"。但后世"娘娘庙"奉祀的对象比较混乱，除泰山娘娘之外，还有海神天妃以及其他女神。

　　河流与山岳一样，也是自然崇拜的重要对象。原始人类是逐水草而居的，河流中的鱼虾为他们提供了食物来源，河水是他们主要的水源；但河水泛滥又给人类带来极大的危害，鳄鱼之类水兽也不时侵袭人类。在这种情况下，河流崇拜就产生了。在中国古代，河流崇拜的主要内容是防备河水泛滥这一自然属性，因为河水泛滥是古代最大的自然灾害之一，直接影响人们的现实生活。古人认为河流是由一位神灵操纵着，他有意给人赏赐或惩罚，河水泛滥就是河流神发怒的表示。为了讨好河流神，使之不再逞凶，古人就举行隆重的祭祀。这种祭祀起源很早，从甲骨卜辞中，我们可以看到殷代经常把大量牛、羊沉入河中，祭祀河流神（主要是黄河神），甚至有人祭的记载。河水的平静或泛滥，人们很容易认为是有意志的，所以河流神的人格化现象出现很早。先秦时代，人们就把对河流的直接崇拜转变为对管理河流的人神崇拜，用一些神话人物、历史人物充当河流神。河流神人格化之后，民间又产生了为河流神娶妇的陋习。《史记·滑稽列传》所载西门豹治邺，废除河伯（黄河之神）娶妇风俗的故事，是大家都熟悉的。根据《史记·六国年表》记载，河伯娶妇是战国时流行的一种迷信风俗，上自国君，下至地方，均有活动，而且祭祀的规模很大，祭时"人民往观之者三二千人"。

　　河流崇拜同山岳崇拜一样，地方性很强，并无统一的河流神。古代民间一般只祭祀自己居住区域的河流神，而官方则祭祀所谓的"四渎"，即长江、黄河、淮水、济水四条著名河流。由于黄河是北方第一大河，黄河流域是中国古代主要的政治、经济、文化中心，所以黄河神就受到了最隆重的祭祀。黄河最早的人化神是河伯冯夷。关于冯夷的来历，《庄子》、《山海经》、《抱朴子》诸书都有记载，但内容不同：有说是上帝所封的河神，有说是落水溺死的人鬼，有说是服药成仙才当了河神，有说是鱼龙之精怪。这可能是由于各地区民间传说的差异所致。但有一点可以肯定，冯夷是位人格化神，所以后世民间又把洛水之神奉为黄河神的对偶神，称雒嫔。长江是中国第一大河，但由于在很长的历史年代，黄河流域是中国政治、经济、文化的中心，所以对长江神的崇祀还不如黄河神。长江起初并无统一的神灵，只是一些地方性的江神。如蜀地以奇相为江神，楚地以湘江二夫人为江神（或以屈原为江神），吴越或有以伍子胥为江神者。都是把一些神话人物、历史人物当做江神，显然是人神化以后的产物。汉代确立五岳四渎制度之后，长江出现了象征性的统一神，唐以后又封广源公、广源王。但民间仍保留了奇相、湘夫人之类地方性江神信仰。另外民间还有"三水府"或"水府三官"之说，将长江分为上、中、下三段，分别在马当山、采石、金山建庙祭祀。

在民间信仰中，除了河流之外，海、湖、泉、井等水域也各有水神主宰，其中影响比较大的是海神。在我国古人的地理观念中，大地是方的，四周是海，自己就生活在大地的中央，称四周的海为"四海"。《山海经》中"四海"各有海神主宰，都是"人面鸟身"，"珥两蛇"，"践两蛇"。袁珂认为此类海神与海中大鱼——鲸——有一定关联，可备一说。四海之神汉代以后被人神化，如河伯一样，都有自己的名字，总称四海神君。龙王信仰兴起后，四海之神又称为四海龙王，《西游记》中描述的四海龙王，是带有动物特征的人神形象。但从总体上看，汉民族是一个内陆民族，其文明的发祥及发展地区是黄河、长江流域，除荒僻的沿海地区外，海与人们的生活没有直接的关系，所以人们对海神的崇拜远不如对河流神。

秦汉时代，由于受方士海中仙山之说的影响，人们幻想出种种海神，有些甚至列入国家祀典，但祭祀并不隆重。唐宋以后，随着海上运输、贸易、捕鱼、晒盐等行业的发达，海上风波的凶险直接与人们的社会生活相关，因而对海神的祭祀也就日渐隆重。不仅朝廷屡屡加封象征性的四海之神，各地也出现了一些专门保护某一海域的海神，如天妃、潮州海神、盐官州海神等。其中影响最大的是福建、广东、台湾等地奉祀的天妃。天妃，也称天后娘娘，闽、粤、台民间一般称妈祖。天妃信仰大约兴起于宋代，但关于天妃的来历、身世，说法不一。根据宋代洪迈《夷坚志》记载，该神南宋时已成为福建泉州地区的海上保护神，且先后受封为夫人、妃。元代重视海运，该神事迹在闽、粤、台地区的民间广为流传，被封为天妃。明清时代，又先后受封为碧霞元君、天后。由于历朝的崇祀，天妃信仰遍及沿海地区，而且伴随着对外贸易和华侨的足迹，影响远及南洋等地。台湾民间至今仍保持着对妈祖神的奉祀。即便在内地的江河码头，也常常建有天后宫。天津东门外就有一座天后宫（也称娘娘庙），始建于元代，新中国成立前几乎每年三月二十三（天后生日），都要举行大规模的"皇会"（初称娘娘会），祭祀天后娘娘。明清以后，天妃已不仅仅是一位海上保护神，而且还是具有赐财、赐子、赐福、消灾等多种社会职能的综合神。在民间信仰中，天妃实际已与泰山娘娘等女神混同，一起供奉于娘娘庙中。

在中国民间信仰中，江、河、湖、海等水域各有自己传统的神主宰，但龙王信仰兴起之后，这些神就为龙王所取代，影响逐渐缩小。龙王占据了江、河、湖、海等水域，成为水神的主要象征。龙是汉民族创造的"不存在于生物界中的一种虚拟的生物"，但它的原型是生物界现实存在的蜥蜴、大蛇、大蛟等爬行类动物。这类动物有个特点，它们往往在下雨前出来活动，经过长期观察，原始人类就把它们与雨这种"不可理解"的自然现象联系起来。《山海经·大荒东经》

说："旱而为应龙之状，乃得大雨。"《淮南子》记载民间有"土龙致雨"的迷信，陈梦家先生认为也是"象应龙之形以求雨"。应龙的原型，据陈先生考证，实际是爬行类动物泥鳅。但在神话传说中，应龙被人格化，后来成为主水旱之神，又转化为龙王。宋代有一种求雨法，叫"蜥蜴求雨法"，把几十条蜥蜴放在瓮里，口中念咒语："蜥蜴、蜥蜴，兴云吐雾，雨令滂沱，令汝归去，雨足。"这显然是相信蜥蜴有致雨之功能。暴风雨之前，天空往往阴云密布，雷电交加。闪电的形状很象弯曲的爬行类动物，联系爬行类动物在雨前活动这一现象，古人就想象是龙升天致雨。民间传说中龙升天都伴随着雷声，就是有力的证明。宋代叶梦得《避暑录话》记载了吴越地区民间的龙升天行雨的信仰：

吴越之俗，以五月二十日为分龙日，不知其何据。前此夏雨时，行雨之所及必广。自分龙后，则有及有不及，若有命而分之者也。故五、六月间，每雷起云族，忽然而作，类不过移时，谓之过云雨，虽二、三里亦不同。或浓云中见若尾坠地，蜿蜒屈伸者，亦止雨其一方，谓之龙挂。……屋庐林木之间，时而震击而出，往往有隙冗见其出入之迹，或曰此龙之懒而匿藏者也。佛书多言龙行雨甚苦，是以有畏而逃。

根据以上材料，我们可以看到，民间很早就认为龙与雨密切相关，但佛经中也有十大龙王兴云降雨的神话。唐宋以后，历代帝王屡屡加封龙王，对民间信仰更是推波助澜。龙王本来没有守土之责，但道教汲取了佛教及民间龙王传说，又塑造出带有区域分别的诸天龙王、四海龙王、五方龙王。此说对民间影响很深，以致有水之处，无论江河湖海，渊潭塘井，都有龙王驻守，掌管该地的水旱丰歉。于是龙王庙遍及全国各地，与城隍庙、土地庙一样，成为民间常见的庙宇。旧时每当久旱不雨时，民间往往向龙王爷祈雨，龙王信仰几乎取代了原有的雨神、水神信仰。

3. 动植物神与灵物崇拜

日、月、星辰、山、川、湖、海等作为大自然的象征，无疑是原始人类自然崇拜的重要对象。但这些崇拜对象在原始人类眼里，又是一种远离自己的存在，所以对它们的崇拜主要是敬畏，而不是亲近。在自然界中，更让原始人类感到真切实在的，是存在于自己周围的动物、植物等千奇百怪的自然物。原始人类依赖这些自然物提供生活资料、生产资料，但又畏惧它们那些神秘的自然属性。为了让周围的自然物顺从自己的意志，原始人类就赋予了它们人格化的"灵"，希望通过对万物之"灵"的祭祀，达到自己的目的。于是产生了动植物神与灵物崇拜。在原始社会，动物、植物等自然物有些还被当做部族的图腾，成为附着祖灵的神化物，受到崇拜。原始社会之后，图腾崇拜制度虽然消失了，但图腾物崇拜作为原始宗教信仰的重要内容，被继承下来，成为民间自然神信仰的组成部分。

在诸自然物中，动物与人类的关系可以说是最密切的。人类自诞生以后，就与动物为伴，动物是早期人类主要的食物来源，人们依赖动物，希望它们能多多繁殖，并容易为人猎取。但动物对早期人类来讲又代表了一种异己力量，凶禽猛兽对人的生命安全构成了极大的威胁，令人望而生畏。动物的某些人所不具备的本领，却又使人类羡慕。而动物与人相似的生理、心理机制，人们又常常认为是有意志的体现。这样，动物崇拜现象的产生就是很自然的了。人类早期的动物崇拜可能是直接乞求生长繁殖，而没有统一的神灵。近年各地陆续发现的一些原始社会留下的崖画中，动物神的偶像都是画某个具体动物，就说明了这一点。后来人们发现，任何动物的能力都是有限的，或具有这方面的能力，或具有那方面的能力。于是人们就设想把动物的各种能力结合到一起，再加上人的能力，塑造出一种威力无比的复合型怪物，作为动物神。《山海经》中记载了许多这样的怪物，或"鸟身而龙首"，或"龙身人面"，或"人面马身"，不一而足。这类动物神具有了一些人格化的成分，往往被原始部族奉为保护神，成为一种抽象的图腾。后世民间广泛崇祀的西王母，其原形实际就是这样一个动物神。《山海经》中记西王母"其状如人，豹尾虎齿而善啸"。朱芳圃先生经过考证，认为"西王母犹言西方神貘"，《山海经》所记的西王母是貘族的图腾。西王母的形象大约在汉代彻底人格化，先是皓齿白发的老妪，后又成了容颜绝世的"灵人"。道教吸收有关西王母信仰，将西王母奉为女仙之首。进而在民间信仰中，西王母具有了禳灾、增福、增寿、增禄、保佑婴儿等社会职能，受到广泛的崇拜。古代的"四灵"信仰，也是源于原始的动物神崇拜。所谓"四灵"，《礼记·礼运》说："何谓四灵，麟、凤、龟、龙，谓之四灵。故龙以为畜，故鱼鲔不淰。凤以为畜，故鸟不獝。麟以为畜，故兽不狘。龟以为畜，故人情不失。""四灵"之中，龙、凤、麟都是虚拟的复合型怪物，龟虽是实在的动物，但它以其生命长久的自然属性，而被原始人类赋予了预知吉凶祸福的神性。"四灵"很可能是原始社会几个主要部族的图腾，图腾制度衰落之后，"四灵"只保留了部分动物畜养的保护神职能。"四灵"都是世间"罕见"的灵物，因而自先秦时代起，就被视为祥瑞。西汉时代，以五行学说为基础的天地构成体系建立起来，"四灵"又与"四方"观念相结合，称为"四方神兽"，即东方苍龙、南方朱雀（或称朱鸟）、西方白虎、北方玄武。但"麟"已被"白虎"代替（也有作"西方麒麟"的），"玄武"除了龟之外，还增加了蛇的形象。四方神兽观念后为佛教、道教所吸收，在古代民间产生了很大的影响。

进入农耕社会之后，动物崇拜有了较大的转变，动物的自然属性已不再是崇拜的主要内容，早期崇拜的一些动物神影响渐小，最后名存实亡。取而代之的是对家畜、耕畜守护神的崇拜，这些守护神多已人格化，有些就是由具体的历史人物充任。在农耕社会中，牛马是主要的耕畜，马还在战争中起重要作用。为了让牛马大量繁殖，不受瘟疫之灾，古人就奉祀牛王、马王，作为牛、马的守护神。牛神祭祀，据记载，始自秦朝，实际上恐怕要远在此时以前。但作为统一的耕牛保护神的牛王，最早是见于宋代记载，当时奉祀的牛王，牛首人身，可见仍保留有动物特征。近代牛王神像，也有画一神化之牛者。另外宋代以后，又有把孔子门生冉伯牛作为牛王奉祀的。冉伯牛因为名耕字伯牛，便被奉为牛王，而且牛王庙中往往画百牛于壁，以符合"伯牛"之义。由此可见民间崇拜的动物神，在人神化过程中牵强附会的状况。马神的祭祀，起源也相当早。《周礼》中记载的马神祭祀已非常隆重，"周制以四时祭马祖、先牧、马社、马步诸神"。以后历代沿袭马神之祀，并列入国家祀典。民间称马神为马王、马明王，每年仲夏奉祀，其中武人及有车马者奉祀尤勤。过去城市中多有马王庙或马神庙，庙中供奉的马王四臂三目，俗语"马王爷三只眼"，即指此神。

在中国古代社会中，"男耕女织"是主要的生产形式，种桑养蚕在经济生活中占有重要地位。养蚕需要较高的技术，蚕能否成活，顺利结茧，古人往往无法控制。于是古人就将养蚕这一生产过程神秘化，立下了许许多多的禁忌，并创造了蚕神。自商周以至明清，蚕神均列入国家祀典，而民间的奉祀更为虔诚。早期的蚕神形象，现存古籍没有记载。汉代以后，历代王朝皆祀先蚕为蚕神，先蚕意即开始养蚕之人。汉代奉祀的先蚕称菀窳妇人、寓氏公主。北齐改祀黄帝。北周又改祀神话传说中的黄帝元妃西陵氏，即嫘祖。以后各代都奉西陵氏为先蚕，民间也多有祭祀她的。但民间主要奉祀的蚕神是马头娘，此外还有青衣神等。马头娘信仰可能起源于蜀地，相传原是一民女，被马皮裹身，悬于大树间，遂化为蚕。此故事见于《搜神记》卷十四，魏晋以后在蜀地民间广为流传，民众据此塑造了蚕神形象。唐《乖异集》载："蜀中寺观多塑女人披马皮，谓马头娘，以祈蚕。"（引自《古今图书集成·神异典》卷三四）马头娘信仰后为道教利用，封她为九宫仙嫔，各地道观往往塑她的像。

在动物崇拜中，近代北方民间广泛流行的"四大门"信仰是颇具神秘性的。"四大门"，又称"四大家"，是对狐狸、黄鼠狼、刺猬、蛇四种动物崇拜的总称。民间给这四种动物冠以人的姓氏：称狐狸为"胡门"，黄鼠狼为"黄门"，刺猬为"白门"，蛇为"常门"或"柳门"，合称"胡、黄、白、常四大门"。有些地方把老鼠（"灰门"）也加进去，称"五大门"。人们认为这四种动物都是有灵性的，如果时常烧香供拜，它们就会保佑家宅平安，诸事顺遂，五谷丰登；如果冒犯了它们，就会招来灾祸。人们崇拜这四种小动物，似乎有点不可理解，实际上仍是起源于自然崇拜。这四种动物长期与人类为邻，潜居墓地、废墟等隐蔽地，行迹神秘，具有机警、狡黠的习性。这就带给人们一种神秘感，甚至是一种畏惧感，加上一些民间传说的附会，就形成了对这四种动物的崇拜。"四大门"中，狐仙信仰在民间最为流行，而且起源很早。汉魏时代，狐仙多称"阿紫"，且是女性。三国魏文帝《列异传》中已有"狸髡千人得为神"的记载，唐代张鷟《朝野佥载》也说："唐初以来，百姓多事狐神，房中祭祀以乞恩。食饮与人同之，事者非一主。当时有谚曰：无狐魅，不成村。"在志怪小说中，关于狐仙的故事传说占有大量的篇幅。到了近代，北方民间的狐仙信仰更为盛行，许多人家供奉狐仙，就连北京故宫内也供狐仙护卫宫庭。"四大门"信仰在近代实际转化成了一种巫教信仰，巫婆、神汉（称"香头"）伪称四大家附身，接受众人卜问，医治疾病，除祟解禳，指示吉凶，解释疑难。而供奉的四大家也都是人形塑像，或官服贵人，或布衣平民，尊称"老爷子"或"姑奶奶"。由此可见，人们崇拜的已不再是四种动物的自然属性，而是把它们作为巫教的神来崇拜。

植物虽然没有动物那样的"灵性"，但它们为人所依赖的经济价值，旺盛的生命力和繁殖力，以及某些神秘的自然属性，也引起了早期人类的崇拜。《山海经》中记载了许多具有"食之不饥"、"食之不劳"、"服之不忧"、"佩之不迷"等功能的神奇植物，很显然人们是相信这些植物具有某种神性或神力，甚或就是由人神化成的。如"帝女死焉，其名曰女尸，化为草，其叶胥成，其华黄，其实如菟丘，服之媚于人"。（《中经七经》）但早期人类的植物崇拜，基本还是自然属性崇拜，植物的所谓"神性"、"神力"，只不过是植物自然属性的夸大而已。在原始社会，有些植物还被当做部族图腾，成为附着着祖先之灵的神化物，受到崇拜。后世"植物生人"的神话传说即起源于此。自然宗教发展到人为宗教之后，人们对植物的自然崇拜逐渐消失，植物主要是作为附着着神性的灵物而受到崇拜的。如许多地方民间存在着大树崇拜，不管什么树，只要树大、树龄长，百姓都把它当做神木，不但不敢去碰它，还要向它烧香、献祭。人们甚至将植物拟人化。《搜神记》卷六载："建安二十五年正月，魏武在洛阳起建始殿，伐濯龙树而血出。又掘徙梨，根伤而血出。魏武恶之，遂寝疾，是月崩。"但总的来说，民间植物崇拜往往只限于神怪传奇，没有形成统一的、有影响的专门神。民间对所崇拜的植物，很少进行祭祀活动，而主要是通过一些禁忌表示崇拜，如禁忌折伤和砍伐等。在民间崇拜的植物中，桃树等具有驱鬼辟邪的功能，往往用于巫术活动。

在农耕社会里，农作物是最重要的植物，因而最受崇拜，并形成了自己的专门神。农耕社会之初，几乎每一种农作物都有自己的神灵，执掌年成丰歉，但不久之后，稷神被奉为农作物的代表神。这是有历史原因的。据考证，稷（粟）可能是我国北方最早栽培的农作物，稷神的产生也要早于黍、稻、麦、菽等农作物的神灵。所以当农作物诸神综合为一神时，稷神就成为必然的出任者。《风俗通义·祀典》曰："稷者，五谷之长。五谷众多，不可遍祭，故立稷而祭之。"

自然宗教发展到人化宗教之后，稷神也逐渐人神化。首先是某些农业生产的组织、管理者被奉为稷神，称后稷，进而一些为农业发展作出突出贡献的神话人物也被奉为稷神。《左传》记载了两个稷神：一个是周先祖弃，一个是烈山氏之子柱。在中国古代，农业是关系国计民生的重要生产活动，稷神和社神（土地神）作为农业神，无论在官方还是民间，都受到隆重的祭祀，社稷成了国家的代名词。

日月星辰、风雨雷电、山川湖海、动植物等都是自然界的象征，代表着伟大的自然力。在人类处于认识自然能力低下的时代，人们崇拜它们，将它们神化，这是不足为奇的。但另外一些自然物，那些好象没有"意志力"体现，对人类生活也没有什么太大影响的自然物，却也受到了古代民间的崇拜，似乎有点不可理解。实际上这是人类早期"神秘存在"信仰的遗存，是一种灵物崇拜。灵物崇拜的对象虽然是自然物，但它不是崇拜对象的自然属性，而是认为崇拜对象身上附有神灵，代表着它本身的自然形体所不具备的某种神奇力量。如我国西南地区许多少数民族有崇拜石头的遗俗，某些巨石或奇形异状的石头被认为是神的栖居地，而受到崇拜。据宋兆麟先生调查，在四川冲天河附近，过去就有人崇拜一天然的钟乳石柱。因为该钟乳石柱的外形象男性生殖器，所以当地人认为它具有生殖神的职能，称它为"久木鲁"，即石祖。妇女不育就到石祖前叩拜，喝石祖附近的水，希望受胎。汉族某些地区民间在屋前屋后放置一块片石，上刻"石敢当"字样，用以镇邪，实际上也是一种灵物崇拜。古人不但崇拜自然"灵物"，而且还崇拜某些人工制造物。东汉纬书中，就记载有弓、盾、斧、矛之神；而民间有关日常生活用具的灵怪传说，更是不一而足。灵物崇拜也可以说是泛灵崇拜，其崇拜内容、崇拜方式都带有很大的随意性，被奉为"灵物"的自然物，仅仅是作为神灵的寄居之所，本身并未发展成人格化的专门神。古代民间流传着大量的志怪故事，内容多为人妖物魅，足见灵物崇拜与鬼魂崇拜一样，是民间信仰的重要内容。

第五节　自我崇拜——人神、人鬼信仰

1. 灵魂崇拜与祖先崇拜

人是具有思维能力的高级动物，人类在崇拜自然的过程中，也形成了对自身的崇拜。人类自身崇拜，最初主要是对生殖之类自然功能的崇拜。从一些考古资料和落后民族调查资料中，我们可以发现，生殖器官崇拜是原始社会中普遍存在的现象，这种崇拜后世发展成为生殖神信仰。人类对自身某些功能的崇拜，就其性质讲是一种自然崇拜。

在长期的生活体验中，人类对身体各器官的功能有了深入的认识，但对自身的一些生理、心理现象却感到困惑。人为什么会生病？为什么会死？为什么会在梦中见到死去的人？为什么总有一个影子伴随着自己？为了解释这些问题，原始人类就想象人体中有一个"神秘的存在"，它控制着人的思维和感觉。这个"神秘的存在"就是灵魂。世界各民族都有灵魂崇拜的现象，但各个民族对灵魂的理解是多种多样的。根据古籍记载和史前考古发现，中国古人在灵魂崇拜中引入了"鬼"的观念。他们把附在活人身上的灵魂与人死后独立存在的灵魂加以区别，称后者为鬼。《礼记·祭法》说："大凡生于天地之间者皆曰命。其万物死皆曰折。人死曰鬼。"许多少数民族也有"鬼"的观念。西藏洛隅地区的珞巴族，认为鬼是人死后变成的，称"奥若洛木"，如果没有把它送出去，它就经常回来，摸自己的东西。古代民间真正崇拜的就是这种人死后变成的鬼魂，崇拜它们超人的本领。鬼是人死后变成的，既然人类社会有等级划分，那么鬼魂世界也必然有相适应的制度。鬼本来就具有作祟和保佑双重职能，进入等级社会之后，鬼魂世界发生分裂，鬼的职能也趋于分化。一些著名历史人物的鬼魂被神化，成为某个地区，乃至全国信仰的保护神。而大多数鬼魂则集中在阴间生活，或在世上游荡，它们往往祸害活人，人们最怕它们。为了不让鬼魂作祟，民间常举行一些巫术活动，如招魂、赶鬼、举行丧葬仪式、祭祖等，加以镇制。由此可见，鬼魂信仰实际包括了神、鬼两个部分。春秋、战国时期，称鬼魂信仰为人鬼信仰，与天神（包括至上神及天体、气象诸神）、地示（包括土地山川诸神）鼎足而三，成为古代民间主要的信仰。

在鬼魂信仰中，对祖先鬼魂的崇拜占有重要的地位。古人认为自己与祖先有着血缘上的关系，只要定期祭祀，祖先的鬼魂就会保佑自己，由此产生了祖先崇拜。在原始社会，人类过着群居生活，个人没有明确的血缘亲属，祖先崇拜的对象往往是假想的部族始祖（即图腾物），著名的部族领袖，或者是有功于部族的人，如后世神话传说中的黄帝、炎帝、蚩尤、尧、舜、禹、后羿等人。这些人生前都是强有力的，原始人就相信他们死后的鬼魂也是强有力的，于是把他们作为部族祖先来祭祀，祈求他们的鬼魂保佑。阶级社会产生之后，原始部族解体，在一夫一妻婚制之下，人们有了独立的家庭，有了明确的血缘亲属。于是祖先崇拜的重点就转到了血缘亲属的鬼魂上，并形成了一整套与严密的宗法制度相结合的祭祀礼制，它影响了中国民众文化生活两千多年。在阶级社会里，原始部族崇拜的祖先神，大多随着部族的解体而被遗忘；只有少数有影响的祖先神，靠神话传说流传下来，但已成为神话神，如黄帝、炎帝、蚩尤、尧、舜、禹、后羿等。这些神话神后来被儒家吸收、改造，纳入了古史谱系，从而转化成为超越部族界限的宗教神。如黄帝、炎帝被华夏民族奉为人文之祖，享祀至今。尧、舜、禹也有许多地方建庙祭祀。周民族的始祖稷，在周朝建立后，被奉为稷神，受到历代祠祀。苗族崇拜的始祖盘古，其开天辟地的传说为汉族民众所接受，也成为一般民间崇拜的神。

2．人的神化

原始人类认为生前强有力的人，其鬼魂也一定是强有力的，于是就把这些人神化，作为自己的保护神。这种信仰方式为后世所继承。《礼记·祭法》说："夫圣王之制祀也，法施于民则祀之，以死勤事则祀之，以劳定国则祀之，能御大灾则祀之，能捍大患则祀之。"在漫长的封建社会中，许多历史人物被人为地神化，成为某个地区乃至全国的保护神或专门神，有些甚至充当了传统信仰中的天神、地祇。奉祀人神的庙宇遍布城市乡村，人神信仰成为民间重要的信仰形式。

民间崇拜的历史人物中，有相当一部分是因为生前有功于社会，为民众做了好事，或者是在外敌入侵之际，挺身卫国的民族英雄。民众崇拜他们的业绩，往往奉祀以示纪念，随后又将他们神化。如药王孙思邈，本来是唐代一位著名的医生。他医术高超，民间钦佩感激，于是将他神化，尊他为药王。全国许多地方都建有药王庙，供奉着赤面慈颜、五绺长髯、方巾红袍、仪态朴实的药王塑像。药王身旁侍立两个书童，一个捧药钵，一个托药包，左前方还趴着一只吊睛白额猛虎。疾病是威胁古代人生命安全的主要因素。由于缺医少药，每当有人生病时，古人除了利用巫术镇制外，往往是祈求药王显灵赐药，所以药王备受民间尊崇。民间供奉的药王除孙思邈外，还有扁鹊、韦慈藏等人，也都是传说中的医术高超者。又如岳飞，生前为宋朝将领，金兵入侵中原，他率兵抵抗，战功显赫，但为朝中投降派谗毁，屈死风波亭。民众敬重岳飞勇赴国难的大义之举，同情他的悲剧命运，把他视为民族英雄。有关岳飞的传说在民间广为流传，渐渐地岳飞就从一位历史人物转化成了人神。南宋时奉岳飞为土地神，明人传说岳飞代关羽为佛寺护法伽蓝，至清代岳飞则与关羽共同享祀武庙。《北平风俗类征·岁时》还载岳飞为东岳庙速报司之神，不知始自何时。民间崇拜对社会有贡献的历史人物，这本来代表了一种良好的愿望，但当这些历史人物被塑造成神之后，就反而变成了束缚世人的枷锁。

每个社会都有与之相适应的伦理道德规范和价值观念。以小农经济为主的中国封建社会，是一个严密的宗法制社会，其伦理道德规范与价值观念的体现就是"忠"、"孝"、"节"、"义"，而关圣帝君则被标榜为忠孝节义的典范。关圣帝君，俗称关帝、关公，原形为三国时蜀国名将关羽。关羽，字云长，河东解县（今山西临猗西南）人。东汉末，关羽随刘备起兵，兵败为曹操所俘，极受优礼，封汉寿亭侯。但他不为名利所动，仍归依刘备，并为蜀国的创建立下了赫赫战功。建安二十四年（公元 219 年），关羽在与吴国作战时，兵败被杀。当地人在玉泉山（位今湖北省当阳县）立祠奉祀。但自魏迄唐，影响不大，间或有记载言及，也是以人鬼视之。宋代以后，建立在程朱理学基础上的封建伦理道德规范及价值观念占据了统治地位，关羽成为典范人物，于是从人鬼一变而为人神。关羽在宋代先是封为真君，宣和间又封为义勇武安王，配祀于武成王姜太公。明万历年间，封关羽为三界伏魔大帝神威远镇天尊关圣帝君，此后相沿有关帝之称。至清代，关羽则俨然是人神之首，成为与文圣孔子齐肩的武圣。佛道二教为了在民间站稳脚跟，也竞相将关羽列为本门神祇。道教封关羽为"关圣帝君"，假托关羽著《关帝觉世真经》、《关帝明圣经》等通俗劝善文，标榜"尽忠孝节义等事，方于人道无愧"的封建人生观。佛教以关羽为护法伽蓝，于常见的十八罗汉旁塑关羽像供奉。关羽形象为民间所熟悉，主要是靠了罗贯中《三国演义》的精彩描写。该书中桃园结义、保皇嫂、过五关斩六将、走麦城等情节，脍炙人口，妇孺皆知。关帝信仰也随之成为民间最广泛的信仰之一。清代初期，关帝庙祀已遍及全国。赵翼《陔余丛考》卷三十五说："今且南极岭表，北极寒垣，凡儿童妇女，无有不震其威灵者。香火之盛，将与天地同不朽。"新中国成立前，几乎村村镇镇都有关帝庙，庙中以关羽为主神，关平、周仓配祀。现存最大的关帝庙是关羽家乡解州（今属山西省运城市）的关帝庙，其形制、规模可与孔庙相埒。

关羽享此盛祀，究其原因，主要在于他的忠义神武。"忠"是指关羽忠于皇室，忠于主子，追随代表"正统"的刘备，至死不渝。"义"是指关羽忠于朋友，不忘桃园之盟，患难与共。关羽还勇力过人，战功卓著。当然如仅有勇力而无韬略，又会沦为张飞之类的莽汉，可关羽偏巧还喜欢读《春秋》，言行自然就合乎经义。这样，关羽几乎具备了封建社会"大丈夫"的所有美德，即以勇立功，以忠事主，以义待友，成为封建社会各个阶层所认同的典范人物。他受到了全社会的极力宣扬，以至"生为人杰，死为鬼雄"。实际上在封建社会里，按此种模式神化的忠臣烈士、孝子贞女，不胜枚举，目的都是为了进行伦理道德说教，以期维护封建伦理道德。关羽对一般民众的崇拜价值，主要在于他的仗义救危，讲求信义。《三国演义》描写的刘、关、张桃园三结义故事，一直被民间引为楷模，关羽的行为成了江湖义气的表率。古代的农民起义军和近代的帮会，往往把关羽作为义气的化身，推崇备至，以期增强组织内部的凝聚力。古代工商业者也称颂关羽重信有义、视富贵如浮云的品德，各行会团体都特别敬重关羽。有些地方干脆将关羽奉为财神（武财神，文财神为商代比干）。明清时代，除上述对关羽的祭祀外，民间还将司命禄、估选举、治病除灾、驱邪辟恶、诛罚叛逆、巡察冥司诸多职能加在关羽名下，使人们更增强了对关羽的信仰。关羽的影响甚至波及海外，日本、南洋等地都有关帝庙宇，海外一些华人居住区至今仍将关帝作为守护神，维系同胞之间的团结。

古人崇拜神灵，是因为惧怕它们，或者想祈求它们的帮助，归根结底还是为了今世的幸福。在古人眼中，今世要重于来世，死毕竟是一件可怕的事情。所以，那些长生不老、无所不能的仙人，才是古人真正羡慕的对象。先秦时代，民间就流传"神仙"信仰，当时齐国的邹衍，依据阴阳之理，创五行之说，又有延命方和神仙术，俨然被视为神仙。更有许多方士，周游于列国之间，贩卖其不死之术。秦汉时代，神仙信仰更盛，秦始皇派徐福入海求仙，结果一去不返。汉武帝追求长生之术，也是不遗余力的。道教把得道成仙标榜为人生的最高境界，并有具体的实践方法，神仙信仰逐渐系统化，成为道教的主要组成部分。随着道教影响的扩大，神仙信仰深入民间，成为古代社会重要的信仰。古代有关神仙的传说数不胜数，升天成仙成为人们追求的目标，连封建帝王也不例外，历朝皇帝中，就有因误食仙丹，中毒而死的。

在民间崇拜的神仙中，以"八仙"影响最大。有关"八仙"的故事在民间广为流传。许多戏曲、小说以"八仙"为素材，一些道教宫观中，也塑有"八仙"神像。民间所传"八仙"，一般是指铁拐李、钟离权、张果老、吕洞宾、何仙姑、蓝采和、韩湘子、曹国舅等八人。也有其他一些说法。"八仙"多依傍具体历史人物，但有关故事传说，则出于道教徒的附会，往往荒诞不经，具有浓厚的迷信色彩。但较之其他神仙人物，"八仙"不是不食人间烟火，而是混迹世间，或仗义行善，或倜傥不羁，少了一点神的尊严，多了一点人情味，因而得到民众的喜爱。"八仙"的核心人物是吕洞宾，他在民间影响最大。传说吕洞宾是唐代一位崇尚道教的士人，跟随钟离权修炼得道。他发誓度尽天下众生，然后再升天，因而博得了民众的信仰。在民间传说中，吕洞宾很有人情味。他不仅混迹世间，为百姓治病解难，除害灭妖，而且外貌潇洒，性格幽默，还沾染一些市井习气。这一形象让民众感到亲切可爱，因而有关传说大为流行。北宋中叶以前，吕洞宾尚未广为人知。此后名声渐大，南宋时，已设有专祠，并塑像供奉。元明时代，道教昌盛，吕洞宾因民间声望，而成为道教诸仙中最活跃的人物。全真道尊他为纯阳祖师（简称"吕祖"），官方也封他为纯阳帝君。全国许多地方还建有供奉吕洞宾的宫观，像山西太原的纯阳宫，四川峨嵋山的纯阳殿等，规模都很大。吕洞宾在民间的影响，直到近代仍然很盛，这在道教诸仙中是少见的。

3. 人鬼与冥世信仰

古人认为，人的灵魂是不死的，但灵魂能够成神成仙的人很少，多数人死后，灵魂在阴间为鬼。古人是非常惧怕鬼的，他们认为鬼无影无形，具有超人的本领，能使人得福或遭祸。特别是那些生前有灵异的人和非正常死亡的人变成的鬼，往往神通更大。据《礼记·祭法》记载，天子七祀中有泰厉，诸侯五祀中有公厉，大夫三祀中有族厉。注文引《春秋传》说："鬼有所归，乃不为厉。"

疏曰："曰泰厉者，谓古帝王无后者也。此鬼无所依归，好为民作祸，故祀之也。""曰公厉者，谓古诸侯无后者。""曰族厉者，谓古大夫无后者鬼也。"《左传·昭公七年》记子产说："匹夫匹妇强死，其魂魄犹能凭依于人，以为淫厉。"古人惧怕鬼，但又幻想得到鬼的佑护，于是就赋予鬼一些神的特性，甚至将某些厉鬼奉为神。民间崇祀的紫姑、张巡、天妃诸神，就是由厉鬼转化成的人神。紫姑，又称坑三姑娘，是古代民间崇祀的厕神。传说神名何媚，为人妾，大妇妒之，正月十五阴杀于厕中，被天帝封为厕神。民间相传紫姑神有先知之明，每于正月十五日晚迎祀，并扶乩降神，卜问休咎。后世民间的扶乩迷信活动，与紫姑神信仰有着直接关系。奉祀紫姑神的一般是妇女，但宋代士大夫也扶乩降紫姑神，并能与之诗文唱和，紫姑神变成了一位能文善舞的仙女。张巡、天妃本来也是横死的厉鬼，但在民间信仰中，他们都变成了具有社会职能的人神。

既然鬼能使人遭祸，古人就认为世间许多灾难，尤其是疾病，是由鬼作祟所致，因而产生了瘟神、疫鬼、痘神等信仰。瘟疫是古代烈性、急性传染病的通称，因其传染迅速，死亡率高，古人对它极其恐惧，但又无法抗拒，遂认为是恶鬼作祟。这恶鬼据汉蔡邕《独断》、晋干宝《搜神记》（卷一六）记载，是颛顼帝的三个儿子。《素问·刺法论》说："五疫之至，皆相染易，无问大小，病状相似。"所以又有称瘟神为五瘟鬼的，民间瘟神塑像也多设五座。唐宋时期，世人传说赵公明等五位人鬼，奉天帝之命，至人间传播瘟疫，于是民间又有以赵公明等为五瘟神者。道教将此五瘟神作为匡阜真人的部将。《封神演义》中，封吕岳为主掌瘟篁昊天大帝，率领瘟部六位正神。西藏地区民间则以牛魔王为瘟神。痘，也是一种传染病，古人畏惧，遂加以神化，但多以娘娘神为主宰。

古人惧怕恶鬼作祟，除奉祀以取悦于恶鬼外，也采用招魂、赶鬼、举行丧葬仪式、祭祖等巫术形式加以镇制。另外，古人还塑造了两位驱鬼、治鬼之神，即方相、钟馗。方相本来是动物神，后逐渐被人神化。《封神演义》将方相分为二神，谓即商纣王朝武将方相、方弼兄弟。古人以为方相有驱鬼之神力，自先秦时代起，就在丧葬等宗教仪式中用以驱鬼，称开路神、隘道神。直到近代，江南民间出殡，仍制金刚状巨人，为送殡行列之先导。钟馗，据清代学者考证，其原始形象是古代用桃木作的一种椎。椎的切语是"终葵"，因此称椎为终葵。古人在举行大傩仪式时，挥舞终葵驱鬼。久而久之，在人们心目中，终葵就成为驱鬼的象征，并具有辟邪的神通。正因为终葵有此种含义，所以自魏晋以至隋唐，常有人以钟（与终音同）葵为名。至唐代，终葵被拟人化，改称钟馗（与葵音同），并虚构了钟馗捉鬼的故事。这个故事见于宋代沈括《梦溪笔谈补》卷三，言唐明皇病中梦见一大鬼抓住一小鬼，刳目而啖之，自称是落第的武举钟馗。明皇醒后，病即痊愈。于是召见吴道子，授意作钟馗像：露足袒臂、目睹蝙蝠，手持宝剑，捉一小鬼。以此批告天下，共庆太平。此后，钟馗捉鬼的故事广泛流传民间，有些地方甚至把钟馗像贴在门上、壁上，作为门神。

古人不但肯定鬼的存在，而且认为鬼也有其生活的世界，像人类一样构成社会，这个鬼的世界习惯上称做"冥世"或"阴间"。冥世观念起源于原始社会，秦汉时代已具雏形，后又吸收佛教的某些说法，使之逐渐完备。所谓冥世，实际是现实社会的倒影，其社会构成、生活方式，无一不是依据现实社会虚构而成。既然是虚构的，就有许多幻想的成分。人们在现实社会中无力伸张正义，惩罚邪恶，于是假想恶人死后的鬼魂，不论生前地位如何，都将在冥世受到主宰之神的公正审判。冥世的主宰，在佛教传入以前，一般是由东岳大帝充任，泰山是治鬼之府。东汉初期，佛教传入中国。随着佛教影响的扩大，因果报应、轮回转世、地狱等观念深入人心，以地藏王、阎罗王作为冥世主宰的信仰也相应兴起。地藏王，佛教称为地藏菩萨，并无主冥世之说，当是佛教传入后，民间附会而成，故影响不大。阎罗王，俗称阎王爷，原为古印度神话中冥世之主，佛教沿用其说，称之为地狱主。传说他属下有十八个判官，分管十八层地狱。唐代慧琳《一切经音义》卷五说："梵音阎魔，义翻为平等王，此司典生死罪福之业，主守地狱八热八寒以及眷属诸小狱等，役使鬼卒于五趣之中，追摄罪人。"阎罗王随着佛教传入中国后，与民间原有的冥世信仰相结合，成为执掌生死、轮回、转世的冥世主宰，得到民众的普遍信仰。但在民间，对阎罗王与东岳大帝的区别实际是不太清楚的。阎罗王一般没有专门的庙宇，只是在东岳庙或城隍庙设一阎罗殿（或十王殿）。

佛教传入中国之后，地狱成为民间冥世信仰的主要模式。但是民间信仰的地狱，已脱离了佛教经典的束缚，带有中国特色，并且趋于具体化。如山西省蒲城县东岳庙，除了在行宫大殿内供奉东岳大帝黄飞虎外，还建有一座规模庞大的地狱。地狱设置在山坡上，从入口下去，第一层是阴曹，分东曹、西曹。从阴曹再下十八个台阶，便是地狱，十八个台阶意谓地狱有十八重。地狱由三面合围的十五孔窑洞组成，正北五孔窑内供有五岳大帝，东西两边是十殿阎罗，十八重地狱交错罗列于各殿案前。民间的地狱观念有些类似于西方的末日审判，设阴司地狱是为了惩处作恶多端的人。古人认为，人死后都要到阎王处报到受审，生前作了恶的，则发下十八重地狱受苦；生前犯了什么罪，到地狱中受相应的刑罚。蒲城县东岳庙的地狱中，就塑有各种各样阴森恐怖的刑罚场景。地狱的出口是轮回转世图，凡行善者，则可转世升天，或转阳为秀才、员外；生前作恶者，不但要受到严惩，还要变驴变马，变蛇变虫。在入地狱报到后，要服"迷魂汤"（一说转世时服），所以转世后，忘记了在地狱所受的审判和折磨。由此可见，以地狱观念为主的民间冥世信仰，实际是儒家礼教文化与佛教轮回果报思想的混和物，轮回果报只不过是一种执法手段，而最终目的还在维护传统的伦理道德。

第六节　顶礼膜拜——社会神信仰

1. 社会神信仰的起源

原始社会，生产力低下，人类在自然面前显得无能为力，唯有匍匐在自然的脚下，用虔诚的奉祀祈求它的赐予和宽恕。因此，自然崇拜、自然神信仰，是人类早期主要的信仰形式。随着生产力的发展，人类认识自然、改造自然的能力有了进一步的提高，笼罩在天地万物之上的神秘面纱逐渐揭除。人类认识到了自己的力量，人的主体地位开始得到确立。伴随着这一过程，人类的信仰形式也发生了变化。自然崇拜不再占主导地位，取而代之的是对具有社会职能的人格化神的崇拜。原始社会，人类过着原始的群居生活，社会结构非常简单。生产力的发展导致了阶级的形成，社会结构发生了变化，家庭、私有财产、社会分工、社会交换等相继出现，人与人的关系也日趋复杂。于是，"人们就像以前受自然界这种异己力量支配一样，又受到自己所创造的经济关系、自己所生产的生产资料的支配，受到社会、国家、阶级等社会关系的支配。对于人们来说，这些具有社会属性的力量同样是一种难以理解而又无法抗拒的异己支配力量"。人们希望自己的家庭、私有财产、社会活动得到保护，希望有正常的社会秩序，以利于社会交换的进行。而当这些要求在现实中无法满足时，人们就很自然地想到了神灵，认为是神灵在操纵着社会力量，所谓"谋事在人，成事在天"。于是他们就给原先崇拜的一些自然神、人神加上了保护、监督、管理的社会职能。随着私有制社会的发展，有些神灵就失去了本来的属性，成为专门承担社会性职能的人格化神。这类神，我们姑且称之为社会神，主要有门神、灶神、财神、行业神、城隍神、玉皇大帝等。社会神是为满足现实社会需要而塑造的，他们贴近人世，让人感到亲切实在，因此成为最受民间崇信的神。

2. 门神、灶神信仰

门神与灶神都是我国民间信仰的家庭守护神。他们居守家室，贴近人们的日常生活，因而为广大民众所敬祀。在传统的春节风俗中，腊月二十三（或二十四）祭灶，年除夕（或正月初一）贴"门神"画，几乎是家家户户都要做的事情。这种民俗，一直流传到今天。门神信仰起源很早，很可能在人类学会建筑房屋作为安身之处后，就希望有神灵为自己看守门户，以禳除邪魔凶灾。古人在居室门上装饰怪兽神鸟（称"铺首"），实际就是原始门神观念的遗存。先秦时代，祭门神便列为"五祀"（古代的五种祭礼）之一，受到官方及民间的广泛崇祀。但早期的门神信仰带有原始的泛神崇拜性质，还不具备后世民间奉祀的门神的形态。门神被赋予具体的形象和姓氏，大约是从汉代开始的，其中最著名的就是神荼、郁垒。王充《论衡·订鬼篇》引《山海经》（今本《山海经》中无此条）说：

沧海之中，有度朔之山，上有大桃木，其屈蟠三千里，其枝间东北曰鬼门，万鬼所出入也。上有二神人，一曰神荼，一曰郁垒，主阅领万鬼。恶鬼之鬼，执以苇索，而以食虎。于是黄帝乃作礼，以时驱之。立大桃人，门户画神荼、郁垒与虎，悬苇索以御。

汉代鬼魂信仰已相当流行，鬼成为人所畏惧的对象。因而具有捉鬼神通的神荼、郁垒，成为驱鬼辟邪的门神，是很自然的事情。在南阳汉画像石墓墓门上，我们可以看到绘刻的神荼、郁垒形象。这说明在汉代，以神荼、郁垒为门神的现象已经比较普遍。这种风俗伴随着鬼魂信仰，一直沿续到后世。唐代以后，虽然民间门神的形象主要是武士，但在武士门神画像上，也常标有神荼、郁垒的名字。有些地区甚至不贴流行的门神肖像，而是在门上写神荼、郁垒的名字，显示出传统信仰的深远影响。

除了神荼、郁垒这两位神话人物之外，历史上一些著名的将军勇士也被奉为门神。我们今天所能看到的门神画像，大多是披甲执兵、状貌威严的武士。以武士为门神的最早记载，是《汉书·景十三王传》中记广川王刘去在殿门上画古勇士成庆像。在洛阳出土的北魏宁懋石室的门神画上，我们也可以看到身披金甲、高大魁梧的武士形象。武士门神中最负盛名的是秦叔宝和尉迟敬德。他们二人都是唐太宗手下战功卓著的将军。传说太宗患病，常听到有鬼呼叫，二将军自愿戎装守门，鬼不再来。于是太宗命画工绘二人像，悬于宫门，从此平安无事。这个故事后来传到了民间，并由明代吴承恩写进《西游记》第十回"二将军宫门镇鬼"中。于是民间也张贴秦叔宝、尉迟敬德的画像，镇鬼驱魔，久而久之，就形成了以武士为门神的风俗。古人奉武士为门神，主要是崇拜其勇力，而对他们的具体身份并不十分关心。所以民间张贴的武士门神画像，除了秦叔宝、尉迟敬德外，也有说是温峤、岳飞、赵云、赵公明、燃灯道人、孙膑、庞涓等人的。唐代以后，钟馗捉鬼图也常贴在门上，作为驱鬼辟邪的门神。

门神的原始功能是驱鬼辟邪，但随着社会的发展和意识形态的变化，其驱鬼辟邪的色彩逐渐减弱，祝福喜庆的含义却增加了。明代冯应龙《月令广义》云："近画门神为将军朝官诸式，复加爵、鹿、幅、宝、马、瓶、鞍诸状，皆取美名，以迎祥祉。"明清时，以天官、状元、福禄寿星、和合、财神等为门神，在民间成为一种风气。有些地方甚至取消门神的祛邪义务，专事祈福，称"祈福门神"。门神功能的变化，实际体现了民间信仰习俗由"迷信"向"俗信"转化的特点。

灶神，俗称灶君、灶王、灶王爷、老灶爷等，是中国民间信仰最普遍的神灵之一。灶神的起源很早。根据《礼记》等书的记载，大约先秦时代，祭灶已列入天子"七祀"和诸侯"五祀"之中，就连庶人能立的一祀，也要立灶，或立户。灶神信仰至汉代大为流行，祭灶变成了一种民间风俗。关于灶神的来历，汉代以前主要有两种说法：《淮南子》、《说文解字》等书把灶神与火神混为一谈，以古代神话中与火有关的炎帝、祝融为灶神；而《礼记》及汉代某些经师认为灶即先炊，祭祀灶神是报先炊之德，祭祀的是一个老妇人。现在一般认为，灶神崇拜与火神崇拜是密切相关的，灶神没有超出火神之外的自然属性。早期人类烧烤食物充饥，那一堆不熄灭的火便是他们的灶，根本不可能把火与灶分开崇拜。只是在后世的灶神信仰中，灶神逐渐丧失了与火神相关的自然属性，而成为一个单纯的社会神。至于把炎帝、祝融当做火神和灶神的说法，那是后人的牵强附会，因为这两个神话人物是战国之后才创造出来的人化神。

灶神如果单凭自然属性，显然不足以成为民间奉祀的主要神灵。大约从西汉开始，灶神的职能就发生了变化，主要职能不再是掌管饮食，而是掌管人的寿夭祸福。《史记·孝武本纪》已记载，当时的方士鼓吹祭灶可以致物炼丹，求得长生。因祭灶而得福的著名例子，是《风俗通义》、《后汉书》等书所载阴子方的故事。阴子方积恩好施，经常祭祀灶神。有一天做早饭，见到了灶神，就赶忙把家中的一头黄羊杀掉奉祀。于是发财致富，子孙都做了大官，并留下了腊日以黄羊祭灶神的传统。实际上，灶神对人的束缚、控制远远超过了降福。《淮南万毕术》中已有"灶神晦日归天，白人罪"（《太平御览》卷一八六引）的传说。《礼记·祭法》郑玄注则称"小神居之人间，司察小过，作遣告者尔"。《抱朴子·微旨》也说："月晦之夜，灶神亦上天白人罪状。大者夺纪。纪者，三百日也。小者夺算。算者，三日也。"可见灶神至迟到魏晋时代，已成为天帝派驻下方的代表，督察人间过失，定期向天帝汇报。由于灶神担负此种职能，所以历代对它的信仰有增无减，使它变成了民间主要的家神。

我们只要看几条有关灶神的忌讳，便可知民间对灶神是怎样的毕恭毕敬了。民间善书《敬灶全书·灶上避忌》规定：不得用灶火烧香；不得击灶；不得将刀、斧置于灶上。如此众多的忌讳，实际上反映了古人对自己命运的茫然不解和一种原罪感。他们把自己遭际中的诸多吉凶祸福都托之于神，以为是由于自己的某种过错才导致了灾祸，受到神的惩罚。他们的愿望，正如北京过去流传的一首俗曲中所唱："一不求富贵，二不求吃穿，好事儿替我多说，恶事儿替我隐瞒。"

　　为了达到避祸的目的，民间将现实生活中的经验引入灶神信仰，企图用贿赂买通灶神，从而形成了独特的祭灶风俗。每到祀灶之日（宋代以后主要祭日为腊月二十三或二十四），民间都郑重其事的祭灶，供奉好吃好喝的。有些地方把酒糟抹在灶门上，谓之醉司命，使灶神沉醉不醒而无法反映真实情况。或设法用黏糖封住灶王的嘴，让他说不出人们的过错。除夕之夜，人们还举行专门的仪式，将灶神迎回家中。宋人范成大有首《祭灶诗》，比较全面地记录了当时民间的祭灶风俗：

　　　　古传腊月二十四，灶君朝天欲言事。云车风马小留连，家有杯盘丰典祀。猪头烂熟双鱼鲜，豆沙甘松粉饵圆。男儿酌献女儿避，酹酒烧钱灶君喜。婢子斗争君莫闻，猫犬触秽君莫嗔。送君醉饱登天门，杓长杓短勿复云，乞取利市归来分。

　　人们从创造灶神来束缚自己，到摆脱灶神的束缚，也反映出民间信仰习俗由"迷信"向"俗信"转化的特点。

　　灶神在社会化的同时，人格化程度也逐步提高。早期以神话人物炎帝、祝融或老妇为灶神，实际已是人神化了。但炎帝、祝融说在民间影响不大，而老妇说又不适合封建男权等级社会的需要。于是自汉代开始，灶神就产生了新的形象。东汉许慎《五经异义》已记载灶神为夫妇二人的传说。西晋司马彪注《庄子》，则言灶神"状如美女，著赤衣，名髻"。唐代段成式《酉阳杂俎·前集》卷十四中称灶神姓张名单（或作禅），夫人字卿忌，还罗列了他们的女儿和众多属神。后世民间多采《酉阳杂俎》之说。另外道教《灶王经》还记载了以种火老母为首的系列灶神，但因过于烦琐，在民间影响甚微。近世民间奉祀的灶神，多绘为黑面长须，头戴礼冠，身着朝服。灶神像一般贴在厨房炉灶上面专设的小龛内，长年供奉。

3. 财神、行业神信仰

　　人类进化到私有制社会以后，财富成为支配人们社会生活的最重要的异己力量。与对待其他异己力量一样，中国古代民间也将财富神化，认为有一位财神在掌管着财富的分配，有关财富的神话传说不一而足。至近代社会，随着商品经济的发展，人们对财富更为崇拜，财神成为社会各个阶层最普遍的信仰对象之一。民间塑造的财神是一位人化神，但公认的充当者，在各时代、各地区并不完全一致，有赵公明、五显、五通、比干、关羽等说法。

　　在诸多充任财神的人神、人鬼中，赵公明是最著名的一位。近代南方民间多以赵公明为财神，崇祀极盛。北方有些地方也把他作为财神。赵公明曾受封为

"正一玄坛元帅"，所以民间又称赵公元帅、赵玄坛。根据《搜神记》、梁陶弘景《真诰》等书的记载，赵公明原是道教中冥神、瘟神一类的神灵。但元明之后，道书及民间相传赵公明因护张天师丹炉有功，封正一玄坛元帅，"驱雷役电，唤雨呼风，除瘟剪虐，保病禳灾……至如讼冤伸抑，公能使之解释公平；买卖求财，公能使之宜利和合"。不但是道教的执法天神，而且具备了财神的初步形态。《封神演义》称赵公明为峨嵋山仙人，因助纣抗周而身亡，被姜子牙封为金龙如意正一龙虎玄坛真君，下辖招宝天尊、纳珍天尊、招财使者、利市仙官，则俨然一副财神爷形象。民间奉赵公明为财神，实肇始于此。明清以来，民间所奉财神除赵公明外，又有五显神、五通神之说。关于二神来历，众说纷纭，莫衷一是，大抵为人鬼之类。五显神、五通神在宋代民间已颇受崇信，洪迈《夷坚志》中有许多二神灵异的记载。五显、五通本为二神，但后世混为一谈，都奉为财神。近代民间又有文财神、武财神之说，以殷代忠臣比干为文财神，以关羽为武财神。直至今日，东南亚等地的华裔商人仍奉关羽为财神及保护神，可见传统信仰影响之深远。

我国北方许多地区有春节祭祀财神的风俗，其仪式是：年除夕晚上象征性地将财神请回家，然后在厅堂内悬挂财神画像，摆设供品，举行祭祀，祈求来年招财进宝。所奉画像多绘在纸上，居中为财神，旁边是利市仙官，也有为财神配一女像的。此种风俗一直流传到今天。

随着生产力的发展，社会分工越来越细，形成了众多的行业。各行业都有自己的利益和特殊要求。在社会交换活动中，为了维护本行业的利益，为了加强行业内部的凝聚力，各行业往往寻找或创造一位神灵作为本行业的保护神。这类神灵我们称之为行业保护神（简称行业神）。中国古代民间奉祀的行业神很多，有些本来是自然神，因其对某行业有较大影响或关系密切而被奉为该行业的保护神。如我们在前面提到的蚕神，是蚕农的保护神。有些是神话人物或历史人物，因他们在某方面具有突出贡献而被奉为行业保护神。如鲁班是建筑工匠、木匠的保护神，苍颉是书吏的保护神，医王、药王是医药界的保护神，关羽是商贾的保护神，黄道婆是松江、太湖地区棉农织户的保护神。有些行业神纯属牵强附会，或是来源已不可考。如以汉宣帝为饼师神，以尉迟恭或太上老君为炉火神，以白眉神为娼妓神等。古代戏曲界所祀之梨园神一称相公，一称老郎。相公，有说是唐玄宗朝宫廷乐师雷海青；老郎，比较流行的说法是唐玄宗，大概因为他曾大力提倡梨园乐舞。文昌神本是天下士人所奉之神，但近代刻字匠、印字匠、锦匣工人、冥衣铺工人、裱画工人及纸店也奉为行业神。行业神与行会往往密不可分，研究行业神可以为研究行会以及经济史提供丰富的资料。

4. 城隍神与玉皇大帝信仰

中国社会在秦始皇统一之后，由分封制进入中央集权制，行政区域的划分逐渐明确，并建立起了一套相应的行政官吏系统。既然现实社会有了明确的行政区划和相应的官吏系统，那就必然反映到鬼神世界中来。于是诸位神祇也有了管辖区域之分和等级之分。城隍神、土地神实际就是封建社会中下层官吏的倒影，而封建社会后期产生的玉皇大帝则是封建皇帝的象征。

城隍神是民间信仰的一个重要神灵，一般认为他即是《礼记》所载"天子八腊"中的水庸神。史籍中正式称城隍神，始见于《北齐书·慕容俨传》，书中记慕容俨因祷城隍神而得到佑护。但从《隋书》等书的记载来看，南北朝时期对城隍神的信仰，主要局限于南方某些地区，而且城隍神的职能主要还是保护城池，也没有出现人神化的倾向。城隍神信仰的普遍流行是在唐宋时期。由于这一时期封建社会的高度发展，城市中人口集中，商业繁荣，城市成为经济的重心。作为城市保护神的城隍，香火自然也就兴旺起来。唐代城隍神祭祀已相当普遍，甚至有封爵之举。张说、张九龄、杜牧、李商隐等人的文集中，都有"祭城隍文"一类文字。至宋代则几乎天下府州县城皆立城隍庙奉祀，并列入国家祀典。元代甚至出现了所谓的"都城隍"，作为国家的守护大神。城隍神的职权范围唐代已经大为扩展，不仅守御城池、保障治安，而且当地的水旱吉凶、冥间事物也都归他执掌。宋代以后，士人的科名禄籍也归城隍神管辖。城隍神成为直接服从于天帝（后为玉皇大帝）的地方区域神。城隍本来是一位自然神，但隋唐之后，主要承担社会职能，而且形成了由正人直臣死后充当城隍神的观念。这种观念在宋代大为发展，并一直影响到近代。充当城隍神的著名历史人物如：春申君被苏州奉为城隍神，文天祥被北京奉为城隍神，纪信被镇江、芜湖等地奉为城隍神，灌婴被江西一些城市奉为城隍神，等等。总之，几乎每一位城隍神都是由历史人物充当的，而其背后往往都有一段传说。当然各地的城隍神也因时而异，有些地方的城隍神不只是一位历史人物。

明朝建立之后，朱元璋非常重视对民间信仰的利用，洪武二（公元1369年）年，即大封城隍神。南京、开封、临濠、太平、和州、滁州六地的城隍封为王，其他府城隍封为公，州城隍封为侯，县城隍封为伯。洪武三年，朱元璋整顿祀典，取消了诸神的爵称，对城隍也都按其行政区划称某府某州某县之城隍神。但同时又下令仿照各级官府衙门的规模、布局建造城隍庙，供奉木主，并赋予城隍神"鉴察民之善恶而祸福之，俾幽明举不得幸免"的职能，甚至命令各级官吏赴任时，都要向城隍神宣誓就职。这样，城隍神实际上成了封建社会地方官吏的化身。他统领一方亡魂，设公堂，并定期于清明、上元等节出巡。近代的城隍庙，还添了一位城隍奶奶。由于城隍神是一位冥神，民间为了礼拜方便起见，往往把阎王殿也合在城隍庙里。城隍神既然是封建社会地方官吏的化身,那么封建官吏的流弊也必然在他身上有所体现。明清的民间传说和文学作品中,就有许多揭露城隍神贪婪、腐败、残暴的故事。于是城隍神逐渐不为人们所信任,以至于在民间信仰中变得无足轻重。

玉皇大帝,又称玉皇上帝,是中国民间诸神体系中的最高统治者。但他出现得比较晚,大约是在封建集权统治高度发达的唐代,他才以人间的皇帝为原形而被创造出来,成为封建皇权在鬼神世界的象征。

中国自商周开始,就有最高神的观念,"帝"、"上帝"、"昊天"、"皇天"等称呼即代表最高神。但早期的上帝等概念是非常模糊的,它只是一个"神秘的存在",并不具备明确的形象。两汉时代,随着鬼神世界的秩序化,上帝的形象、职能也趋向人格化、社会化。西汉的太一神,实际就是上帝的化身。东汉纬书中则以北极星为天皇大帝,名耀魄宝,总领天地五帝群神。而在民间,甚至出现了由凡人充当的上帝,这就是梁殷芸《小说》、唐代段成式《酉阳杂俎》中记载的"张天帝","张天帝"可能是附会有关天公将军张角的传说,因为张角曾提出"苍天已死,黄天当立"的口号。此说是否正确姑且不论,但说汉代已赋予上帝人格化的特征,应是没有疑问的。汉代创造的人格化上帝成为玉皇大帝的雏形,后世民间认为玉皇大帝姓张,实际就是继承了汉代张天帝的传说。

我国封建社会,祭天一直是国家祀典中最重要的内容,祭祀的对象以皇天(或称昊天)上帝为主。皇天上帝是一个非常抽象的神学概念,虽然儒家学派多方解释,但并不为民间所认同。民间在传统的上帝信仰基础上,创造出了人格化的最高神。另外,道教、佛教的最高神三清、如来佛也为民间所信仰。后来,传统的上帝信仰及在此基础上产生的人格化最高神,道教、佛教的最高神,人世的皇帝,三者融为一体,就塑造出了民间神系中的最高统治者——玉皇大帝。

玉皇大帝来源于道教,梁陶弘景《真灵位业图》中最早出现了玉皇、玉帝的称呼,但仅列为三清的属神。到了唐代,玉皇在道教诸神中的地位迅速提高,甚至有位列三清之说,但神的形象并不明确,似乎只是道行高深者的泛称。唐代尊崇道教,玉皇是道教神祇,理所当然的受到重视。古人又有崇拜玉的心理,认为玉是跟神仙联系在一起的,因而民间对玉皇的信仰逐渐普及,并将它与原有的天帝信仰相结合,把玉皇塑造成了一个仙界领袖。唐代著名诗人李白、杜甫、白居易等均有吟咏玉皇之诗,描绘其天宫及随侍群神,表达成仙的愿望。虽然玉皇在唐代还没有真正成为威严无比的最高神,孟郊诗中还可以"手把玉皇袂",但是玉皇的宫殿仪仗显然已仿照人世皇帝来安排了。而且诸家所述玉皇之服饰、侍御,似乎都有定式,很可能当时许多地方已经造像绘图,设庙祭祀了。

宋初继承了唐代尊崇道教的传统，宋真宗为维护其软弱无能的统治，在王钦若等人推波助澜的辅佐之下，装神弄鬼，伪造符命。大中祥符五年，真宗诈称梦见神人传玉皇之命说："先令汝祖赵某授汝天书，令再见汝，如唐朝恭奉玄元皇帝。"于是封玉皇为玉皇大天帝，正式列为国家的奉祀对象。宋徽宗则把玉皇与传统奉祀的昊天上帝合为一体，上尊号曰昊天玉皇上帝。至此，国家、道教、民间三方面信仰正式合流，民间也就相沿有玉皇大帝之称。

民间改造了道教神玉皇，给他加上了新的身份，道教顺水推舟，予以默认。为了增强玉皇的诱惑力，道教还以释迦牟尼成佛故事为蓝本，编造了光严妙乐国太子的故事。道经《高上玉皇本行集经》称：光严妙乐国国君祈求太上老君赐给他个儿子以继王位，不久皇后梦见太上老君将一婴儿送至宫中，皇后从此怀孕，生下王子。王子长大后舍弃王位，学道修真，历三千二百劫始证金仙，号曰清净自然觉王如来，又经亿劫，始证玉帝。玉帝为总执天道最崇高之神。依照这个神话，天上的玉皇本来也是人间国王的太子，这样就解决了玉皇形象不明确的问题，并使神权与君权取得了一致。

玉皇大帝虽然一度列入国家祀典，但并未取得持久的地位，在宋徽宗以后一直到清代的国家祭天大典中，并不承认玉皇，仍奉祀昊天上帝。在多数道教经典中，玉皇的地位也在三清之下，或位居三清之一，并未确立最高神的形象。唯有在民间信仰中，玉皇大帝脱离了国家祀典与道教经典的限制，成为至高无上的天神。他总管三界、十方、四生、六道一切祸福，是"名符其实"的天地主宰。在《西游记》中，三清、四方佛祖都位居玉皇之下，玉皇被尊为大天尊。玉皇大帝从一位普通的道教神祇，演变为民间信仰的最高神，这一过程显示出中国民间信仰兼收并蓄的特性。

5. 佛、道诸神的民间化

中国民间诸神体系，是一个融传统信仰、佛教、道教等于一炉的大杂烩式体系。佛、道诸神并没有在民间取得独立的地位，而是经过改造、融化，纳入了民间神系。道教是中国土生土长的宗教，它与民间信仰本来密不可分，因而道教神祇也就带着浓厚的民间色彩。我们从八仙、玉皇诸神的发展演变过程中，可以看得很清楚。佛教是外来宗教，两汉间传入中国，在此后长达一千多年的历史长河中，对中国的政治、文化、风俗等产生了深刻的影响，成为中国社会意识形态的组成部分。但是由于中国特殊的社会历史环境，以及根深蒂固的传统文化影响，民间真正信仰佛教、成为佛教徒的人并不多。佛教诸神不但没有在民间信仰中占据统治地位，反而经过改造，纳入民间神系。如佛教中至高无上的如来佛，却成为与三清、玉皇并列的最高神；地藏王菩萨、阎罗王则成为东岳大帝属下的阴间主管，统辖的是城隍、土地之类传统神祇。佛教诸神中，最受中国民间崇信的莫过于观音菩萨。观音乃佛教大乘菩萨，本译做观世音，唐人避李世民讳，改称观音。据佛经记载，观音菩萨的职责是与大势至菩萨共侍阿弥陀如来，推行教化。传说他大慈大悲，救苦救难，而且法力无边，变化无穷。这就为民间提供了信仰基础。在佛教中，佛、菩萨都是没有性别的，他们在世人面前可根据不同需要，呈现各种化身。所以南北朝时期的观音菩萨有男相，也有女相。但自唐代以后，民间奉祀的观音菩萨多是一美妇人，而且还替她编造了来历，说她是妙庄王（也作楚庄王）幼女，舍身救父，成为千手千眼大悲观音。在民间信仰中，观音菩萨实际上成了具有大慈大悲、救苦救难、施财、布雨、送子等多种职能的综合性女神，与佛教的菩萨形象已相去甚远。观音菩萨的这一演变，可以说是宗教神民间化的典型例证。

民间信仰与佛教、道教之间，实际存在着一种双向改造的关系。佛、道诸神的民间化只是一个方面，另一方面则是民间原有神祇为佛教、道教所吸收改造。道教就把雷公、门神、灶神、财神、城隍神等民间神祇纳入自己的神系。佛教为了在民间立住脚，也非常重视对民间信仰的利用。如深受民间崇祀的关圣帝君，佛教就奉为护法伽蓝神。民间信仰与佛教、道教之间双向改造的关系，导致了佛、道神祇与民间祠祀的同化。人们已不再注意自己信仰的是哪方神灵，而只关心能否祈福，是否灵验。实际上明清以后的民间祠祀与佛寺、道观已很难区别，许多民间杂神祠庙或以僧主持，或以道主持，而传统的民间神祇也堂堂正正地高踞于寺庙、道观之中。

6. 神鬼信仰与民众的社会心态

从远古的原始宗教信仰，到近代的民间宗教结社和民间祠祀，数千年来中国民众的社会生活从未离开过神的干预。天地神鬼信仰，构成了古代民众世界观、人生观的主要内容。古代许多民众对神鬼似乎有一种天然的依赖心理，在他们的观念中，"总习惯于用必然论来解释周围的事物，把事物与现象之间的偶然联系，解释为必然联系"。他们认为许多自然现象、社会现象都是神鬼意志的体现，非人力所能改变。所以不是积极地去认识、改造自然和社会，而是塑造出众多的神鬼，幻想通过虔诚的奉祀，求得福佑。这种对神鬼的依赖心理，从根本上讲是由于生产力不发达，人们对未知世界感到困惑的表现。它在封建社会的长期延续中，客观上起到了使一部分民众不相信科学、不相信自己的力量、企求侥幸的消极作用。

除了依赖心理之外。古代许多民众对神鬼还存有畏惧心理。在他们心目中，神鬼是人世社会的真正主宰，执掌着人的福禄寿夭；人的一切行为都要受到神鬼的监视，一旦有违背传统道德或亵渎神祇的举动，就会受到惩罚。这种观念在受到佛教的地狱、轮回果报之说影响后，更引起了古代民众对神鬼的畏惧，使之成为一种相当普遍的社会心理。在这种心理支配之下，神鬼往往成了掌握道德公理的审判官，人们把追求社会公正的希望寄托在他身上，并心甘情愿地受其约束。实际上，古代民众对神鬼的畏惧心理，主要是起到了维护正统伦理道德的作用。

中华民族是一个富有求实精神的民族，这一精神体现在民间信仰中，就是注重现实性和直接性。中国民间信仰的神鬼，往往直接贴近民众的现实生活，人们奉祀它们，是为了求得福佑，或免除灾祸，功利目的非常明确。因此民间在神鬼的选择、创造上，也往往注重其实用价值。某神"灵验"，一阵风刮起，香火就旺盛；反之就冷落，甚至绝祀，又创造出新的神来。整个过程带有很大的随意性。在中国古代民众的观念中，没有超现实的彼岸世界存在。虽然道教的神仙世界、佛教的西方净土也曾一度引起民众的向往之心，但经过一段时间的体验，神仙世界高不可攀，西方净土渺无实证，民众也就失去了对它们的兴趣。与佛教、道教信仰相比，还是民间信仰更让民众感到亲切，因而也就更有生命力。宋代以后，佛教、道教趋向没落，不得不接受民间信仰的改造，与儒教一起服务于现实社会。由此可见，民间信仰实际是一种入世宗教，它虽然没有很深的思想内涵，而且是以实用为终极目的，但是具有很强的同化力。

古代民众创造了神鬼，并赋予它们巨大的权威，而后就匍匐在自身创造物的脚下，虔诚地奉祀，祈求赐福或宽恕。这种神鬼权威意识在古代经常是作为国家统一意识形态的对立面而存在和发展的，因而就包含了被利用来造反作乱的可能性。历史上有许多次农民起义就是利用民间神鬼信仰发动起来的。因此，历朝为了维护国家安定，往往要禁止民间的祠祀活动。史书记载的第一次禁止民间祠祀是东汉光和末年，曹操任济南相时，"禁断杂祠淫祀，奸宄逃窜，郡界肃然"。魏晋南北朝时期，各个朝代对民间祠祀也有程度不同的禁令。尽管强制性的行政手段可以摧毁神鬼祠祀，断其香火，但并不能消除民间对神鬼的信仰，因为它是深深植根于民众心灵之中的。所以唐代以后，官方对民间祠祀不再是采取严厉禁止的态度，而是施行"怀柔"政策。对民间祠祀中影响比较大的神鬼，经过改造，纳入官方祀典；而对另外一些影响比较小的神鬼，任其自生自灭。这样民间神鬼信仰就被纳入了维护封建统治的轨道，但同时也加快了其社会化、世俗化的进程，以致民间祠祀在明清及近代呈现兴盛景象。

中国民间神鬼信仰经过长时间的传播，几乎已成为全民族的普遍信仰，而且诸神的形态、神性，也获得了各个地区基本一致的认同。在这一过程中，官方的利用、提倡起到了重要的促进作用，这是显而易见的；但文学作品、民间说唱所起的传播作用，同样是不可低估的。我国古代有许多志怪小说、神魔小说，著名的如《山海经》、《搜神记》、《太平广记》、《西游记》、《封神演义》、《阅微草堂笔记》等，都是描写神鬼灵怪的。这些文学作品以及民间说唱作品中的神鬼灵怪故事，往往来源于民间，经过作者加工整理之后，又反馈到民间，对民间信仰产生新的影响。民众心目中的许多神鬼形象，实际是根据文学作品或民间说唱作品的描述而塑造的。（刘玉才语）

第七节　心存敬畏——宗教信仰与禁忌

1. 自然崇拜

自然界的一切在先民们看来都是神奇的，因此，都可以作为禁忌的对象，诸如水井、月食、晦日、节气、星相等等，很显然，这一切都与他们的生活休戚相关。而当各种禁制约定俗成地建立起来以后，人们便有了一种似乎矛盾而又统一的恐惧感与安全感。

原始人类对水的崇拜是十分虔诚的，而井和水有密切的关系，由对水的崇拜，发展为对井的崇拜，并且构想出井的发明者是一个神奇的人物——黄帝，所以，自古就有隆重的祀井的仪式。崇拜的结果，便是禁忌的产生。

古人忌讳在井上磨刀，也不许在井上种桃，说花落井中不祥。古人认为井里面有水神、龙神，如果在井上磨刀，在龙神看来，便是一种杀机，它自然会不高兴的；桃在古人眼里是辟邪鬼之物，假如落入井中，岂不是以龙神为邪鬼的意思？这些自然要视为忌讳的。东晋葛洪在《抱朴子·微旨》中说，如果从井上跨越，便是一大罪过，掌管寿命的神会减去他的寿数的。

古人又认为井通黄泉，并且说人死就要归黄泉。所以，人死时，在招魂的仪式中就有"窥井"的举动。经过这样的传递和互渗，人们做梦如果梦见水井，也顺理成章地要视为忌讳了，认为梦井是死归黄泉的先兆。这在古代的《夷坚志》和《鬼董》中都有记载。

原始民族对月食、晦日是忌讳的。每天，白天有太阳照耀，夜晚有明月高悬。但使他们惊愕的是，每月月终的晚上或月食之夜看不到皎洁的月亮，一片漆黑，于是由恐惧而产生禁忌。

《后汉书》就说："典籍所忌，震食为重。"认为月食是件大不幸的事，是上天对人们过失的惩罚。因此很早就有救月食的说法，甚或在月食之时，号啕痛哭，悲惨之至。

古人还认为月食之夜出生的人不能长寿。这是因为古人把人的灵魂与身影认做一回事。月食之夜出生，看不到小孩的影子，便认为是短寿的。晦日的禁忌就更多。

晦日为兵家所忌，这一天不可出兵打仗。《公羊传》说，晦日有六只水鸟飞过宋都，宋人以为灾。先民们认为晦日无月，是大自然对自己过失的谴告和惩罚。《抱朴子》就说，在每月晦日的夜里，灶神要上天告发人间众生的罪愆；并且说，在这一天里，不许唱歌，否则便是一大罪过，司掌寿命的神会减去他们寿数的。在晦日这一天，人们要终日惴惴不安，夫妇不可同房，否则便是亵渎天意。百官休息，不可做事，否则必遭恶报。《夷坚志·甲志》便记载了四个官吏由于晦日上班做事而被雷霆震死的事情。

面对恐惧的事物，人们一方面编造出许多禁制来消极防卫，而同时又创造出许多荒诞的手段来主动出击。每月月终以驱疫逐鬼为目的的祓除和傩礼便是随着禁制的产生而出现的，而每年年终的大傩及驱疫活动也是这一禁忌的衍伸。

由于禁忌也具有扩散性和辐射性，便常常可以产生一些与它相关的禁忌；但是，如果"我们事先知道，许多我们所看到的禁忌与禁制常是次发的，是被替换和歪曲过的"，我们就能把握这种禁制的始因。对每月月终晦日禁忌的转移和替换，即是居六十甲子之末的癸亥日和"人生六十花甲子"的禁忌。癸亥日也不许出兵打仗，六十花甲之年，要事事小心，有异常现象，视为大忌。

每月月终的晦日，一方面无月，另一方面它是"月穷"之日，而古人认为物老则成精，时间到了一个单位的终极，也认为是不妙的。因此，癸亥日、六十花甲之年、"月穷岁尽"的除日的禁忌就是这样引申的。《初学记》卷七说："人家忌腊日杀牲，于堂上有血光，一不祥。"

这种禁忌后来被抽象化、理论化，便是所谓"盈满之咎，道家所忌"了。对盈满之数的忌讳延伸为对与盈同音的蝇的讳忌。《三国志·方技传》说：何晏好几次夜里梦见数十只苍蝇落在他的鼻子上，赶也赶不走。他请管辂为他占梦，管辂认为不吉。果然不久他便被杀了。

每月月初、每年的正月、尤其每年正月的第一天都有很多的禁忌。《抱朴子》说，每月初一这一天不能哭泣，否则，司掌寿命的神会减去他的寿数。《论衡·四讳》记载忌讳抚养正月生的孩子。《南齐书·张融传》说，正月里忌讳开仓库。《清嘉录》说："元旦，俗忌扫地、乞火、汲水并针剪，又禁倾秽粪。"《汉书·鲍宣传》说："小民正月朔日尚恐毁败器物。"

白天和黑夜的时间在某一天恰恰相同，白昼在某一天是最长的，黑夜在某一天也是最长的，这在古人眼里都是不可琢磨的，看起来是很神圣的，所以，在这些天里，有很多的禁忌。

春分和秋分古代叫做"日夜分"，夏至叫"日长至"，冬至叫"日短至"。《礼记·月令》说：

（仲春之月）日夜分，雷乃发声……先雷三日，奋木铎以令兆民曰：雷将发声，有不戒其容止者，生子不备，必有凶灾。

（仲夏之月）日长至，阴阳争，死生分。君子斋戒，处必掩身，毋躁，止声色，毋或进。

（仲冬之月）日短至，阴阳争，诸生荡，君子斋戒，处必掩身，欲宁，去声色，禁耆欲，安形性，事欲静，以待阴阳之所定。

二分二至的禁忌可以说都表现为性的禁忌。

电闪雷鸣，更是可怖的事情。《礼记·玉藻》说："若有疾风迅雷甚雨，则必变，虽夜必兴，衣服冠而坐。"认为电闪雷鸣是上天发怒的象征。所以，《礼记》规定，雷鸣时，夫妻不可同房，否则是亵渎天意，生下的孩子也会肢体残缺。《风俗通》说："雷鸣不作酱。"作酱则以杵捣器，铿然有声，与雷争鸣，自然不祥。

古人对很多星宿都是忌讳的，比如：荧惑、彗星、天狼星、太白金星、太岁、流星、摩羯等等。古人认为"荧惑为凶衰"、彗星为"妖星"、天狼星主侵略、太白为兵象、摩羯星为凶星。所以古籍中常有"荧惑守心"、"彗星袭月"、"太白经天"、"命宫摩羯"等等的说法。古代的诗歌、舞蹈中的"射天狼"便是这一禁忌的心理折射。《左传·僖公十六年》说有流星落在宋国，占卜的人说，很不吉利，鲁国"多大丧"。彗星又叫孛星、扫星、拂星，总之是妖星。《唐开元占经》说："其状不同，为殃如一。期不过三月，必有国破乱君，伏死其辜。余殃不尽，当为饥旱疾疫之灾。"《春秋运斗枢》载《古微书》说：彗星在东方出现，是"将军谋王"；在西方出现，则"羌胡叛中国"；在南方出现，"天下兵起"；在北方出现，则"夷狄内侵"。太岁则具有更大的魔力和破坏力，因此对它尤为敬畏，背着或冲着太岁迁徙、行走、建房都被禁止，否则必遭祸殃。王充在《论衡》里指出了这种禁制的荒谬。他说，如果背着或冲着太岁迁徙就会遭殃，那么在道路上南北行走的人岂不都要遭殃吗？

古人认为五月是恶月、瘟月、毒月，认为五月份，蛇、蝎、蜈蚣、壁虎、蟾蜍五种毒虫开始活跃，魑魅魍魉也十分猖獗，疾疫蔓延，毒气四起。所以，五月份的禁忌相当多；同时也有相应的防御措施，比如，要插艾草、沐兰汤、系彩丝、悬葫芦，来禳毒气、驱鬼魅、避瘟疾。

古人忌讳五月结婚及生子，尤其忌讳五月五日出生的小孩。认为在"五毒"并出的月份里，婚娶和怀孕生子，必受感应。古人把结婚与受孕、分娩日期混同起来，《论衡》中提到："凡人受命，在父母施气之时，已得吉凶矣。"认为此月结婚受孕，各种毒气、疾疫、鬼魂妖魄都会侵袭到受孕的婴儿体中，这样，五月生的小孩必然携带着五月中"父母施气"时的妖邪之气。这种禁忌今天在傣族中尚有保存。

五月份，还忌讳盖房，说"五月盖屋，令人头秃"。今傣族也有此禁，说五月炎热，盖房子会被火烧掉。《荆楚岁时记》又说："俗五月不上屋。云五月人或上屋，现影，魂便去。"

五月五日称为端午，五月是含有夏至的最炎热的月份，五与午古字相通，午在五行中属火。端午和夏至日都有禁火的习俗。《艺文类聚》引《琴操》说："介子推……抱火而烧死，文公令民五月五日不得发火。"《后汉书·礼仪志》说："日夏至，禁举大火。"古代还有寒食禁火的习俗。这些可能与古代的祈雨相关，因为古人认为水火相克。

最后，顺便谈一下植物崇拜。

许多植物都可以被视为图腾来崇拜，名为神树，如桃、竹、柏等等。槐树这种植物在古代也曾被崇拜过，古代三公庭院中都要种槐，便是这种崇拜的遗意。不能砍伐这种神树，否则会遭报应。《晏子春秋》说："景公有所爱槐，令吏谨守之。植木悬之，下令曰：犯槐者刑，伤之者死。"《后汉书·五行志》注引《魏志》说，曹操要盖宫殿，便砍伐了一种叫做"濯龙"的树，而这种树被砍伐时流了很多血。过了几天，曹操就得病而死。

2. 动物崇拜与图腾崇拜

许多动物都可以成为原始人的祖先和保护神，称为图腾，但不是所有的动物都是图腾。这些动物一经崇拜，禁忌也就随之产生。

鸲鹆又名鹦鹉、八哥。《诗经·鹊巢》说："唯鹊有巢，唯鸠居之。"有人认为这里的"鸠"指的是鸲鹆，并以《本草纲目》"八哥居鹊巢"为证。鸲鹆能模仿人的语言，古人以为奇异；而且鸲鹆自己不筑巢，常常占据其他鸟鹊的巢穴，所以，古人以鸲鹆的来到为主人将去之兆，认为不祥。《左传》和《论衡》说：有鸲鹆来到鲁国做巢，占卜者认为这是不吉利的，这是鲁国的都城将成为废墟，昭公将被驱逐的前兆。把鸲鹆的到来看成是一种神遣，认为它会通过流利的语言把鬼神的谴告诉说出来。《山海经》中便把鹦鹉与不祥的猫头鹰等同起来。

鹰的出现，往往被视为凶杀之兆。先民们狩猎时期，最常用的助猎动物就是鹰。鹰的搏杀食肉的习性使它具备了形成禁忌的条件。《楚辞》中就说：残酷的牧野之战即将开始的时候，天空中飞集着群鹰。《战国策·魏策》中把古人最忌讳的"彗星袭月"、"白虹贯日"与苍鹰盘旋并列起来，说它们都是凶杀的前兆。《晋书》说，当野鹰在屋梁上盘旋的时候，众人十分恐惧。

乌鸦也被视为禁忌，这可能与它的叫声有关。《隋书·炀帝纪》说，有一只乌鸦停在幄帐上，赶也赶不走，隋炀帝非常憎恶它。这是以它为不祥之兆。《史记·周本纪》说，武王率领八百诸侯讨伐殷纣时，突然从天上掉下来一团火，俄而变成一只乌鸦落在武王的大帐上。武王便对诸侯们说：你们还不了解上天的旨意，现在还不能讨伐殷纣。于是便收兵了。这显然也是以乌鸦的到来为不祥之兆。

鸱鸮，又名猫头鹰，被古人称为"恶声之鸟"或"不孝鸟"，墨西哥人也视鸮为"恶灵"。它常常预示着不祥。《史记·贾谊本传》说，有一天有一只鸱鸮飞入贾谊的屋子里，贾谊打开占书一查，里面说这种鸟飞来，便预示着主人即将亡去。《宋史·刘熙古传》说，有一只鸮停在某家门前的槐树上，这个人便命令一个叫刘熙古的去射，一箭便射中了。这个人很高兴，但过了两年，这个人便死了。鸱鸮还能勾魂摄魄。《云笈七签》说，鸱鸮得到某个人的发爪，就会伤害他的魂魄。《岭表异录》说，人将有灾祸的时候，鸱鸮就会在他的屋子上叫唤，并说鸱鸮又叫夜行游女。鸱鸮夜出昼伏，生活习性与古人心目中的鬼相同，又因它生活和居住在荒丘丛棘和坟墓之间，认为它可与阴间相往来，再加之它的叫声怪异，便具备了形成禁忌的条件。

古代对鼠也是忌讳的。老鼠如果有异常的举动，诸如"夹尾而舞"、"以尾画地"等等，认为都是在预告着祸事将临。鼠咬人发、人身、人的东西，认为都是灾难的前兆。《三国志》记载了这样的事情，老鼠居于地穴之中，夜间活动，认为它可与鬼神相交通，可预知人事的吉凶祸福。由此可见，一切恐怖的东西几乎都与黑暗有关，而一切夜间活动的东西也因此都是恐怖的。

龙是古老的华夏民族的图腾，确切地说，它是一个混合型的图腾，它混合了多种图腾。龙图腾的形成，体现了多个原始民族之间的被征服和融合。龙的主干是蛇。从《鲁灵光殿赋》"伏羲鳞身，女娲蛇躯"的记载上看，从《独异志》女娲兄妹相互为婚的传说上看，从出土的东汉武梁祠石室画像中两个蛇身人交尾的图像来看，都可以证明这一点。因此，对蛇的禁忌很多。《新序》、《列女传》、《贾谊集》、《论衡》等书中都有不能杀两头蛇、见两头蛇者死的记载。闻一多先生说："《山海经》等书里凡讲到左右有首或前后有首、或一身二首的生物时，实有雌雄交配状态之误解或曲解。"唐朝段成式的《酉阳杂俎》明确地说："见蛇交，三年死。"目前，在傣族、彝族及土家族地区仍有这种禁忌。

蛇的进一步神秘化，便升华成龙。《国语》及《列女传》说，有一雄一雌两龙在夏的朝庭上交尾，是夏朝将覆灭的不祥之兆。

虹是蛇、龙的变形，是古人想象的挂在天上的蛇龙。古籍的记载、民俗传说以及出土的画像上完全可以证实这一点。虹又叫霓，也叫虹霓，总之，是雌雄虹的通称。《说文解字》说虹又叫霓蚴，形状像虫。《山海经》说虹有两头，袁珂说两头也是雌雄虹交配的意思。甲骨文的虹字就像有两头。《南阳汉代画像石》中的虹霓图，呈半圆的桥拱形，两端分明雕刻成龙头。这样，对虹的禁忌也很多。《后汉书》说，有一天，一对虹霓大白天地降落在宫殿上，皇帝非常厌恶它，有人占卜说：虹霓降临，表示上天发怒了，天下将要大乱。这里所说的与《国语》里两龙在宫庭上交尾的事情显然是一回事。"白虹贯日"是古人最畏忌的，认为是"兵象"。《诗经》说："霓蝀在东，莫之敢指"，指是巫觋诅咒的一种方法，对所崇拜的图腾自然是不可以指的，否则要烂手指的。虹霓的出现使古人战栗不安，这在甲骨文中就有反映。在甲骨文中就有虹霓能作祸祟的记录。

有人认为先民们对蛇的迷信大约有这样几点：①蛇象征"蕃殖力"。②蛇显示着一种产生恐惧的魔性力量。③显示着一种玄妙的预知力。而从诸多神话传说以及发现的考古资料中可以看到，先民们尤为崇拜的，应是它的"蕃殖力"。所以，它的遗传工程是神圣的，由神圣而产生禁忌。在古人眼里，蛇、龙、虹一旦毫无顾忌地把它们的交配行为暴露于人们的眼前，便是对人们的一种羞辱、一种谴告。

鸡、雉（野鸡）、凤凰是一回事。古代有崇雉、祀雉的事情，也有龙凤交尾、雉蛇互变的记载，可见雉也是图腾崇拜的一种，并且与龙也是同一个图腾族属。对雉的禁忌当然也很多。《史记·殷本纪》说，武丁在祭祀成汤后的第二天，有一只雉鸟落在鼎的扶手上叫唤，武丁非常害怕，以为不祥。《酉阳杂俎》说，武则天出生的当天夜里，有一群雌雉叫唤不停。也是以雉鸣为不吉利。《左传》说，有一只雉鸟在宋国的太庙上叫唤，后来发生了火灾。不能射猎这种雉鸟，否则不祥。《说苑》叙述了这样一个故事：楚庄王去打猎，打到了一只"科雉"，有一个大臣夺走了这只科雉。不几天这个大臣就得病而死。后来这个人的弟弟向庄王请赏，说他的哥哥从古书上得知，射猎科雉的人不出三月就会死亡，他夺去雉鸟，是代替庄王去死。庄王派人去查，古书里果然有这样的说法。

我们知道，禁忌的出现是由崇拜所造成的，而这种崇拜主要是源于敬和畏两种心理。因此，禁忌除了表现为人们担心它会带来不祥之外，人们还往往希望它能凭借着那非凡的魔性力量给人们带来吉祥之兆。因为有这种矛盾的二重心理，便出现了诸多完全相反的二重现象。比如：《晋书》说射获鸽鸪可免灾；乐府曲《乌夜啼》中，乌鸦的啼叫成为吉祥之兆；《剧谈录》中，鸥鹊成为报喜的鸟；在民俗传说中，鼠咬牙被认为是发财的先兆；《茅亭客话》中，虹霓的降临成为升官的前兆；《三国志》中，雄雉的到来也成为升官的前兆。这种矛盾的现象古人解释成"或得神以昌，或得神以亡"。

食牛的禁忌很早就有。《风俗通》说，不但不许吃牛肉，甚至忌讳说牛字。吃牛肉会患恶疾而死掉，甚至死后变为牛而受人宰割的说法很多。农业生产离不开牛，所以有这种禁制。同时，牛也被视为祖先而加以崇拜过，而且对龙与牛崇拜的民族是属于同一个图腾族属。《列子》说伏羲、女娲是蛇身牛首，《山海经》有"夔牛"的说法，都可以证明这一点。

　　狐也是一种图腾，与龙图腾也有关系。闻一多先生认为夏禹也是龙，而《吴越春秋》说夏禹与狐图腾的成员涂山氏结婚。《阅微草堂笔记》说山西太谷县有狐突祠。《宋史·王嗣宗传》说："城东有灵应公庙，傍有山穴，群狐处焉，妖巫挟之为人祸福，民甚信，向水旱疾疫悉祷之，民语为之讳'狐'音。"

3. 鬼魂崇拜与冥世崇拜

　　古代的许多宗教礼仪与禁忌，都与冥世崇拜紧密相关，而这些礼仪与禁忌，都是基于人死后灵魂继续存在于冥世的观念。

　　鬼魂附体的事，在古书的记载中是很多的，因此生出很多的禁忌。《齐东野语》说，在居丧期间，给人倒茶，不能用茶托，认为茶托多为红色，而红色乃送终之具。茶托之托与栖托、托魂之托同音，丧期不举茶托，可能是惧怕亡魂返家依托附体的意思。《酉阳杂俎》说，忌讳让狗看见家里的死尸，否则的话，家里会再死人。这也是对鬼魂附体的恐惧，即怕死去的亲属托魂于畜生在家中作祟。死人托魂于狗的事情在古书的记载中是屡见不鲜的，《风俗通》、《论衡》等书中都有详细记载。

　　《礼记·曲礼》说，邻居家有丧事的时候，不要对着邻居家舂米。因为舂米是招魂的仪式之一，倘亡魂闻声误入自己家门，对自家是不利的。所以说，这种禁制是出于人们保护自己的一种原始动机。

　　把素不相识、毫无关系的一对男女死后埋在一起，称为冥婚、鬼婚、嫁殇。古代的冥婚、合葬、以异性殉葬，也是鬼魂崇拜的一种表现，是惧怕亡魂返家作祟的意思。《三国志·邓哀王冲传》中就记载了嫁殇之事。《昨梦录》说，未婚男女死后如不举行冥婚仪式，他所在阴间没有伴侣，会经常返家作祟的。

　　唐代已有纸钱，为送葬之用。所以，自唐末五代始，以梦钱及纸钱为忌讳，认为梦到钱或纸钱便是死兆。《夷坚志》中多记此事。

　　古代坟上墓中多荆棘薪柴，于是荆棘薪柴便与死亡发生了联系，成为禁忌的对象。古人墓上多种松柏以镇墓辟邪，于是，松柏与墓冢鬼魅便发生了联系，也成为禁忌的对象，梦到松柏也是死兆。

　　在冥世崇拜上，主要表现为关于守丧者的禁忌和对死者的禁忌这样两个方面。

　　关于守丧者的禁忌包含对守丧者的厌忌和守丧者所要遵循的禁制这样两方面的含义。弗洛伊德说："任何一个接触到禁忌事物的人，他的本身也将成为禁忌"。守丧的人在和大家席地而坐的时候，要单独坐在一个席子上，而不能和大家同坐在一领席子上。这是因为怕经由席子的媒介把丧气传递给别人。在守丧期间，大臣不能从政，国君也不敢到他家去看望他。死去了丈夫的妻子叫做"鬼妻",大家不敢再和她住在一起。《礼记》的《檀弓》、《丧大记》等篇都明确规定守丧期间夫妇不可同房。《风俗通》、《后汉书》中说,丧期夫妇同房,甚或生子,不但孩子不能收养,本人也要处以刑罚。认为触犯了这种禁制,便是"诬污鬼神"。《仪礼》、《礼记》中规定,在守丧期间不可洗澡、剪指甲,腰间系的麻绳在睡觉时不能解掉。这是因为古代丧服的全部含义都是用来驱避亡魂的,而洗浴时,除去丧服,便有鬼魂袭入或附体的可能;而且洗发时发必脱落,古人认为"发乃血余",是人身的精华,倘发、爪为亡魂拾去,便可摄去人的灵魂和精气。总之,对死者亡魂的恐惧,便是上述诸多禁制的根据。

下面我们介绍亲属对死者所设的禁忌。

马林诺夫斯基说:"人类学家常说,未亡人的主要感情乃是对于死尸的反感与对于鬼魂的恐惧。大名鼎鼎的冯德竟将这样的二重态度认作一切宗教信仰,宗教行为的核心……实际的情况是极其复杂,甚至于互相矛盾的。显然可见的质素,一面是对于死者的爱,一面是对于尸体的反感;一面是对于依然凭式在尸体的人格所有的慕恋,一面是对于物化了的臭皮囊所有的恐惧。"这种概括是十分客观和全面的。这种矛盾的二重心理最突出地体现在古人"接煞"和"避煞"的仪式上,即:准备好丰盛的祭物迎接亲人亡魂返家,又想尽各种方法来逃避亡魂并且阻挠它的返家。清代范祖述《杭俗遗风》介绍了这样的事情。守丧者对亲属亡魂禁忌的设立,都是出于"灵魂在死后变成魔鬼和未亡人必须以禁忌来保护自己的原始动机"。

对死者的遗物首先要设以禁忌。列维-布留尔在《原始思维》中说:"在波罗罗人那里,谁家里死了人,这个家庭要遭到重大的损失。因为死者生前用过的一切东西都要烧毁,或者扔进水里,或者与死者一起埋葬。"《仪礼》说,死者用过的厕所要被填平,不能再用。《礼记》说,父母死后,父母生前用过的书籍、茶杯都不能再用。死者生前用过的东西一般都要随葬,而《淮南子》说,皮大衣之类不可随葬,据说穿了皮大衣入棺,来世也要变成兽类的。《白虎通》说,孝子在守丧期间,不敢住在原处,要在院子的东面临时搭一个小木屋居住。因为亡魂要经常返家作祟的,倘若住在原来的卧室,会被亡魂缠住的,所以,《搜神记》把孝子原居的卧室称做"毁灭之地";《后汉书·东夷列传》说,东夷忌讳很多,凡家里有人得了疾病而死亡的,都要拆掉旧房,再建新房。它们的出发点是一样的,都符合接触律或传染律的基本思想。所以,人们确信死者的遗物经由传递会使人遭到灾祸的。为死者洗浴、整容的时候,死者的头发、胡须、指甲要埋在地里或放在棺中,不可随便抛掷。否则,便是生者与死者接触的延伸,对生者是不利的。

躲避和驱赶家鬼是对亡魂禁忌的第二种丧礼。《论衡》说,墨家崇尚鬼神,认为人死后会变成神鬼，通过幻化而害人。《颜氏家训》说，在亡魂返家的时候，子孙纷纷逃窜，不肯在家，并书写符咒，以吓唬鬼魂，在出殡的时候，门前燃火，户外撒灰，以驱赶家鬼。

以下再谈谈名、讳、谥。

古人把人的名字看成是人的身体的一部分。所以，人刚死，在招魂的时候呼叫死者的名字，此后便讳名，有的还要加上谥号。《礼记》说，有一个哭丧的人不慎呼出了死者的名字，便遭到别人的讥责，认为他粗野不达礼。可见所忌之重。弗洛伊德《图腾与禁忌》中介绍了许多外国与此相似的习俗。比如，东非的一个民族，人死后不敢再提到他的名字，而且要给他新取一个名字。说这种动机是因为名字是人身体的一部分，提及死者的名字便是与他接触的延伸，亡魂会应声出现。重新取名与中国的谥号有相似之处，因为鬼魂不知道且无法知道这个新名字，这样就可以自由地称呼和提到他了。

最后，谈丧服。《仪礼》、《礼记》等书中都记载了服丧期间男女的各种服饰，例如男子去冠，把头发挽束起来成髻形，上面系以麻绳；女子把头发挽束起来成髻形，上面系以麻绳，脸上还戴有面罩。男女手执哭丧棒，衣裳不缉边，上衣襟插进腰中，系以麻绳，睡觉时也不解开。总之，按照《礼记》的话说，叫做"形变于外"，弗洛伊德说是"伪装自己以使鬼魂不认识"。林惠祥《文化人类学》也说："家有人死，必定改变平时的形状，如断发绘身，或穿着特别衣服等。起初大约不是为纪念而实是由于惧怕的心理。"穿丧服的原始动机应有两方面：其一为伪装自己使鬼魂认不出来；其二为了驱鬼、吓鬼。男女丧期的发型近于"披发"，《明史》中明确地记载了太子哭丧时的发饰是"披发"。鬼怕巫，而巫的发饰即是披发。麻绳、草绳具有辟邪的作用，鬼怕棒杖，古书也明确地记载着。

4. 法术崇拜

所谓法术，便是通过模仿或象征的手段来保护自己或伤害对方的诸种神秘仪式的总称。因为它具有很大的魔性和破坏力，所以便产生了相应的禁忌。

古人有名有字。古代对称名是忌讳的，不仅仅限于死人。《礼记·曲礼》及注中说，诸侯是不得称名的，有大的过错的时候才称名。名不能随便称叫，而字一般是不讳的。名是受之于父母，字则受之于宾客亲友。名即我们现在所说的乳名，是生下三月后起的，字则起得很晚。古人起字的动机很可能就是为了保护乳名，是转移危险的一种手段。《礼记·内则》说，孩子落生三个月后，父亲为孩子取名，然后写明"某年某月某日某生，而藏之"。对乳名禁忌的形成，是因为怕仇敌及妖鬼以法术的方式对己名施术而置自己于死地的。《新唐书》便记载了有人制做了一个铜偶人，并在偶人的背上刻上了某人的"姓名"，因此，这个人每每为他所制。李惠颜《广州市民间禁忌语初步之研究》说："保密乳名，否则有仇人将乳名施用巫术。据民间传说，巫术的性能可以由人的乳名、生日的年月日时而施术以置人于死。所以乳名不能直呼。"由此禁忌演生出借名、偷名、寄名等等的习俗。

古人的年龄、生辰甲子也是要保密而不随意公开的，这也可视为禁忌。《礼记》的《曲礼》和《少仪》两篇都提到，外国的使臣到中国来，向朝廷的大臣询问天子、诸侯的年龄以及其他大臣士卒的孩子的年龄时，大臣要曲折地回答他，比如说能穿多长的衣服啦、能不能背柴禾啦等等。总之，不能直接回答有多大岁数。这也是怕仇敌或妖鬼据以施术。李惠颜还说："不能直接问小孩子有多少年纪，只能够用'有几多个手指'来代替发问孩子的年岁。其原因……恐怕触犯了神的尊严。他方面则是以为这样是揭发了这孩子生命的秘密，会得到坏的结果，所以不能直接谈及。"这种禁忌的衍伸，便是《礼记·曲礼》说的不许指手画脚地猜测天子和国君所驾之马的年龄，否则的话要受到惩罚。这显然是以传染律为根据的。因为古人常以马齿比喻人的年龄，知道了马的年龄，便可以使用传染的魔术而加害于马的主人。《礼记·内则》所说的孩子生下三个月后，写明"某年某月某日某生，而藏之"便是对生辰甲子的保护措施。《太平御览》卷二百八十三说，吕用之在木偶人背上刻高骈的生辰甲子，高骈便神不知鬼不觉地被吕挟制着，吕用之好像得到神助一般。李惠颜又说："孩子的生日不能给人知道，恐怕被仇人听见，用巫术的方法把孩子弄死。因此，询问孩子的生日也是犯忌的。小孩问父母自己的生日，父母只答'热头晒鸡（即太阳晒鸡笼）的时候就是你的生日'。"这样，保护生辰甲子的习俗也相应地产生了。《苏州风俗》中也介绍了此事。

古人还忌指和唾，因为指和唾是巫人诅咒的方法。《汉书·夏夫躬传》说有个人学习了巫术，夜间披发，指着北斗星进行诅咒。所以，《诗经·鄘风·蝃》说不能用手指指长虹。《礼记·曲礼》说，上城的时候和在车上的时候不许用手指乱指。《后汉书》说，有一个人因为预计某年将是荒年，并且"指天画地"，就被免官并且赐死了。王充在《论衡》中提出了唾与巫术的诅咒行为有内在联系。鬼怕巫人，由于唾为巫术的一种，因此鬼也怕唾。所以，当着人面进行吐唾是被禁止的，对此《礼记》中有明确规定。

古人很忌讳打喷嚏，更忌讳别人对着自己打喷嚏。因为打喷嚏是自己被人利用法术诅咒过或鬼魂附身的表现，它预示着不祥的事情，所以打喷嚏者以此为讳；而古人受传染律的影响，认为打喷嚏者会把不祥传递给自己，因此，又以别人对自己打喷嚏为忌。《诗经·邶风·终风》中，毛传就把嚏字解释为事情不顺利。《容斋随笔》说"今人喷嚏不止者，必唉唾祝云'有人说我'，妇人尤甚"。元杂剧《李逵负荆》说："打喷嚏，耳朵热，一定有人说。"《坚瓠三集》说：

"今人喷嚏必唾曰：好人说我常安乐，恶人说我牙齿落。"林惠祥《文化人类学》说："蛮人常以为鬼魂能够在呼吸中进入人体，而呵欠和喷嚏便是鬼魂附身的朕兆。"而《诗经》郑笺把打喷嚏解释为有人思念自己。冯梦龙《笑府》说：一乡人自打城中归，对其妻曰："我在城中连打喷嚏，何也?"妻曰："是我思量你故。"这是禁忌的变形，是人们从吉利的角度去解释禁忌现象来淡化和消弥禁忌本身所显示的不吉利，是自我宽慰的做法。

歌谣，尤其是童谣，古人是很注重的，甚至认为它带有忌讳的性质。它是一种预言性的东西，而且每每必中。如果它预测的是祸事，当然是令人恐惧的。谣有两个特点：其一是带有预言性，其二是协韵。而巫祝的特点与此相同。《太平御览》引《三国典略》分明把"巫言"作为"谣曰"的代称，王充在《论衡》里也认为巫辞与童谣有内在联系。因此，对歌谣的禁忌实即对巫人祝辞的禁忌。

巫人具有一种非凡的法力，也同时具有危险和神秘的力量。所以，对他们也同样设有禁忌。在古代，巫子不可做官，巫女不可嫁人。统治者在人们的心目中具有与巫人同等的法力，因此，对他们也同样设有禁忌。《吕氏春秋·音初》和《论衡·书虚》说，有一天，夏朝的君王孔甲到一个农民家里避雨，碰巧，这个农民家里生了一个小孩。有人说：这个小孩恰巧在君王来的时候出生，它受不起这么大的宠幸，一定有大灾大祸。后来，长大后果然在砍柴的时候，被斧头砍断了脚，成了守门人。弗洛伊德在《图腾与禁忌》中说："原始民族对领袖、国王和僧侣所保有的态度常常是由二种互补而非冲突的观念来加以控制……因为他们具有一种危险且神秘的力量，这种力量能够经由如同电流一般的传递方式破坏或杀死不带有这种力量的人们……例如，东非的奴巴族，相信进入僧王房间的人将注定死亡。"皇帝的女儿叫公主，公主也不许出嫁，而是招赘女婿，与公主结婚叫"尚公主"，尚是配的意思。这与巫女不外嫁而招赘女婿的事情是一样的。

某种东西，一旦被用来祭祀，便与法术、鬼神发生了联系，就不能再直呼其名了。如：牛要叫"一元大武"，猪要叫"刚鬣"，羊叫"柔毛"，鸡叫"翰音"，等等。

5. 血崇拜与婚姻上的禁忌

先民对血的崇拜，源于敬和畏两种心理，他们认为血是人的精华，同时具有一定的魔力。因此对血的崇拜表现在两个方面：第一认为血可辟邪，即具有避除不祥的功用；第二认为血可以致邪，即具有使人招致不祥的作用。

《风俗通》说，正月用狗血涂在门上以驱除不祥。《礼记》说，宗庙盖好后，用羊血和鸡血涂在台阶上以避不祥。这种仪式，古代叫"衅礼"，所有的衅礼都取意于此。倘若有对手或敌人将血涂在自己门上，这就是极大的忌讳。《汉书·云敞传》说，有人要恐吓王莽，便在夜里把血涂在王莽门上。王莽发现后，便杀掉了涂血的人。古人认为"血者，阴忧象"。古代还有一种叫做"饮至"的习俗，就是打仗回来后，先到宗庙饮酒并向祖宗报功。这种战后告庙的"饮至"之礼的意图，是要以宗庙的神灵涤去血污所含有的不祥的意思。《史记》说，夏朝的君王武乙用皮囊盛血，挂起来用箭射它，后来出去打猎时被雷电劈死。

古代对孕妇、产妇、经期的妇女都是很忌讳的。《论衡·四讳》说，很多地区对妇女生小孩是十分忌讳的，认为在这时与她接触是不吉利的。所以，凡是要做祭祀等吉利事情的人，或者准备外出远行做事的人都不和她来往。产妇的家里人也非常忌讳和厌恶她，在坟墓旁和道路边为她临时搭一个小棚让她居住，过了一个月才能让她回家。在满月以前，如果有人突然见到她，即是很不吉利的。这是对妇女产血所设的禁忌。倘若有产血污人，那是最不幸的事。《晋书·赵王伦传》说，有一个女人要在一个人家里分娩，并且说：我截掉脐带就走。听到的人都说这是灾祸的前兆，果然不久这个人便被杀了。《酉阳杂俎》说，有一种鸟叫夜行游女，是分娩时由于难产而死了的女人所变化的，它的血滴在谁家小儿的衣服上，这个小孩就会倒霉。《礼记·内则》说，妻将生子及来月经的时候，要别居"侧室"，丈夫斋戒的时候，不敢进入侧室。《说文解字》引《汉律》说，妇女在经期，不得参与祭祀之事。引申之，对即将产子的牲畜也设有禁忌，《礼记·郊特牲》说，怀孕的牲畜不能供天子食用，也不能供祭祀之用。

《论语·乡党》说，不能用红色和紫色的布料做内衣。这也是对血的避忌，是血崇拜的一种表现和延伸。古代常以红色的东西辟邪，即是取意于血的颜色。因为血是可以辟邪的，但它不如红色的东西来得容易，所以产生了这种替代情况。林惠祥《文化人类学》也说，土人的绘身，"最初的红色颜料大约便是血液，其后则多用赭土"。

婚姻上的禁忌与血崇拜有关系。当然，《左传》、《国语》中都说过"男女同姓，其生不蕃"、"同姓不婚，惧不殖也"，是古人通过长期生活的经验从遗传学的角度来解释的。

婚姻上的禁忌首先表现在对群婚制的否定上。翁媳之间有严格的禁制。《庄子·寓言》中说"亲父不为子媒"。父亲不能做儿子的媒人是恐翁媳之间出现乱伦的行为。《诗经·邶风·新台》中便记载了卫宣公为儿子娶妻，但是儿媳貌美，便纳为己妻的事情。这种"父子聚麀"的禽兽行为被称做"报"，也就是"爬灰"的意思。《汉书·贾谊传》说，秦朝的风俗日趋败坏，媳妇居然在给孩子喂奶时与公公并肩箕踞，这显然是犯了大忌的。父之姜与父之子之间有禁制：

《礼记·曲礼》说，父之妾不能为父之子洗浣内裤，这是受传染律的影响，怕因此而产生乱伦的念头。《左传》便记载了卫宣公与父妾夷姜乱伦之事，这叫做"蒸"。嫂叔之间也有禁制：《礼记》说："嫂不抚叔"、"嫂叔不通问"、"嫂叔之无服也，盖推而远之也"。《孟子》中，淳于髡便开了"嫂不抚叔"的玩笑。他说如果嫂子被水淹了，小叔子该不该伸手去拉她呢？《明史·列女传》记载，一个女子，丈夫死了，小叔子要和她一起把她丈夫的棺材运回家乡，她说："吾少嫠也，岂可与叔万里同归哉？"于是不食而死。《汉书·匈奴传》说："父兄死，则妻其妻，恶种姓之失也。"汉时，匈奴中仍存在乱婚制。

婚姻上的禁制其次表现在禁止族内婚上。《礼记》中明确规定"取妻不取同姓"，并且说买妾如果不知道对方的姓氏时，要采取占卜的方式来决定。《仪礼·士婚礼》及《礼记·婚义》记载，男方向女方提亲的时候，首先有"问名"的仪式，孔颖达解释说："问其女之所生母之姓名。"这种仪式是族内婚禁制的产物。《史记·仲尼弟子列传》说："鲁君娶吴女为夫人，命之为孟子。孟子姓姬，讳称同姓，故谓之孟子。"

婚姻上的禁忌，还表现在族外婚上。上面说过族内婚由于各种原因被严格禁止，而族外婚由于图腾的不同和血缘的各异，在最初过渡的时期也产生了一些禁忌，并遗存下来。在女方来到新郎家族及进入洞房时，男族有向新娘来的方向射箭、放爆竹及用麻豆谷米"撒帐"的仪式。无论是爆竹、麻豆谷米还是射箭，在古代都是用来辟邪的，确切说是为了吓退女方所携带来的不利于男族图腾的邪气。

婚姻上的禁忌，也表现在掠夺婚上，或者说从这些禁忌中，可以看出掠夺婚的遗意。《周易》屯卦、贲卦的《象传》中就把寇抢与婚媾联系起来；《说文解字》说婚礼要在黄昏时举行、婚礼上要有男傧和伴娘、回门时女族有"打婿"习俗、新娘要蒙盖头等等，都是这种掠夺婚的遗意。《礼记·郊特牲》说"婚礼不用乐"、"婚礼不贺"；《礼记·曾子问》又说"嫁女之家三夜不息烛"，"娶妇之家三日不举乐"。这些禁规，反映了攘窃劫夺的隐密性，也表示族内女子被抢走后的思念之情。

6. 农事崇拜与门、户、灶的崇拜

先民们的屋舍没有窗户，而是在屋顶上开个天窗来采光。在屋舍当中，与这个天窗相对应的地方叫"中霤"。中霤是古代重要的七种祭祀对象之一。之所以要祭祀它，顾颉刚《史林杂识》根据《礼记》的说法，认为中霤就是家中的土地神。清代程瑶田《释宫小记》认为，随着屋室制度的更革，四旁的窗户取代了天窗，因此，作为屋檐下承接雨水的地方——"承霤"也取代了中霤。古籍中记载了很多对中霤禁忌的延伸——对承霤的禁忌。《韩非子·内储说》说，有个守门人要陷害一个人，便在承霤的地方洒了些水，很像小便过一样。当齐王得知这个人曾在这里歇息过，便杀了他。《韩非子》还说，楚庄王规定，大臣和公子们入朝的时候，马蹄如果踩到了承□，驾车的人要被杀掉。

《韩非子·内储说》、《史记·李斯列传》、《汉书·五行志》都记载说，古代有一条法律，如果把灰烬撒在街道上，要被砍掉双手或处以黥刑。这种禁忌很可能是"草木灰"崇拜的遗意。在《周礼·薙人》、《吕氏春秋·上农》、《礼记·月令》、《史记·平准书》中对于在农业上使用草木灰的情况都有详细描述。于是灰便灵物化，对它的迷信崇拜也首先表现在农业上，同时，还应用于除疾、辟邪和驱鬼。

《淮南子》说，不能折毁和摇撼人家的社树，认为这是污辱了人家的社神，即土地神。

古代七种重要的祭祀对象，还有门、户、灶。门、户、灶出现异常情况，视为大忌。由对门的禁忌，辐射为对附属的门槛、门前台阶的禁忌。《风俗通》、《淮南子》、《论语》、《礼记》都记载着不许躺在门前台阶上、不许头枕着门槛、不许用脚踩踏门槛的规定。

7. 日用器物崇拜

由于器物经常被使用，人们一天也离不开它，再加上物件用久自能成精的迷信，所以崇拜它，并给它加上许多禁制。

镜子是人们每天都要使用的。人们从镜子里发现了一个与自己完全相同的形象，便很诧异。人们开始了想象：它照到什么东西，人们便会毫不费力并且没有危险地完全控制这个东西。于是照人的镜子成为照妖镜、护身符，它的实用价值便这样地被转移到了神圣的领域。因此，镜子一旦出现异常现象，如破碎或丢失，便是祸祟将至之兆。《阅微草堂笔记》说，有一个男人刚结婚不久就死去了，这是因为新娘在拜神时，怀里的镜子突然掉在地上，破裂成两半。

钗和簪是插发的饰物，一旦遭到毁折，也视为大忌。《北梦琐言》说，有个四川的官吏与家人乘船到江陵去，中途船翻人亡。这是因为不久前，四川有人写了篇《金钗坠井赋》，这回果真应验了。井与黄泉是一回事，钗为插发之物，则钗入井如人入黄泉。《诚斋杂记》说，有一个姑娘出嫁前，一天早晨洗脸的时候，突然插发的簪子掉在地上摔断了。不久，她的未婚夫就死了。

汲水的水瓶也是崇拜的对象，据《太平御览》引《杂五行书》说，把汲水瓶悬在井中可驱除邪鬼。《周易·井卦》说，汲水时，水瓶如果掉进井里，那是很不吉利的。《淮南子·说林》说，如果不说不吉利的话，水瓶就不会掉进井里。《左传》也记载了人们放在井边的水瓶被打碎后的愤怒情状。汲水的器械古代叫做桔槔。桔槔如果突然朽坏，那也是很不吉利的，《后汉书·周磐传》注引

《汝南先贤传》记载了这样的事情。

甑、釜为古代的蒸食炊器，古人称为"祥稳之器"。若有破裂之事，就以为大忌。《新唐书·杜牧传》说，杜牧家的炊甑有一天突然破裂，他深以为讳，果然不几天他就死了。《夷坚志》说，有一个人家中的甑、釜突然发出怪异的响声，家人很害怕，而这个人却把甑、釜打破，不久便被病魔夺去了性命。

第八节　风尘习俗——社会习惯与禁忌

1. 生活经验与社会心理

在这一部分里所要谈的禁忌现象是很宽泛的，举凡不能独立和不易归类的禁忌现象都在这里涉及。

坐着时候，两脚向外岔开，形如簸箕，古人称之为"箕踞"。尚秉和《历代社会风俗事物考》中说："古因下衣不全，屈身之事皆跪行之，以防露体。箕踞或露下体，故不论男女，以为大不敬。"从《韩诗外传》和《列女传》的记载中可知箕踞如同祖裸。所以，古人对箕踞是严格禁止的，这在《礼记·曲礼》里有明确规定。《韩诗外传》和《列女传》说，孟子的妻子因为在屋里箕踞，险些被休了。箕踞则露下身，不礼貌，引申之，便指侮辱对方，若是故意让人看下体，便是对人家的极大污辱。禁止箕踞的另一原因，那便是有的少数民族常以箕踞为习，《魏书·高车传》说："其俗蹲踞亵渎，无所忌避"，这是一种排他性的民族心理。

我们在前文谈到了古人对含有夏至的五月是很畏惧的，因此在这个月中忌讳也是最多的，比如：远途做贸易的商人不能出行，做官的人不能走马上任，不能晒席子等等。这些只有一个原因：含有夏至的五月，是最为旱热的月份，而天气旱热，则暑疫蔓延。

由于书契崇拜的延伸，对字纸是要格外崇敬的，否则必遭恶报。《履园丛话》说，有一个人因为经常在便桶上看书，所以考举十多次都没有考上。还说一个人因为亵渎字纸而被雷电震死。

庚与更同音，更是更革、变化的意思，所以碰到庚年、庚日都很忌讳，须小心行事。后来的术士还有"逢庚必变"的说法。

桑和丧同音，所以与丧事相联系。《史记·殷本纪》说，有一天，突然有桑树和乱树从商朝的朝廷里长出来，商王非常害怕。乱树也是桑树的一种，所以古代常用它做棺材。

古人对心脏突然急遽地跳动是忌讳的，这在古代叫做"心动"，往往是一种不祥之兆，如同过去人们所说的"右眼跳有灾"。

古代对"老"字、"死"字是忌讳的。老字、死字为晋人语。古人认为物老则成精，而人死后也会成为精怪，所以老与精怪、死相联系。《后汉书·陈蕃传》记载，有人骂陈蕃为"死老魅"就是这个意思。《三国志·彭统传》中，彭统因为说刘备是"老兵"便被杀掉，可见忌讳之重。凡提到老字、死字都有相应的术语，如"春秋高"、"不可讳"之类。而自谦时则可说老字。后代则把老作为死的代称。

古代在喝酒的时候，如果要罚对方饮酒，只能说"饮"某某或"浮"某某。饮是斟好酒让对方喝的意思，浮是给对方斟满酒的意思。但忌讳说罚字，不能说罚某某。因饮酒是高兴的事，不可说罚字以扫大家的兴。

古代对颠倒、翻转、反背之事都忌讳。这些都是出于一种移情心理，或者说是受象征律的支配。《论衡·四讳》说，帽子不能反挂着，因为这很像死人的服装。《礼记·曲礼》说，把占卜用的蓍草和龟甲倒放在国君面前要受到惩罚。还说，晚辈告辞，长辈出来送的时候，晚辈不能背对着尊长穿鞋；为尊长扫地的时候，要面向尊长边扫边退，而不能背向尊长往前走着扫。总之，这些都会使人联想起倒霉、背时、时乖命塞一类的事情。《晏子春秋·内篇杂上》说："食鱼无反"，反和翻音义相同。即吃完一面，不能翻过来再吃那一面。这可能与船家讳"翻"字的意思一样。《淮南子·说山训》说，船家渡河时，不能说风浪波涛一类的字眼，即是这样的忌讳。《礼记》说，睡觉时不能趴着睡。这与民俗资料中船家的忌讳一样，因为据说男人在水里淹死，漂尸时，脸朝下背向上。

古讳屎字。叙述语中，遇屎则改为矢或通字，对话时，则改为恶字。还讳秃字，遇秃常改为童字。言秃则为骂人语。因秃为古代恶疾之一，而古代规定患有恶疾的人不可嫁娶。

古代还忌讳收养"瘵生"（即难产）子，忌养缺唇的婴儿，因此有孕妇忌食兔肉的说法。

白天夫妇同房，是儒家所最忌讳的，这叫做"昼寝"。《论语·公冶长》说，孔子的学生宰予"昼寝"，孔子知道后便骂他"朽木不可雕也，粪土之墙不可圬也"，认为他不可救药，已经没办法再说他了。《魏书·孝文五王列传》记载，魏高祖想让他的儿子吃完早饭后就回到内寝与妻子同房，汉族的文人便反对白天夫妇同房，认为这样不好。当然也有犯忌者。《阅微草堂笔记》说："某公夏日退朝，携婢于静室昼寝。"

2. 阴阳五行

阴阳五行，本是源于生活经验的，但它又不等于生活经验，它是以生活经验为基础而发展成的一种不科学的哲学学说。

《新序》、《孔子家语》中提到忌讳"东益宅"，即忌讳在房子的东面再盖或扩建房子；而《淮南子》、《风俗通》、《论衡》则说忌讳"西益宅"，即忌讳在房子的西面再盖和扩建房子。其实，说的事情是一样的，都是不得在房子的右面再盖和扩建房子。因为房子坐南朝北，则东面为右，坐北朝南，则西面为右。古代以右为上、为尊。不右益宅的意思，是说不要在右面盖超过正房的屋宇。《孔子家语》说"高者为生，下者为孔"便能解释这种禁制的原因。

《论衡·辨祟》、《金史·宗干传》等书说古代逢辰日、戌日、亥日吊丧时不许哭泣，否则会再死人的。辰属龙，亥在十二地支中属水，辰、戌皆属土。所以这些禁制实际上是逢水日和土日吊丧不可哭泣。这种忌讳是和坟墓有关系的。辰属龙又属土，而龙又称为雨师，辰星又叫龙星，祈雨时，要雩祭龙星，而雩的含义据说就是哭泣求雨的意思。传说河伯是辰日死的，河伯又常化为白龙，雩祭河伯也是古代求雨的一种方法。这样看来，假如辰日吊丧哭泣，就如同雩祭龙星及河伯而求雨，雨下墓必崩，所以要忌讳的。《礼记·檀弓》便记载了在下雨的时候，孔子的弟子担心孔子父母的坟墓崩坏的事情。另外，据《大唐新语》说，地下分别有水龙和土龙守着水界和土界。如果水日和土日吊丧哭泣，会惊动地下的水龙和土龙，坟墓会崩毁。

古以子、午、卯、酉年为"当梁"年，被视为不吉之年，忌婚娶，认为娶者不利于公婆。

一年四季，一季三月，每一季的第一个月叫孟，第二个月叫仲，第三个月叫季。四孟中的丑日、四仲中的寅日、四季中的子日叫做"归忌"，出远门的人逢"归忌"不能回家。

《论衡·讥日》说，古代有"子日沐，令人爱之，卯日沐，令人白头"的说法。子与滋长的滋同音，卯的读音接近无。这与旧时忌丁日剃头，而丁与疔秃的疔字同音的忌讳原因是一样的。

古代还有"学书讳丙日"、"子卯不举乐"、"血忌"日不杀牲的说法。祭祀、葬埋、裁衣、动土等等都有忌日。

3. 关于妇女的禁忌

关于妇女的禁忌，有两方面的含义：一个是说妇女所要遵守的禁制，另一个则是对妇女的厌忌。

妇女要遵守很多的禁规。女子出门乘车，要坐那种四周有帷帐的车子，叫做安车或镘车，而不许抛头露面，《礼记·曲礼》叫做"妇人不立乘"。还有一个禁制叫做"保母不在，宵不下堂"，这也是为了防淫乱的意思。另外，妻子不许把自己的衣服晾在丈夫用来晒衣服的竿架上，不许把衣服放在丈夫的衣箱里。古代还有"女不祭灶"的说法，宋代范成大《祭灶词》说："男儿酌献女儿避，酌酒烧钱灶君喜。"

古代以女子为不祥，《诗经》中便以妇女为不祥的猫头鹰，并以女人为祸水。《左传》中说，郑国伐陈，陈君出逃，遇大臣贾获的妻子和母亲，便让她们上了车。而贾获把自己的妻子和母亲赶了下来，并说和女子坐在一个车上是不吉利的。对寡妇则设有更多的禁忌。《晏子春秋》说："寡妇树兰，生而不芳。"迷信的说法，妻子克死了丈夫是命中犯了"披麻星"。披麻即披麻戴孝，是说她命中注定是为丈夫披麻戴孝的。披麻星这个词可能起于汉代。《淮南子·说山训》说，娶妇的晚上，不宜言"衰麻"一类的事情。"衰麻"即指丧服。

第二篇　曲径探幽——神秘文化博览

第一节　中国神秘文化探究

1. 以貌取人——中国古代相术

中国古代相术是一个内涵异常丰富的独特的价值判断系统，它以眉推测人之才气，以目推测人之贵贱，以鼻推测人之贫富，以耳推测人之福禄，以口推测人之诚伪，以人中推测人之子嗣，以法令推测人之权威，等等，不一而足。

相术真有那么灵验，真的可信吗？

现在我们以大量生动、活泼、优美的文字，多角度展现古代相术的发展渊源以及与相术有关的故事和传说，读来引人入胜。另外，对古代相术的方法和社会功效进行解密与反思，目的是让我们更多地了解相术，从而避免盲目迷信。

那么，应该如何对待相命术数呢？

相术从它诞生那天起，就披上了神秘的外衣，并不断被神化，它像幽灵一样抓住人们的思绪并带着它渡过漫长的一生。其间，有多少帝王将相，民间百姓对它宠爱有加。到底是什么力量让人们如此痴迷相术呢？

中国古代相术的渊源十分遥远，有关文献认为相术发轫于尧舜时代。

据《大戴礼记》记载：昔尧取人以状，舜取人以色，禹取人以言，汤取人以声，文王取人以度。

这说明尧舜二帝及夏、商、周三位开国君主通过观察人物的状貌、面色、语言、声音、风度来作为甄别选拔人才的标准。这种遴选人才的方法无疑可以视做上古相术的萌芽，然而先秦的荀子却发了一通横炮：

相人，古之人无有也，学者不道也。

既然荀子讲得如此斩钉截铁，那么，在找到其他有力的旁证之前，我们就暂且把《大戴礼记》这条记载降格为一种史前传说而已。

撇开上古三代不论，至春秋战国时期相术已经蔚然风行的可靠性是毋庸置疑的。据文献记载：元年春，王使内史叔服来会葬，公孙敖闻其能相人也，见其二子焉。叔服曰："谷也食子，难也收子。谷也丰下，必有后于鲁国。"

公元前626年，周天子派遣内史叔服赴鲁国参加葬礼，公孙敖听说此人能替人相面，就让自己的两个儿子出来见他。叔服说："谷这儿子可以祭祀供养你，而且这个儿子将来可以安葬你。谷的下颔很丰满，他的子孙必定在鲁国兴旺起来。"

从相术的准则来看，人的下巴称之为"地阁"，代表一个人晚年的运气。由于谷这个人的下巴长得很丰满，叔服就据此推断他暮年的运气颇佳，从而庇护他子孙在鲁国兴旺起来。

观察人的形态面貌不仅可判断其吉凶，而且还可推测其性格。公元前578年，鲁成公拟去朝见周天子，先遣叔孙侨如前去通报一下，周大夫王孙说接待其人之后，对他作出了评价：

其状方上而锐下，宜触冒人。

意思是说叔孙侨如的脑袋生得不好，额头宽大而下巴尖削，容易冒犯人。无独有偶，越国的范蠡亦能以外形面貌来推测人的禀性。据史籍记载：范蠡遂去，自齐遗大夫文种书曰："飞鸟尽，良弓藏；狡兔死，走狗烹。越王为人长颈鸟喙，可与共患难，不可与共乐，子何不去？"

范蠡是一位阅历丰富的政治家，在辅助越王打败了吴国之后，就离开了他。原来，范蠡观察到越王生有一个长脖子与尖嘴巴，以古代相术的原则来衡量，此公只能共患难而不能同享乐；故范蠡不仅自己拂袖而去，并劝越国大夫文种亦一走了之。

春秋战国时期的相术除了以对象的形态之外，还联系对象的声音，作出综合判断。据文献记载：

　　初，楚子将以商臣为大子，访诸令尹子上。子上曰："君之齿未也，而又多爱，黜乃乱也。楚国之举恒在少者。且是人也，蜂目而豺声，忍人也，不可立也。"弗听。

　　楚王打算立商臣为太子，征询令尹子上的意见。子上说："君王的年岁还不大，而且内宠又多，倘如立了商臣再加以废黜，就会导致祸乱。楚国立太子，常常选择年轻的。而且商臣这个人，眼睛像胡蜂，声音像豺狼，是一个残忍的人，不可立为太子。"

这里子上结合外形（蜂目）与声音（豺声）这两个因素，然后作出一个"忍人也"的判断。《左传》还记载了一个相同的例子：

　　初，楚司马子良生子越椒。子文曰："必杀之。是子也，熊虎之状而豺狼之声，弗杀，必灭若敖氏矣。谚曰：'狼子野心。'是乃狼也，其可畜乎？"子良不可。

　　楚国的司马子良生了儿子越椒，子文劝说："一定要杀了他！这个小子，有熊虎的形状、豺狼的声音，不杀，必然灭亡若敖氏了。俗话说：'狼子野心。'这小子是一条狼，难道能够养着吗？"

子文的卜术手段与子上如出一辙，亦是以对象的外形结合声音作出狼子野心将伤人的预测。《史记》也有一条近似的记载：

（尉）缭曰："秦王为人，蜂准，长目，挚鸟膺，豺声，少恩而虎狼心，居约易出人下，得志亦轻食人。我布衣，然见我常身自下我。诚使秦王得志于天下，天下皆为虏矣。不可久与游。"乃亡去。

尉缭是历史上一位著名的军事家，他运用相术的原则，从四个方面判断秦始皇这个人具有虎狼心肠且不讲情义，因此，不能与他长久地交往。这四个方面就是"秦始皇的鼻子太高，眼睛太长，胸部耸起如鸟，声音宛如豺狼叫唤。这种人尚未得志之时，常常对人谦卑有礼；一旦得志，往往会残酷迫害天下之人"。

尽管尉缭列举了对象的四个特征，但究其实，无非亦是以外形结合声音来作为判断的依据。

春秋战国时期相术的第三种情况是以对象的面貌气色来推测他的生死寿夭及内在性格。据史籍记载：师旷见太子晋，曰："汝声清浮，汝色赤；火色不寿。"

师旷看到太子晋的面色火红，认为这是短命的预兆。因为从古代相术的准则来看，火性易灭，故面上如有火红的气色，就不能获得长寿。

《吕氏春秋》记载了赵简子与其家臣尹铎的一段对话，其中尹铎有这样一句话：臣尝闻相人于师，敦颜而土色者忍丑。

高诱解释说："敦，厚也。土色，色黄也。土为四时五行之主，多所戴爱，故能辱忍丑也。"尹铎从他老师那里听到过一种相人之术，即相貌敦厚、面色土黄的人善于忍辱负重。

根据上述这些众多的文献记载，可以想见，相术在春秋战国时期已风靡各地，并日趋成熟。《荀子·非相》列举了古今两位著名的相术家：古者有姑布子卿，今之世梁有唐举，相人之形状颜色而知其吉凶妖祥，世俗称之。

姑布子卿是春秋时期郑人，唐举是战国时期梁人，他俩都替当时显贵达人相过面。据史籍记载。晋国贵族赵简子邀请姑布子卿给他几个儿子相面，看看哪一个能继承父业。姑布子卿最后判断出身低贱的子毋将为"真将军"。

相传姑布子卿还替孔子相过面。据文献记载：

孔子出卫之东门，逆姑布子卿，曰："二三子使车避。有人将来，必相我者。志之。"姑布子卿亦曰："二三子引车避。有圣人将来。"孔子下步，姑布子卿迎而视之五十步，从而望之五十步，顾子贡曰："是何为者也？"子贡曰："赐之师也，所谓鲁孔丘也。"姑布子卿曰："是鲁孔丘欤？吾固闻之。"子贡曰："赐之师何如？"姑布子卿曰："得尧之颡，舜之目，禹之颈，皋陶之喙。从前视之，盎盎乎似有土者。从后视之，高肩弱脊；循循固得之转广一尺四寸，此惟不及四圣者也。"子贡吁然。（《韩诗外传》卷九）

姑布子卿认为，孔子的额头像尧，眼睛像舜，脖子像大禹，嘴巴像皋陶。从前面观察，相貌不凡，有王者气象；但从身后观察，孔子的肩膀耸起、脊背瘦弱，这个缺陷就导致孔子终生郁郁不得志，不能开创像尧舜禹诸人的王者事业。由于姑布子卿在当时以相术享有盛名，故历史上又称相术为姑布子卿术。

蔡泽擅长辞令，后来鼓动如簧之舌，折服秦昭王，拜为秦相。当其落魄之时，亦慕名访唐举相过面。由于蔡泽生得形貌奇特：鼻如蝎虫，项低户竖，面貌丰腴，眉毛蹙缩，两膝弯曲，故唐举认为此相不能以常人视之。除此之外，唐举还判断李兑其人在百日之内官运亨通，能主持国政。

另据史籍记载：

　　蔡泽者，燕人也。游学于诸侯小大甚众，不遇，而唐举相，曰："吾闻先生相李兑，曰'百日之内持国秉'，有之乎？"曰："有之。"曰："若臣者何如？"唐举孰视而笑曰："先生曷鼻，巨肩，膝挛。吾闻圣人不相，殆先生乎？"（《史记·范雎蔡泽列传》）

春秋战国时期的相术，蔚然风行于朝廷卿相、田野布衣之间，作为一种时髦的社会现象，必然会影响到当时哲学家的思想。孟子认为观察一个人，再没有比观察他的眼睛更好的了。眼睛不能掩盖一个人的丑恶。心胸正直，眼睛就明亮；心胸不正直，眼睛就昏暗。听他讲话，再观察他的眼睛，一个人的真情又怎么能隐藏得了呢？

从古代相术的准则来看，眼睛当然是五官中一个举足轻重的器官，并且可以预示一个人命运的好坏。孟子以眼睛的外观来判断一个人内在的心胸，可以说，他本人不免受到了当时相术的深刻影响。

哲学家庄子本人虽然没有对古代相术发过议论，但在《庄子》一书中却有相关相术的记载：郑有神巫曰季咸，知人之死生存亡、祸福寿夭，期以岁月旬日，若神。

郑国巫师季咸以相术预测人之生死存亡、吉凶祸福，能够准确地推算出某年某月某日。虽然季咸的相术后来对于列子的老师壶子未能奏效，关键在于壶子是一位功夫精湛的修炼家，他运气凝神，制造假象，让季咸感到莫测高深。

刘邦是汉代的开国皇帝，史称汉高祖，其人相状奇特："隆准而龙颜，美须髯，左股有七十二黑子。"青年时代，刘邦并无过人之处，只是作过"泗上亭长"。曾经因官差去过秦朝首都咸阳，目睹秦始皇壮观的出行仪仗，发出"嗟乎，大丈夫当如此矣"的感叹。史书说他"好酒及色"之外，还载有故乡小官吏萧何对他的评价："刘季（邦）因多大言，少成事。"由此可见，青年刘邦碌碌无为，在他人眼中无足轻重。然而当时有一位精通相术的吕公，却力排众议，断定刘邦其人日后前程无量。史籍记载：

> 吕公曰："臣少好相人，相人多矣，无如季（季指刘邦）相，愿季自爱。臣有息女，顾为箕帚妾。"……吕公女即吕后也，生孝惠帝，鲁元公主。
>
> ……吕后与两子居田中，有一老父过，请饮。老父相后曰："夫人所以贵者，乃此男也。"相鲁元公主，亦皆贵。老父已去，高祖（刘邦）适从旁舍来，吕后具言客有过，相我子母皆大贵。高祖问，曰："未远。"乃追及，问老父。老父曰："乡者夫人儿子皆以君，君相贵不可言。"（《史记·高祖本纪》）

这一段记载说明，秦汉间懂得相术的人物确实比比皆是。首先，吕公以相术观察刘邦，知道他日后贵不可言，就把女儿嫁给了他。其次，当吕后还在乡里务农时，路过的一个老人也懂相术，断言吕后是所谓的"贵人"。

刘邦后来果然统一天下，登上帝位。他大抵不会轻易忘记岳父吕公及田野老父当年的预测，故对于相术似乎颇有研究。史籍记载：

> （刘邦）立濞于沛，为吴王，王三郡五十三城。已拜受印，高祖召濞相之，曰："若状有反相。"独悔，业已拜，因拊其背，曰："汉后五十年东南有乱，岂若邪？然天下同姓一家，慎无反！"濞领首曰："不敢。"（《史记·吴王刘濞列传》）

刘邦封侄子刘濞为吴王，掌管"三郡五十三城"。待到授印封拜之后，当场观察过刘濞的容貌，刘邦才发觉侄子的容貌有反叛的征兆，私心深感后悔，但已不能收回成命，只得预先对之告诫：今后五十年东南之地发生叛乱，莫非就是你吗？但整个天下都是姓刘的人掌权，都是一家，你千万不要造反。汉景帝三年（公元前154年），吴王刘濞果然以"清君侧"之名起兵造反。这或许仅仅是一种历史巧合。

卫青是汉武帝时代的一位名将，曾经统率大军七年出击匈奴，战功赫赫，被多次封侯进爵；但是卫青出身卑微，少年时代却是执鞭放羊的牧羊奴。史籍记载：青尝从人至甘泉居室，有一钳相青曰："贵人也，官至封侯。"青笑曰："人奴之生，得无笞骂即足矣，安得封侯事乎！"

由于是私生子，卫青自小即饱尝人间世态炎凉，逆来顺受，早已麻木，当有人断定他有贵人封侯之相，岂敢相信，只是自嘲说奴隶出身的他，能少受打骂即已满足了，还奢望什么封侯。

否极泰来。因异父母的姐姐卫子夫入宫受宠，青年卫青亦鸡犬升天，逐渐得到重用。武帝元光六年（公元前129年），卫青官拜车骑将军，率军出击匈奴，自此步上了一条飞黄腾达之路。

"将相本无种，男儿当自强"，出身卑微而又以战功晋身王侯的卫青一生正可生动地印证了这一句话。但由于钳徒先前在尘埃之中识出贵人，则历史上的相术家似又可以为相术而自慰了。

卫青其人以战功享受荣华富贵，可是同样抗击匈奴并屡立战功的李陵却没有如此幸运了。李陵也是汉武帝时代的名将，英勇善战，曾经统领八百骑兵，"深入匈奴二千里"。后来，李陵又主动请战，以五千人与匈奴八万兵马浴血奋战，不幸战败，遂被执投降。史籍记载：陵败处去塞百余里，边塞以闻。上欲陵死战，召陵母及妇，使相者相之，无死丧色。后闻陵降，上怒甚。

当兵败的消息传来，汉武帝希望李陵能在这次战争中战死，也可保全名节，然而彼此相隔千里之遥，李陵究竟是战死还是生还，不得而知。汉武帝当即把李陵的母亲及妻子召至朝廷，请相术家验证观察一下，以卜李陵的生死存亡。

按照古代的相术原理，某个人的死亡必然会在他的父母妻子脸上出现一些特殊的气色，然而当时在李陵的母亲及妻子脸上并没有出现因亲人死亡而带来的一种神秘的"死丧色"，因此，相术家断定李陵尚在人世。不久，传来了李陵投降匈奴的消息，汉武帝自然十分愤怒。

这件史实表明相术在汉代已经有了新的发展，即汉代的相术不仅能预测当事者本人的吉凶祸福，而且还可以通过观察某人脸上的气色变化来判断千里之外其亲人的生死存亡。当然，这仅仅是史家的一面之辞，其中肯定含有夸诞的成分。

翟方进在汉成帝时代官至丞相，封为高陵侯，以才干称誉当世，颇天子器重；不过，翟方进家世寒微，少年丧父，孤苦令仃，在官府里混个不差事，常受人欺凌。史籍记载：方进自伤，乃从汝南蔡父相问已能所宜。蔡父大奇其相貌，谓曰："小史有封侯骨，当以经术进，努力为诸生学问。"

翟方进不甘心就此庸庸碌碌混日子，他前去向蔡父请教，自己将来最适合干哪种事。蔡父懂得相术，一见之下，极为赞美翟的相貌，认为他骨格奇特有封侯相，因此要他读书明经，走"学而优则仕"这一条路。

　　翟方进听从蔡父指教，从家乡赴京城长安求学，靠母亲编草鞋维持生计。苦读十年之后，翟方进终于"以射策甲科为郎"，一举博取功名。之后，由博士、刺史、京兆尹、御史大夫渐渐升至丞相，显赫一时无二。

　　西汉末年的外戚王莽是一个心怀不轨、企图篡夺皇位的阴谋家。史书对于王莽的音容外貌有细致的描绘：莽为人侈，露眼赤精，大声而嘶。长七尺五寸，好厚履高冠，反膺高视，瞰临左右。是时有用方技待诏黄门者，或问以莽形貌，待诏曰："莽所谓鸱目虎吻豺狼之声者也，故能食人，亦当为人所食。"问者告之，莽诛灭待诏，而封告者。后常翳云母屏面，非亲近莫得见也。

　　据说王莽这个人长得嘴巴阔大，肋帮子短促，眼部突出，眸子赤红，声音大而嘶哑。身材长得较高，喜欢戴高帽子，用皮毛装饰衣服，挺胸，看人时视线抬得很高，仿佛睥睨左右一切的样子。王莽奇特的容貌自然引人注目。有人问一位懂得相术一类方技的待诏："王莽的相貌生得如何？"待诏照直回答："王莽这个人生有猫头鹰一样的眼睛，老虎一样的嘴巴，豺狼一样的声音，因此容易害人，也容易被人所害。"此人随即向王莽告密。王莽就把心直口快的待诏杀掉，而给予告密者封官之赏。后来，王莽常常以云母做成的扇子遮脸，不是亲近的人都见不到他的真面目。由此可见，王莽深怕人们通过他的容貌来窥见他的内心世界、腹中鳞甲。

　　公元9年，王莽从刘家小皇帝手中夺取政权，建立新朝，"自立为真皇帝"，并进行一系列政治、经济改革。孰料治国无方，搞得民怨沸腾，引发了赤眉、绿林军等农民起义，天下顿时大乱。各地豪强亦乘机扯起旗帜，各霸一方。号称汉高祖九世孙的刘秀与其兄招兵买马，亦企图趁乱逐鹿天下。史籍记载：及世祖为大司马，讨河北，复以祜为护军，常见亲幸，舍止于中。祜侍燕，从容曰："长安政乱，公有日角之相，此天命也。"世祖曰："召刺奸收护军！"

　　乃不敢复言。当时刘秀尚在族史刘玄（一度建元"更始"并称帝）手下任大司马，亲信朱祐却指出他额头上生有奇骨（即"日角之相"），将成为新的真命天子。

　　史称朱祐"人质直，尚儒学"，但实际上，他追随刘秀常率大军冲锋陷阵，攻克城邑，以武功而封侯进爵。一介武将，能以相术识别后来统一天下的新皇帝，此种现象在历史上并不多见。

　　班彪、班固父子是东汉著名的史学家，尤其是班固殚精竭虑，著有一百卷的《汉书》，继承了司马迁以来的史学传统。班彪的小儿子班超却不想以家学渊源的文章学问立身，而是抛弃笔墨，另辟一条人生之路。史籍记载：家贫，常为官佣书以供养。久劳苦，尝辍业投笔叹曰："大丈夫无它志略，犹当效傅介子、张骞立功异域，以取封侯，安能久事笔研间乎？"左右皆笑之。超曰："小子安知壮士志哉！"其后行诣相者，曰："祭酒，布衣诸生耳，而当封侯万里之外。"超问其状。相者指曰："生燕颔虎颈，飞而能食，此万里侯相也。"

父亲班彪死后，兄班固被召到京城做个校书郎。因穷困，班超只得为官府抄写文书，以供养母亲；但常年累月辛劳伏案，久必生厌，不由憧憬前辈在西域立功封侯的不朽业绩。这在世人看来无非是一介书生的异想天开，然而在相士的眼中，班超却有封侯之相。因为班超有燕子似厚实的下巴和老虎似粗壮的脖子，燕子能灵巧飞翔，老虎会凶猛扑食，象征其人智勇双全，能在万里之外立功封侯。后来，班超出使西域，建立了一系列常人难以企及的业绩，最终被和帝封为定远侯。

如上所述，相术在汉代较为流行，较之先秦，似乎得到进一步发展。东汉时代几位著名的皇后，未入宫时皆受到相士的重视，预言日后将大贵。

明帝的马皇后出身名门，是伏波将军马援的小女儿。只是年幼时早丧父母，家道中落，十三岁时入宫。后来得到明帝宠幸，被册立为皇后。史载马皇后"身长七尺二寸，方口，美发。能诵《易》，好读《春秋》、《楚辞》，尤善《周官》、《董仲舒书》"，可谓博学多才。《后汉书》有这样一条记载，叙述其入宫之前的情形：后尝久疾，太夫令筮之，筮者曰："此女虽有患状而当大贵，兆不可言也。"后又呼相者使占诸女，见后，大惊曰："我必为此女称臣。然贵而少子，若养它子者得力，乃当逾于所生。"

马皇后幼年时生病，术士经卜筮而断定她将来贵不可言。家人又请相士来观察几个女孩子，唯有马皇后的容貌让相士大吃一惊。相士认定此女将来必当皇后，但只是缺少亲生儿子，若能领养一子，亦将胜过自己所生。

章帝的窦皇后幼年聪颖，"年六岁能书，亲家皆奇之"。窦家原是东汉显宦大族，出过一公、两侯，"奴婢以千数"。后来窦皇后的祖、父辈持身不谨，触犯刑法，在狱中死去，家道一落千丈。史籍记载：家既废坏，数呼相工问息耗，自然不甘心如今的失势。由于家有小女聪颖早慧，就常请相士来家预测吉凶。相士一见窦皇后的容貌。皆判定将大贵，并非嫁予常人作妻妾而已。

后来，窦氏姐妹以惯例被选入皇宫。因才华及容貌出众，章帝把姐妹两人分别封为皇后、贵人。

此外，东汉皇帝在选皇后妃子的时候，也非常注意相士们的预测，把相士之言作为立妃立后时的一项重要的参考：相工茅通见后，惊，再拜曰："此所谓日角偃月，相之极贵，臣所未尝见也。"太史卜兆得寿房，又筮得《坤》之《比》，遂以为贵人。常特被引御，从容辞于帝曰："夫阳以博施为德，阴以不专为义，螽斯则百，福之所由兴也。愿陛下思云雨之均泽，识贯鱼之次序，使小妾得免罪谤之累。"由是帝加敬焉。

汉顺帝梁皇后十三岁时进宫候选，相士茅通见到梁时，十分惊讶，说她额部长得"日角偃月"，因此"极贵"，自己相了这么多人，还没有见过这么贵的相貌，而太史占卜的结果也十分吉祥，因此，梁便被封为贵人，得到皇帝的宠幸；而且，她为人贤惠，不妒不忌，还劝皇帝也能宠幸其他的嫔妃，因此皇帝对她愈加敬重，而她以后也有机会登上了皇后之位。梁皇后除了自己的才能见识外，应该说，她的相貌对她能当上皇后是起了很重要的作用的。

三国鼎立在历史上持续不久。浏览史籍，发现魏国工创者曹操其人似乎与相术有一些瓜葛。曹操青年时代喜欢飞鹰走狗，不务正业，世人亦瞧不起他。唯独当时桥玄别具眼光，对曹操说："天下将乱，非命世之才不能济也。能安之者，其在君乎！"可见桥玄认为曹操是拨乱反正、统一天下的"命世之才"。另有许子将其人，半褒半贬地说他是"治世之能将，乱世之奸雄"。

史书描绘曹操"姿貌短小，而神明英发"，相貌虽不英武，却工于心计，确非寻常之辈。有一次他要接见匈奴来使，自忖形貌短小，不足威震远国，于是请相貌堂堂的崔季珪做个替身，自己"捉刀立床头"，冒充侍卫。接见完毕，曹操请人询问对方："'魏王何如？'匈奴使答曰：'魏王雅望非常，然床头捉刀人，此乃英雄也。'"能够看出形貌短小且捉刀侍卫的曹操是个英雄人物，则身居北方的匈奴使者亦可谓目光如炬，洞幽烛微。

一些迹象表明，曹操本人似乎亦懂得相术。他对臣僚司马懿进行过一番观察。史籍记载：魏武帝（指司马懿）有雄豪志，闻有狼顾相，欲验之。乃召使前行，令反顾，面正向后而身不动。

曹操把司马懿召来，叫他朝前走，随之又叫他朝后看。但见司马懿其人的脖子及脸面已扭向后方，但整个身体却仍然向前，纹丝不动。这种形态正是"狼顾"之相，加之司马懿平时又胸怀大志，因而曹操断定此人不是甘居臣下之辈，将来必然会危及曹家王朝统治。曹操告诫儿子曹丕说："司马懿非人臣也，必预汝家事。"

遗憾的是，曹丕不及其父精明，未能识破司马氏之心。四五十年后，司马懿父子羽翼丰满，轻易取代曹家王朝而建立晋王朝。

另外，魏国还出现两位著名的相术家：朱建平与管辂。

由于朱建平的相术声名远播，故喜欢广招天下方术之士的曹操就把他罗致麾下，以备随时咨询。当时曹氏父子兵强马壮，挟天子以令诸侯，颇有荡平四海之势，所以耐人寻味的是：曹丕（后称文帝）并不询问自己的富贵福禄，而只是探听自己生命的长短。朱建平的回答十分巧妙：曹丕可以享寿八十，但至四十岁有点小灾难，应该好好保养。

黄初七年（公元226年），其时魏文帝曹丕年龄恰遇四十，他生了重病，对手下人说："朱建平所言八十，谓昼夜也，吾其决也。"曹丕自然是个聪明人，他明白自己大限已近，同时亦悟及朱建平"当寿八十"之言仅仅是一种托辞。从常识上讲，一昼一夜只能算一天，但如果把一昼一夜勉强分成两天的话，那么年满四十亦可充做八十了。历史记载，曹丕果然在四十岁这一年死去。

朱建平当时除了替曹丕看相外，还分别对夏侯威、应璩、曹彪三人的前景作了预测，而且后来一一得到应验。令人特别感到惊奇的是：朱建平不仅擅长相人，并且亦擅长相马。《三国志》中有这样一个例子：建平又善相马。文帝将出，取马外入，建平道遇之，语曰："此马之相，今日死矣。"帝将乘马，马恶衣香，惊啮文帝膝，帝大怒，即便杀之。

魏文帝骑的马因受惊而冒犯了主人，故被杀死，这并不奇怪。令人惊奇的是，朱建平在这之前已经能预测"此马之相，今日死矣"。毋庸置疑，这类文字记载已近似神话。

三国时期魏国另一位著名的相术家是管辂。平心而论，管辂是中国方术史上一位值得重视的重要人物，他对于古代方术如卜筮、占梦、命理、风水件件精通，具有很高的造诣。管辂"容貌粗丑，无威仪而嗜酒"，并且常常嬉笑怒骂，玩世不恭，"故人多爱之而不敬也"。然而管辂的相术却十分惊人，据史籍记载：辂族兄孝国，居在斥丘，辂往从之，与二客会。客去后，辂谓孝国曰："此二人天庭及口耳之间同有凶气，异变俱起，双魂无宅，流魂于海，骨归于家，少许时当并死也。"复数十日，二人饮酒醉，夜共载车。牛惊下道入漳河中，皆即溺死也。

从客人脸上的气色变化能够判断他们不久要遭横祸，并且后来又恰恰为事实所证明，史家的这条记载刻意渲染了管辂相术的高深精妙。在史家看来，极为难得的是：管辂有察人之明，亦有自知之明，他对自己的尊容及形体从相术角度作出了如下直言不讳的判断：辂曰："吾额上无生骨，眼中无守精，鼻无梁柱，脚无天根，背无三甲，腹无三壬，此皆不寿之验。又吾本命在寅，加月食夜生。天有常数，不可得讳，但人不知耳。吾前后相死者当过百人，略无错也。"是岁八月，为少府丞。明年二月卒，年四十八。

所谓"背无三甲，腹无三壬"，是指背不厚，腹不垂，总而言之是一种寒薄之相，再加上"鼻无梁柱，脚无天根"，从古代相术来衡量，自然该归入短命一类。管辂最后只活了四十八岁，确实不出他自己所料。

三国时期的相术并非在魏国一枝独秀，蜀国当时亦有一位名叫张裕的人擅长相术。邓芝在"汉末入蜀"，没有受到当政者重用，"时益州从事张裕善相，芝往从之，裕谓芝曰：'君年过七十。位至大将军，封侯。'"后来，邓芝先后曾受到刘备、诸葛亮的提拔，建立了一系列功业，果然升迁为大将军。

地处东南的吴国亦有一位懂得相术的刘札，他替人看相似乎不无道理。史籍记载：吾彦字士则，吴郡吴人也。出自寒微，有文武才干。身长八尺，手格猛兽，膂力绝群。仕吴为通江吏。时将军薛羽杖节南征，军容甚盛，彦观之，慨然而叹。有善相者刘札谓之曰："以君之相，后当至此，不足慕也。"

吾彦当时还是通江的小吏，偶然目睹将军薛羽统率大军南征，军容极其雄壮，不由仰慕感叹万分。刘札却向他指出：以你的相貌，将来亦会做个高官，故不必羡慕薛羽今日的权势。

后来，吾彦在吴国官至建平太守。晋武帝吞并吴国之后，又封吾彦为金城太守，稍后，又升至南中都督、交州刺史。

此外，吴国君主孙权的相貌曾引起过他人的关注。据文献记载：孙权的面相是"方颐大口，目有精光"。当孙权年仅十五之时，有一位名叫刘琬的使者曾对人说：吾观孙氏兄弟虽各才秀明达，然皆禄祚不终，惟中弟孝廉，形貌奇伟，骨体不恒，有大贵之表，年又最寿，尔试识之。

意思是说孙氏兄弟虽然个个聪明能干，但可惜福禄不厚，唯有孙权相貌奇特，符合"大贵之表"，而且寿命又最长。史家认为，刘琬此语颇有道理，从后来发生的史实来看：兄长孙策虽然悍勇善战，但年仅二十六岁而亡。孙权最后不仅当上了皇帝，称霸一方，且又活了七十一岁，在古代可算是高寿了。

在中国历史上，晋朝是取魏而代之，故社会风尚亦一脉相随：特别注重人的容貌及其风度。如说：时人目王右军"飘如游云，矫若惊龙"。

王夷甫容貌整丽，妙于读玄，恒捉白玉柄尾，与手都无分别。

杜弘治……面如凝脂，眼如点漆，此神仙中人。

见裴叔则，如玉山上行，光照映人。

不难看出，晋代人在这里仅仅注重的是秀丽的外貌，潇洒的姿态，并没有进一步把外貌姿态与穷通富贵生死祸福联系起来，因此，这只能说是一种审美情趣，而不是一种相术的价值判断。

当然，在晋代大量品评人物风度容貌的言论中，亦可发现一两个近似于相术的例子。据文献记载：刘尹道桓公（温）鬓如反猬皮，眉如紫石棱，自是孙仲谋、司马宣王一流人。

桓温的容貌比较独特，鬓发如刺猬竖起，眉骨如同石棱凸出，显示出一种强悍的气质。因此，刘尹判断桓温将是孙权、司马懿一流的政治家。

又据文献所记：潘阳仲见王敦小时，谓曰："君蜂目已露，但豺声未振耳。必能食人，亦当为人所食。"

少年时代的王敦眼睛微微凸出，如同胡蜂，虽然他的嗓音还没有嘶哑的豺狼之声，但潘阳仲认为，王敦容貌的前一个特征就足以显示他将是一个禀性残忍的人，日后将会害人，同时亦将被人所害。

刘尹、潘阳仲虽然博学多才，见多识广，但他俩本身并不是相士，他们充其量是在品评人物时借鉴了古代的某些相术经验。

另外，纯粹预测人们富贵贫贱的相术在当时也颇为流行。西晋有两位女子平步青云，或为皇后，或为太后，皆与相士有关。一位名叫杨艳的女子，后成为晋武帝的皇后。史籍记载：后少聪慧，善书，姿质美丽，闲于女工。有善相者尝相后，当极贵，文帝闻而为世子聘焉。甚被宠遇，生毗陵悼王轨、惠帝、秦献王柬，平阳、新丰、阳平公主。武帝即位，立为皇后。

杨皇后幼年丧母，在舅母家长大，但才貌俱佳，经擅长相术的相士过目，断定她将来极贵。估计此位相士颇为权威，经其评定之后，传播开去，晋公司马昭即为长子司马炎娶为儿媳。当时司马昭已稳稳掌握魏国大权，只是自己未登基而已。待到司马炎以晋代魏，取得帝位之后，便立杨艳为皇后。

另一位女子叫李陵容，出身微贱，容貌又不佳，仅在皇宫中当个织布的奴婢。简文帝司马昱原先有三个儿子，皆幼年夭折。其后十多年，诸姬爱妾仍未能生子。简文帝又是召人卜筮，又是向道士请教，最后还是请相士出马。史籍记载：又数年无子，乃令善相者召诸爱妾而示之，皆云非其人，又悉以诸婢媵示焉。时后为宫人，在织坊中，形长而色黑，宫人皆谓之昆仑。既至，相者惊曰："此其人也！"帝以大计，召之侍寝。后梦两龙枕膝，日月入怀，意以为吉祥，向侪类说之，帝闻而异焉，遂生孝武帝及会稽文孝王、鄱阳长公主。

宫中美女如云，凡姿色秀美深得简文帝宠爱者，相士都认为不是生儿子的料。待到织坊中看到一位身长肤黑的女子，相士才觅宝似的惊呼：就是这个人！这位黑肤女子自然不称简文帝的心意，但为了听从相士指点，生个传宗接代长坐江山的儿子，简文帝就把她召入寝宫。数年后，李陵容果然不负所望，接连生了两个儿子。待到长子孝武帝登基，即尊其母为皇太后。古人常云"红颜薄命"，李太后之事则可说"黑肤多福"了。

羊祜是晋朝初期的大臣，深得晋武帝之倚重，曾为讨伐东吴的征南大将军。小时候，羊祜去汶水之旁游玩，"遇父老谓之曰：'孺子有好相，年未六十，必建大功于天下。'"民间相士的目光似乎不错，羊祜死于五十八岁，这之前他已官居极品，誉满天下，人们尊称其为"羊公"。

若要在晋代历史上找出个职业相术家来，那么，陈训大抵可以入选。陈训"少好秘学，天文、算历、阴阳、占候无不毕综，尤善风角。"此外，陈训亦精于相术。据史籍记载：时甘卓为历阳太守，训私谓所亲曰："甘侯头低而视仰，相法名为眄刀，又目有赤脉，自外而入，不出十年，必以兵死，不领兵则可以免。"卓果为王敦所害。丞相王导多病，每自忧虑，以问训。训曰："公耳竖垂肩，必寿，亦大贵，子孙当兴于江东。"咸如其言。

历阳太守甘卓脑袋低垂而目光仰视，这种模样在相法上称之为"眄刀"，再加上甘卓眼睛中有赤脉，因此陈训判断他不得善终。这是一个例子。另有一例是：丞相王导体弱多病，时常对此感到忧愁，就向陈训请教。陈训认为王导耳朵高耸竖起，但又大得几乎垂肩，因此虽然多病却能长寿，而且子孙今后在江东必然兴旺。

陶侃与周访皆是东晋重要人物，陈训替周、陶二人亦曾看过相。史籍记载：初，访少时遇善相者庐江陈训，谓访与陶侃曰："二君皆位至方岳，功名略同，但陶得上寿，周当下寿，优劣更由年耳。"访小侃一步，太兴三年卒，时年六十一。

陈训的观点是：周、陶二人皆能位极人臣，取得很大的功名业绩，但由于陶的寿命较周访更长，故一生事业似乎更上一层楼，这主要是由于长寿所导致的。

　　事实上，周访是东晋中兴名将，官至安南将军。享年六十一岁；陶侃则享年七十六岁，统管八州军事，官至极品，被封为长少郡公。

　　除陈训之外，另有一位名叫师圭的相士曾替陶侃看过手相。史籍记载：有善相者师圭谓侃曰："君左手中指有竖理，当为公。若彻于上，贵不可言。"侃以针决之见血，洒壁而为"公"字，"公"字愈明。及都督八州，据上流，握强兵，潜有窥窬之志，每思折翼之祥，自抑而止。

　　师圭认为：陶侃左手中指有一条竖纹，颇佳，预示其人可官至公侯。倘如把这条竖纹继续向上延伸，则陶侃就将贵不可言。

　　陶侃内心深处自然想成为一国之尊，故听从相士指点，以针刺破左掌，用人工以延伸那条天然竖纹。后来，陶侃手握整个东晋王朝的兵权，确实有过夺取帝位的念头，但又考虑到曾做过一个折断翅膀的奇梦，于是就打消此念。

　　自晋惠帝元康元年（公元291年）起，晋王朝内部发生八王之乱，互相残杀，兵戎相见，达十六年之久，从而动摇晋朝统治的根基。此时此际史称"五胡"的匈奴、鲜卑、羯、氐、羌西北诸族乘机崛起。自惠帝永兴元年（公元304年）刘渊建号称王开始，至南朝宋文帝元嘉十六年（公元429年）北凉降魏截止，先后共有十六国崛起，或入侵，或对峙，与晋王朝周旋一百多年。

　　十六国中，扯旗自尊为王，以匈奴族出身的刘渊（刘元海）最早。其父刘豹早在三国时期曾被曹操封为左部帅。曾说"吾当有贵子孙"。等到儿子降世，发觉他"左手有其名"，于是取名为刘渊。

　　刘渊自小习文练武，长大"姿仪魁伟，身长八尺四寸，须长三尺余，当心有赤毫毛三根，长三尺六寸"，状貌非同一般。史籍记载：有屯留崔懿之善相人，及见元海，惊而相谓曰："此人形貌非常，吾所未见也。"于是深相崇敬，推分结恩。

　　总而言之，擅长相术的崔懿之等人认为刘渊生就一副奇相，将来必大有作为，故敬仰之余，亦趁早及时巴结。

　　后来，晋王朝内讧，给刘渊提供崛起机会。刘渊先称汉王，后称皇帝，建都于平阳，复迁至长安，国号为"汉"。刘渊死后，帝位四传至其族子刘曜手中，改国号为"赵"。刘曜虽非昏庸之辈，但最终被拥兵自重、逐渐强大的石勒取代。

　　石勒本人为羯人，出身卑微。史籍记载：年十四，随邑人行贩洛阳，倚啸上东门，王衍见而异之，顾谓左右曰："向者胡雏，吾观其声视有奇志，恐将为天下之患。"驰遣收之，会勒已去。

　　十多岁的石勒从山西穷乡僻壤来到繁华的洛阳做小贩，心中自有许多不平之气，故靠在城门上长啸数声，恰好给晋大臣王衍遇见。王衍从他洪亮的声音及攫取的目光中似乎已经察觉到这个少年长大不是等闲之辈，于是决定遣手下人骑马飞驰前去扣押，未料石勒已经离去。

应该说，王衍的眼光亦真绝。十多年后，小贩出身的石勒历经磨难，已投在刘渊手下成为一方将领，转战各处，势力迅速壮大，最后挥戈击败晋王朝数十万大军，生擒一大批王公大臣，其中就有已官至太尉的王衍。

大抵少年石勒的容貌确实奇特，故除王衍之外，当时"父老及相者皆曰：'此胡状貌奇异，志度非常，其终不可量也。'劝邑人厚遇之"。

晋穆帝永和六年（公元350年），聚众十多万的氐族首领苻洪在西北自称三秦王。一年后，其子苻健建国号为秦，立都长安。太元八年（公元383年），苻洪的孙子苻坚已平定西域，先后消灭前燕、前凉等国，并统率百万大军向东晋王朝大举进击。此时此际，苻坚的"前秦"，已成为当时中国长江以北的唯一大国，版图之大，为五胡十六国之最。

苻坚自小聪明伶俐，深得祖父苻洪喜爱，说："此儿姿貌瑰伟，质性过人，非常相也。"《晋书》另有一条记载十分生动：高平徐统有知人之鉴，遇坚于路，异之，执其手曰："苻郎，此官之御街，小儿敢戏于此，不畏司隶缚邪？"坚曰："司隶缚罪人，不缚小儿戏也。"统谓左右曰："此儿有霸王之相。"左右怪之，统曰："非尔所及也。"后遇之，统下车屏人，密谓之曰："苻郎骨相不恒，后当大贵，但仆不见，如何！"坚曰："诚如公言，不敢忘德。"

这段文字表明：幼年苻坚胆大心细，他一则敢独自在大街上游玩，二则对大人的玩笑吓唬，能应对如流，即"司隶"只抓乱法之人，不会干涉小孩在大街上游戏。因此，精于相术的徐统评论："此儿有霸王之相"，"骨相不恒，后当大贵"。

遗憾的是，苻坚统一北方之后未能听从他的首席智囊王猛的临终之方："臣没之后，愿不以晋国为图。"因为王猛认为：晋朝虽处吴越一隅，但在政治上，仍然代表华夏正统，恐怕难以轻易吞并。苻坚一意孤行，偏要鸠集百万乌合之众压迫东晋，结果淝水一战，大败而归。

2. 文字中的奥秘——测字

明崇祯十七年（1644年），李自成率兵攻打北京，明朝末代皇帝崇祯，虽知大势已去，但他依仗北京城高壕深，坚守不出，等待救兵。

闯王军师宋献策装扮成一测字先生混入北京城内，在皇宫外面摆起一测字摊。这日，崇祯带上太监王德化，乔装改扮，溜出皇宫，让宋献策给他测字。

王德化先写一"友"字，宋献策说："'友'这一撇遮去上部，则成'反'字，再照字形来解，恐怕是'反'要出头。"

王德化又写一"有"字，宋献策沉吟半响，小声说："这个'有'字更为不祥。你看，上部是'大'字缺一捺，下部是'明'字少半边，分明是说，大明江山已去一半。"崇祯劈手夺过王德化的笔，写了个"申酉"的"酉"字递给宋献策。宋献策便假装神秘地说："此话说与客官，切莫外传。你看，这'酉'字，乃居'尊'之中，上无头，下无足。据字形看，分明暗示，至尊者将无头无足。"

崇祯听完宋献策的话，三魂已掉了二魂。第二天，崇祯皇帝带着王德化，在煤山自缢身亡。北京的守城官兵，即刻军心散乱，义军顺利地进驻了北京城。

在古代，由于认识能力及知识水平的限制，人们不能正确认识汉字及其起源、发展及功能，从而把文字蒙上了一层神秘的色彩，出现了文字崇拜。早在几千年前的商周时代，人们就利用甲骨来占卜，虽然它所依据的是龟甲灼纹而非文字，但仍可以把它视做文字崇拜的起源。

不仅文字的起源被蒙上了一层神秘的面纱，而且文字本身也被赋予了某种神秘的力量——或者蕴涵着命运的枢机，或者预示着神鬼的意志。人们便解拆字形，以预测吉凶和决定宜忌趋避。于是测字术产生了。

测字真的灵验吗？

读过《红楼梦》的人都知道，贾宝玉生下来就有一块玉，这是他的命根子。不料，有一次，这块玉不知怎么弄丢了，弄得贾府上下不安。为了找到这块宝玉，贾府管家林之孝就去大街上找那摆摊测字的刘铁嘴测字，结果拈得一个"赏"字。刘铁嘴说："丢了东西不是？'赏'字上头一个'小'字，下面是一个'口'字，说明这件东西嘴里放得，必是珠子宝石。并且'赏'字下面是一个'贝'字，拆开不成一个'见'字，可不是不见了！因为上头有个'当'字，快到当铺里去找。'赏'字加'人'字，就成了'（偿）'字，只要找到当铺就有人，有了人便赎来，可不是偿还了吗？"殊不知这块玉大有来头，却是那女娲补天留下来的，如今俗缘已满，被一和尚押着遣回天界。直到后来才有人明白，原来是和尚捣的鬼。自称刘铁嘴的测字先生终究没有测对，那"赏"字拆开不正是"尚"和"贝"吗，不就是和尚拿走了宝玉么？

首先上一段所应用的方法就是测字。所谓测字就是把字体拆开其偏旁点画，并参照其他字，加以离合发挥，以判断吉凶的方法。它在历史上有多种不同的称法，在隋代称为"破字"，宋代称为"相字"。它又称拆字，拆含有分拆、分析之意，测则是推测的意思。测字在古代和其他算命、看相一样，被称为方术，为古代占卜法的一种，只不过算命的依据人的生辰，看相的凭借人的相貌，而测字则是凭借汉字，进行分拆离合，加上其他方术理论来预测祸福凶吉，为人们提供行事的指南。

常见的测字有以下两种形式：第一种测字先生自摆一个测字摊，有的是席地而铺，有的则还有一张桌子，一般摆在街头、墙角。桌上（或布上）摆着笔墨，写好字的纸团等，让求测者自行拈取，抓到什么字，就测什么字。还有的则摆在茶馆里。第二种情况是求测者自己写字，要想测问什么事，自己把字写好，让测字先生就字测解。这种情况大概在宋代以后出现得较多。这种方法要求测字先生具有丰富的知识和水平，以及随机应变的本领。

测字中测问的范围很广，上至军国大事，下到家庭小事，诸如科举、官司、命运、行人、谋官、出行、做生意、疾病、求谋、农事、六甲（即生育）等等，无所不包。在我国古代，测字十分盛行，成为人们行事家忌趋避的指南之一，并且一直延续到20世纪，旧时在茶馆或街头巷尾摆摊测字者比比皆是。一般看来，测字无非是一种骗人的把戏，是街头不登大雅之堂的玩艺。然而，测字术在我国存在了千年之久，虽说从整体而言它是迷信的东西，但它却在一定程度上反映出我国古代人类的文化走向和心态的发展，故能出没于社会上层和民间；它有着自己的活动轨迹和传承路线，故其内在规律是可寻绎的；它在千百年的发展和变异中，形成了自己奇特的体系和纷繁的模式，故包容着丰富的内涵。我们只有弄清它的基本内容及其实质，才能对它作出科学的判断，用理性的眼光去看待它，而不是不加分析地、简单地否定它、排斥它。

每逢结婚喜庆，人们免不了都要张贴"喜"、"庆"、"吉"等字以示吉祥如意，而在吊唁死者的花圈上则写上"奠"字以示对死者的哀悼，诸如此类，都是文字崇拜习俗的种种表现。文字崇拜，在我国源远流长，早在几千年前的商周时代，人们就利用甲骨来占卜，虽然它所依据的是龟甲灼纹而非文字，但仍可以把它视做文字崇拜的起源。此外，还有"扶乩"、"算八字"等，而运用最为广泛、影响最大的则是测字术。

在古代，由于认识能力及知识水平的限制，人们不能正确认识汉字及其起源、发展、功能，从而把文字蒙上了一层神秘的面纱。比如关于文字的起源，现代科学研究证明，文字是应生产劳动的需要，为了总结生产生活经验而产生的，最初只是简单的图画与线条，以后慢慢发展，经过长时期的演变，才成为今天我们所见到的文字。但古时候的人们却认为，文字是圣人创造的。这种看法大概在战国时期就开始了。《易经·系辞》说："上古结绳而治，后世圣人易之以书契。"后来还逐渐流传仓颉造字的故事，如李斯《仓颉篇》中说："仓颉作书，以教后诣。"《韩非子·五蠹》中也这样说："仓颉之作书也，自环者谓之私，背私者谓之公。"《吕氏春秋·君守》中还把作书的仓颉与作稼的后稷、作刑的皋陶、作城的鲧、作陶的昆吾等圣人相提并论。还设想了当时仓颉造字的种种情景，把仓颉进一步加以神化。如王充《论衡·骨相》里就说"仓颉四目"。《淮南子·修务训》中也引证："史皇仓颉皇。"并且说在仓颉造字的时候"天雨粟，鬼夜哭"。仓颉造字之说以及把仓颉当做圣人来顶礼膜拜之事一直延续着，几乎与中国古代历史相伴随。在宋代，这种对仓颉的崇拜很盛行，一些书吏甚至把仓颉敬称为"苍王"，并用小木龛供奉，叫做"不动尊佛"。

本篇开头所举的例子就是这种情况的反映，在巫术中，巫医甚至还以"字符化灰"代花。文字能预测吉凶的思想在古代人们中间还有很多反映。如《古今图书集成·拆字数·元黄叙》说："龟图未判，此为太古之淳风。鸟迹既分，爰识当时之制字，虽具存于简牍，当深究其源流。成其始者，信不徒然，即其终之，岂无奥义？同田曰富，分贝为贫，两木相并以成林，每水归东是为海。虽纷纷而莫述，即一一而可知，不惟徒羡于简牍，亦可预占乎休咎。春蛇秋蚓，无非归笔下之功，白虎青龙，皆不离毫端之运。"其中的《指迷赋》也指出："字，心画也。心形如笔，笔画一成，分八卦之休囚，定五行之贵贱，定平生之祸福，知目前之吉凶，富贵贫贱，荣枯得失皆于笔画见之。"由此可见，不仅文字能预示祸福，文字的分合也会产生忌讳。

另外，古时人们还认为画从心出，字与人的内心世界存在着某种必然的联系，因而从字中也可推测人的精神面貌及内心世界。如汉朝方言学家、文学家扬雄就提出了"言者，心声也；书者，心画也"的著名论点，认为语言文字都是人的内心写照，笔迹是书写人头脑中固有形象的反映。比如一个人的禀性有阴阳，人有善恶，这些可以从一个人书写的字中看出来，"心正则笔正，心乱则笔乱，笔正则万物咸安，笔乱则千灾竞起"。既然文字具有超人的神秘，那么一些人利用汉字及其离合来预测吉凶，则是很自然的事了。所有这一切在很大程度上取决于社会的发展水平及人们的认识水平，因此列宁关于宗教产生的认识论根源的论述同样适合于测字术的产生："僧侣主义（唯心主义）当然有认识论的根源，它不是没有根基的，它无疑地是一朵不结果实的花，然而却是生长在活生生的、结果实的、真实的、强大的、全能的、客观的、绝对的人类认识这棵活生生的树上的一朵不结果实的花。"

文字是由语言发展的需要而产生的，中国文字最初起源于图画，现存最早的文字是公元前14～前11世纪的晚商甲骨文，因刻在龟甲和兽骨上而得名。

甲骨文逐渐发展演变成为金文，时代大约在秦统一中国以前，因主要是刻写在青铜器上而得名。这时字形的结构已有一定的安排。从形体结构而言，象形、会意字大为减少，形声字大增。

第三种书体是小篆，取材于汉代许慎编写的《说文解字》中记录的字形。在此之前，因诸侯分裂割据，字体很不相同，一个字甚至有七八种写法，这给全国统一带来了一定的阻力。秦统一中国后，除了实行其他统一措施外，很重要的一点就是实行"书同文"，即把字体在秦篆体的基础上加以统一。许慎《说文解字》正是以研究秦朝统一后的文字为基础的。秦统一时规定用的文字，其结构、笔画、位置已差不多固定，以后的文字在笔势上虽有所变化，但基本的构架已少变动，从绝大部分篆体字体中，我们仍然可以知道它是什么字，这也是文字逐渐走向成熟的一个标志。

小篆书体在快速写下就变成隶书，隶书跟小篆比较起来已经起了很大变化，这大约发生在汉代。由于字体的剧变，出现了很多随意拆解字体结构、解释字义的现象。《汉书·艺文志》上说："后世经传既已乖离，博学者又不思多闻阙疑之义，而务碎义逃难，便辞巧说，破坏形体。"比如"马头人为长，人持十为斗"等等，显然都是随心所欲地解释字义的方法，这种随意拆解字体的现象，虽然不是测字，实际上已跟测字很接近了。

另一种书体就是我们今天所通用的楷书，它通过隶书演变而来，但比隶书更容易书写，更有法则。

楷书的出现，也终于使汉字脱离最初的具体而形象的图形，变成由点画组成的抽象形体。

从以上主要书体的演变过程中，我们可以看到，汉代是文字逐渐成熟的时代，许慎的《说文解字》主观上也是为了对文字作一总结，澄清当时一些俗儒鄙夫对字形的随意破坏和对字义的随便解释。但许慎生活在那个时代，也难免会犯同样的错误，如"一贯三为王"、"推十合一为士"、"甲象人头"、"乙象人颈"等等，都带有拆字的意味在内。印度著名诗人泰戈尔的名句说道："错误是真理的邻居，因此它欺骗了我们。"（《流萤集》）任意肢解文字形体和胡乱解释字义的做法，混杂在对文字形义科学的分析之中，而为人们深加接纳，这就为拆字术的出台作了铺垫。再者，《说文解字》是我国的第一部字典，也是中国文字学史上的经典著作。它归纳总结的成熟与固定的文字，客观上为拆字术的出现提供了物质基础，汉代也就成为测字术的滥觞时期。

第二节　平安护身符——揭秘古代辟邪宝物

中国神秘文化体系内的法宝，泛指一切经过人们有条件地操纵运作便能发挥所谓超自然法力的"宝物"，大致分为两类：一类是可供制作或能直接充当法宝使用的天然材料，如水、石头及部分植物、矿物等；另一类是经人工制作合成的器具，如工具、武器、饰物等。在如此众多的"宝物"中，我们按其功效挑选了最有威力的七样中国古代的辟邪宝物。

1．"水"

水推崇为"五行"之一、"三官"（指道教所奉的天官、地官、水官）之列，人们对水的敬畏几乎达到了与天地并重的程度。与此同时，水之于人，在提供饮用、灌溉及舟楫之利等外，还是施用范围最广、神通最多的法宝之一。

首先，水可赐福生财。俗信以为在各种特定时节汲取的水，可以给饮用者带来福气或财喜。如夏历正月初一早上汲取的井水与河水，称"银水"或"财水"；在夏历除夕守岁至半夜，打起灯笼悄悄去汲取河水的，称"天地水"，可保来年大吉等等。而特别日子的水还有其特别功能：谷雨日所收露水，用来图符并贴在墙上，有厌胜诸毒作用；农历四月初八日所收露水用于磨墨，书写咒语于红纸上，再贴在墙上，可禳蝗灾；又如端午日赤足瞠露，可禳灾厄；夏历八月初一"六神水"所收露水以调朱砂点灸，可祛百病；等等。当然这些功效不是我们今天要讨论的主题，今天的主题是辟邪水可治病招魂。俗信以为各种经过特定条件处理的水，有治病神效。如巫祝之流在水上画过符策后，称"符水"，或以清水祭神并加祝祷后，称"咒水"、"神水"、"圣水"等，皆能疗疾。

天上下雨，以器皿接取后，谓"无根水"，用之煎药有效。此外。俗信又以为小孩生病不愈，乃魂魄走失所致，也可借水的法力召回。如"过水"之法，是于夜半焚香祝祷后，再抱上病孩，偷偷寻一条小河膛过，再上岸时，魂已归体，病可愈。再如"叫魂"之法，是于天黑后端清水一碗，出门去沿路呼唤，视水中一起泡，便是魂已归附，端碗回家放在病童枕边，病可愈，等等。

凡此种种，水自然有其辟邪功效，但由于迷信成分太重，实效太低，所以只有列在第七位。

2. 灰

灰，《说文解字》解"灰"为"死火余烬"，无疑，指的是物质燃烧后的残留物。但是，在中国神秘文化体里，灰居然也是用途广泛的法宝。笃信灰有法力的观念，其来源大概也可以从现实生活中寻溯：古代文献中，人们播灰做肥、积灰止水或扬灰助战之类的记载很多。累积之后，是很可能将其功力作超效验的广泛化的。

此外，远从先秦以来，就有不少被后世归为道家者流的人士，都或隐或显地试图证明：物体经燃烧成为余烬后，仅仅是形状的改变，其精魄仍聚积在灰里。依循这种观念，寓有精魄的灰具有某种法力，也就顺理成章了。

过去常把"搓骨扬灰"的动作与"斩尽杀绝"的意图联系起来，其本意亦在于精魄在灰中，分撒开后，就可以阻扰其聚合的目的。用灰去祈祷幸福平安的功效就不再这介绍了，我们关心的是灰是怎么驱邪的。

早在《周礼·秋官》中，即有"赤龙氏掌除墙屋，以蜃炭攻之，以灰洒毒之"及"烟氏掌去无视，焚牡霸，以灰洒之"等制度，就是用灰来攻除虫富。以后，在宅中撒灰成为一种流行很广的民间风俗，"驱五毒"、"打灰簸箕"等各种名目，多于夏历二月初二、五月初五前进行。撒灰时要念咒语，亦有画灰于地作鸟兽状的。

传说中的撒灰活动，还由驱逐毒虫演变为宽泛的驱疫辟邪方术，甚至有夜深人静时画灰于道，作弓矢形状，以求射祟禳灾的。有些地方还有给小孩鼻尖上抹锅灰的习俗，据说也是为了压邪逐鬼。

3. 石 头

普通的石头能成为法宝，其观念上的依据，是古人的灵石崇拜意识，这里仅就其辟邪的适用范围和操作形式作些介绍。

敦煌写卷中有《用石镇宅法》云："凡人居宅处不利，有疾病、逃亡、耗财，以石九十斤，镇鬼门，大吉利；人家居宅已来，数亡遗失钱不聚，市买不利，以石八十斤，镇辰地大吉。"所谓"镇"，就是照堪舆家指定的方位，埋下一块石头。镇墓。即造墓时埋石为祭，理由与镇宅相同，但受惠对象则是亡者亲属，延及子孙后代。镇巷，如住宅大门正对里巷（道路）、桥梁或别人家的屋角，俗信以为将有"邪冲"。

4. 鸡头狗血

鸡狗都是家养禽畜，但是在古人观念中，它们的来历非寻常动物可比。纬书《春秋运斗枢》称"玉衡星散为鸡"，《春秋考异集》则谓"狗，斗精之所生也"。如此秉赋，是与人们将它们身上的某些部分作为法宝用有直接联系的。

狗血作为辟恶破妖的法宝，《史记》中已有记载。此后，杀狗涂血于门户上，一直是民间辟除不祥或抵御邪恶的基本方式之一。俗信又以为狗血鸡头是化解妖气的最简便办法，特别是雄鸡头，黑狗血更具功效。

倘遇上"妖人"使用法术，如剪纸为马、撒豆成兵时，也可将狗血泼去，破其妖术。

民俗中鸡血与狗血共同使用以厌妖邪的现象也很普遍。

5. 小 豆

古人称豆为尗，但是据《广雅》、《博雅》等书的进一步辨析，还有大豆称尗而小豆名荅的区别，凡黑豆、黄豆、青豆等，都属大豆，如赤豆、绿豆、白豆、豌豆等，就属小豆。在中国民间传统风俗里被看做有神通有灵验的豆，都是小豆。

此外，本土佛教信仰和习俗内，也有用黄豆做"舍缘豆"派用处的。小豆的神通首先在于辟瘟辟疫。

如《杂五行书》云："常以正月旦，亦以辟疫病甚灵验。正月七日，七月七，男吞赤小豆七颗，女吞十四枚，经无病，令疫病不相染。"显然，这种有时讲究男女区分等条件的小豆施术，并不是药物上的观念。再如《岁广记》曰："立秋日，以秋水吞赤小豆十粒，止赤白痢疾"，其理相同。还有认赤小豆就是厌鬼物的说法，《岁时杂记》云："共工氏有不才子，冬至日死为疫鬼，畏赤豆，故是日作豆粥厌之。"此前我们已知，服赤豆限于冬至，凡正旦、元宵、七夕、立秋均有眼之辟疫的灵验，原来它正是"疫鬼"最害怕的东西。

这个传说不但在中国很流行，而且还流传到朝鲜半岛和日本列岛即使在今时今日，在那里的民俗中也广有"撒豆驱鬼"的行为，只是所驱的鬼各有不同而已。

6. 桃木

桃木亦名"仙木"，是用途最为广泛的伐邪制鬼材料。桃木所以具有这等神力，根植于古人认定桃树为百鬼所惧的神秘观念。

在古代文献的记载和解释里，这种观念的依据大致有三种类别。因为和主题无关，所以就不详叙了。本段主要讲述的是发挥桃木伐邪镇鬼功能的方式：

（1）桃板。亦称"桃版"、"桃符"、"桃符板"等，系用桃木削成的厌胜物成对使用。板上画上神荼兄弟（传说中的驱鬼之神）的像，使之压邪。当然，众所周之，后来渐渐演变成现在的"春联"、"对联"了。

（2）桃印。亦名"桃印符"，用桃木刻成的印钮，涂以红、蓝、黄、白、黑五色并写有辟邪咒语，钮间穿孔。逢端午节时，单只使用，方式是用彩绝将桃印系在门上或帐屏间，起驱凶撵鬼的作用。

（3）桃役。用桃木做成的佩饰性物，瓜形，多棱，刻有铭文，内容多祈福禳灾乏辞。使用方式是夏历正月佩戴在身上。从《韩诗外传》记述可知，此俗在春秋时已经风行，后来的桃木制刚卯，是其遗制。

（4）桃人。亦名"桃梗"、"桃偶"，用桃树梗刻成的厌胜物。状如"人"形，大小随意。使用方式是夏历除夕或正旦时，立于门侧，以辟凶邪。从《庄子》、《战国策》等书的记述中可知，此俗在战国时已流行。有些地区的民间建宅习俗中，也派桃人的用处，方式是在门墙上或梁柱间开个小洞，放小批人过去，再封住，认为可辟凶鬼，保住宅院的安定。

5）桃核。截取桃树上的枝杈，毋需加工，就是现成的镇鬼物。

《庄子》上说，在家门口插上桃枝，儿童进门不害怕，鬼却因此生畏却步。此外，古人还用桃枝洗澡，以为可辟邪气。

（6）桃弓。又名"桃弧"，用桃木制成弓形厌胜物，和棘制的箭形庆胜物配套使用。《左传·昭公四年》记有"桃弧棘矢，以除其灾"的仪式，"灾"之含义，似比鬼的概念还要宽泛些。

（7）桃前。用桃木棍和禾穗复合制成的法宝，状如笤帚。《左传》、《礼记》和《周礼》等书上，均有用桃前拔除不祥的记载。桃前的使用场合，大致有临丧吊唁和杀牲取血两大类。古人认为死人的事总是与鬼魂之类相关联的，凭吊死人前，须用镇物，方可确保活人不受侵害，而桃前便有这种镇鬼的威力。杀牲取血为盟誓用，然而也怕有不祥，桃前起到拔除的作用。古时候，手执桃前做拔除工作的，多为巫祝等官员，但后来桃前渐渐变成了道土的法器，也就是拂尘的前身了。

(8) 桃木剑。这个应该是大家最熟的用途了。用桃木削制的"捉鬼"或"斩鬼"的法宝，和"桃印符"、苇索等配套使用，这已是"牛鼻道人"之类手中的物事了，但取义源于古人笃信桃木有镇鬼的神力。

(9) 桃汤。《荆楚岁时记》里有正月初一饮桃汤以辟邪气的描写，究竟是用桃子抑或桃胶、桃木熬汤，今已无考。此外，民间巫祝之禁劾方术中，还有用桃汤洗澡以解鬼迷的办法。

7. 铜　镜

在重多法宝中，铜镜的驱邪能力是最强的。古代中国人长期使用铜镜，铜镜不仅是照面的器具和工艺品，也是一种兼有多样功能的法宝。铜镜的法力从何而来，古人的种种解释多与其制作者相联系。

铜镜的神明妙用，首先在于它能"观照妖魅原形"。如葛洪《抱朴子》言，世上万物久炼成精者，都有本事假托人形以迷惑人，"惟不能易镜中真形"，它们一看见铜镜，也就暴露了自己的本来面目，于是赶快溜走。基于这一原理，凡巫祝道冠一流在从事捉鬼妖等活动时，照例都要先用一面镜子当识破妖怪的法宝，其时镜子乍现，妖怪就逃之夭夭了。

顺此思路，照妖镜又成了应用广泛的禁用物，比如古代武士甲胄的后背或前胸部位，多嵌有一块"护心镜"，一方面，镜材的铜质本身具有抵御剑矢之类武器侵害的作用，另一方面，它们又可以发挥镇吓诸多鬼怪妖物的功能；再比如，把一块小圆镜镶在大门顶端中间部位的民居建筑习俗，在中国许多地区盛行，甚至直到今天，这块具有镇邪驱怪意义的古老的禁劾物，还常常出现在现代风格的建筑物上，只不过镜子的材料已由熟铜变成了玻璃。

又比如，在传统的婚礼风俗中，铜镜是使用场合和次数最多的驱邪工具，新娘穿着有铜镜的新衣上轿去婆家；在花轿进入婆家大门前，还要由专职人员用铜镜在轿厢内上下左右仔细地"搜寻"一遍；用做结婚的洞房里，一面大铜镜是绝对不可缺少的器物。此外，铜镜也被使用在民间丧葬活动中，人们将其置于墓穴顶部，或棺床的四角，这些安排均出于辟邪的需要。

第三节　语言仙境——中国文化中的神仙

1. 黄金时代

巫师是古老的职业，古老到什么程度呢？远古时曾经有过"家为巫史"的情况，就是说，人人都会玩两手巫术。然而，那时人们运用巫术就像我们现在吃饭、握手一样平常，不是谋生的手段，因此在严格意义上还不能叫职业。

家常菜人人会做，却有好坏之分。巫术也是这样，用得多了，就有高下之分。比如，巫师甲预测一天后下雨，巫师乙预测三天后下雨，结果一个月后下雨了，因为乙的预测最接近，大家就说乙的巫术最灵（这种思维方式在当时很正常，有人管它叫原逻辑）。那时候，巫师都是由高层领导担任的。酋长和高层贵族组成了部落的最高统帅部，实际上也可称宗教事务部，因为那时候的大事也就是巫术和打仗两样，所谓"国之大事，在祀与戎"。如果哪位巫术玩得纯熟，而且打仗勇猛，众人肯定会推举他做酋长，绝对依照"专家治国"的原则。正因为巫师都是当时的精英分子，所以后人追忆巫师的光辉形象时，说他们"智能上下比义，其圣能光远宣朗，其明能光照之，其聪能听彻之"，意思就是说巫师们都是智商极高的，而且有千里眼、顺风耳，能准确地预测未来的吉凶。

所以，最早的职业巫师其实就是咱们那些最早的有名有姓的老祖宗。黄帝、蚩尤，都是把巫术练到顶级的巫师。在黄帝蚩尤大战中，蚩尤作法请神下雨，黄帝则驱动旱神天女止雨。蚩尤斗法失败，于是被杀。这是典型的巫师斗法，倒真惊天地，泣鬼神。更重要的是，这一仗决定了我们把自己称为"炎黄子孙"而不是"蚩尤子孙"。

其他能在史书上留一笔的上古贤君贤臣，多半也都有巫术绝活。据说大禹在治水的时候有一种奇怪的步伐，这套"凌波微步"被后来的道士们奉为"万术之根源，玄机之要旨"，比之少林寺的《易筋经》亦未遑多让。商汤为了求雨，要点火自焚，有人说这是装样子，但如果不是大家公认他是全国最好的巫师，他即便想作秀也没机会。

"传说时代"是巫师的黄金时代，到了有实物、文字证据的时代，巫师就不太灵光了。商代家大业大，国王要高瞻远瞩，政治活动越来越重要，宗教事务就分别交给手下人去打理，分工也越来越细。于是就有了专门整理巫术档案的"史"，有了专门负责祷告的"祝"，有了专门负责整治王八的"卜"。真正原始意义上的巫师，只负责跳舞求雨。更惨的是，当时盛行"暴巫"——天旱时把巫师放在烈日下曝晒来感天动地求得雨水。做巫师做到这个份上，真是失败中的失败。

当然也有混得好的，比如巫贤，在商王太戊时，那是一人之下，万人之上。不过，总的看起来，宗教事务部已经降格为宗教事务局了。不仅如此，兴致高时商王还经常越级指挥，亲自参与占卜活动，一会儿说这块龟甲的洞烧得不好，一会儿说我来看看明天下不下雨，而且还要收版税，所以在甲骨文里经常见到"王占曰"的字样。顺便说一句，那时的王八可能真的很大，以至于几百年后春秋的郑灵公收到一只王八，就敢把满朝文武都请来开"王八宴"。

2. 隐匿民间

周代出了个周公，喜欢"以德治国"。巫师们文化程度不高，日子就更难过了，根据《周礼》记载，卜、祝、史的爵位都是下大夫，而司巫及男巫、女巫的爵位只是中士，已有沦为官府小厮的趋势。

民间巫师在春秋时期非常活跃，《左传》中提到的卫巫、巫、梗阳之巫、桑田巫等，在本国都是不出十大杰出人物之列的。预测人的生死寿夭、国家的战争胜败，简直是小菜一碟，有时准确程度甚至达到匪夷所思的地步。

公元前555年，晋国的荀偃想讨伐齐国，一时不知成算如何。有天晚上做了个梦，梦见自己和晋厉公打官司，当庭败诉，被晋厉公用戈把脑袋砍了下来。过了几天，荀偃在路上碰到了梗阳的巫师皋，于是把梦的内容告诉巫皋，请他给自己搞个精神分析。巫皋说："看来您今年是死定了。不过如果跟齐国开战，倒是必胜无疑。"

果然，晋国率领一帮同盟军把齐国打得落花流水，而荀偃当真在回师途中病死了。

这还不算最神的，早些时候的公元前581年，晋景公梦见有个大鬼闯到宫里来追杀自己，还说是奉了天帝的命令。醒来后他请桑田巫预测吉凶，桑田巫说："您恐怕吃不到今年的新麦子了。"

晋景公当场就病倒了，派人到秦国去请专家来会诊，结果专家说已经病入膏肓，没得治了。得，安心等死吧！没想到，六月初六这天，新麦子送来了。晋景公登时神清气爽，叫人把麦子煮好，然后把桑田巫抓来杀掉，死前还让他最后再亲眼看看新麦子。杀了人之后，晋景公正准备安心享用宫廷煮麦子，突然肚子痛要方便，也真邪门，他就在方便的时候掉进宫廷厕所里淹死了，还是没吃到新麦子。桑田巫虽然死了，但是他用生命捍卫了自己的预测巫术。

巫师虽然有本事，可时代总在进步。有点智慧的人都不大瞧得起巫师，往往拿巫师作为反面教材。孔子就曾经说："南人有言曰：'人而无恒，不可以作巫医。'"意思是说，一个人要是没有恒心，连巫师和医生也做不好。

荀子也说："今世俗之为说者，以桀纣为有天下，而臣汤武，岂不过甚矣哉。譬之是犹伛巫跛匡大自以为有知也。"意思是如今有些信口开河的人，说什么商汤和文王曾经分别给桀和纣打工，这些自以为是的家伙都跟巫师一个德性。当然，话语中还可以看出荀子有点歧视残疾人的倾向，这是很不礼貌的。

有需求就能产生效益。经营方式机动灵活的民间巫师，虽然不被思想家们瞧在眼里，但在民间还是很有影响力的，日子也因此过得比较滋润。西门豹治邺，治的就是民间的巫师。那位主张为河伯娶媳妇的七十多岁的老巫婆，竟然把持了邺城所有的巫术产业。官方的巫师早不知到哪里去了。要是没有政府撑腰，李逵还真斗不过李鬼。

3. 死水微澜

从战国后期开始，巫师曾经迎来过短暂复苏的黄金时代，顾颉刚说："在日益高涨的神仙思想尤其是统治阶层好仙风尚的刺激下，这些原本流落并活跃于下层民间的巫、医之流便纷纷而起，自觉地以神仙说为宗旨，并重新有意地综合巫、医之长，同时又进一步吸取了道家、阴阳家的理论养料，终于形成了一个以长生不死为旗帜的具有较高文化素养与技术专长的有学有术的特殊阶层——神仙方士集团。"

巫师们在民间大搞迷信，弄点小钱补贴家用，但在政治上却没有什么前途。一批有理想的巫师念念不忘远古时代的荣光，力图再为帝王师，重铸帝王魂。这一次，他们的目标很明确，要跳过所有的中间人，直指最高统治者。

巫师们先夸说自己如何机缘巧合，得到了不死药，如何健康长寿。在社会上掀起追求长生不老的风潮后，再去游说帝王。比起前辈来，这些巫师在知识结构上有很大的进步，一方面在理论上更加过硬，什么阴阳五行八卦气功之类的学说一齐上阵；另一方面不再局限于小地方活动，他们四处云游，一会儿出海，一会儿上山，既开阔了眼界，又广交了朋友。于是在战国中后期，方士集团逐渐形成。一时间，整个东海岸都有方士们出没，齐威王、齐宣王、燕昭王纷纷派遣方士们出海寻找住着仙人的海岛。

秦始皇统一中国后，最热衷的就是寻找神仙和不死药。在秦始皇的感召下，神仙学成为全国最热门的专业。甚至出现了这样的情形：山东、河北一带沿海的农民兄弟，一放下锄头就自发地研究神仙、方术。成千上万的人涌向咸阳献宝，在阿房宫出入的方士，有名有姓的就有十多个，其中就包括率领几千童男童女出海的徐福。秦始皇当然也没闲着，他三番五次地出巡，访求不死药。

秦国灭亡后，汉武帝再接再厉，高举起求仙的大旗。汉武帝时的国力更加强盛，方士人数更多，文化水平也更高，据不完全统计，向汉武帝上书兜售成仙秘方的就有上万人。汉武帝上当归上当，求仙的热情依然不减，一直到死都没有放弃。

巫师（方士）在西汉风光无限，可从本质上说，不过是皇帝的小厮，除了请神仙、找不死药这些技术活儿，他们什么用场也派不上。东汉后期，神仙方术被道教吸收，不少方士就转行做了道士。

巫师的黄金时代到底远去了。

儒家的文人们一说起圣人，尤其是先秦的那些著名圣人，总是啧啧有声地赞叹。即使说来说去总不过是些仁义礼智信之类的套话，也仍然乐此不疲。赞美的话儿讲了一箩筐，圣人的长相却很少有人提起。推想起来，能做圣人的，就算不是英俊神武，相貌也应该在中人之上吧。

不过，有人并不这么看。在荀子眼里，没有一个圣人模样周正：孔子脸上像蒙了张驱鬼的面具；周公身体像一棵折断的枯树；皋陶的脸色永远像削了皮的瓜一样泛出青绿色；大禹腿是瘸的，走路一跳一跳；商汤半身不遂；最不可思议的是舜，眼睛里有两个瞳仁。这些形象岂止是不周正，简直就是些歪瓜裂枣。幸好荀子在古代并不受重视，要是也像孔孟那样受尊崇，真不晓得道学先生们该怎样为圣人涂脂抹粉了。

荀子的说法并不是无稽之谈。我们曾经介绍过，古代的圣人们大抵都做过巫师，而巫师对脸蛋的要求的确不怎么高，有时甚至专挑其丑无比的人。古人有自己的道理，他们认为长得奇形怪状的人往往天赋异禀，感受上天的气也比旁人多些，更容易与上天交流。丑，因此成了资本与财富。

不过根本的原因并不在此，毕竟天生丑陋的人并不多，丑陋而又热爱巫师职业的人更少，在当时的社会环境下，热爱巫师职业又能从事这一行当的更是少之又少。

巫师的丑，主要是因为他们戴了面具。

面具又是怎么产生的呢？且听我慢慢道来。

巫师作法，通神的法器必不可少，法器的种类也很多，比如鼓、羽毛、酒等等。动物也是巫师的重要助手。在古人看来，不少动物具有与神交流的能力，所以找个动物做助手是很有必要的。

比如从商朝开始，人们就用龟甲占卜，在他们看来，龟甲上烧灼的裂纹能够反映天意。到了周朝，大概乌龟王八比商朝时少了很多，因此更多地是用蓍草来占卜。但遇到非常困难的问题时，还是要用龟甲来占卜，而且龟甲占卜的结果具有优先权。各诸侯国都把龟甲作为镇国之宝，碰到水火之灾，一项重要的工作就是保护好龟甲。士大夫们在政治斗争中失利、被迫流亡国外时，也经常把本国的龟甲偷偷带走。

一些虚拟的动物也具备通神的能力，龙就是最重要的一种。张光直说："两龙在《山海经》里是不少神与巫的标准配备。"

在商周时期的一些图案中，还出现过人把头伸进老虎、狮子等猛兽的嘴巴里的形象，这并不是猛兽要吃人，也不是驯兽杂技表演，而是动物张开大口，嘘气成风，是帮助巫师进入神灵的世界的一种方法。

《左传》上说，舜在给尧当差的时候，天下有四大恶人：浑敦、饕餮、杌、穷奇。舜把他们抓住后，发配边疆，用来抵御魑魅。魑魅是山林异气所生出的怪物，人面兽身，专门危害人类。很显然，舜这是把四大恶人当驱鬼怪的工具使唤了。其实，在神话中，这四位恶人都是现实生活中不存在的怪兽：浑敦样子像个气囊，六条腿，两对翅膀，还懂点歌舞。饕餮长得羊身人面，眼睛在腋下，老虎牙齿，叫声像婴儿。杌样子像老虎，毛长两尺，人面虎足猪牙，尾巴长一丈八尺，打起架来特别不要命。穷奇长得也像老虎，有翅膀，吃人喜欢从脑袋开始。

派这四位凶神恶煞去对付妖魔鬼怪，真是再合适不过了。

　　动物虽然有通神的能力，毕竟不好侍弄，巫师们带着狮子、老虎什么的出去作法，一来不方便，二来也不安全，万一被自己的助手咬死，岂不太失面子？所以必须寻找替代的工具。把动物的形象铸造在器具上，不失为一举多得的妙法。

　　商周的青铜礼器，是用来通天的工具，也就是巫师的法器，当然，能用青铜器玩巫术的，都是高级巫师。青铜器上的动物纹饰，并不是简单的装饰，也能起到帮助巫师通天的作用。春秋的时候，楚庄王到周朝的首都耀武扬威，还想问问鼎的大小、轻重，言外之意是掂量周王朝的分量。幸好周朝有不少能人，比如王孙满，他对楚庄王说："鼎的大小轻重可不是随便能问的，得看德行。当年夏朝的时候，各地进贡了青铜，铸成九鼎。上面刻画了各种动物，让大家知道什么动物是能够帮助人的，这样，外出的时候就不怕鬼怪。这鼎可是通天的，您能随便打听吗？"

　　这话意思很清楚了，能帮助巫师通神的动物，就刻在青铜器上。拥有了青铜器，也就拥有了神权，拥有了统治人世的权力。所以一些学者认为，商代经常迁都，主要原因就是找铜矿。

　　青铜器上的动物纹饰，大多是按照面具的形式铸造的。如果仔细观察，就会发现这些动物纹饰，往往以脸部的形象为主体，而身子只是脸部的陪衬。

　　这就是面具的来历。

　　在面具上刻上动物的形象，如牛、羊、虎以及饕餮、龙等之后，巫师只要带上面具，就意味着与动物合而为一，具备了动物通神的能力，具备了向鬼怪挑战的能力。这时候的面具，不再是政治权力的象征，而是神力的化身。要驱逐鬼怪，首先要吓唬它们，所以面具造得总是特别恐怖。李泽厚说："各式各样的饕餮纹样以及以它为主体的整个青铜器其他纹饰和造型、特征都在突出这种指向一种无限深渊的原始力量，突出在这种神秘威吓面前的畏怖、恐惧、残酷和凶狠。"

　　面具的应用首先是驱鬼，比如皇家驱鬼师傅方相氏，在工作的时候就戴着这种面具。他用的面具是黄金做的，有四个眼睛。在作法的时候，身上披上熊皮袄，也真有点熊人合一的感觉。

　　国家控股的巫术当然用得起昂贵的道具，但是民间巫师就不可能这么"牛"了。好在只要面具的形象到位了，质地倒不是最重要的，人们经常用皮制的或木制的面具，价钱便宜，样子也摆得过去。民间巫师们要靠捉鬼混饭吃，每到年关，就挨家挨户地上门驱鬼，以弄点零花钱，或者讨杯酒喝。为了让出钱的主儿开心，不仅捉鬼捉得特别卖力，还往往会有些娱兴的曲艺节目。

　　时间一长，这种仪式逐渐演变成联欢晚会，驱鬼反而是次要的目的了。驱鬼活动的仪式色彩越来越浓厚，虽然大家都知道是驱鬼怪的，但是利用这个机会乐一乐也无伤大雅。像汉朝流行的大型惊险娱乐杂技节目——蚩尤戏，就是表演者戴上牛头面具，进行摔跤比赛。演得好的，还有机会到首都长安进行会报演出。这种文明、健康、安全的娱乐活动，比起古罗马凶残的角斗士"表演"，不知高雅多少！

鬼怪固然要赶，但生活也仍然要继续，也许这就是古人对待宗教信仰的基本态度。

第四节　通天玄奥——《周易》

《周易》是我国最早的卜筮专著。它以特殊的体系和表达方式，为我国术数学的建立奠定了牢固的基础。《周易》产生的年代，过去许多学者一致认为是在商末周初，由于商末周初时的卦有数字卦和画卦两种，基本上可以确定《周易》诞生的年代，最早只能在周昭王之后，或西周中晚期，而绝不可能是在商末。

《周易》记载的八八六十四卦，是在商周的数字卦及画卦的基础上产生的。构成易卦的基本符号有两个："—"和"– –"，是我国迄今发现的第一部带有繇辞的卜筮书。

现在通行的《周易》包括两个部分：第一部分称为"易经"，即易的本身，包括六十四卦、卦形、卦名、卦辞、爻题及爻辞；第二部分称为"易传"，包括彖、象、系辞、文言、说卦、序卦、杂卦七个题目十篇文章。

《周易》六十四卦的排列顺序有三种：一是现通行本的顺序，一是京房"易传"的八宫顺序，一是长沙马王堆三号墓出土的《周易》顺序。

通行本《周易》顺序，古人有一歌诀：

乾坤屯蒙需讼师，比小畜兮履泰否；
同人大有谦豫随，蛊临观兮噬嗑贲；
剥复无妄大畜颐，大过坎离三十备。
咸恒遁兮及大壮，晋与明夷家人睽；
蹇解损益夬姤萃，升困井革鼎震继；
艮渐归妹丰旅巽，兑涣节兮中孚至；
小过既济兼未济，是为下经三十四。

1. 阴阳世界——太极图

黑白二色，
代表阴阳两方，天地两部；
黑白两方的界限；
就是划分天地阴阳界的人部。

— 118 —

白中黑点，
表示阳中有阴；
黑方白点，
表示阴中有阳。

太极图是研究《周易》学原理的一张重要的图像。"太"有至的意思；"极"有极限之义，就是至于极限，无有相匹之意。既包括了至极之理，也包括了至大至小的时空极限，放之则弥六合，卷之退藏于心。可以大于任意量而不能超越圆周和空间，也可以小于任意量而不等于零或无，以上是太极二字的含义。

所谓道生一，一生二，二生三，三生万物；就是无极生太极，太极生两仪，阴阳化合而生万物。

宇宙有无限大，所以称为太极，但是宇宙又是有形的，即有实质的内容。按易学的观点，有形的东西来自无形，所以无极而太极。太极这个实体是健运不息的，即宇宙在运动，动则产生阳气，动到一定程度，变出现相对静止，静则产生阴气，如此一动一静，阴阳之气互为其根，运转于无穷。

自然界也是如此，阴阳寒暑，四时的生长化收藏，即万物的生长规律，无不包含阴阳五行。就人部阴阳而言"乾道成男，坤道成女"，阴阳交合，则化生万物，万物按此规律生生不已，故变化无穷。这些内容提出了立天之道，立地之道，立人之道三纲领，也就是三才之道，所谓"六爻之动，三极之道也"。

2. 杂卜专著——灵棋经

灵棋经是中国唯一一部完整、系统地记述古代杂卜的著作，它对后代术数中影响最大的签书的产生和发展开辟了路径。

灵棋经共分两卷，一百二十五卦，传说是黄石公传授给张良，后来东方朔掌握了其术，才流传于世。灵棋经以棋为卜具，卜棋成卦，卦有繇辞。它标志着中国卜筮发展到了一个新阶段。在此之前，中国卜筮所用的工具全部是带有灵气的自然物，如龟甲、蓍草、竹枝等，而灵棋则是人类自造的灵物。

灵棋经的卜法极为简单，卜具是一面刻有上中下不同字样的棋子，共十二枚，上四枚，中四枚，下四枚，不刻字的一面为幔。占卜时只需将十二枚棋子随意一掷，即可成卦，然后根据书中的繇辞和注解判断吉凶。

灵棋经具体的占法程序：

（1）造灵棋。

用霹雳木或梓木、枣木、檀香木造棋子十二枚，圆形，四枚刻上字，四枚刻中字，四枚刻下字。甲子日刻棋子，甲戌日写字，甲申日刻字，甲午日填朱，甲辰日入柜，甲寅日致祭，六戊日不占。

（2）祭仪。

每年正月初七，斋戒沐浴，在水边用干净席子铺地，设立酒果脯，三奠行礼，用祝文祭之。每月七日亦可。

（3）占仪。

预测前，先冠带，焚香静坐，宁心定志，手捧棋子曰：天清地宁，河图秉灵，焚香一炷，十方肃清，发鼓三通，万神咸听。……默念"□、□、□、□、呢、哒、哩、吒、敕"三遍，然后将十二棋子掷出，根据所得上中下成卦断吉凶。

第五节　神秘莫测——玛雅文化

16 世纪中叶，西班牙殖民主义者，顺着哥伦布的足迹，踏上中美土地，来到了玛雅部落。玛雅人委派通译者佳觉，向西班牙第一任主教兰多介绍了自己的文明。兰多被玛雅典籍中记载的事情吓坏了，认为这是"魔鬼干的活儿"，于是下令全部焚毁。经过这番浩劫之后，玛雅主人一下子神奇地失踪了，他们灿烂的文化也随之成了哑谜。

300 年后，年轻的美国外交官斯蒂文写了《旅行纪实——中美加帕斯和尤卡坦》，激起了人们研究玛雅文化的热潮，于是不少人致力于研究西班牙的那场浩劫后，仅留下的三部玛雅典籍和一些石碑、壁画等，然而，玛雅的文字是那样古怪，那样难懂。数百年来，这三部像天书一样的玛雅典籍，吸引着无数想要"打开"这"硬壳果"的人，但到头来，他们都只能望洋兴叹。特别是第二次世界大战以后，为了研究玛雅文化，美国和苏联都投入了大量的人力和物力，甚至还使用了先进的电子计算机。即使如此，到目前为止，据说也仅仅认出其中的三分之一。

1966 年，有人根据已认出的这些玛雅文字，试译了奎瑞瓜山顶上的一块玛雅石碑，出乎人们意料的是，它竟是一部编年史。据透露，编年史中记有发生于九千万年前，甚至四万万年前的事情。可是四万万年前，地球还处在中生代，根本没有人类的痕迹，难怪那些欧洲的宗教狂人要认为通译者佳觉所介绍的玛雅文明是"魔鬼干的活儿"了。

1. 鬼斧神工——玛雅金字塔

在墨西哥及尤卡坦半岛上，耸立着许多气度非凡的金字塔，它们是玛雅人留下的作品。其规模之宏伟，构造之精巧，乃至于情景之神秘，完全可以与埃及金字塔媲美。

太阳金字塔塔基长 225 米，宽 222 米，和埃及的胡夫金字塔大体相等，基本上是正方形，而且也正好朝着东南西北四个方向，塔的四面，也都是呈"金字的等边三角形，底边与塔高之比，恰好也等于圆周与半径之比。

它们的天文方位更使人惊骇：天狼星的光线，经过南边墙上的气流通道，可以直射到长眠于上层厅堂中的死者的头部；而北极星的光线，经过北边墙上的气流通道，可以直射到下层厅堂。

他们的建塔技术的高超也是惊人的。库库尔坎金字塔塔基呈四方形，共分九层，由下而上层层堆叠而又逐渐缩小，就像一个玲珑精致而又硕大无比的坐日蛋糕。塔的四面共有91级台阶，直达塔顶。四面共364级，再加上塔顶平台，不多不少365级，这正好是一年的天数。九层塔座的阶梯又分为18个部分，这又正好是玛雅历一年的月数。

玛雅人崇信太阳神，他们认为库库尔坎（即带羽毛的蛇）是太阳神的化身。他们在库库尔坎神庙朝北的台阶上，精心雕刻了一条带羽毛的蛇，蛇头张口吐舌，形象逼真，蛇身却藏在阶梯的断面上，在每年春分和秋分的下午，太阳冉冉西坠，北墙的光照部分，棱角渐次分明，那些笔直的线条从上到下，交成了波浪形，仿佛一条飞动的巨蟒自天而降，逶迤游走，似飞似腾，这情景往往使玛雅人激动得如痴如狂。类似的奇观还出现在南美丛林。这种融天文知识、物理知识、建筑知识于一体所造成的艺术幻觉，即使用现代水平来仿制，也是非常困难的。

2. 离奇古怪——金字塔内的能场

1968年，一些科学家在探测金字塔内部时，发现了一种令人费解的现象：他们在每天同一时间，用同一设备，对金字塔内的同一部位进行X线探测，但所摄得的图形竟无一类同。这到底是什么原因呢？为了进一步弄清这一问题，科学家现在正在有激光来探测和解释这一现象。

另外，美国的人类学家、探险家德奥勃诺维克和记者伐兰汀，对尤卡坦进行考察时，发现了由许多通道互相连接的地下洞穴。起初，他们的考察工作很顺利，发现地道的结构和金字塔内的通道十分相似，同时，他们还找到了古玛雅人的制作。但当他们继续在地道中考察时，却遇到了许多困难，德奥勃诺维克想拍几张照片，但照了九张，只印出一张，而这张照片上所摄下的竟是一片涡旋状的白光。他们顿时意识到危险就在眼前：是不是遇到了传说中的玛雅祭司留下的保护圣地的能场了？于是探测只好就此停止。

金字塔内和尤卡坦地道内的这种神秘的能场，不禁使人联想起使飞机和船只经常莫名其妙地失踪的百慕大的三角区。在那里遇难的船只和飞机一片残骸碎片也没有留下，甚至海面上连一点油星也没有。遇难前，它们差不多都向基地发出已经接近海岸、全部仪器失灵的报告和看到一片"白水"的惊呼，随后一切联系都中断了。那么，在百慕大三角区是不是也存在着和尤卡坦地道中一样的能场呢？特别是去年人们在百慕大三角区海面下发现了一座金字塔，有人就推测玛雅人可能潜居在水下的金字塔内，或许他们就是这个魔鬼三角区的肇事者。

3. 超乎想象——玛雅天文历法

玛雅人的天文台常常是一组建筑群。从中心金字塔的观测点往庙宇的东面望去，就是春分、秋分的日出方向；往东北方的庙宇望去，就是夏至的日出方向，往东南方的庙宇望去，就是冬至日出的方向等等，像这样的天文台有好几处，最负盛名的是奇钦伊查天文台。

奇钦伊查天文台是玛雅文化中唯一的圆形建筑物。一道螺旋形的梯道通向三层平台，顶上有对着星座的天窗。从上层北面窗口厚达 3 米的墙壁所形成的对角线望去，可以看到春分、秋分落日的半圆；而南面窗口的对角线，又正好指着地球的南极和北极。

奇怪的是，天文台的观察窗并不对准夜空中最明亮的星星，却对准肉眼根本无法看见的天王星和海王星。我们知道，天王星是 1781 年由赫歇尔发现的；海王星是 1846 年由柏林天文台发现的。千百年前，玛雅人怎么知道它们的存在？

他们的历法也是奇特而又精确的。他们把一年分成 18 个月，每月 20 天，年终再加 5 天为禁忌日，合为 365 日之数。他们测算地球年是 365.2420 天，现在的准确计算是 365.2422 天，一年的误差不过 0.0002 天，也就是说，5 000 年的误差也不过一天。

他们测算的金星年是 584 天，和现代的测量相比，50 年内的误差只有 7 秒。

他们还保留着一种特殊的宗教纪年法，每年 13 个月，每月 20 天，称为卓尔金年。这种纪年法不是以地球上所观察到的天体运行情况为根据测算出来的。敏感的人们有理由怀疑，这种纪年法来自他们的祖先，而他们的祖先则来自另一个星球。

玛雅人还准确地推演出这几种历法的神秘的关系，地球年 365 天，金星年 584 天，隐藏着一个公约数——73。而卓尔金年、地球年、金星年，又隐藏着一个神秘的公倍数，从而推导出有名的金星公式：

卓尔金年：260 天 × 146 = 37 960 天

地球年：365 天 × 104 = 37 960 天

金星年：584 天 × 65 = 37 960 天

这就是说，所有的周期在 37 960 天之后重合，玛雅人的神话认为，那时，神将回到他们中间来。

4. 谜中之谜——水晶头骨

虽然人们对玛雅文化中种种不可理解的成就早有所闻，但 1927 年在中美洲洪都拉斯玛雅神庙中发现的水晶头颅，却依然不能不令人震惊。这个头颅用水晶雕成，高 12.7 厘米，重 5.2 公斤，大小如同真人头，是依照一个女人的头颅雕成的，据玛雅古代传说，这个水晶头颅具有神奇的力量，是玛雅神庙中求神占卜的重要用具，至今 1 000 多年历史，专家们研究过头颅的表面及其内部结构后，肯定其历史非常悠久，确是玛雅时代遗留的文物。

但令研究者们困惑的是：这颗水晶人头雕刻得非常逼真。不仅外观，而且内部结构都与人的颅骨骨骼构造完全相符。而且工艺水平极高，隐藏在基底的棱镜和眼窝里用手工琢磨的透镜片组合在一起，发现眩目的亮光。我们知道，近代光学产生于 17 世纪，而人类准确地认识自己的骨骼结构更是 18 世纪解剖学兴起以后的事。这个水晶头颅却是在非常了解人体骨骼构造和光学原理的基础上雕刻成的，1 000 多年前的玛雅人是怎样掌握这些高深的解剖学和光学知识的呢？

还有，水晶即石英晶体，它的硬度非常高，仅次于钻石（即金钢石）和刚玉，用铜、铁或石制工具都无法加工它。即使是现代人，要雕琢这样的水晶制品，也只能使用金钢石等现代工具。而 1 000 多年前的玛雅人还不懂得炼铁，他们又是使用什么样的工具加工这个水晶头颅的呢？难道他们早已掌握了我们现在还不晓得的某种技术吗？

从这个奇异的水晶头颅来看，也许玛雅人掌握的科学技术，比我们所想象的还要高超得多。但他们又是怎样获得这些科学技术的呢？这就更是谜中之谜了。

5. 考古研究——玛雅文化的产生和发展

公元前 2000 年左右，玛雅人进入了定点群居时期，并从采集、渔猎进入到农耕时期。农业和定点群居孕育了玛雅文明。玛雅文明从此就开始了。

世界上的许多学者研究玛雅文化，对玛雅文明比较公认的历史分期是：从公元前 1500 年到公元 317 年为玛雅文明发展的前古典时期，从公元 317 年到公元 889 年为古典时期，从公元 889 年到 1697 年为后古典时期；也有人把它叫做早期阶段、中期阶段和晚期阶段。

前古典文明出现在危地马拉的太平洋沿岸和高原地带。这时，玛雅文化的主要特点是在出现的城市广场上建立了许多大型的石碑，石碑上雕刻有历朝历代的统治者形象。因为在公元 1～2 世纪时出现了象形文字，所以石碑上就有了记述统治者历史的文字。此外，城市里还出现了大型石料建筑物（如金字塔和城市的卫城）；大型石铺广场和堤道反映了这时候的建筑已有了一定的规模和水平；前古典时期的文明中心在中美洲的纳克贝和埃尔米拉多尔。

古典时期文明发展的中心在危地马拉一带的蒂卡尔、帕伦克、博南帕克和科潘等地。这时的文化特征主要反映在建筑、雕刻和绘画上，博南帕克壁画是世界有名的艺术宝库。

位于中美洲的玛雅古典文明中心，不知什么原因到 9 世纪时衰落了。此后，玛雅文化北移到了墨西哥的尤卡坦半岛，在那里进入了后古典文明时期。玛雅的后古典文明有奇钦·伊察、乌斯马尔和玛雅潘三大中心。

公元 10 世纪后，势力强盛的托尔特克人后裔，从墨西哥侵入尤卡坦半岛，影响了奇钦·伊察。玛雅文化与托尔特克文化在融合的基础上发展到了一个新的高度，使已经衰落的玛雅文化重新繁荣起来，玛雅历史进入了第二个发展时期。后古典文明除了继承南部玛雅文明的文化遗产外，主要是建立了许多比以前更大和更雄伟的神庙和大型金字塔，天文和历法也得到了长足的发展。

6. 文明古典——玛雅文化的主要内容

玛雅文化是伟大的古典文化，它对世界文明作出了重大的贡献。

第一，在农业生产中培育了对人类有重大贡献的粮食新品种，如玉米、西红柿、南瓜、豆子、甘薯、辣椒、可可、香兰草和烟草等，其中玉米的培植对人类贡献最大。玉米本是美洲的一种野生植物，经过了玛雅人的培育，把它变成了高产的粮食品种。玉米的品种多、营养价值高、产量大，不仅是美洲印第安文化的物质基础。欧洲人到达美洲后将玉米传播到全世界，成了世界上许多地方的主要食粮，帮助世界上许多地方的人民渡过了无数次的灾荒，对人类的延续和发展作出了不可磨灭的贡献。玛雅人还是火鸡的培育者。火鸡现在已是欧美家庭过节必备的美味佳肴，在欧美的饮食文化中，玛雅人的功绩是载于史册的。

第二，超前历史的城市经济。玛雅的城市很多，据统计，在公元后的 8 个世纪中，各个不同的玛雅部落前前后后共建立了一百多个城市，其中比较有名的有帕伦克、科庞等。这是玛雅经济发展的结果。经济发展的原因是因为玛雅人的手工业水平很高，他们会用陶土制成各种器皿，用燧石或黑曜石制成各种工具和武器，用棉花织成布匹，用金、银、铜和锡等元素制成合金，加工成各种器皿和装饰品。市场很发达，一般的集镇和城市都有市场，各业人员可在市场上进行交易，商品有棉布、蜂蜜、蜂腊、燧石武器、盐、鱼以及各种日用品和食品。商品交易已经有了货币，他们的货币是可可豆。市场旁边都有旅馆供来往客商住宿。互市一般有固定日期，好像我国农村中赶集的日子那样，或逢单逢双，或三六九，或逢年过节不一。由于商品经济的发达，玛雅人不但内部经济发达，而且有了广泛的外部贸易。其经济活动远至南美洲的哥伦比亚一带，还影响到秘鲁、智利等地。

第三，建筑和艺术对人类作出了巨大的贡献。玛雅人用石头建造了许多宏伟的殿堂、庙宇、陵墓和巨大的石碑。玛雅人的建筑物不但气势宏伟，而且富丽堂皇。至今在尤卡坦或危地马拉的热带丛林里残存着的玛雅遗址中，我们还可以看到在那些断垣残壁上鲜艳的色彩和美丽的图案。博南帕克遗址中还留下一些大约公元 8 世纪时创作的古代战争壁画，画中人物千姿百态、栩栩如生，富有现实主义的表现力，是当今世界有名的壁画艺术的宝藏之一。

玛雅人常在城市里立柱记事，时间间隔有固定的年限，通常是每隔20年立一些石柱记一些重要的事情。历史学家可以根据石柱上记录知道这个城市的来龙去脉。据现有的材料得知，立柱的年代竟长达1 200多年，最早的一根石柱立于328年，最后的一根立于1516年。如已被破译的玛雅文字危地马拉玛雅蒂卡尔神庙石柱，立于468年6月20日，恰好是玛雅日历的第13年。石柱上的文字主要叙述了蒂卡尔城第12代统治者坎阿克和他家属的一些事迹。石柱上的文字还告诉我们西阿恩·查阿恩·卡韦尔于公元411年11月27日成为蒂卡尔的统治者，他于456年2月19日死去，并在458年8月9日安葬。蒂卡尔城是由一位叫雅克斯·摩克少克的玛雅人所建，他是坎阿克的祖先。经过100多年的统治，坎阿克家族把蒂卡尔城变成了当时最为辉煌的城市。玛雅人立的石柱是研究玛雅文化的珍贵的历史资料。

玛雅人也是高水平建筑师。奇琴·伊察的库库尔坎金字塔超过了蒂卡尔和其他城市的金字塔。库库尔坎金字塔塔底呈正方形，高30米，塔身分9层，每层有91级宽阔的石阶。四周台阶总和为364级，若把塔顶神庙算一级的话，共365级，代表一年的天数。神庙高6米，呈正方形。金字塔正面的底部雕刻着羽蛇头，高1.43米、长1.87米，宽1.07米。每逢春分和秋分两天的下午三点种，西边的太阳把边墙的棱角光影投射在北石阶的边墙上，整个塔身，从上到下，直到蛇头，看上去起起伏伏，犹如一条巨蛇从塔顶向大地爬行。这个金字塔是为适应宗教和农业的需要，经过精密的设计和计算建造的。

奇琴·伊察还建造了天文观象台。它是一个圆形的建筑，高22.5米，整个塔像一个蜗牛壳。塔内有螺旋式楼梯通向塔顶的观象台。塔壁上开有精心设计的8个窗口，由此观察天象。奇琴·伊察城中还建有规模庞大的古建筑群。这个建筑群包括"总督府"、"修女宫"、"勇士庙"、"虎庙"及庞大的金字塔。这些建筑物的外墙、门框、石楣上都布满了精雕细凿的羽蛇浮雕，其用料之细、形象之华美和匀称，都超过了原来南部玛雅文化的建筑，甚至连今天的建筑学家都惊叹不已。

玛雅人不少的公共建筑建有坚固的围墙，在图鲁姆地方至今还留有一道长达2 350英尺、宽20英尺和高10至15英尺的古墙。

玛雅人还是伟大的筑路工。玛雅各城市间路路相通，四通八达。

第四，玛雅人在天文历法和数学运算方面在当时世界上首屈一指。他们把一年定为365天，一年分为18个月。每月20天，剩下5天作为禁忌日。历法的精确远早于欧洲人后来使用的格里高利历。他们还会推算月亮、金星和其他行星运行的周期，日食的时间。玛雅人运用"太阴计算法"推算出来的金星年份1 000多年也不差1天，比当时世界上的任何一部历法都准确。玛雅人在数学方面的成就是发现了零，这在数学上是一个了不起的成就。这一成就比欧洲要早800年。玛雅人的计算方法是根据人的手指加脚趾合起来计算的，所以是20位制的。玛雅人只用3个数字符号组合就能运算非常精确的天文历法和日常生活中的一切数学难题。这三个数字是：用圆点表示1，一横表示5，一个贝壳表示0。

第五，创造了表达人间万事万物和人的情感的象形文字。这种象形文字主要刻在建筑物、陶器上，或写在树皮、绢布上。在石柱、祭台、金字塔及陶器上到处都可以看到玛雅人原始的象形文字。玛雅语文的词汇十分丰富，大概有3万多个。玛雅文字是非常奇妙的，既有象形，也有会意，也有形声。它是一种兼有意形和意音功能的文字。玛雅人已使用了纸，纸通常是用树皮或鞣制过的鹿皮做成的。他们用这些纸编成各种书籍，其主要内容是历史、科学和典礼仪式，有的书籍还记载当时玛雅社会的各种情况。西班牙人在进入玛雅地区时大肆破坏了玛雅文化，疯狂地烧毁玛雅书籍，杀害玛雅的祭司，致使玛雅文明的宝贵财富成了一堆废品，玛雅文字无人认识，历史无从考证。有一些劫后余生的玛雅文献流散在世界各地。已知的有《德累斯顿古抄本》、《马德里古抄本》、《巴黎古抄本》、《格罗利尔古抄本》、《柏林古抄本》、《纽约古抄本》等。这些古抄本的内容涉及历史、宗教、传说、历法等等。通过对这些古抄本的研究，学者们判断：南部玛雅人和尤卡坦半岛的玛雅人之间在文化上有着密切的关系。

第六，已经有了哲学和理想化的思想。玛雅人与其他早期的人类一样，原先信奉萨满教，崇拜自然神，尤其崇拜太阳神，称其为伊查纳。但玛雅宗教是不断发展的，后来在宗教中注入了原始的哲学和理想化的思想。

玛雅人的理想化的思想认为，在天上有一个美满的世界。主宰世界的神叫伊斯塔，他是一个非常善良、公正无私和充满爱心的神，在他的主持下天堂里充满了欢乐，没有疾病、没有忧愁、没有痛苦，有的是充足美味的食物、宽敞的房屋、华丽的衣服。天堂你认为有多么美好就有多么美好，人要是进了天堂就是进了无所不美好无所不幸福的境界，而在地下则有一个可怕的地狱。玛雅人对人生的哲学是：一个人活着的时候做好事，死了就可以进天堂，反之就要下地狱，由死神清算你在人间所造的孽。他们把地狱称之为米特纳尔，由死神弘豪统治着，他用饥饿、严寒、无休止的苦役和精神上的虐待等非常残酷的方式折磨罪人，人进天堂或下地狱完全要看人生在世时的作为。

第七，玛雅人有丰富的史学和文学文献。玛雅人用象形文字创作了成千上万种书籍和数不清的石刻。大部分书籍被西班牙人付之一炬，留下的仅有《卡奇克尔年鉴》、《奇兰·巴兰》、《波波尔·乌》和《拉比纳尔的武士》。

《卡奇克尔年鉴》是一部编年史。卡奇克尔人和基切人同为当年危地马拉一带强盛的部落。《卡奇克尔年鉴》记述的是这两个部落间时战时和的关系史。

《奇兰·巴兰》意为"美洲豹的预言"，是玛雅人的历史文献。奇兰·巴兰是负责记载历史的祭司。祭司们记录的历史保留至今的尚有三部，其中最完整的是楚玛耶尔的《奇兰·巴兰》。该书估计完成于16世纪，它记录了玛雅人被征服前的历史。其他两部完成得较晚，内容也不全。

《波波尔·乌》是玛雅人的古典诗，表现了玛雅人对大自然、对人类命运的乐观态度。它也是一部有关基切民族的神话、传说和历史的巨著。其中包括创造世界、人类起源的神话传说，基切部落兴起的的英雄故事，历代基切统治者的系谱，一直到作者生活的年代。

《拉比纳尔的武士》是一部历史剧，描写基切部落与拉比纳尔族之间发生的一场战争。故事发生在 12 世纪左右，基切人中的古马尔加部落和拉比纳尔部落间因争夺对萨马内赫部落的控制权所发生的一场冲突，以拉比纳尔武士胜利、基切武士牺牲为结局。

第六节　印度的文化艺术

1. 文化"黑洞"——印度史上的"黑暗时代"

在印度河流域文明神秘地消失后，直到 200 年后，也就是公元前 16 世纪初，印度次大陆才又跨入一个新的文明时代，人们通常称之为"吠陀时代"。这样，在印度河流域文明和吠陀时代之间出现了一个"黑洞"，既无文字记载，又缺乏考古材料，真可谓一片混沌。于是，一些历史学家干脆把这个时期称之为印度史上的"黑暗时代"。

印度河文明衰落之后，是否真的销声匿迹？就像一缕青烟消失在空中那样？多少年来，为了使这个"黑暗时代"重现光明，考古学家的足迹几乎踏遍了印度的原野。功夫不负有心人，在他们的努力下，印度河流域文明晚期的遗址一个接一个地被发掘出来，"黑暗时代"的轮廓愈来愈清晰地显示出来。

考古学家们根据大量的考古材料指出，在印度河文明衰落时期或以后，一系列地区性的文化出现了。这些文化呈现出多样化的色彩，其中有印度河流域文化以前的传统；有印度河流域文化成熟时期的传统；有印度河流域文化退化时期的传统；亦有外来因素的影响。20 世纪 40 年代，考古学家们在印度西北部的旁遮普发现一座墓地，被称为 H 墓。当时就有人认为，它属于"后哈拉帕文化"，但未引起重视。20 世纪 60 年代，有学者对这个墓地作进一步研究，指出 H 墓地的居民在文化上和种族上似乎与哈拉帕人相去不远。洛塔尔是另一个晚期印度河流域文明遗址，位于印度西部古吉拉特邦，考古学家在这个遗址中发现了一种红色磨光陶器。有的学者认为，此种文化可能为印度河文明毁灭后，逃经古吉拉特的哈拉帕难民创造的，因为这种陶器与哈拉帕陶器不仅在地理分布上相同，而且这两种文化在各方面都有相似之处。后来，考古学家又在德里附近发现了"后哈拉帕文化"的遗址，其中有许多晚期哈拉帕的陶器。诸如此类的遗址还有很多，它们且都主要分布在印度河的东部和南部。这说明,印度河流域文明毁灭后,这里的人民带着他们的技术和知识逃往上述地区。但是,无论如何,它们也只能是哈拉帕文化的余晖,已难与昔日繁荣昌盛的哈拉帕文化相媲美。从文化发展上讲,则是历史的中断、倒退。

印度河流域文明究竟是怎样毁灭的,现今仍然是许多历史、考古和自然学家们的谜中谜。值得一提的是,一旦哈拉帕文化的印章文字被语言学家们完全释读后,将会大大有助于解开这个谜底,同时,"黑暗时代"也将会重现光明!

2. 古老文献——印度的《吠陀》

大约在公元前13世纪,从印度次大陆的西北方来了一支雅利安人。他们到印度之后,留下了关于他们活动的文字记录,从此印度次大陆开始了有文字记载的历史。学者们称这一时代为"吠陀时代"。

这里最早的文字记录便是《吠陀》。《吠陀》不仅是婆罗门教的圣书,同样也是历史学家了解次大陆历史的"圣典"。其共有四部"本集",继四部本集之后,还有《梵书》、《奥义书》以及一些"经书",一般把它们看做《吠陀》本集的续编,是传授《吠陀》本集的各个派别编订的,都与《吠陀》本集有关。《吠陀》的主要内容是歌颂神,教人们如何通过祭祀、善行和牺牲来取悦于神。当时还是多神的时代,人们所敬崇的神有苏里耶(太阳神)、因陀罗(雷雨之神)、阿耆尼(火神)、婆楼那(天神与水神)、瓦尤(风神)和乌莎(黎明女神)等。这些神都是《吠陀》所提到的,后来人们把他们统称为吠陀神。《吠陀》的四部本集分别是《梨俱吠陀》、《娑摩吠陀》、《夜柔吠陀》、《阿达婆吠陀》,其中《梨俱吠陀》是最重要的一部。

《梨俱吠陀》又名《赞颂明论本集》,共有1 028首诗,每首诗包含若干诗节,一节就是一个"梨俱"。它的最主要内容就是歌颂神,其中有350多首是歌颂雷雨之神及战神因陀罗,描写他多么威力无比,雷霆万钧,攻无不克。有一首诗说他:

> 杀死弗栗多;斧劈森林般的城堡;
> 又掘开了许许多多河流;
> 劈开大山像新造的瓦罐;
> 因陀罗和他的队伍带来了群牛。

每次战斗中,因陀罗神总是站在雅利安人一边,这就使人引起这样的联想:因陀罗与其说是凌驾一切之上的自然力的化身,不如说是雅利安人心目中所向披靡的英雄。

《奥义书》是"教师"向学生解释《吠陀》经而写的论文。当时有很多修行的人在森林中冥思苦想，力求领悟《吠陀》经中的神秘训示，于是有了《奥义书》。它是吠陀圣典的最后一部分，所以又称《吠檀多》，即"吠陀的终结"。书中开始提出了"梵"和"我"的哲学问题，并解释了生、死、灵魂、天地等宇宙观和人生观，有些甚至包含了朴素辩证法的思想。

与"吠陀"有关的还有"经"书，大约是公元前512年的产物，相当于中国的《孝经》与《礼记》。经书分三类，一类是《所闻经》，是一般祭礼仪式的提要，记述祭祀的规定及祭祀的做法；二是《家宅经》，讲的是一般节日庆祝和日常礼仪规定，说明家庭里如何举行生死婚丧等礼仪；三是《法经》，讲的是各种人应该遵守的风俗习惯和法律，后来它发展成各派的法典。

吠陀是口头创作，最早的本集约产生于公元前15世纪，最晚的也在公元前5世纪左右就形成了。在婆罗门祭司未将这些长期积累的文献编订成集前，一直把它们当做圣典世代师徒口授。到后来，虽然有了棕榈叶或树皮写的刻本，但仍主要靠口头传授。这一传统一直到19世纪开始印刷这些古书时仍未断绝，现存的传本基本上保留了古代的原貌。

尽管《吠陀》经不一定是当时实录，在传诵时难免有人为捏造，但是它反映了公元前印度社会与文化情况，仍不愧为重要的文化遗产。它不仅对了解印度上古时期的社会文化和民族风情等具有很重要的史料价值，而且一直被后人视为圣典，影响着人们的生活。同时，它也为后来的语言学、历史学、人类学、社会学、哲学、文学及天文学等的发展研究提供了重要的资料，大大丰富了世界文化的宝库。

3. 史诗故事——印度的《摩诃婆罗多》和《罗摩衍那》

自公元前514世纪前后，在印度产生了两部著名的史诗，即《摩诃婆罗多》和《罗摩衍那》，它们被誉为世界文化宝库中的两颗明珠，不仅为印度人民所传诵，而且为世界人民所喜爱。我国读者所熟知的《西游记》，据研究其中的孙悟空这一形象便是源于《罗摩衍那》中的神猴哈奴曼。

"摩诃婆罗多"，意为伟大的婆罗多族，传说为毗耶娑所作。这部史诗共有18篇，长达10万颂。史诗的基本内容是叙述月王朝婆罗多族的两支后裔居楼族与般度族之间大战的故事，这次大战发生于"居楼之野"（今德里附近），反映了约公元前9世纪的历史事件。

诗中描写婆罗多王代代相传，传到一对堂兄弟。堂兄叫持国，是个瞎子。堂弟叫般度，当了国王，但不久就死了。他有五个儿子，名叫坚阵、怖军、阿周那（有修）、天种和谐天，当时均年幼，于是由般度的堂兄持国继位。持国有一百个儿子，统称俱卢族人，长子叫难第。瞎眼的持国继位后，待般度之子如同亲出，和睦相处。这五兄弟长大后各个本领高强，二兄怖军力能拔树，食量惊人，据说有一次他吃了七车大米饭；三兄阿周那箭术高超，名闻四方。瞎眼王的长子难第没有父亲的气度，对坚阵兄弟很妒嫉，看做是妨碍自己继位的仇敌。他想尽种种办法杀害他们，有一次是让五兄弟同母亲昆蒂一起住在一座易燃的紫胶宫里，准备把他们付之一炬；幸而五兄弟事先得讯，挖了一条地道携母逃了出来，流落民间。

一天他们来到了般遮罗国，正好碰上那里的国王在举行选婿大典，谁在射箭比赛中获胜，谁就能同道足公主（黑公主）结婚。参加比赛的王子王孙济济一堂，可是他们哪里是阿周那的对手，阿周那以精湛的箭术赢得了公主的爱慕。五兄弟高高兴兴地把公主带回家去，在门外就向母亲喊道："阿周那得到了一个了不起的奖品啦！"母亲不知奖品是什么，随口说："好，就像好兄弟一样把奖品平分了吧。"母亲的话是不能违背的，于是黑公主成了他们共同的妻子。五兄弟在黑公主父亲的支持下，回到了自己的国内。瞎眼王也知道他们受了委屈，便把一半国土分给了他们。五兄弟在属于自己的树丛草莽中奋力开拓，建立了因陀罗城，逐渐强盛起来，最后大哥坚阵自立为王。

难第时刻不忘他们，仍将他们看做是眼中钉，但自恃不是对手，力敌难以取胜，便改为诈取。他设下了掷骰子的骗局，邀坚阵豪赌。在当时，国王拒赌是不体面的，结果坚阵大输。他不但输掉了珠宝和国土，甚至连他自己和四个弟弟都输掉了，最后只剩下黑公主。他欲罢不能，竟把黑公主也充当了赌注，结果还是输了。奥卢族兄弟得意忘形，抓着黑公主的头发把她从房间里拖出来。黑公主只得求神灵保佑，大神克里希那救了她，使她免遭凌辱。

瞎眼王知道后，责备了儿子，把输掉的国土还给了五兄弟。但难第岂能罢休，又邀坚阵再赌，这次的条件是：输者要到森林里去流放12年，到第13年时他们还必须躲起来不被发现，如被发现，还得流放12年。五兄弟又赌输了，他们信守诺言，同黑公主一起到森林里去了。

经历了多少艰难困苦，13年终于熬过去了。难第却不肯履行诺言，拒不交还国土，相反还从各地招来大军，向五兄弟宣战。《摩诃婆罗多》的很大一部分是描写这场大战的。这一仗直杀得天昏地暗，血肉横飞，尸横遍野。最后得道多助的弱者坚阵兄弟终于战胜了失道寡助的强者难弟兄弟当上了国王。

几年之后，五兄弟把王位传给了子孙，他们自己到雪山上去寻找天国。路上四个弟弟和黑公主都死了，只有坚阵带着一条狗上了天堂。

印度教有一部很重要的经典叫《薄伽梵歌》，即《神之歌》，是这部史诗的一部分。它讲的是俱卢之战两军对阵行将决战之际，阿周那看到对面全是自己同一血统的亲戚，黯然神伤，不忍下手。这时，为他驾车的是大神毗瑟孥的化身克里希纳，他给阿周那讲了一番道理来开导他。克里希纳说，人生最重要的是恪尽职守而不必顾及后果。世上的每个人都在轮回之中，唯有遵照神的意思去做，摆脱尘世物质方面的欲望和一切不圣洁的感情，才能超脱轮回，获得永生。克里希纳还说："如果你在这次战斗中牺牲，你将升临天堂；如果你获得胜利，你将享受整个大地。"阿周那听了茅塞顿开，奋力拼杀，终于帮助长兄取得了胜利。当然，克里希纳讲的那番说教是否真有道理，是否值得当做《圣经》一样崇拜，我想自会有仁者见仁，智者见智，勿庸多言。

另一部史诗叫《罗摩衍那》，意为"罗摩的游行"，或"罗摩传"，传说为蚁蛭（伐尔弥吉）所作。全诗共七篇，按旧本约 24 000 颂（现在的精校本为 18 000 颂）。故事的主要是叙述莫雄罗摩一生的事迹，特别是关于他远征楞伽（今斯里兰卡）的过程。故事梗概如下：

在恒河上游有一座名城，名阿瑜陀。当传至日王朝的后裔十车王时，国势日强。传说十车王有三个王后，生有四子，长子罗摩，聪明勇敢，膂力超群。其他三子名婆罗多、罗什那和沙特鲁那。十车王因年老，欲传位于自己钟爱的罗摩。消息传开，举城欢腾。但就在这时，婆罗多（罗摩的同父异母弟）的母亲要挟老国王另立婆罗多为太子，并将罗摩放逐到森林 14 年。因从前十车王患难时答应过婆罗多的母亲可以随意提出两件要求。这时，十车王不得不履行自己的诺言，忍痛放逐罗摩到森林中去。罗摩从容地携同妻子悉多和兄弟罗什那离开了宫廷，走入森林。罗摩走后不久，老王忧郁而死，但婆罗多不愿称王，表示代兄摄政。

罗摩到森林后，深受隐士们的欢迎，因为他经常为他们逐杀森林中的罗刹（恶魔）。罗摩不断南行，越过纳巴达河直到森林的奥地。后来他们又向南到达哥达瓦里河的中部，森林中的罗刹不断袭击罗摩，多者上万。由于罗摩的逐杀，引起了罗刹王罗婆那（十首王）的报复。罗婆那这个魔王，长有十个头，二十只手，住在楞伽城。有一天他派一个罗刹，化做金鹿，引诱罗摩追赶；又佯作罗摩的呼救声，诱出罗摩的兄弟。这时罗刹王乘调虎离山之机，劫走悉多，驾起金车，腾空而去。金翅鸟王（同罗摩相伴）见悉多被劫，极力追赶，不幸在空战中受重伤坠地。当追猎金鹿的罗摩归来时，不见悉多，便同兄弟到处寻找。他们忽然看到从悉多脚上掉下来的饰品，又遇到了倒在地上的金翅鸟王。金翅鸟王已气息奄奄，告诉罗刹悉多被劫的经过。后来在一无头怪的指点下，罗摩来到大猴王须羯哩婆（妙顶）的山上求援。大猴王殷切地接待了罗摩，罗摩帮助大猴王杀死夺其王位的兄长波林，恢复了王位。大猴王也发誓与罗摩共诛罗刹王罗婆那。

正是雨季刚过，天气晴朗的时节，大猴王向全世界的猴发出了战斗的号召。在"他"的号召下，所有的猴从石洞，从密林，从大河的岸边，从喜马拉雅山的群峰，都聚集到大猴王的山上。但罗婆那住在哪里还不知道，派往四处的探子也都毫无成果而归，只有南方探子神猴哈奴曼尚未回来报信。哈奴曼是风神之子，在金翅王之弟的指点下，飞越过大海到了楞伽。它化做一只小猫进入罗婆那的宫内，在无忧树园见到了被幽禁的悉多，并将罗摩寻找她的全部情况告诉了她。哈奴曼完成任务后，在一次战斗中被罗刹王俘获，罗婆那在它的尾部系上燃烧物后放开；不料哈奴曼在空中东窜西跳，弄得全城燃起熊熊大火，然后跳入大海将身火熄灭，胜利地回到猴山。

罗摩和大猴王得知消息后，便率领猴军直奔楞伽城，两军展开了一场激战。这时熊王阎波梵也率熊军前来支援，结果罗刹大军溃败，罗刹王罗婆那也在同罗摩对战时被杀。罗摩胜利后救出了悉多，这时罗摩的放逐期限已满，他们一起凯旋回到阿瑜陀，人民欢欣鼓舞，热烈欢迎他们归来。婆罗多把王位交还给罗摩。罗摩就位，普施仁政，成为百姓心目中最好的君王。

以上是这两大史诗的梗概。据专家研究，两大史诗本来都是口头文学，是由讲故事的人在民间世代相传。因而越传越长，越传越玄，传到一定时候，才有人笔录整理下来。

两大史诗成书后，对印度社会产生了巨大的影响。孩子们从小就喜欢听这些娓娓动听的故事，从中受到"好有善报，恶有恶报"的教育。很多孩子也以罗摩、悉多、克里希那等史诗中的人物取名。史诗中宣扬的人生观、道德观、宗教观深深地印在他们的心中。平时，人们无论在欢乐还是悲伤时，无论是在分别还是悲伤时，都要念"罗摩，罗摩"。罗摩的完美、悉多的忠贞，阿周那的勇敢和黑公主的献身精神，成了亿万印度人做人的楷模。

我国读者对罗摩的故事想来也不陌生。汉末三国罜康僧会译的一个佛经里讲一个故事，说有一个国王勤政爱民，百姓爱戴。他的舅舅是另一个国王，兴兵来犯。国王怕百姓受难，自动让位，与元妃逃到山林里。有一个龙把元妃劫走，路上碰到一只巨鸟，阻挠龙道。龙发出雷电，把鸟打倒，逃归大海。国王寻妃，碰到一只大猴子，这只猴子的命运同国王一样，也是被舅夺取了王位，于是同病相怜，结为良友。最后猴子帮助国王斩龙救妃，复国为王。这个故事可说同《罗摩衍那》同出一辙。到了元朝，另一部译过来的经书《杂宝藏经》里有《十奢王缘》的故事，也直接讲到了十车罗刹王、罗摩、罗什曼那和婆罗多等。

玄奘游历印度，回来后也记道："如《逻摩衍挐书》有二明逻摩将私多还。"这说明他也把这个故事的大概带了回来。值得注意的是，他当时看到的《罗摩衍那》只有12 000颂，而今天的通行本子有24 000颂，说明从唐朝到近代，《罗摩衍那》"长"了一倍，这足以证明它是在世代口耳相传的过程中不断增补扩大的。

文前提到的《西游记》中孙悟空的艺术形象，是受了《罗摩衍那》里神猴哈奴曼的影响，这得到了许多学者的首肯。各国文学艺术的借鉴是常有的事，这种移植是很可能发生的。

现今我国著名梵文学家季羡林先生经过多年辛勤耕耘，已从梵文将脍炙人口的《罗摩衍那》全部译成中文，这可谓中印文化交流史上的一大壮举。相信不久，另一部《摩诃婆罗多》也会很快与读者见面的！

4. 举足轻重——历史悠久的印度古代寓言

印度的文化宝库里有丰富的古代寓言。这些寓言，短小精悍，构思奇巧，语言深刻。它把逻辑思维和形象思维有机地结合起来，以鲜明的形象和简洁的哲理启迪人们的智慧，揭露丑恶的现实，影响人们的思想和感情，在社会、政治和文化等各个领域内均起了重要作用。印度寓言有明显的民族特色，不愧为巨大的思想和艺术宝库，在本国乃至世界上都占有重要地位。即使在今天，寓言仍然熠熠闪光，有着现实意义。

印度古代寓言出现很早，在《梨俱吠陀》中已有了记载。说印度寓言比希腊的还早，恐怕这是事实，因为公元前6世纪《伊索寓言》里已有了不少印度寓言，可见印度寓言早就对希腊发生了影响。

印度寓言起初来自民间，是人民口头创作。这些口头创作长期在人民中间流传，人民喜欢这些东西，辗转讲述，因而难免有所增减。尤其在印度这样一个"宗教的王国"内，"每一个宗教，每一个学派都想利用老百姓所喜欢的这些故事，来宣传自己的宗教，为自己的利益服务。因此，同一个寓言故事，可见于佛教经典，也可见于耆那教的经典，还可见于其它书籍。佛教徒把它说成是释迦牟尼前生的故事，耆那教徒把它说成是雄前生的故事，其他人又各自根据自己的信仰把它应用到各自圣人的身上"。这样，原始的寓言故事便在所难免地发生了分化。

印度寓言故事的高度发展，即它的黄金时代，大约是在公元前的几个世纪里。当时在农业、手工业的发展和商业贸易繁荣的同时，由于小王国林立，互相攻伐，使商业发展受到影响。印度人民从很早的时代起，就有一个强烈的统一愿望，希望过和平安定的日子。人们思想非常活跃，从而引起科学、文学和哲学等学术的空前繁荣，形成了一个类似我国春秋之际"百家争鸣"的局面。各教派的弟子们，为了宣传宗教和提供例证，以及统治者为了更好地进行统治，全都看中了民间流行的生动活泼、语言精辟、深入人心的民间寓言，或收集整理，编成专集；或改造修加，杂入经典。例如《五卷书》、《益世嘉言集》、《百喻经》等，就属这类。

印度寓言倍受欢迎，世代流传，这与寓言的特点有密切关系。它的特点之一就是富有反抗精神。在奴隶社会和封建社会里，作为被压迫、被剥削的奴隶和农民等等劳动人民的日子是十分不好过的。他们是社会上的主要劳动者，然而自己却是衣不蔽体，食不果腹；有时候连性命也难保，这就难免要引起斗争和反抗。如《暴君》上讲：一个无恶不作的暴君突然死去，正当全国人民张灯结彩庆贺这件事的时候，一个卫兵却哭泣起来。新国王十分诧异，问他为什么哭，他回答说："我现在哭泣，是担心先王对阎王爷也是这种态度，万一阎王爷也害怕他，再把他送回来怎么办？"多么绝妙的讽刺！作者没写暴君生前的恶行，单写他死后给人们留下的余悸，这种揭露比正面谴责还要深刻几倍。又如，《狮子和骆驼的友谊》则是通过狐狸和乌鸦两个坏家伙在狮子大王面前进谗言，陷害诚实的骆驼的故事，影射了宫廷里奸佞当道的现实。总之，这类寓言讽刺辛辣，一针见血。这种大无畏的反抗和斗争精神，在等级森严的印度古代社会中出现，尤为令人敬佩。

由于社会残酷，压迫沉重，斗争复杂，人民百姓的斗争和反抗方式就需讲究。出于斗争的需要，就要会曲折隐晦地表现自己的思想，就要会托物寄言。加之印度的自然特点，多有珍禽异兽，于是，大量动物形象便进入了寓言故事，这可谓印度寓言的又一特点。

这些动物计有：狮子、老虎、猴子、大象、猫、狗、狼、牛、羊、马，以及乌鸦、麻雀、苍蝇、蚊子和臭虫等，五花八门，应有尽有。借助动物特征，抒发人的思想；当然这种动物并非是"真的动物"，而是拟人化的动物。它们说的是人话，做的是人事，连思想感情也是人的，社会上的一切，通过它们来表现罢了。人类社会是有阶级的社会，存在着阶级的剥削和压迫。动物的世界是一种自然现象，虽不同于人类，但是，动物之间也存在着强弱的不同，有的吃人，有的被吃；有的害人，有的被害。在奴隶和封建社会里，劳动人民所处的生活境遇，常常也是被"吃"或被"害"的。这就使得劳动人民在创造寓言时，往往借助动物之间的关系，加以想象，使之曲折地反映出人类社会的阶级关系，并且通过故事情节告诉人们，凶恶残暴的"动物"本性难改，是善良被害"动物"的敌人，只要他们存在，"山林世界"就不会有和平安定的生活。这类寓言故事多想象丰富，生动活泼，妙趣横生，我们自然应当把它们看做反映人类社会生活的艺术品欣赏，而不应把它们等同于动物学的文章来看待。

故事的结局，总是以小胜大、以弱胜强，这是印度寓言的又一特点。例如，寓言《聪明的兔子》，讲的是聪明弱小的小兔，为众兽报仇，巧计使凶恶的狮子掉进井里淹死；在《鹌鹑和大象比哈利》中，鹌鹑、乌鸦、苍蝇和青蛙四个小东西，团结一致，战胜了欺侮他们的大象。这些故事，总是弱者用团结和智慧的力量打败愚蠢的强者，写的虽是动物，表现的则是现实社会中的斗争。通过残暴动物的描写，既表现了动物残暴的本性，又表现了一些阶级敌人的凶恶、狠毒、野蛮和骄横等丑恶嘴脸。看到了它们，仿佛旧社会的那些欺压人民百姓的统治者就在眼前；在你的脑海中也自然会浮现出劳动人民的勤劳、善良、聪明和正义等优良品质。这些寓言故事，既是动物的事，又是关于人的事，是人与动物的统一，是现实与幻想的统一，它鼓励受欺侮的弱者起来反抗，启迪人们，在吃人的社会里，被压迫者只有团结起来才能战胜强大敌人。

不少寓言故事，通过不同动物的典型形象来表现，这也是印度寓言的一个特点。多数情况下，凶恶残暴的典型是用老虎、豺狼来表现的；善良被害的典型形象是通过山羊和兔子等表现的；狡猾者的典型则是通过狐狸、猴子等表现的。这些典型形象与动物的本来习性有关，不过也不完全固定。如猴子有时做好事，有时做坏事，狐狸、老虎也是同样。它们形象的不同，主要同他们所处的地位、关系、行为的不同有关，因而人们对他们的态度也就不同。如老鼠，通常给人印象不好，中国有句俗话："老鼠过街，人人喊打"，印度寓言中也有这种情况。然而，在《老鼠和大象》一则寓言中，讲的是老鼠团结一致，咬断猎人的网绳，救出大象，做了好事，受到许多动物的夸赞。又如，猴子的形象是聪明、好奇、淘气。一次，猴子乘木工休息之机，随便动木工未锯完的木头，结果夹住了尾巴，受人嘲弄。可是在《人和猴子》里，则讲述猴如何反对自私，如何教训一个自私自利的人。诸如此类的寓言很多。因此，一个动物的习性特点，往往是多方面的，只是根据故事主题需要，突出它的不同习性罢了。

寓言有浓厚的生活气息，给人留下深刻印象，这同样是印度寓言的一个特点。翻开印度寓言，仿佛看到天鹅带着乌龟在天空飞翔，接着又听到乌龟因自满开口讲话，掉在地上而被摔成碎骨的声音；又仿佛看到一只狼掉进染缸后的可怜样子，而后又招摇撞骗的可憎举动；一只狐狸耀武扬威地走在老虎前面，也不由得使人深思，现实中有谁是这种形象呢？印度寓言中形形色色的人物，乃至一草一木，一鸟一兽，无不栩栩如生，生机勃勃。这说明寓言来于民间，来于实际生活。

印度的寓言主题故事很多，内容广泛，除了政治性和宗教性的以外，还有许多教导人们正确认识和处理生活、劳动、学习、斗争等方面的寓言，或告诫人们如何掌握事物的规律，避免犯错误等等。有的教人要未雨绸缪，勿临渴掘井，如《聪明的天鹅》；有的教人办事要调查研究，避免主观主义，如《鹦鹉黑姆林格》；有的教人要纳人善言，不要忘乎所以，如《爱唱歌的驴》；有的教人要有自知之明，如《狼崽儿》。有些寓言虽短小，但含义深邃，形象生动，耐人寻味，甚至读后令人捧腹大笑，而在笑的背后，却包含一些尖锐的讽刺和深刻的教训，给人们以启迪。

印度寓言结构新颖，有其独特的艺术特色。故事的编排常常是全书有一个基干故事，然后由此又派生出新的故事，如此环环相套，从而编成一个庞大的故事集。故事集的规模之大，令人惊叹不已；而读起来又扣人心弦，引人入胜，使人恨不得一口气把全书读完。这种风格，和《五卷书》、《故事海》、《益世嘉言集》等都是如此。以《益世嘉言集》为例，开头第一个故事讲的是一群鸽子贪吃粮食的事情，故事即将结束时，说道："你们千万不要出现像那位行人因贪婪而出现的不良后果"。这样又引出了第二个故事——贪婪的恶果。第二个故事的结尾在讲到交朋友时，又提到不要出现鹿的情况，这样又引出"鹿与豺狼"的故事……这样，故事套故事，一环扣一环，形成了一个故事的汪洋大海。印度古代寓言的形式还有第二个特点，即往往诗文并用，有故事，有教训，即散文与诗歌相结合，两者穿插使用，形式新颖，引人入胜。这充分反映出印度古代人民擅长诗歌的素质。

印度寓言，对世界、尤对中国文学艺术和思想产生过巨大的影响。正如鲁迅先生所说："魏晋以来，渐译释典，天竺故事亦流传民间，文人喜其颖异，于有意无意中用之，遂蜕化为国有。"中国文学的发展，其实早在先秦的书籍里就有不少从印度传来的寓言，如《战国策·楚策》中"狐假虎威"的故事便是其中一例。汉魏时，随着佛教的传播，许多佛经中由于包含有寓言故事，因而印度寓言开始大量传入中国，并对中国文学的发展产生了影响。如六朝时代，由于原来就流行神仙传说，加上从印度传来的说佛谈鬼的故事，于是出现了鬼神志怪之类的书，到了唐代则进一步发展为传奇小说。

当然不止古代，现代许多中国文学家也无不从印度寓言中吸取营养。如季羡林先生在《中印文化交流史论丛》中讲到："小说家沈从文有时候也取材于印度的寓言文学。他利用的这些材料主要是通过汉译的佛经"。沈从文的《月下小景》短篇小说集，许多内容便是取材于印度的寓言。

相信，随着中印文化的交流、发展，印度寓言这一独特的文学艺术结合中国的土壤会开出更鲜艳的花朵。

5. 多姿多彩——印度的神秘舞蹈

印度是个充满神话色彩的国家，舞蹈也当不例外。舞蹈在印度被认为是神的创造物，舞蹈者的唯一目的是为了取悦于神。它的原始形式，大约起源于古代祭祀典礼时人们的手舞足蹈。一方面向神表示虔诚，一方面向神表达祈求，例如求雨、求丰收、求平安……当然，它也是人们欢乐情绪的一种动态的流露。

根据印度教的传说，本来人世间没有舞蹈，真可谓只应天上有，人间哪得一回闻？有一天，雷雨神因陀罗在天上叫仙女乌尔沃西跳舞。她人虽在跳，心里却默默地翻腾着对贾因得（当然也是天上的仙人）的情爱，不由自主地向贸因得暗送了一个秋波。这一下不得了，触犯了天条，被罚到尘世托生。贾因得也因株连而遭贬，被赶到尘世变成了一根竹子。但天神最后给了他们一个机会，如果他们在尘世相会，就可以再回到天上。乌尔沃西来到人间，把舞蹈也带到了凡人百姓之中。乌尔沃西仙舞翩翩，名震人间。在一次的节日上，人们为了表达对她的感谢，便送给她一根竹杆。然而这根竹杆正好就是她心爱的情人贾因得变的。于是处罚结束，二人双双重返天庭，而舞蹈从此就在人间流传开了。

舞蹈在印度既是娱乐又是劝善的艺术形式。关于这一点也有一个神话传说。相传远古时，在两个时代更换交替之际，凡人染上了种种恶习，于是人们祈求梵天赐给人间一种玩具，它不但可看，而且可听，这样便可把凡人的兴趣从恶习中引开。梵天答应后，闭目静思，最后决定给凡人第五部吠陀（前面曾提到《吠陀》的四部本集），那就是《戏剧吠陀》，它包含了人世所有的道德精华。另一个大神湿婆在这一《戏剧吠陀》中使用了自己的舞蹈艺术，因此被尊为"舞蹈之王"。

在印度，每当演出舞蹈时，台前往往都要放一尊"舞蹈之王"湿婆的神像。他的右上手拿着一面达莫和鼓，象征着创造，有的说象征各种声音，右下手象征神的保护和祝福；他的左手托起燃烧的火焰，象征着他可以毁灭他所创造的一切（也有人说象征谬误的毁灭和真理的传播）；左下手像象鼻那样垂向抬起的脚，象征着不受一切羁绊的自由；右脚踩住一个魔鬼（名叫莫亚卡拉），象征着善征服恶；左脚上抬，象征着超脱尘世，向上升腾；舞蹈周围装饰，象征着怀抱人们的大自然。这尊舞王之形象，可以说形象地启示了印度舞蹈的宗旨。

从舞蹈的内容和性质区分，印度舞蹈可分为古典和民间两类。古典舞蹈有四大流派，它们是：婆罗多舞、卡塔卡利舞、曼尼普利舞和卡塔克舞。在分别介绍这四派舞蹈之前，先介绍一下它们的共同特点，因为它们基本上是同出一源，不过是因时因地而各有特色罢了。

印度舞蹈的特点之一是手会说话。演员单手可以做出28个姿势，双手可以做出24个姿势。这52个姿势随故事情节不断变化，把丰富的语汇和感情传达给观众。例如，单手的第一个姿势"帕培卡"，它可以代表舞蹈的开始，也可代表一朵云；摇动起来则代表拒绝。将它与身上的其它动作配合，还可以代表黑夜、天堂、荣耀，一个人躺在床上、开门、一条河、一条路，祝福、搽檀香粉，一个伟人、一声感叹，惹人注意，展示广阔的世界和击球；如果放到耳背，可以表示听，抖动起来表示波浪；以一定的弧度突然放下，可以表示摧毁或克敌。由上看，一个姿势便可以表示如此丰富的内容，如果52个姿势不断变换，配合使用，那真可谓无事不可表达，无情不可传递了。

印度舞蹈的第二个特点，是要求演员跳出"味"来。古代舞蹈家总结出这样的理论来：

手之所至，目光随之；
目光所至，心灵随之；
心灵所在，表情伴之；
表情所在，拉斯伴之。

前几句都易理解，最后一句的"拉斯"，其原义为"汁液"、"味道"，类似中国人常说的"这戏有'味'"的"味"字。它既是表演的形式，又是表演的效果，其确切含义似乎只有意会，难以言传。

印度舞蹈要求演员用姿势、眼神、颈部动作和面部表情表演出9种拉斯来，它们是斯楞嘎尔（爱情）、哈谢（诙谐）、格鲁楞（怜悯）、劳得尔（怒）、威尔（英雄）、帕雅那格（恐怖）、威帕兹（轻蔑）、阿得浦得（惊愕）和肖德（安详）。一个好的演员须要熟练地掌握表演出这9种拉斯的技巧。如果她在表演斯楞嘎尔时，要做到使观众一看就明白，她是在表达母子之爱、兄妹之情还是情人之爱。在惊愕时，她还要能表现出是一头老虎闯进了村庄还是一头陌生的牛进了村子。

印度舞蹈的特点之三是宗教色彩极浓，主要的舞段都是歌颂神的，大多采自两大史诗的传说。所以，欣赏印度舞蹈，如果不了解它们表现的神话故事，就难免莫名其妙。

古典舞蹈的四大流派：

婆罗多舞

婆罗多舞是南印度泰米尔纳德邦的传统舞蹈，同时也是印度最流行、最古老、影响最大的舞蹈。这种舞蹈最初是在印度教庙宇里跳的。那时每个大庙里都有一些"戴舞达西"，意为"神的女仆人"。这些人从小就送到庙里，一辈子不结婚，唯一的"神圣使命"是给神献舞，使神高兴。后来，这些舞蹈逐渐流传到庙外。

对于婆罗多舞的来历，人们说法不一。但不管哪种说法，都与史诗中的阿周那有关。有一个故事说，在阿周那寄居他乡时，他把这个舞教给了维拉特国的公主乌特拉，后来，这个舞蹈又从维拉特（今斋普尔）传到全印度。另一个故事说，阿周那在揭陵伽京城马勒格·巴登摩时，把这个舞教给国王的女儿吉特朗格达。还有一种说法，认为婆罗多舞是由泰米尔纳德邦著名的民间舞蹈古拉温由古舞发展而来。当然，这些说法是否正确，还有待人们的考证。

婆罗多舞被认为是音调、节拍和表情的和谐统一。它一般由一名演员独舞，台侧由五个人协助演出。他们是：一名舞蹈教师、一名伴唱歌手、一名木丹加鼓手、一名吹笛的伴奏者和一名小提琴手。小提琴加入伴奏行列则是近 200 年的事。

这种舞蹈一般有六段。第一段叫"阿拉瑞普"，是在整个舞蹈开始先向神祈祷的舞段。演员一出场，手指伸开，弯曲成荷花瓣的形状，全手像一朵盛开的荷花，这姿势叫"阿勒巴得姆"，象征把圣洁的荷花献给神。演员走到台前，先向观众合十致意，然后动颈、举目、伸手、抬脚……使人觉得好像神把生气注入舞蹈雕像，使它复活了。以后的五段依次为贾提斯瓦拉姆（步伐与音调）、沙达姆（述说）、瓦尔纳姆（叙事）、巴得姆（表现）和提拉姆（结尾）。

婆罗多舞是有伴唱的，同一句唱词，演员要根据情节作不同处理。例如，唱道："噢！克里希纳，快来吧，别让我虚度一生！"这时女演员既可以恼恨地撇一下头表示："好，你不来，等着瞧吧！"也可以表演手捧牛奶或糖果的碗去哄孩童时代的克里希纳，还可以像虔诚的信徒那样乞求克里希纳的怜悯，又可以作为克里希纳的情人拉达那样渴望他的到来。观众如果通晓古代文学，就会很容易理解舞蹈的含义。

看过婆罗多舞的人都会有这样一个感觉，婆罗多舞造型典雅，动作洒脱，节奏分明，目光传神。尤其手的姿势优美动人、变幻无穷，令你回味无穷。

卡塔卡利舞

卡塔卡利舞产生于喀拉拉邦。这一派舞蹈的特点是很明显，那就是演员的脸部浓妆重彩，类似我国京剧的脸谱。不知情的观众会以为他们戴了假面具，其实就是用米糊、绿叶、颜料、油烟和白纸来把一个普通人装扮成天神或魔鬼。每次化妆都很细腻，演员躺在地上，让专门管化妆的人为他涂抹，一次化妆常常需要四个小时。演员下身一律围白布，这里边也有故事。说是一位学者为演员的服装苦思了好几天，不得其解。后来他来到了海滩上，忽然看见海里冒出了穿戴各种服饰的人，使他豁然开朗。但他看到的只是上半身，下身穿什么呢？最后决定取白色的浪面作下身，所以演员都围白布。

卡塔卡利舞是乡土气息很浓的舞蹈。演出前先擂响大鼓，附近林子的人听到后，便点着火把，走过稻田，穿过椰林，循声而来。这种舞蹈不需要舞台，在空地上用香蕉枝叶围出一块不大的地方就行。观众在地上席地而坐，一看就是一个通宵。当朝霞映红了椰子树梢时，人们才尽兴而归。他们最喜欢看的是史诗《摩诃婆罗多》里的选段："难敌王遇害"、"那罗传"和史诗《罗摩衍那》里的"悉多受诱拐"和"神猴哈奴曼大战波那"等等。

卡塔卡利舞开始时只由男子演出，后来发展到也有女子参加，也被称为莫赫尼亚特姆舞。卡塔卡利舞给人的感觉是乡土气息浓，古朴开朗；故事性强，载歌载舞，有着舞剧的特点。

卡塔克舞

卡塔克舞产生于北方邦的首府勒克瑙，是北方邦和拉贾斯坦邦的著名舞蹈，也是印度四大古典舞蹈之一。

印度自古以来就有不少以讲述两大史诗等故事为业的民间艺人，他就叫"卡塔克"。这些人为了加强效果，边说边做一些动作，后来动作部分越来越丰富多彩，再配上音乐，于是渐渐发展成了"卡塔克舞"。这一派舞蹈尊奉的舞王不是湿婆神，而是善舞的克里希纳和他的情人拉达。克里希纳小时候当过牧童，非常淘气和多情，女孩子们都喜欢同他跳舞。他同拉达的双人舞是卡塔克舞的著名舞段。

到近代的莫卧儿王朝时，这派舞蹈受到王公贵族的恩宠，成了豪华的宫廷舞蹈。它吸收了波斯舞蹈的很多特点，节奏加快，脚步动作越来越复杂。如果说婆罗多舞是以手指动作变化无穷而著称的话，那么卡塔克舞是以疾驰急蹴的脚上功夫而闻名的。演员跳舞时，脚上要系上 50 到 200 个小铜铃，随着节奏的徐疾变化，时而如驼铃远来，时而清脆，时而震响。功力深的演员可以只让 200 个铜铃中的一两个作响。

卡塔克舞的节奏感极强，鼓手与演员有时可以在台上比赛。不管鼓点多么急促，演员都能步步合拍，当鼓手突然放慢鼓点时，演员也能从容地松弛下来，给人刚柔相济的优美感，真可谓"环行急蹴皆应节"，"鼓催残拍腰身软"。

这个舞蹈的基本节拍是："得、得得、帕易。"在跳舞时，演员可以唱歌，再配上手和脚的动作以及脸部表情，观众比较容易理解表演的故事内容。卡塔克舞给人的印象是：开朗奔放，热情欢畅，鼓点有力，节奏鲜明。当演员在飞快旋转时，颇有点我国新疆维族舞的味道。

曼尼普利舞

曼尼普利舞产生于曼尼普尔地区，因而得名。曼尼普尔素有"舞蹈之乡"的称号，舞蹈是曼尼普尔人生活中的重要组成部分，也是妇女必备的一种美德。

曼尼普利舞是由优美的民间舞蹈发展而来的。据民间传说，在上古时，湿婆神和雪山神女创造了一种舞蹈，并且选择了一片适于跳这种舞的山谷地带，但地势低洼，淹于水中。于是，湿婆神用他的三叉戟劈山排水，填平了洼地，开辟了一片跳舞的地方，这个地方就是今天的曼尼普尔。湿婆神和雪山女神在曼尼普尔跳的第一个舞叫拉伊哈罗巴舞。拉伊哈罗巴舞就是曼尼普利舞的原始形式，它是一种祭奠村神的舞蹈，跳舞时往往全村人参加。

曼尼普利舞是几种舞蹈的总称，属于曼尼普利舞的有与颂神有关的班格·贾兰恩舞（快步舞）、格拉达尔·贾兰恩舞（击掌舞）、拉卡尔舞（伙伴舞）、塔巴尔·金格比舞（月光舞）等。闻名全印的曼尼普利舞，是指充满艳情的拉斯·利拉舞。据说，大约在 1700 年前，曼尼普尔地区出了一位国王，名叫杰辛格。一次，他在梦里看到了拉斯·利拉舞，听到了优美的音乐，便教他的女儿学会了这种舞蹈。从此，这个舞蹈便开始在曼尼普尔地区流传。

拉斯·拉利舞又包括瓦森德·拉斯舞（春舞）、衮古·拉斯舞（林舞）、马哈·拉斯舞（大舞）、尼碟那·拉斯舞和迪沃·拉斯舞等。这些舞蹈，都是表现克里希纳和高比族姑娘们之间的爱情和嬉戏情景的舞蹈。舞蹈的主角是拉达和克里希纳。拉达和高比族姑娘们穿一种叫巴尼格的圆圈裙，没有褶纹，裙子上罩一件薄纱，腰部系一根腰带，上身穿一件紧身短衣，头戴薄纱巾和帽子。克里希纳则穿黄色衣服。他们的服装色彩，同舞蹈气氛十分协调，使舞蹈者显得更加婀娜多姿，优美动人。

这一派舞蹈给人的印象是，有点像东南亚一些国家的舞蹈，大概是文化传播的缘故吧。

当然，在印度，除了上述四大古典舞蹈流派外，各地还有许多著名的民间舞蹈。它们有些是属于宗教性的，有些则属于生活性、季节性的，内容丰富，形式不一，深受群众欢迎，这也是它们能够得以长期流传的原因。现择要介绍如下：

（1）旁遮普邦。

旁遮普人性格开朗活泼，语言诙谐，能歌善舞，流行于该邦的舞蹈，有的早已传至它邦，有的则被电影界广泛采用。

彭戈拉舞，是旁遮普最著名的民间舞蹈，是一种庆贺丰收的舞。当庄稼开始成熟、丰收在望时，人们高兴万分，于是翩翩起舞。舞者不拘老幼，任何人都可参加，只要有块空地，一群人聚在一起，敲起鼓，便可跳起来。鼓手站在场地中央，舞者围着鼓手转圈；鼓手击一会儿鼓，便把鼓槌向上举起，跳舞的人看到举起的鼓槌，便加速步伐，越跳越快，全身也随着快速抖动，并且一只脚着地，举起双手，不断跳跃转圈；跳到高潮时，他们双手击掌，不时发出"巴莱！巴莱!"或"荷！荷!"的喊叫声。喊叫声异常威武雄壮，舞跳得欢乐活泼，有人常常乐而忘形，看的人也往往手舞足蹈。高潮过后，就变为慢步舞，随着悦耳的音乐，用一只脚缓缓地跳。这时其中一个人突然用手蒙住左耳，唱支歌，大家又立刻像起初那样狂舞起来。如此快慢相间，反复多次，跳的时间有时可达 8 小时。

彭戈拉舞有几种，其中主要有鲁迪舞、秋莫尔舞、纠格尼舞，彼此略有区别。但从总体上讲，这类舞技巧高超，虽队形多变，但并无矫揉造作之感。用音乐和手鼓伴奏，旋律优美，和谐有致，而且自然感人。

舞者的服饰也颇讲究，头上缠有时髦的头巾，下身围条漂亮的围裤，上身穿一件丝织宽衣，衣上染着蓝或深红的颜色，绚丽夺目。脚上系有脚铃，舞者往往足部动作熟练，伴随着音乐、手鼓和脚铃的节奏响声，生动地表现出勤劳、勇敢的印度人民对生活的热爱；那愉快的曲调和灵巧、优美的舞姿，以及那丰富的表情，表现了劳动人民战胜自然的决心，获得丰收的喜悦。

格塔舞，是旁遮普最古老的舞蹈。格塔的意思是击掌。从前跳格塔舞主要是为了取悦天神。

格塔舞非常简单，然而很吸引人。这种舞通常是在月夜跳，参加跳舞的人，先围成一圈，然后随着急促的鼓点，把圆圈扩大开来。这时有三四个人走到圆圈中央开始起舞。他们边跳边唱，起着领唱作用。他们唱的歌叫塔拜或巴德，每次唱到最后一句时，其他人一边拍手，一边重复唱一句。如此反复，直到结束。

格塔舞一般是妇女跳的，男子也可以跳，但是要和妇女分开，另外围成一圈。只有庆贺结婚时，男女才可以共跳。

（2）古吉拉特邦。

古吉拉特邦古称"阿纳尔德"，意思是舞厅，可见自古以来舞蹈就是古吉拉特人民生活中不可分割的一部分。据说，古吉拉特的民间舞蹈是从克里希纳和他的儿媳邬夏时代传下来的。在这，最著名的民间舞蹈有波瓦依舞和格尔巴舞。

波瓦依舞是古吉拉特邦的一种著名民间舞剧，形式很特殊，舞中有音乐、舞蹈和戏剧表演，与歌舞剧相似。角色全由男子扮演，观众也全是男的。

表演波瓦依舞的是袍吉格族、纳椰族和迪拉格尔族的祖传职业，他们组成剧团，串乡走村，四处巡回演出。尤其在九夜节时，一定要表演此舞，以迎接波瓦依神母（难近母），这也是舞剧名之由来。

这种舞没有舞台，在露天广场或庙宇的庭院内都可以演出，不过在演出时，需要在庭院或广场里放一个难近神像，并在像前点盏油灯。演出常常从头天晚上持续到次日清晨。每一个波瓦依分几个部分，每一个部分叫做一个斯旺格，每个斯旺格有一两个角色，表演某一个神话故事、历史人物或社会人物。舞剧中往往夹杂一些讽刺性的笑话，用以达到某种挪揄目的，很有情趣，深受人们喜爱。

格尔巴舞（即顶罐舞），是古吉拉特邦最受欢迎的舞蹈。它有两种形式，即"格尔巴"和"格尔比"。格尔巴是女子跳的，格尔比是男子跳的。

妇女跳格尔巴舞时，把点着灯的陶罐或某种农作物的青苗放在舞场中央，然后围成圆圈，头顶带灯孔的陶罐，在伴唱声中尽情舞蹈，以表示对大地母亲的祈祷。此舞别具一格，由于头顶的是带灯孔的陶罐，随着身体的摆动发出闪烁的灯光，如同钻石一样美丽，灯光照出的影子也特别好看。过九夜节时，妇女们尤其喜欢跳格尔巴舞。美丽的姑娘们头顶点灯的陶罐，成群结队地跳着舞前往各家，邀请大家前来参加。节日期间，处处是舞蹈，家家有歌声。

格尔比舞是在九夜节时男子们为纪念母神而跳的一种舞蹈。舞场的布置和跳法同格尔巴舞一样，只是男子跳舞时，头上不顶陶罐。跳格尔比舞的男子，一般上身裸露或穿带花边的古式长衫，下身穿一条拉贾斯坦式的裤子。

在古吉拉特邦，除上述舞外，还有拉斯舞、迪巴里舞等。

（3）阿萨姆邦。

阿萨姆人有句俗话："会纺织的姑娘都会跳舞。"确实，阿萨姆人家家户户都会织布，她们织出的布，精致美观，令人喜爱。她们喜好艺术，不仅表现在织布上，而且表现在跳舞和唱歌上。那里著名的舞蹈有：

盖里高巴尔舞，又叫克里希纳·拉利舞（即克里希纳生平舞），是阿萨姆邦著名的传统民间舞，又是一种寺院中的颂神舞，专门表演克里希纳的生平。童年的克里希纳带着一群小牧童出场，魔王巴迦苏尔随之而来，并威胁说，要吃克里希纳及伙伴，克里希纳奋起搏斗，消灭了巴迦苏尔，大家狂欢跳舞，庆祝胜利。这时，克里希纳少年时的女伴，牧女们也参加进来，忽然又一个魔王出现，舞者惊慌逃走，克里希纳立即上前迎敌，打败了敌人，舞蹈也再一次进入高潮。

比忽舞，是阿萨姆邦的另一著名舞蹈，是在比忽节时跳的一种民间舞。比忽节是阿萨姆邦特有的节日，类似我国的春节。当一年的收割完毕，在家里坐不住，便兴高采烈地把耕牛擦得油光发亮，然后成群结队地牵着各自的耕牛涌向池塘或河边，给牛洗澡。接着他们一边跳舞唱歌，一边给牛喂茄子、黄瓜等。比忽节是阿萨姆农民一年一度最欢乐的节日，比忽舞因此而得名。

节日期间，人们在皎洁的月光下，坐在熊熊燃烧的火堆旁大吃大喝，男女青年则在激烈的鼓声和牛角号的伴奏下，如醉如痴地跳舞。他们的步伐奔放，手势灵巧，富于感情，姿态多变而优美。舞蹈总是给节日增添无限的快乐，跳比忽舞时，还唱比忽歌，人们载歌载舞，不时将舞蹈推向高潮。

（4）梅加拉雅邦。

音乐和舞蹈是梅加拉雅人民生活中最重要的组成部分。他们的生活脉搏总是随着大自然的变动而跳动。他们的音乐饱含着喜怒哀乐、悲欢离合。大量歌曲除赞颂英雄和爱情外，不少属宗教性的。但不管是哪种歌曲，唱歌时必须伴以舞蹈。隆格莱姆舞，是该地区最重要的舞蹈，离西隆7英里的西姆奈村是隆格莱姆舞的发源地。

跳此舞之前，要先由斯耶姆（首长）、斯耶姆萨德林多赫（祭司）共同商量选择吉日良辰，然后派人在一根竹竿上挂一个叫格科赫的铜圈（报信圈），拿着竹竿向全村人宣布选定的跳舞日期，竹竿上的铜圈就是请帖。与此同时，还通知每一个来参加的人来时须带一只羊或鸡作为祭品。跳舞的前一天，就萧鼓齐鸣，气氛顿时热闹起来。

隆格莱姆是在英格萨德（广场）前边跳的一种轻快柔和的舞蹈，主要由男子跳，女性当然只有姑娘才能参加，但她们得另外围一圈，姑娘们跳舞时不能向上举手，只能轻轻地移动脚步，摇晃身躯，她们穿一种叫格尔夏·塔拉的衣服，齐脚长，既漂亮又大方。男子头上包着用红黄丝线刺绣的头巾，跳舞时手中挥动着毛巾或明晃晃的宝剑。

巴斯蒂赫和那斯蒂赫舞是梅加拉雅男子跳的快步舞，是一种表现战斗场面的舞蹈。跳舞者手持盾和剑，面对面站着，互相开玩笑，并一剑将对方的臂镯或衣服砍掉，但又不伤害对方一根毫毛。跳到高潮时，鼓声震天，舞步也随之加快，直到力竭方罢。

（5）奥里萨邦。

奥里萨是个小邦，但其邦由于少数民族众多，因而民间舞蹈众多，尤以乔舞最为著名。

"乔舞"即假面具舞，是一种传统舞蹈，通常是在春节期间跳。在这个节日性舞蹈开始前，先在湿婆庙里祈祷3天。祈祷开始的日期由宫廷婆罗门祭祀确定，祈祷的目的是让神保佑国王和百姓幸福。由13个信徒进行祈祷，13人中包括最高种姓和最低种姓的人，人们在他们的率领下前往坐落在河边的湿婆庙，然后由他们各自从河里灌一罐圣水，带回城里，放在市内湿婆庙里，再从庙里取出一个水罐，由一个男扮女装的少年拿到河边。河岸有前一年敬神时埋的水罐，若水罐里的水少了，或正发臭，被认为来年是凶年；如果罐里的水正常，就认为来年是吉祥年。前一年埋的这罐水，挖出来后，留作今年敬神使用，同时把从湿婆庙拿来的这罐水放进前一年放水罐的坛里。祈祷三夜后，才开始跳舞。

从前跳舞时必须戴假面具，现今则已不甚严格，但这种舞蹈是禁止妇女参加的，女角则由男子扮演。跳这种舞的人，从五岁开始训练，根据故事内容，教他们各种动作。

当夜幕降临大地时，观众便纷纷聚集在一起，人们点上灯笼、火把，灯火辉煌，照得满天通红。鼓声一响，山岳震撼，歌声传来，舞者奔跃。由于舞者的服装都是用锦缎或镶金、银边的丝绸做成，因而五光十色，非常艳丽，很有助于表现故事内容和舞者的思想感情。

除乔舞外，杰台亚舞、马亚希瓦里舞等，也是当地较有名的舞蹈。

(6) 泰米尔纳德邦。

泰米尔纳德邦位于印度南方，不仅舞蹈历史悠久，而且民间舞蹈非常丰富，别具一格，另有特色。

高尔摩德舞，即棍子舞，是泰米尔纳德姑娘们跳的集体舞。在女子学校，每逢校庆，学生们必跳此舞。

印历每年10至11月间，泰米尔纳德人要过为期半月的巴萨沃节（即牛节）。这时，姑娘们要塑一尊牛像，因为牛是湿婆神的坐骑。然后，她们每天去河里沐浴，并带回盛有青草和河水的罐子，节日结束的前一天，她们把罐子放在牛像前，开始跳高尔摩德舞，表示对牛的虔诚。跳舞时，每人手持两根木棍，与舞伴们的木棒撞击。到了下午，她们分成几群，跳着舞走街串巷，接受热情的招待和各种礼物。节日的最后一天，她们穿上新衣服，将牛打扮一番，放进轿里，抬到河边或湖边抛进水中。

迦瓦迪舞是泰米尔纳德邦的又一著名民间舞蹈，是朝拜湿婆的儿子穆鲁格时跳的。

"迦瓦迪"是扁担的意思。相传穆鲁格从前住在名叫波代维杜的六个兵营里，马杜赖的波尔尼山和迪鲁波尔·贡德拉摩山就是他的六个营地之一。一个名叫英度班的魔王曾用扁担把他挑到山上，所以湿婆信徒上山朝拜穆鲁格时，都要扛上扁担，并且先在半山坡上朝拜英度班，然后才上山顶。信徒们上山时，一路敲锣打鼓，吹笛跳舞，而且常常像发了疯一样。据说，迦瓦迪舞的跳法有25种之多。

迦拉戈摩舞（即顶罐舞）通常有两种，一种是宗教性的，叫夏格蒂·迦拉戈摩舞；另一种是职业性的，叫阿塔格·迦拉戈摩舞。前者只是在庙里跳，由和尚们顶着罐子起舞。罐子里盛有水，口用椰子封住，上边放一颗柠檬，罐子系有花环。而后者则由艺人来跳，他们以此为生。阿塔格·迦拉戈舞是该邦每年参加新德里国庆游行的传统节目之一。

跳阿塔格·迦拉戈舞时，舞者头上顶的一般是米罐，罐下也没有垫圈。舞者手涂檀香和香灰，从村子的中心或某个圣地出发，边跳边行，直到甘德维伊庙。舞者手中持剑或矛，在鼓乐伴奏下起舞，起初缓慢，逐渐急促。舞者虽然有蹦跳，踉踉跄跄，好像醉汉一样，但头上的罐子却不会掉下，这正是迦拉戈舞最精彩之处。

布尔维·阿旦舞，是从古代的焦尔王朝传下来的骑马舞，至今仍很流行。马是纸糊的，背上留个洞，可套在腰间，一个人踩着高跷驾着纸马，如同骑在马上一样。"马"通常为二匹，男女各骑一匹，扮演国王和王后。舞者像马戏演员一样表演各种动作，这种舞只有习练数月，才能熟练掌握。阿旦摩舞也是泰米尔纳德邦参加国庆游行的传统节目。

（7）比哈尔邦。

比哈尔邦民族众多，土著尤甚，全邦有 29 个以上，多属表列种姓。他们都能善歌善舞，开朗活泼。其舞蹈形式多样，内容广泛，有独舞、集体舞，也有男女混合舞；有季节性的，宗教性的，也有表现纯洁爱情的。最著名的舞蹈是杰达—杰丁舞。

杰达—杰丁舞是比哈尔邦姑娘们喜欢跳的一种舞蹈。传说杰达和杰丁是两个男女青年，二人相亲相爱，后来杰丁姑娘不幸被一个船夫拐走，情人杰达克服了重重困难，终于找到了杰丁，二人重新团圆。舞中歌颂了二人美好纯洁的爱情，表现出主人公战胜邪恶势力和自然困难的坚强性格。在雨季来临，皓月当空，清辉撒满大地的时候，姑娘们三五成群，聚在院中举行杰达—杰丁舞会，她们用各种动作和表情表演杰达和杰丁的恋爱故事。故事情节生动，舞姿优美迷人，自始至终有悦耳的鼓乐伴奏，尤其在表演乘风破浪、船搏激流时，其形象更是生动逼真。

另外，在比哈尔邦，贾拉尔舞、恰德舞、喀拉舞等也各具特色，深受人们喜爱。

印度北枕高山，南归大海，人们生活的脉搏随着大自然的变化而跳动，长期以来，他们的舞蹈不断丰富和发展。那富于生活情趣的内容和优美的艺术风格在亚洲乃至世界各国都产生了影响，也深受中国人民的喜爱。

6. 神奇无比——印度的瑜伽

练过气功的人一定会知道瑜伽，因为它也在中国气功界掀起过不小的波澜，一度令许多人着迷、入境……瑜伽一词原义是"结合"、"和谐"和"一致"。古代印度人修炼瑜伽的唯一目的是希望达到自我同天神的合一，据说人到了那个境界，便可以获得解脱。所以说，瑜伽实际上是印度教徒追求解脱的修炼手段。至于用它来锻炼身体，治疗疾病则是近代才有的事。

从印度河文明的遗址里挖掘出来的石刻和印章上，可以见到古人修炼瑜伽的图案，这说明早在公元前 4000 年就已有了瑜伽。

印度古人是怎样修炼瑜伽呢？对此，文献《薄伽梵歌》中有这样的记载：

> 如果要修习瑜伽，一个人必须找一个僻静的地方，把一些古撒草铺在地上，然后盖上一张鹿皮或一块软布，座位不应太高也不应太低，位于圣洁的地方，修炼瑜伽的人应该稳坐着，通过控制心意和器官，净化心灵，将心意集中于一点……
>
> 一个人必须将他的躯体、颈和头竖直，然后凝视着鼻尖……
>
> 遮闭了所有的外在感官对象，将双眼和视野集中于两眉中间……

谁在进食、睡眠、工作和消遣中有节制，便能够通过瑜伽的修炼，
而减少所有物质的痛苦……

瑜伽的境界是摒弃五官的活动，将所有的感官门户关闭，将意念集
中于心，将生命固定于头顶上，这样便是处于瑜伽的境界中……

修炼瑜伽的人，经过瑜伽的修习而使心意超然——没有所有的物质
欲望时——便可以称得上达到了瑜伽的境界。

读了这些句子，令人仿佛可以看到古代那些苦行僧和隐士们，置身深山密
林，幽洞清泉，整日端坐，排遣杂念，追求心灵上的超脱，达到了忘我的地步。
史诗《罗摩衍那》的作者蚁垤，据说就是在森林中修炼时，蚂蚁筑的蚁山把他
盖没了，他却毫无察觉而得名，可见他修炼的多么专心。

大约在公元450年以后，有一个名叫波颠阇利的人总结了前人修炼瑜伽的经
验，写了一部《瑜伽经》。它给瑜伽下的定义是"制止思想活动"。修炼的方法
总称为"阿斯当伽"——即所谓的"八支"。它们是：守意（克制）、持禁（限
制）、打坐（坐姿）、调息（控制呼吸）、制感（制止感官活动）、执持（专注）、
禅定（静虑）和神昏（高超境界）。据现代印度瑜伽师看，这八支中打坐和调息
是最主要的，也就是要掌握坐的姿势和掌握好呼吸的方法。

从《薄伽梵歌》的介绍看，古代瑜伽主要是调息静坐，达到静虑修身的目
的，似乎是越静越好。但到后来，大约有人觉得光坐着不动还不够，于是就站了
起来，创造出种种动作，现代称之为瑜伽体操，这一派如今在印度最为流行。虽
然已不打坐，但仍把各种姿势称之为某某打坐。例如，被认为是最难的一种打坐
是头和前臂着地、全身挺直、双脚朝天，这个动作称为"希尔夏打坐"。据说常
做这个动作对身体大有好处。根据瑜伽理论，不管哪种姿态，修炼者如果能坚持
两个"嘎梯卡"（约合48分钟），就算打完了这一坐。

印度瑜伽在几千年漫长的发展过程中，出现了许许多多的流派，每一派都说
自己传自古代瑜伽的正宗。现在，最主要的流派有五种：

第一种叫格尔玛瑜伽。格尔玛即"业"，也可译为"行为瑜伽"。它的主要特
点是强调修炼者的日常行为举止。它要求人们明智地、善良地生活，寡欲静心，不
玩物丧志。它认为人的最好的朋友和最坏的敌人是他自己，人的功过成败全靠自己
的所作所为来决定。这种瑜伽与其说是一种修炼方法，不如说是一种生活方式。

第二种叫杰恩瑜伽。"杰恩"的意思是"知识"。这一派的特点是强调修炼者
的悟力，要求人们全面地洞察和理解世界。所以，瑜伽也被认为是一种哲学。

第三种叫拉贾瑜伽，也译作"王瑜伽"。这一派以静坐为主。八支是这一派
的主要修炼方法。有人认为，拉贾瑜伽是所有瑜伽形式的基础。

第四种叫哈特瑜伽。"哈特"是手的意思。这一派除了打坐调息外，还可以

站起来，加上手和身体其他部位的动作。现代的瑜伽体操由它发展而来。

第五种叫帕克蒂瑜伽。"帕克蒂"的意思是"虔诚"和"崇拜"。它要信徒向神奉献出一切，慷慨而仁慈，只给不取。它宣传瑜伽的中心是爱。印度教的一些大师宣扬它是最高境界的瑜伽。看来，这一派的宗教色彩最浓，也显得最神秘。

印度也有类似我国硬功的瑜伽流派。两个人把一条两端有月牙刀的铁棍顶在脖子上，同时用力，可以把它顶弯；躺在碎玻璃上的人，让别人在他胸上用铁锤砸断一根铁条，自己安然无恙；赤脚在碎玻璃上跳舞的孩子，双脚完好无损，这些令人难以相信的事情却都是事实。瑜伽师把这种神奇现象的原因归之于通过调息达到精神完全集中的结果，这大概就是中国气功所说的"运气"吧。

现在，印度一些科研、医学单位也开始用先进仪器探索这种力量的奥秘，但还没有令人满意的解答，不过，瑜伽能够健身这一点已为许多人的实践所证明。印度电视台每星期都有教授瑜伽的节目。一些中、小学已推广了这种锻炼的方法，教师们发现，用瑜伽修身的学生体格健壮，头脑清晰，比较容易适应紧张的学习生活。正如一位印度人所说："我可以忘记一切，但我忘不了瑜伽"。由此也可看出瑜伽在印度是相当流行的。

1984年4月3日，印度第一名宇航员拉·夏尔马乘前苏联宇宙飞船进入太空。他在太空做的试验之一是，用瑜伽来防止失重状态对身体器官带来的不良影响。这可谓古老与崭新的方法的奇妙结合。据1984年8月9日塔斯社的报道，苏联科学家对夏尔马在太空中作瑜伽进行了仔细分析，认为它对于预防失重对支撑肌肉器官的不利影响，尤其是宇航员在轨道上逗留的最初几个小时的不利影响是有效的。

相信随着现代科学的发展，瑜伽一定会放出更加夺目的异彩！

7. 极乐世界——印度的宗教

有人说，印度是宗教孵生的温床，这句话实不过分，世界三大宗教之一的佛教便是诞生于这块美丽的大陆。那么，是什么滋润了这块"宗教的沃土"呢？

对此，仁者见仁，智者见智，学者们从不同角度进行了探讨。多数学者认为，印度的地理环境是宗教赖以产生和长期流传的重要原因之一。

印度之地理，如唐僧玄奘所说，"北背雪山、三垂大海"：东接孟加拉湾、西临阿拉伯海、南津浩瀚的印度洋，北邻冰雪绝顶的喜马拉雅山脉，东北是瘴气汾汾使人感到无比神秘的阿萨姆原始森林，西北是既无鸟兽、复无水草的塔尔沙漠和高山插云、雪岭绵绵的苏来曼。远古时代，航海术、造船术和生产力的水平尚很低下，这一切当给人们的行动带来极大的不便，未必有几位勇敢的开拓者能征服令人望而却步、仰之弥高的崇山峻岭和浩瀚无垠、神秘莫测的汪洋巨泽。源远流长的印度河、恒河以及众多的支流虽然给人们带来灌溉与舟楫之便，但也常常肆虐成灾。印度次大陆的亚热带和热带气候更是终年给人类带来滂沱的暴雨和难挨的暑热。在这种封闭而险恶的地理环境和无法驾驭的自然力量面前，人们感到宇宙的广漠和个人的渺小，感到寻求一种足以安身立命的依托的需要。于是，幻想着用祈祷、祭献或巫术来影响主宰自然界的神灵以获得嘉惠与庇佑，同时赋予这些神灵以神秘的超自然的性质，由此产生了最初的宗教。

当然，除去地理环境的影响之外，宗教的产生和发展也有其历史原因。进入阶级社会后，阶级压迫给人们带来了比自然灾害更加深重的痛苦。在人们还无法理解它的社会根源时，便产生了人生的祸福命运皆由神操纵的观念，并把这种主观认识无限地夸大和膨胀，使之脱离客观现实，脱离自然而成为绝对人格化和精灵化的力量。此外，从公元前 15 世纪开始，印度次大陆不断遭到雅利安人、希腊马其顿人、匈奴人、波斯人和阿拉伯人的入侵，次大陆内部也是战乱频仍。阶级压迫的出现和长期动荡不安的社会环境进一步提供了滋生宗教的沃土。奴隶制和封建制社会形态的出现和各种政权形式的交错、更迭，更使人们感到世事如浮云，变幻无常；人生如梦境，四大皆空。人们在现实生活的苦海中只能寄希望于神灵和未来，由此繁衍出各种不同形式、不同内容的宗教和天界体系。一般人认为，印度宗教十分复杂。这里所谓的复杂，不外乎是指其历史悠久、变化繁多和内容广博而言。印度宗教信仰最早可追溯到公元前 30 世纪，在当时史前社会后期的印度河流域文化中已出现宗教崇拜的踪迹。公元前 20 至前 15 世纪左右，出现了印度第一个有文字记载的宗教即吠陀教。得名于印度历史上早期吠陀时代的吠陀教是印度河流域原始居民达罗毗荼人和来自中亚地区的雅利安人游牧部落两者宗教信仰的混合物。严格说来，吠陀教只是一种自然崇拜的宗教。达罗毗荼人和征服者雅利安人把一切显著的自然现象都视为人格化的神而加以崇拜奉祀，计有天神婆楼那，地神菩利迪维，日神苏利亚、弥多罗、沙毗特里，晓神乌沙散，雷神和雨神因陀罗，风神亚龙，火神阿耆尼和酒神索玛等 36 神。吠陀教虽属多神崇拜，被崇拜的诸神也常有尊卑之分，但各神的尊卑却又因时因地而异，因而如德国近代著名东方学者 M. 穆勒所说，吠陀教是一种真正的"交替神教"。这时印度正处在氏族社会逐步瓦解和奴隶制社会的孕育之中，较为原始而朴素的吠陀教便是这种社会形态下的一种由原始宗教向阶级社会宗教演变的过渡性宗教。

雅利安人征服北印度后，吸收了达罗毗荼人的先进文化，开始由游牧转为定居生活。他们除奴役被征服的氏族成员外，自身内部也发生了贫富分化。公元前 10 世纪初期，一批奴隶制城市国家相继出现。印度奴隶社会的显著特点是：在雅利安人奴隶制国家形成过程中，阶级关系急剧变化并形成了以婆罗门祭司为中心的种姓制度。在这种森严的社会等级制度中，最低种姓的首陀罗是那些失去土地的自由民或被征服的达罗毗荼人，他们没有任何生产资料，或为雇工，或为奴隶。后来，又出现了地位较首陀罗更低下的"贱民"。婆罗门集团为了加强对低等种姓和劳动人民的统治，便用宗教为精神武器以维护森严的等级制度和自己的特权地位，婆罗门教应运而生。宗教从此便和印度社会结下了不解之缘。

婆罗门教由吠陀教演化而来，但神的观念已发生改变，吠陀教诸神渐失势力，而以"梵天"为全智全能的至高无上神，是万物的创造者。梵天被神化了的属性几乎难以用语言来表达：不生不灭、不变不化、寂然立于万有之上。多神崇拜的婆罗门教虽然不设庙宇、不拜偶像，但却发展出从私人日常生活到国王即位时的一套非常烦琐的理论和祭神仪式。婆罗门祭司被称为"人间之神"，是当时一切知识的垄断者和人民精神生活的指导者，他们不遗余力地宣扬造"业"和"轮回"说。他们说，人的生前思想和行动可以造"业"（即身、口、意三方面的活动）的善与恶，从而决定人在来世的种姓之高与低。循规蹈矩、安分守己者才能免罪超生，在未来世界中获得神的赦免并在种姓轮回中转为较高种姓，反之则被降为低等种姓。其目的当然是劝说人们，特别是劳动者和奴隶安于现状，忍受剥削和压迫。婆罗门教的造业和轮回思想在以后出现的印度其他宗教中也被继承下来，成为长期束缚人民的精神枷锁。婆罗门集团也是现实社会的中心，控制着大大小小的政治领袖，没有他们出面主持就职仪式的祭典，任何政治领袖的社会地位是不被承认的。即使是平时，他们也常常干涉政治领袖的行动。公元前6世纪，北印度已经形成了16个较重要的王国和部落联盟。在这些国家和联盟的扩张战争中，以国王和武士为代表的刹帝利种姓的力量不断强大起来，吠舍种姓中也出现了富有的商贾。他们对把持着社会最高特权的婆罗门集团和维护森严社会等级制度的婆罗门教日益表现出强烈的不满。于是，在印度思想界出现了反婆罗门教的、主张思想自由的沙门思想，并导致耆那教和佛教在北印度婆罗门教势力较弱的地区相继产生。耆那教和佛教兴起时，正值印度奴隶制经济急剧发展，城市国家大批出现，阶级矛盾十分突出的时期。雅利安人此时早已东移至恒河流域，他们对当地土著居民的奴役又产生了严重的民族矛盾。婆罗门教已不能完全适应作为奴隶制国家的思想武器。低等种姓和奴隶们在普遍无权、屈辱、绝望的社会环境中，很多人产生了逃避尘世的幻想，企图通过宗教来寻求自我解脱。正是在这样的历史背景下，同样出身于王族刹帝利种姓的大雄和释迦牟尼才创立了耆那教和佛教。这就是恩格斯所说的："创立宗教的人，必须本身感到宗教的需要，并且懂得群众对宗教的需要。"

到公元前3世纪，佛教已成为占统治地位的宗教。印度历史上出现了第一个基本统一了印度次大陆的孔雀王朝。孔雀王朝从瓶沙王起直到阿育王止的历代帝王都是佛教的皈依者和支持者。以佛教王国著称的孔雀王朝不但在印度境内广建寺塔，号召人们巡礼佛迹，而且还派出一批高僧大德到国外大规模布教，从而对后世佛教见重于亚洲并发展为世界三大宗教之一产生了深远影响。当时的佛教主要是小乘佛教（所谓"乘"即寻求解脱的"乘载工具"或"道路"）不拜偶像，只拜舍利（即佛骨）和窣堵波（佛骨葬地），主张个人修行以成罗汉。

随着历史的发展和统治阶级的需要，佛教内部分化出大乘佛教，提出"菩萨说"，认为菩萨也是一种神，并大胆主张神在"普渡众生"的同时也要轮回，从而为大乘佛教的发展开拓了道路。大乘佛教把小乘佛教视为现实世界中传教者的佛祖晋级为法力无边、大慈大悲、全智全能、人格化了的神，并为他杜撰了种种神奇的故事。佛教由此开始了偶像膜拜。大乘佛教宣扬的世界如梦、现实世界苦难的不真实性，以及只有寄希望于彼岸世界的涅，按照佛教教义持戒修行方可获得真正解脱的说教，正适应了君为国主、君权神授、君命不可抗的意识，从而缓和了人民变革现实的阶级斗争。在这点上说来，宣称普渡众生、人人成佛的大乘佛教的反动性，显然比小乘佛教更为显著。

阿育王死后，中央政权的瓦解为宗教信仰提供了自由放任的机会。衰微了近千年之久的婆罗门教徐徐苏醒，并在吸收了佛教和耆那教某些内涵的基础上演化为印度教。4世纪时，旃陀罗·芨多一世首先扬弃佛教，建立了享有"印度教王朝"之称的笈多王朝。大乘佛教注重于宗教理论的发展，但它热心于追求烦琐空洞的理论论证的做法使佛教逐渐脱离广大徒众，导致佛教占主导地位的状况逐渐结束，佛教进入了最后的密教时期。密教是大乘佛教、印度教和地方民间信仰的混合产物。它以高度组织化的咒术、仪式为特征，宣扬口诵真言咒语、手结契印、心作观想（即语密、身密、意密）同时相应，即可立地成佛。八九世纪时，由于印度教的兴盛、佛教的极度腐败、内部派系纷争以及频繁的外族入侵等原因，佛教开始衰微，到13世纪时已基本消亡。

印度教经过8世纪时商羯罗的改革，恢复了婆罗门教时代通用的梵文，开始重新重视并致力于研究吠陀经典。印度教把宇宙间的力量归纳为三种，并从婆罗门教诸神中提取出三大主神加以崇拜：创造神梵天、破坏神湿婆（原型为因陀罗）和保护神毗湿奴。人们对三位主神的偏爱与疏远，自然地产生了印度教的三大主要教派，天神们利益均沾，人间方得相安无事。新兴的印度教也采用了轮回说、创业说，重视牺牲祭，如佛教一样重视圣地巡礼、偶像膜拜和广社庙宇。实际上，印度教是印度旧有宗教的集大成者，它不但包含有婆罗门教、佛教和耆那教的教义成分和哲学精神，而且也将各教教主和神抵推崇为印度教的圣人。正因为如此，印度教才能日见兴旺，最终成为印度的国教，使佛教、耆那教的香火日沦一日。

公元712年，伊斯兰教教徒穆罕默德·伊本·哈希姆首次将伊斯兰教传入印度西北海岸。众所周知，伊斯兰教从诞生之日起就是一个集政治、军事和宗教于一身的体系。这一性质，决定了伊斯兰教大规模传入何处，便迟早要在那里建立起伊斯兰教政权。印度由印度教时代转入伊斯兰教时代，足足经历了8个世纪的历程。信奉伊斯兰教的德里王朝（1206—1526年）和莫卧儿帝国（1526—1859年）统治印度长达650年，伊斯兰教的势力在印度日益繁殖，以至根深蒂固，成为印度的第二国教。印度固有的宗教颇受摧残，特别是佛教的塔庙寺院，几乎被毁灭殆尽，印度佛教因之绝灭。耆那教也受到严重影响，唯有根基坚固的印度教在民间得以一息尚存。

伊斯兰教使印度的文化艺术、社会结构乃至行政体系发生了巨大的变化。它有很多不同于印度教传统的地方，其中最主要的莫过于伊斯兰教的现实主义精神。伊斯兰教要求全体穆斯林不分种族、家族和部落，统一在伊斯兰的星月旗下。因此，伊斯兰教对徒众的控制和统治远较其他宗教为强。伊斯兰教最初不仅仅是宗教，也是一套代表阿拉伯封建主利益的政治、经济、法律及文化的制度，这套制度后来通过"舍利阿"（即伊斯兰教律）的形式得到充实与巩固。这样，伊斯兰教一直同社会生活紧密结合，其宗教影响渗透到了现实生活的各个领域。伊斯兰教要求穆斯林顺从全能全智的真主安拉的安排，顺从安拉的使者和代表安拉发布命令的人，以便适应现实，而非逃避或否定现实。伊斯兰教也崇尚武功、肯定战争，认为参加保卫伊斯兰教的圣战可使穆斯林获得真理而升入天国。与此同时，伊斯兰教不但强调个人行善与仁爱，而且尤为注重团结合作，互助御外。所有这些特点都是在印度固有的传统宗教社会里所鲜见的，它使得穆斯林社会在印度表现出明显的组织性和斗争性。

在南亚次大陆，伊斯兰教从一开始就受到其他宗教势力的顽强抵抗，但是，军事力量支撑下的穆斯林政权通过给予穆斯林某些经济、法律特权，通过征收沉重的异教人头税和广建寺院等措施，迫使许多印度人改宗伊斯兰教。同时，伊斯兰政权推行的维护私有制的种种措施也逐渐赢得了印度封建主的欢心，于是居民中伊斯兰教徒大增，西北印度尤为显著。除了南端还散存的一些独立的印度教小国外，伊斯兰政权几乎统一了整个印度半岛。但是，由于种种复杂的社会和历史原因，印度一直未能形成一个以穆斯林为主体的国家。

据说早在4世纪后，基督教就从西亚传入了印度西南海岸，但基督教大规模传入印度却是在15世纪末随着"地理大发现"一起到来的。1498年5月20日，葡萄牙人达·伽马到达西南印度的卡利库特，此后，西方人便纷至沓来。他们在印度贸易殖民之初便祭起了基督教的旗帜。1541年，果阿出现了印度近代第一个耶稣传教会，1727年，英国人在印度首创了自己的传教组织。西方殖民者在武力征服印度的同时，极力以基督教文化为骨干的西方文明对印度实行精神上的征服。基督教文化并非全盘输入近代西方文明，而是选择那些有利于殖民统治的内容作有计划的移植。基督教传教士们在向印度输入殖民化了的西方文明的同时，大力兴学办教，不遗余力地互相竞争。其热心固然可佩，但他们那种浅薄的商业化传教精神对于文化低落及固有宗教信仰薄弱的民族来说，可能较易奏效，而对具有悠久的文化传统、浓郁的宗教气氛和自信力较强的印度来说，则收效不大。1941年时，经过传教士们几百年的努力之后，印度基督徒也不过才475万人，占印度人口的1.5%，而这个数目中还包括了前英属缅甸、在印欧洲人和英印血统人中的基督徒。1981年，印度基督徒已增至1 400万人，占印度人口的2.6%。尽管其人数虽然不多，但却派别林立而复杂，大概说来计有英格兰教团、路德教会派、埃塞俄比亚派、浸礼教会派、组合教会派、希腊教会派、美以美正派、小新教派、长老会教派、新基督教派、教友派、罗马天主教派、救世军人派、甫印度联合教会派、叙利亚景教派和叙利亚罗马叙利亚派等20多个派别。这样繁多的教派不能不使人们联想到它赖以产生的殖民奴役的历史背景。

几乎在基督教于近代传入印度的同时，印度宗教中出现了一个以革新宗教闻名的锡克教。该教是旁遮普贵族纳那克（1469—1538年）所创。当时，印度正处于莫卧儿帝国初创时期，伊斯兰教政权对印度教的宗教迫害事件屡见不鲜。很多宗教改革家试图弥合伊斯兰教和印度教的对立，使人们在共同信仰中团结起来，锡克教遂以印度教改革派的面目问世。后来，锡克教逐渐发展为完全独立的宗教体系。该教信徒自称"锡克"，意为门徒或弟子，尊纳那克为古鲁（即祖师）。锡克教反对印度教种姓制度和烦琐的教规，不拜偶像，信奉不生不灭、只可意会不可言传的上帝，不重祭祀，主张各种宗教和睦亲善。当时印度教和伊斯兰教早已盛行于印度，基督教也开始传入，因而使锡克教的传播受到很大限制，锡克教徒大多聚居在旁遮普一带，至今依然如故。锡克人由于遭到莫卧儿帝国的迫害渐渐变得倔强而尚武。锡克教也渐渐与争取锡克人的政治地位问题紧密连在一起。锡克教徒数目虽然不多，但势力却很强大，曾在1765～1849年间建立了独立的锡克国家，直到旁遮普被英国东印度公司武装兼并时为止。从此，躯体魁梧、骁勇好斗的锡克人常常被召到英属殖民地军队中服役，旧中国上海租界里的"红头阿三"便是这班人。

当然，除上述主要宗教外，在11、12世纪和17、18世纪时，一些受伊斯兰教压迫而先后避居印度的波斯人将帕西教传入印度。该教又称二神教或阴阳教，得名于它所信奉的阿呼拉玛兹德（光明神与善良神）和安格拉玛尼乌（黑暗神与恶怪神）二神。除两大主神外，帕西族还有若干次要神，实际上，它是一个二元的多神教。犹太教是犹太人的宗教，犹太人亡国后，散居于世界各地，犹太教也就传播于全世界。在印度的帕西教和犹太教信徒人数甚少，主要聚居在孟买一带。应该引起重视的是，其人数固然较少，但很多信徒却在政界、商界、军界、文化界具有举足轻重的影响。

8. 神的启示——印度主要宗教教义及特征

在素有"宗教王国"之称的印度，几乎容纳了当今世界所有的主要宗教，有关伊斯兰教、基督教的教义及特征恐早已为多数人所习闻，现仅就产生于印度本土并对印度影响较大的印度教、佛教、锡克教等分述如次。

印度教

印度教已有 1 000 多年的历史。8 世纪，商羯罗吸收佛教和耆那教的某些教义，经过改革形成了印度教。

"印度教综合了多种信仰，所以它非常复杂"，有的学者指出，"想把印度教作为一个整体来加以描述的任何企图，都会导致惊人的对比差异"。正如马克思指出的那样："这个宗教既是纵欲享乐的宗教，又是自我折磨的禁欲主义的宗教；既是林加崇拜的宗教，又是札格纳特的宗教；既是和尚的宗教，又是舞女的宗教。"

印度教虽然没有单一的信条，但有一条几乎一切虔诚印度教徒所信奉的，即多神教的主神论。多数印度教徒是多神论者，就是说他们尊敬几种神祇或鬼神的偶像，但是他们只向一个天神进行礼拜，就这个意义而言，他们多数人又是一神论者，但是，这种一神论几乎常常具有多神论的色彩。印度教徒并不说异教徒的天神不过是些偶像，而是说我主创造诸天。他说我主（罗摩·讫里瑟或不论是谁）即是一切其他天神。印度教崇拜的最高神是全能全智的中性神梵天；在这中性神之下，又有三个男性主神，即职司创造的梵天、专司保护与守成的毗湿奴和主管破坏、生产和生殖之类事情的湿婆。此外，还有其他一些不甚重要的神，如知识女神、恒河女神、文艺女神、象首神（颇类我国城隍庙中的土地神）等。在上述大神外，也还有人信仰湿婆之妻乌玛女神，也就是力量之神。另外，印度教认为神有无数化身和不同形象，若未深入研究和实地考察的人很难说出他们到底有多少化身，一般认为毗湿奴有罗摩、黑天（克里希纳）、人狮、镇蛇石雕等十二种化身；湿婆也有六手拜拉布、林伽（男性生殖器）等十二种化身，而湿婆之妻乌玛女神则有二十余种化身，其中既有慈眉善目、满面春风的少女形象，也有狰狞可怖、口滴鲜血、手持利刃的恶刹面目。信徒们对主神、主神的化身及其他诸神的不同崇拜和信仰，导致了难以数计的教派，目前主要教派有毗湿奴派、湿婆派、三位一体湿婆派、骷髅湿婆派、林伽派、黑天派和崇拜乌玛女神（亦称难近或迎利女神）的性力派等。

印度教主张因果报应和轮回、思想，即所谓灵魂的转世，认为生命不是以生为始，以死告终，而是无穷无尽一系列生命之中的一个环节，每一段生命都是由前世造作的行为（业力）所限制和决定。动物、人类和神的存在都是这个连锁中的环节。一个人的善良行为，能使他升天，邪恶行为则能令其堕为畜类。一切生命，即使在天上，死后必有终了之期，所以不能在天上或人间求得快乐。虔诚的印度人的一般愿望是获得解脱，即脱离生死轮回。在一种永恒的状态之中获得安息，这种状态叫做与梵合而为一、解脱或其他名称。印度教还主张非暴力，不杀生，认为任何形式的暴力都是罪恶，即使踩死一只蚂蚁也认为是不仁。非暴力是从思想上配合统治阶级对人民进行欺骗的一种手段，是限制群众斗争，不让人民触动和损害统治阶级的根本利益。这个教义自然是麻痹人民思想的精神鸦片，为剥削阶级服务的舆论工具。

印度教有种姓制度，是它的又一鲜明特点。按照这一制度，人被分等级，有高低贵贱之分，而且生来决定，世代相传，就连它的职业一般也是固定的，不得轻易更改。各种姓间界限分明，有严格规定，互不通婚，彼此不相往来，这样一个种姓出身决定了他的宗教信仰、社会地位、经济状况和家庭生活。这四个种姓即婆罗门、刹帝利、吠舍和首陀罗。

印度教的僧侣很多，到处可见，甚至结队成群。他们不事生产，过着寄生生活，名为神的"使者"。有些人流浪全国，强求布施，住乡下者向农民索取粮食等物，而农民决不能有不愿意或不高兴的表示，因为"神附在"这些人身上。住城市者自然向城里人索取现金，不管你是印度人还是外国人，他们都向你乞讨。有些僧侣居住庙宇，靠来庙敬神者的施舍维持生活。印度节日多如牛毛，每当节日，不少人请僧侣去主持节日仪式，搞庆祝活动，借此机会他们会得到许多钱财。当然小孩的诞生、起名仪式、剃发仪式，以及成人后的订婚和嫁娶都得找他们商量办事，哪怕是办丧事也得要特别招待他们一番。

早婚也是印度教的一个特点。以前，许多女孩子还在吃奶，便做了人家的未婚妻。今天有的七八岁、十几岁的孩子，正在发育时期，就要"之子于归，宜其家人"。他们所配的"良人"，不一定是年龄相当的如意郎君。造成这种风习的原因很多，家庭经济困难是一个主要原因。做父母的急于将女儿嫁出，以减轻负担，以及对贞操的不正确看法，恐怕她们"出墙红杏"招来麻烦，故干脆及早一嫁了之。今天这种情况还时有发生。

寡妇再嫁，是印度教所严厉禁止的。一个守寡的妇人，要终身服孝，在家庭中做最下贱而繁重的工作。在英国政府对此加以取缔之前，还流行着为夫殉葬的习惯，就是在亡夫火葬时，其妻跃身跳入熊熊烈火之中，活活地烧死。

已婚的妇女，平常不能在大庭广众中抛头露面的，除家人以外，不轻易与异性接触，就是对自己的公公也是如此。所以有的公公虽娶儿媳数年，还未见过儿媳的面孔。儿媳有事与公公说话，脸要用纱丽的一角遮住。若是男客光临她家，年轻媳妇见了也不理睬，犹如没看到一样，由家里男子接待。在乡下这种情况更为严重，认为只有这才是贤妇淑女。

印度教重男轻女思想严重，而且由来已久。雅利安人侵入印度的时候，一方面由于作战，需要很多男子；另一方面他们的生活方式也发生了变化，显得男子更为重要，于是便产生了重男轻女的思想。印度教每个人都相信，生儿子是父母的功德，女儿不能出嫁，便是父母的罪过。一个没有儿子的父亲是一生中最大的不幸。印度教有个规定，一个人死后，必须有儿子举火焚尸，主持火葬仪式，死者才能超脱地狱，转化托生；若无儿子在旁举哀，死者就不能升天。

宗教思想无孔不入，甚至连结婚的目的也是为了宗教，倘若为人妻而不能生育儿子，其结果十分悲惨。印度教经典明文规定，女子结婚五年内若不能生育儿子，丈夫有权再娶一妻。凡是生育女儿的女子如何受到歧视，生下后的女儿受到什么待遇，便可想而知了。无怪印度男多女少，而且妇女有越来越少的趋势。

综上所述，可以看出，印度教的主要教义可概括为：①保存并严格维护种姓制度，宣称每个人的种姓是神决定的，永恒不变；告诫人们因安于自己的种姓，各守其职。②坚持认为善恶有因果、灵魂有轮回的因果业报说和人生轮回说。③非暴力说，认为精神、真理与道德的力量是不可抵抗的，它终将战胜一切邪恶与暴力。④仁爱说，即修善果可积阴功，可使人在因果业报和人生轮回中处于有利地位。⑤禁欲与苦行说，提倡并鼓励人们摆脱世俗的各种欲念，主张用各种方法自觉地进行自我折磨，以达到灵魂的净化。⑥形形色色的教律，印度教在吸收了各地民俗的基础上，以教义的形式对教徒的一言一行作了宗教上的规定和要求，如上所述寡妇再嫁、童婚等等。

印度教教义的形成，与印度教的哲学基础——不二论的吠檀哲学有很大关系。其主要理论可归纳为："梵我同一说"，即宇宙的最高精神的"梵"和个人精神的"我"是同一不二的，但这只有经过修炼才能认识到梵我同一并获得精神解脱，这种客观唯心主义说教是直接为因果业报和人生轮回说作论证的；"幻变说"，即客观物质世界及其运动是梵创造的一种虚幻不实的表象。印度教所面对的最严重的挑战是人们对"不真实"的世界所感觉到的真实性。不二论吠檀多哲学解决这个问题时主要依靠的是幻觉的比拟。例如，仅仅出于无知，某人看到一条蛇，而那里恰恰是一根绳。这种认识无疑掩盖了认识对象的本质，否定了现实生活。"瑜伽说"，即超越主体、客体、摆脱时空、因果等外界因素的限制，用内心的冥思苦想、顿悟或亲证去获得所谓真实的认识，从而产生超自然力量的信念。这种唯心主义的哲学体系使被压迫者在苦修善果的骗术面前"乐从天道的安排，知守性命的分限"，属意在虚幻的瑜伽实践中寻求灵魂的解脱。

印度教的主要经典有四部，即《梨俱吠陀》（颂诗）、《娑摩吠陀》（歌曲）、《耶柔吠陀》（祭祀仪礼）和《阿闼婆吠陀》（巫术咒语）。此外，还有作为吠檀多哲学来源的数百种《奥义书》、《森林书》，可视为历史文献的《往世书》，两大史诗（《罗摩衍那》和《摩诃婆罗多》），《薄伽梵歌》和若干宗教圣人传记。印度教在发展过程中，又产生了大量的经典著作，其中主要包括《正理经》、《瑜伽经》、《弥曼差经》、《吠檀多变经》和《数论颂》等。在印度近代资产阶级启蒙运动中，一些印度教哲学家、政治家又撰写了大量著作，对印度教早期经典加以注疏，因而也在一定程度上丰富了印度教经典。

佛教

佛教历史悠久，它产生于公元前 6 至 5 世纪的古印度，至今已有 2 300 多年历史，创始人为悉达多·乔答摩。

关于悉达多·乔答摩的生卒年月，说法不一，大多数认为，他约生于公元前 566 年，卒于公元前 486 年。他属于释迦族，牟尼（即圣人）是释迦族的酋长，住在迦毗罗卫。乔达摩生于迦毗罗卫（现在尼泊尔王国境内），年轻时（据说 16 岁）与表妹耶输陀罗结婚，29 岁生了儿子罗睺罗。后弃下娇妻与爱子出家修行，当时虽受到父母的劝阻，但仍不失决心，毅然至山林冥思苦修，历时六年之久，终于在最后一夜悟出道，遂巡游各国，进行说法，终年 80 岁。后来他的"道"又经弟子发扬光大，遂成为今天有着世界影响的宗教——佛教。

佛教，对我们来说并不陌生，其基本教义归纳起来可概括为：

（1）四谛说。即苦、集、灭、道四谛是一个有机联系的整体。苦谛对人生作出价值判断，认为人生的真实是生、老、病、怨憎会（不愿在一起的确偏在一起）、爱别离（愿在一起的又不得不分离）、求不得苦和五阴盛苦的总和。其中的"五阴"又称五蕴（五种集合）。佛教宣称，世界和人体由色（物质现象）、受（感受）、想（观念形态）、行（意志）、识（意识）等五种生灭变化的因素组成。"五阴盛苦"即人生的一切身心痛苦。集谛是探求苦的原因或根据，故而又称因谛。灭谛是讲解脱，最彻底的解脱是没有任何痛苦的涅境界。道谛是讲实现佛教理想中的最高境界所应遵循的手段和方法，即持戒、禅定和教理学习等。道谛中还包括了早期佛教提出的"八正道"，即寻求达到最高理想境界的八种正确途径：正信仰、正思维、正言语、正作业、正生活、正努力、正思念、正禅定。其中的"正信仰"提倡对人生应持中庸之道的正确观念。它是佛学的基础，强调宗教道德义务，强调个人要对自己的行为负责，认为人生觉悟的过程就是"从染转净"、"从愚及贤"、"去恶向善"的过程。这种主张的意义和作用是复杂的，需要作全面的、历史的、具体的分析。但是，可以肯定的是，四谛的核心在于讲世界是一个无边的苦海，只有皈依佛祖才能寻找到摆脱苦海的彼岸。佛教无意于宇宙观的不切实际的探索，认为解脱人类的痛苦才是当务之急。所以，佛教理论可以看做是一种有关人生哲学的体系。但是，作为一种宗教，它不可能把社会原因造成的痛苦提到应有的位置上，也没有把法理与社会现象造成的痛苦加以区别。虽然佛教的全部理论集中于人生的痛苦及其解脱，并作出独特的价值判断，提供了有趣的设计方案，却无法开出改造社会的良药，只能给人们以精神的希望、慰藉、满足与寄托。

（2）"十二因缘说"。佛教在分析人生之苦及其成因时，提出了十二因缘说，认为世上各种现象的存在都依赖于彼此互为条件或因果联系的十二种因缘：无明

（愚昧无知）、行（意志）、识（意识）、名（身体精神）、色（肉体）、六入（眼、耳、鼻、舌、身、心）、受（感受）、爱（贪爱）、取（对外界事物的求取）、有（生存环境）、生和死。其中，心是说人生的痛苦均由"无明"所引起，只有消除无明，才能获得解脱。

（3）"三世两重因果说"。这是佛教在发展过程中，把十二因缘说和其他佛教理论结合起来后提出的教义之一。佛教宣称，一切生灵均有三世（过去、现在、未来），都在不断的轮回中生活。轮回有六条道路：天、人、魔鬼（阿修罗）、畜生、饿鬼和地狱。一个人只有今生的行为符合佛教之"法"，才能免却轮回之苦，否则将永远在轮回中在劫难逃。这种说教的核心在于宣传"因果报应"和"人生轮回"，并以此证明只有皈依佛教，消除"无明"，才能摆脱苦海，进入极乐世界的天堂。

（4）"三法印说"。佛教在长期发展过程中，逐渐把自己的主要教义概括为"诸行无常、诸法无我、涅寂静"的三法印体系。其中心是说，包括人的精神与肉体在内的万物处在不断的生无变化之中；世上并不存在宇宙的精神"我"和个人的精神"我"，即"法无我"和"人无我"。涅寂静是说佛教徒追求的终极目的应该是与现实物质世界相对立的、绝对安静而神秘的精神状态。三印说的要害在于鼓吹世界上的万物虚幻无常，引导人们去逃避现实的社会斗争。

当然，今天佛教的这些教义与释迦牟尼初创时所宣扬的，已相去甚远。这与其作为"麻醉人民的鸦片"这一作用是分不开的。每一种宗教，自其产生后，都不可避免地为统治阶级所利用，成为巩固自己统治的工具，佛教也当不例外。乔达摩在宣传"众生平等"思想的同时，又打出邱度教生死轮回的思想旗帜，并使之进一步发展与巩固，以图束缚人们的思想与行动，安定社会秩序，维护统治阶级利益，便于统治者很好地统治。难怪他的理论一出来，便得到国王们的支持和帮助，无论乔达摩在世时，还是逝世后，国王们对传播他的佛教、思想给予了很大支持。阿育王就是个突出例子。

阿育王于公元前256—226年统一印度，这位皇帝为人残暴，杀人成性。可是他一统印度之后，也懂得安定民心与巩固统治的关系，"放下屠刀，立地成佛"，对佛教异常重视，将其立为国教，并派大批使臣到国外大力宣传，致使佛教一度盛行，教徒众多。佛教之所以有如此发展与传播，显然同各国国王的支持有关。其实，阿育王并不是专心一致地皈依佛教，对其他宗教他也崇拜。只要对他的统治和经商有利，什么宗教他都信仰。古今中外所有剥削阶级的统治者，在宗教信仰方面都是实用主义者，阿育王也不例外。

佛教在印度的产生与流传，尤其是初期，对社会发展确有积极意义。到后来，由于热衷于偶像崇拜，一般人染上了虚无色彩，对民族健康大受其害。从公元八九世纪以后，印度教在统治阶级的支持下，得到迅速发展。尤其到后来，伊斯兰教传入印度以后，印度佛教受到了致命性打击。到13世纪初，佛教在印度趋于消灭。19世纪以后虽有一定恢复，但至今佛教徒的人数也不算多。

在佛教的历史上，传说有过几次佛教大结集，这对佛教的发展和佛典的形成有重要作用。第一次是在佛陀去世几年后（地点在王舍城），就把他的教义作了整理并编辑成经典，即所谓的三藏，第一部分为律藏，记载佛教僧侣的戒律及佛寺的一般清规；第二部分为经藏，是佛陀的说教集；第三部分为论藏，包含佛教哲学原理的解说。第二次佛教大结集是在佛陀逝世的1世纪左右，于吠舍里举行。这次结集，分成了几派，谴责了一些异教，佛教徒修订了佛经。第三次结集是由阿育王亲自主持的，在华氏城举行，分了18派，会上为佛经的最后定型作了努力。自从阿育王时代后，佛教是印度的主要宗教。印度独立后，佛教又有所发展，于1954年在缅甸迦巴阿约举行了会议。会上讨论了用巴利文出版三藏经典和在宗教的各方面有关修改问题进行了讨论。1956年10月14日，印度政府利用佛陀涅2500年庆祝活动之机，组织了活动，吸收了500万"贱民"加入佛教。自此以后，一直为宣传佛教而不断努力，据统计，1971年佛徒人数又有大量增加，已有3000万"贱民"改信了佛教。

从前，佛教强调独身，但是现在也讲结婚了。佛教界妇女的情形有了改善，对她们的教育也受到重视。今天印度的一些表列种姓的人们为了改善自己的境况大量皈依了佛教。实际上，这些人改信佛教以后，各方面的处境变化并不大，有些地方又产生了一些新的问题。

佛教自其产生后，便开始向外传播，在公元1世纪左右，已有印度和尚来到中国。如公元179年有竺佛朔；公元197年有竺大力；公元3世纪有释迦跋澄、释迦提婆；5世纪有求那跋陀罗；6世纪有真蒂。到隋唐时，来我国的就更多了，可谓举不胜举。直到13世纪印度的佛教虽然差不多衰亡了，但南印度有个敦巴桑结还五次来我国西藏传教。当然，其中最有名的是鸠摩罗什，他系统地将印度古代重要哲学思想介绍到我国，还翻译了大量佛教经典，是一位在我国的宗教、哲学和文学史上起过重大作用的印度学者。印度学者来中国后，译经、传教、讲学，做了大量工作，不仅对我国文化发展起了帮助作用，而且同中国学者合作，把许多印文典籍译成汉文，使得这些迄今已在印度失传的典籍得以保存。

看过《西游记》的中国人都知道唐代有个唐僧，历经千辛万苦到西天（即印度）去取经，其实在唐僧之前，便已有许多人到过印度。据史书记载，公元前2世纪，中印两国之间就有了接触，以后时断时续，不断有人前往。从公元3世纪中叶起到8世纪中叶，500年间到印度去的佛教徒就有160余人。在以后1000年间，仍有许多佛教徒去过印度学习。这些人中最著名的算是法显、宋云、惠生、玄奘（即唐僧）、王玄策、义净等人。他们历尽千辛万苦，九死一生到了印度，在那里取经求学，交流文化，同印度人民缔结了深厚的友谊，至今在印度，玄奘等人的名字家喻户晓。提到中国人，必首先想到玄奘，见到中国人也自然会想到玄奘，他们不只是把他看做学习印度的先师，还把他视为中印友谊的象征。还有些人，当说是大多数人，他们在取经的过程中有去无回，有的在印度归天，有的葬于半路，连姓名都没留下，但他们的精神却永留于世，为中印人民所敬重。从中国去印的和尚虽时多时少，断断续续，但佛教对中国的影响却一直存在，直到19世纪在西方思想未传入中国前，中国信佛教的人数依然很多，尤其在广大农村，有些人虽然不懂得什么是佛教，但或多或少都受着佛教的一些思想影响，例如相信因果报应、转业轮回等等。可以说，自佛教传入中国后，便成为我国社会生活中的一个重要方面，上至皇帝，下至庶民，无不蒙受影响，对当时人们的思想、科学和文化起了刺激作用，在某种程度上说，也促进了中国文化的发展。

有着悠久历史的佛教，随着时代的前进也需发展。现今许多佛教上层有识之士，已开展了各种旨在繁荣佛教的活动，仅1960年以来印度各地成立的佛教组织就有上百个。世界各国对佛教的研究也在加强，近年来已在印度召开了多次有关佛教研究的国际性会议。

锡克教

在印度西北部旁遮普邦的阿姆利则市，有一座几乎通体馏金的寺庙。它既有伊斯兰教建筑的肃穆庄重，又有印度教建筑的绚丽璀璨，但它既不是清真寺，也不是印度教庙，而是被锡克教徒誉为"锡克教圣冠上的宝石"的金庙，是锡克教最神圣的礼拜中心。

现在印度约有1 500万锡克教徒，主要生活在西北部的旁遮普邦，其余散居在德里地区、哈里亚纳邦和孟买等地。18世纪以后，锡克人到海外谋生的日益增多，如在英国、加拿大、美国、泰国等等。居住在旁遮普邦的锡克人虽人数不多，只是全印人口的2%，但向全国提供的粮食占1/2之多，是这个国家的重要组成部分。

锡克教是目前印度仅次于印度教、伊斯兰教和基督教的第四大宗教。"锡克"一词，来源于梵文，意思是"学生"、"弟子"、"信徒"。锡克教的历史可以追溯到15世纪下半叶。它原属印度教的一支，由于印度教虔诚派运动的开展，后来发展成为一个独立的宗教。锡克教徒非常尊重本教的首领和祖师，尊称为"古鲁"。从第一师尊纳那格（1469—1539年）算起，到高温德·辛哈（1666—1708年）为止，先后共有十位师尊。之后，虽然还有其他人继任领导，但都不再称为师尊。按照规定，凡承认锡克教义、十位师尊和锡克教的著名经典《戈兰特·萨哈布》者，皆可成为锡克教徒。

　　锡克教提倡平等、友爱，强调实干，该教的创始者纳那格公开宣称："我的宗教既不是印度教，也不是伊斯兰教"。它是一种试图把印度教和伊斯兰教融为一体的新宗教，既反对印度教的多神说和不平等的种姓制度，也反对偶像崇拜和男尊女卑，还反对妇女戴面纱和幽居深闺以及印伊两教繁缛的祭祷仪式等。

　　锡克教的出现不是偶然的，有它的时代背景和历史根源。印度教森严的种姓制度和繁缛的教规，引起贱民和一般教徒的不满。公元 8 世纪初，伊斯兰教传入印度，强迫人们改信伊斯兰教，使矛盾进一步加剧和复杂化。面对这些尖锐而复杂的种姓问题和宗教矛盾，一些人提出了宗教改革的主张，遂出现，了改革热潮，开展了"虔诚运动"。斗争声势浩大，影响很广。

　　纳那格师尊所处的时代，正值洛提王朝的统治时期（1451—1526 年），当时印度教的种姓歧视非常严重，引起了低级种姓的强烈不满，洛提王国出现了混乱局面。这时，道莱特汉·洛提的儿子提拉华尔·汗怀有篡夺王位的目的，竟然给巴卑尔马上写信，鼓励他进攻印度。巴卑尔本来对印度就虎视眈眈，垂涎三尺，得信之后，喜出望外，遂率兵向印度进发，在帕尼帕特地区同当时的国王易卜拉欣·洛提激烈交战，结果易卜拉欣·洛提战败身亡。

　　师尊纳那格对提拉华尔·汗的行径非常气愤，大为不满。他认为，这会使国家更加遭殃，人民更加受难。因此，他把巴卑尔的军队看成是引狼入室，喻为"罪恶的迎亲队"。当时虽有许多人大声疾呼，反对社会的黑暗和人民中间的伪善现象，但谁也没有把这种现象归咎于当时统治阶层，只有师尊纳那格首先公开强烈谴责和咒骂腐朽的统治者以及封建主，把他们说成是刽子手、恶狗和吸血鬼。他还把耳闻目睹的血淋淋的事实、哀鸿遍野的凄惨景象用自己诗人的笔头写了出来：

　　　　出兵呼罗珊，印度吓破胆。
　　　　敌人来进攻，不必怨苍天。

　　巴卑尔入侵以后，人民惨遭屠杀，这时，为人民的苦难而悲伤的诗人纳那格激愤地责问梵天："啊，梵天，你眼看着大家受苦受难，可是你丝毫也不怜悯，你怎能忍见一只残暴的老虎向一头弱小的母牛扑去！"借此谴责侵略者，同情和支持受难的人民。

　　当时，各封建领主大量掠夺人民的财富，纳那格对此表示了强烈反对。他希望给每个人以平等权利，都能过上幸福生活。他蔑视富有，同情贫穷，爱憎分明。一天，有个地主请他去吃饭，出乎地主所料，遭到他断然拒绝，地主问他不去的原因，他明确地回答："你家的饭里渗着穷人的血。"与此相反，他常到当地一户贫苦人家去吃饭，说那是奶糕。他对富人和穷人的态度就是如此泾渭分明。

　　他公开反对朝圣和宗教的伪善。一次，师尊纳那格云游到哈里杜瓦尔，他看见人们站在恒河里，面向东方，朝着太阳浇水。因为他不面朝东，而是面西浇水，人们误认他是疯子，有人还前来和他辩论，问他：

"你面朝西给谁浇水？"

"给太阳呀！"

"太阳有多远？"

"说不清。"

"说不清，可你为什么朝西面浇水？"

"在迦尔达尔普尔有我的地，都干了，我在给地浇水。"纳那格说。一个学者听了他的话后哈哈大笑起来，然后轻蔑地问道："可是你浇的水连河岸都到不了，都洒在河里了，怎么能到达迦尔达尔普尔呢？"纳那格立刻反驳道："如果我浇的水到不了迦尔达尔普尔，那么，你浇的水怎么能到太阳那里呢？"他们被纳那格驳得哑口无言。

当时，社会上妇女备受歧视，在一些信仰印度教的种姓中，流行着一种杀害女婴的陋俗，女孩一生下来就被杀死。师尊纳那格坚决反对这种野蛮行为，并指出了妇女的应有地位。他认为，在生活中，男子离不开女子，否则没法过日子。他还说，妇女既然能生出帝王、仙人和英雄，她们在男人面前为什么就一钱不值呢？怎能说她们低贱，微不足道呢？

师尊纳那格讲究实际，不相信出家为僧和云游山林就可以见到梵天的说法。他认为，家居是最理想的。他说，人们只有尽好家庭义务，才能沿着正确道路到达梵天那里。他发现，几乎所有教派只强调外表形式，因而相互争吵，有许多天真的人就是在这种争吵的烟幕中受骗上当，因此，他鼓励和开导这些人挣脱骗人的罗网。

尽管纳那格也叫人们叨念罗摩，以求解脱，但他从不叫人们逃避生活。他自己就结了婚，还生了两个儿子。师尊纳那格出生于平民之家，生活在平民之中，他一生从事耕种，直到生命的最后一息。他时常教导教徒："生活在虚幻之中，而又不被虚幻所迷恋，才能得到真正的瑜伽（即精神和梵天融为一体）。靠外表的伪装，什么也不可能得到。"他认为，只是吹牛说大话和谈经论道的人，不会成为瑜伽者，只有平等待人的人才是真正的瑜伽者。

师尊纳那格活了77岁，他一生以普通人的身分传播着他的教义，影响很大。他死后，所创建的锡克教，迅速地传播到整个旁遮普和印度河流域。

继师尊纳那格之后，恩戈代瓦当了锡克教的第二代尊师。纳那格在世时亲自把师尊的宝座交给了他（1539年，纳那格指定信徒恩戈代瓦作为自己的继承人）。恩戈代死后（1539—1552年），阿尔马·达斯（1552—1574年）继位，他为宣传锡克教的主张，扩大锡克教的影响而作了大量工作。后来，他任命女婿拉姆·达斯·索迪为师尊。从此，师尊一职一直由索迪家族世袭。后来，第五师尊由于被莫卧尔皇帝怀疑而惨遭杀害。至此，结束了锡克教和平发展的道路。阿周那临死前任命儿子哈尔·哥宾德（1606—1644 年）接任，为第六代师尊，由他开始，锡克教发展成了半武装的宗教组织，注重了武装组织和训练，经常与政府军和异教徒发生冲突。第七代师尊由哥宾德的孙子哈尔·拉伊继位（1644—1661年）。他被莫卧尔皇帝囚禁于德里之后，任命次子哈尔·克里香为继承人(1661—1664 年)，13 岁不幸夭折，死于天花，他的继承人是第六代师尊哈尔·哥宾德的次子代戈巴哈杜尔（1664—1675 年）。当时正值奥朗则布统治印度，最后，师尊代戈巴哈杜尔被迫自杀。他死后，由高温德·辛格继位，这就是历史上有名的第十位师尊。他任职期间，对锡克教进行了重大改革，废除了师尊制度。自师尊纳那格死后，锡克教的处境越来越坏，因此，锡克教师尊们意识到要改变处境，必须实行军事化。

"锡克"的真正含意是"进了学的人"或"受过教育的人"。锡克教徒们受的教育不是一般的教育，而是有关英雄精神和维护尊严而献身的教育。这种教育远在第一师尊纳那格就已开始，到第十师尊高温德·辛哈时又得到了巩固和发展，完成了锡克教军事化的任务，组成了一支强大的锡克军，并率领这支锡克军同莫卧尔军队展开了长期斗争。高温德·辛哈给教徒举行献身仪式，要求教徒实行五 K（即指五件事）：蓄长发，带梳子，戴钢镯，穿短裤，佩短敛。剑是为了自卫；长发以示区别其它教团；梳子为了梳发；短裤表明锻炼的重要；钢镯是圣洁穆斯林弄脏的食物。有种说法，认为这五件东西随时提醒教徒对本教坚信不移。

1699 年师，尊高温德·辛哈在旁遮普的阿南德普尔召开了 8 000 人大会，会上宣布成立了卡尔萨党，以便用武力对付各种灾难，保卫锡克教。同时，还给锡克教徒取了一个共同称号叫"辛哈"（雄师）。锡克人给人们以勇敢无畏的印象，这同他们的教育有关。

1914 年 9 月 14 日，在阿姆利则 400 多锡克人遭到英国当局的杀害，致使许多锡克教徒纷纷脱离英国人的控制参加到甘地所领导的自由运动中去，各种形式的斗争此起彼伏。可以说，在争取印度独立运动的斗争中，锡克人为印度独立作出了巨大的贡献。

综上所述，从锡克教的产生、发展中我们不难看出，锡克教基本教义可以归纳为下述两点：

（1）在神的面前人人平等。锡克教继承了佛教和耆那教的众生平等思想，坚决反对印度教的种姓制度，认为"种姓毫无意义，神不问人的出身，只关心他作什么"，主张对神的爱是人类摆脱社会压迫的唯一途径。这种在"神的面前人人平等"的思想比印度其他宗教的进步之处在于承认男女平等，反对歧视妇女或贬低妇女的恶习，同时也极力主张革除寡妇殉夫和溺杀女婴的不人道作法。

（2）提倡自我修行。这条教义是在吸收了印度教吠檀多哲学和伊斯兰教苏非派教义的某些成分后发展起来的。认为人的理性来自精神的泉源"神",然后从"理性"流出"灵魂",再由"灵魂"流出物质世界;宣称人通过直党的作用可与神合而为一。实际上,自我修行是在引导人们一心向往神秘的境界。与此相呼应的是,锡克教还主张现象世界以祖师或教长为本体,人们通过虔修默祷即可与祖师或教长接近。

特点各异的民间信仰

在印度,除了上面所介绍的几大宗教外,各地还有不少地方信仰,南北不同,东西有异,加上民族不同,其信仰也带有地方特点。

阿萨姆是印度拜力教派的中心之一。这个教派认为妇女是力量的象征。传说古时候,雪山女神曾向湿婆神提出一个问题:是什么力量推动着人们的生活?人们应该敬奉什么?湿婆回答说,推动人们生活的力量是妇女,人们应该用符咒来敬奉这种力量。崇拜力量就是崇拜自然。这就是拜力教派的核心,也是叉罗,即符咒论的基本精神。这种拜力论从一开始就在阿萨姆普遍流行了。

拜力教派主张杀牲,甚至杀人祭神。被用来祭神的人,不能有生理缺陷。那些被认为可以用来祭神的人,称为"婆格",意思是供神享用的人。这种人一旦被选定,允许他在被杀之前随心所欲地吃喝玩乐,为所欲为,到了每年一度庆祝节日时,举行宗教仪式,把他杀死祭奠女神。根据《往世书》记载,以人祭神,功德无量。所以有时候,甚至把怀胎刚满九个月的婴儿,从母腹中取出,杀死祭神,而且认为,这样的祭牲意义更大。15世纪后期,有几个拜力教派和佛教派在阿萨姆活动,后来由于商羯罗倡导的虔诚教派兴起(即后来的印度教),拜力教和佛教便黯然失色了。当然,拜力教派并未完全消亡,至今仍有相当势力。

孟加拉人笃信宗教,但由于历史原因,与其他地区的人有所不同,有着自己的特点。雅利安人来到孟加拉之前,孟加拉人崇拜大自然;之后,尽管孟加拉人也信奉雅利安人的神,但仍保留对自己原先的地神、村神、家神等神的虔诚,而且往往把他们同雅利安人的神混合在一起敬奉。他们所敬的神有地神、龙神、蒙萨神、迦利女神、湿婆神以及非雅利安人的女财神等,尤其是迦利女神,是他们原先的神与雅利安人的神糅合在一起的典型。

可以说,孟加拉人在宗教上的一大特点即善于融合,不狭隘保守。符咒派的观点、婆罗门的观点和佛教的观点,都兼而有之。孟加拉人在这一点上,与中国民间将道教、佛教神放于一起敬奉,有着相同之处。孟加拉人的这种在宗教上善于融合的传统,使孟加拉避免了许多宗教或教派的纠纷。

奥里萨邦被誉为印度教之乡,素有印度教圣地之称,古籍中说它是"神圣之国"。故这里印度教寺庙林立,庙内香火旺盛,至今仍是印度教的中心,尤其是扎格纳特庙在印度人民的心目中占有很重要地位。

扎格纳特即毗湿奴神，在扎格纳特布利城内有一座扎格纳特庙，所以此城又叫扎格纳特布利。布利的意思是城市，印度教徒认为，扎格纳特庙是天门，因此每年有上万香客从全国各地来这里朝拜。奥里萨人的全部宗教活动都同这座庙联系在一起，受这座庙的绝对影响。扎格纳特不仅是天神，而且是奥里萨的民神。

在奥里萨邦，有许多民间传说，故事也都是与扎格纳特有关。有一个传说是这样的：古时候，马尔华的国王下令叫大家找扎格纳特，并且还亲自派婆罗门使者到东西南北四个方向去查找，往东方去的到了格岭伽国，同当地一个名叫瓦苏的夏瓦尔人的女儿结了婚，并在格岭伽定居下来。瓦苏是扎格纳特的信徒，他在女儿的劝说下同意带那位婆罗门去见扎格纳特神，但是去的时候必须用布把眼睛蒙住，不能让他知道去扎格纳特的道路，婆罗门接受了这个条件，于是被带到一个森林里见了扎格纳特。等瓦苏到别处去采花时，婆罗门便开始敬神，突然有一只乌鸦从树上掉下来，落在扎格纳特像前的地上，直接到扎格纳特居住的天堂去了。婆罗门看到这情景，也想学那只乌鸦。这时天空传来声音说："你要先回去告诉国王，说你已经找到毗湿奴，你前面那块蓝色的石头就是毗湿奴。"过了一会儿，瓦苏采了一束鲜花回来，他要用鲜花敬毗湿奴，但遭到毗湿奴的拒绝。据那位婆罗门说，毗湿奴神已经享用了他刚才献的米饭和甜食。从此以后，敬毗湿奴人不仅应该献鲜花，还应该献米饭和甜食。毗湿奴原先叫尼尔马特瓦，这次事件以后改称扎格纳特了，因为原来只享用鲜花的当地神，现在已变成既享用鲜花又享用米饭和甜食的众人之神了，所以应叫扎格纳特，即世界之主。

这个传说，主要说明雅利安人来后，他们的文化如何与当地文化结合在一起的。另外，毗湿奴还有一个名字叫婆苏提婆，意思是住在当地的神，这个当地的神既接受当地人献的花，又接受外来族（雅利安人婆罗门）献的米饭和甜食。这样，两种不同的敬神供物合而为一了，因此有人说在扎格纳特庙里可以从敬神的仪式上看到雅利安宗教和达罗毗荼宗教文化的绝妙结合。

在这还有一个传说，说国王因陀罗·突木那德得到黑天神像的一块残片，他想把它雕成毗湿奴像，命令雕刻神像的雕刻家维希瓦格尔马负责雕塑，维提出一个条件：如果在他工作期间国王不来看他，他可以一天雕成。国王同意了，但是维希瓦格尔马正在雕塑的时候，国王就急着进屋去看，维希瓦格尔马一生气不雕了，结果扎格纳特神只有头部和身躯，没有臂膀和腿脚。扎格纳特的这种形象一直延续至今。

据史书记载，公元前813年希腊王拉格德·巴忽从北部入侵的时候，僧侣们携带扎格纳特神像逃遁，这是最早提到扎格纳特的一次。据说这次把扎格纳特神像放在森林里，藏了150年之久，后来又有三次被放到吉尔迹湖水里保存。这说明扎格纳特在奥里萨人民生活中影响之深。

在扎格纳特庙里，会看到一种奇特的现象，即不分高低贵贱，什么族或种姓的人都可以到庙里敬扎格纳特。敬神的供物都可以互相分食，不存在圣洁不圣洁的问题。对此，过去还流传一个故事，说有个国王很骄傲，发誓不吃扎格纳特神前的供物，认为那些供物是别人接触过的，不干净。结果他来到扎格那特城的时候，胳臂腿都自动掉了，剩下的身躯一直在城门口躺了整整两个月。一天，一只狗从城门经过，嘴里叼了一块扎格纳特神前的供物，过城门时供物从狗嘴里掉在地上，饥饿的国王很快把它吃了，刚吃下，便立刻恢复了原来的样子。这虽然是一个故事，但它却无情地鞭挞了那些想保持自己所谓高贵种姓的人。

现在的扎格纳特庙可能是12世纪后半叶阿南特·伐尔曼·焦拉甘伽国王重建的。据说，这座庙是印度最富丽堂皇，资产财富雄厚的寺庙之一，存款有千万卢比之多，每年的收入近百万卢比。扎格纳特全城的人平时不干什么工作，既不务农，也不经商，他们完全依靠全国各地的朝圣者的施舍维持生活。扎格纳特神像每12年更换一次。快到换像之时，庙里有僧侣先行斋戒，在梦里若发现雕新像用的树木在何处，然后顺梦的方向去寻找此树，如果发现是棵楝树，它长在火葬场边，双杈，生有海螺纹，缠着黑白蟒蛇，没有鸟巢，就把它砍倒，并且小心翼翼地把它运到扎格纳特布利，雕成新的扎格纳特神像，然后举行隆重的仪式，把旧像换下，竖起新像。换下来的旧像，由一个叫德伊巴蒂的信徒负责烧掉。

在喀拉邦，自古就有拜蛇的风俗。当地许多人认为，蛇有意识，懂得人性，只要你无伤它意，它则没有害你之心，因此不少人家养蛇。凡是印度教徒的家门前，都有一片小树林和一个小池塘。树林里有石砌的小蛇庙，叫基德尔古德庙，庙里有石雕蛇像。每天傍晚，家里的姑娘们或青年人沐浴后就到这个庙内举行祈祷。年轻的夫妇则坐在庙前，弹着维拉琴，敲着陶罐，演唱赞颂神的歌曲。

在人们看来，谁要想发财致富，就必须敬奉蛇神。在基德尔古德庙里敬神时，如果心里不诚，或者砍伐庙旁的树木，蛇就会震怒，冒犯者家中的成年人就会大难临头。有皮肤病的人，没有后的人，忏悔和祈祷就要更勤些。在喀拉拉邦有两座著名的蛇神庙。这两座庙都在阿勒布沙县。一座是在摩纳尔夏拉地区；另一座在外底高德地区。两庙周围都是茂密的树林，树林里有很多蛇像。每逢星期日早晨，信徒们就成群结队地到这里来祈祷。无儿无女的夫妇更是如此，他们为了生孩子，向蛇神献上青铜器，并在器上刻上自己的姓名，底朝下倒放在庙里。待日后果真生育了儿女，夫妇俩便会满心欢喜地再次到庙里来，用他们献的青铜器熬牛奶粥招待别人。摩纳尔夏拉的蛇庙里，每年还要举行一次朝拜大会，上百万的信徒从各地云集到这里进行祈祷。

梅加拉亚邦的居民有同大自然进行斗争的漫长历史。这里的气候和山地环境使这儿的人民形成了一种特殊的思想信仰。他们对于周围环境的好坏尚处于无能为力的状态，所以尽量使自己适应这种环境。例如，他们相信野兽不伤害好人。如果谁被老虎吃掉，就认为这个人一定是做了坏事，得到了报应。他们砍下老虎牙来发誓：如果谁有罪，就被老虎吃掉。他们不归罪于老虎而归罪于人。有谁被淹死了，他们就说这是被水晶宫的仙女看中。他们认为，水晶宫的仙女如果喜欢谁，就会把谁的灵魂捉到水里去，然后将他的躯体抛到水面上来。

梅加拉亚邦的各民族信仰，既有相同之处，也有不同之点。其中迦洛人的信仰有一定代表性。

迦洛人认为，世界是由塔塔尔·拉布迦这个强大的神所创造，另外有两名叫瑙斯突·那般和马奇的小神帮忙。塔塔尔·拉布迦不仅被认为是神中之王，而且在医治慢性病方面是他的拿手好戏。人们认为，他创造世界的方法是这样的：当他想到创造世界时，他派瑙斯突，那般打扮成女人的模样去执行任务。但他发现没有一块干地可供他存放食物时，他则把自己的住处安在水上面的一个蜘蛛网上，塔塔尔·拉布迦给了他一些沙上去创造世界，但沙粒粘不到一起。因此，瑙斯突发现沙土没用，就派一个大螃蟹去水底搞些泥土，但仍未获成功。后来他又派一个小蟹去水底，小蟹同样被吓住。最后，他派出了一个甲鱼，拿到了泥土，于是他就用泥土来加固地球。但是，因地球太湿，不能在上面行走，瑞斯突只得祈求他的母神塔塔尔·拉布迦帮他把地球弄干。为此，塔塔尔把太阳和月亮放在天空，还有风。他们把地球弄干后，蔬菜也没法种出来。第一批动物创造出来，它们当中胡鲁先猿是头一个，这是因为它能大喊大叫，不让地球睡觉的原因。水中生物青蛙第一个被造出来，青蛙用呱呱叫声宣布雨季来临。之后，鱼也被创造出来。以上这些创造之后，塔塔尔派了一名叫苏西姆的女神来到地球，为人准备住的地方。苏西姆清除了森林，由创世主那求来稻子，从此人类就以大米作为主食了。

迦洛人认为：地球是一个扁而平的躯体，塔塔尔·拉布迦命令太阳和月亮轮流照射地球的上部和下部。在另一个故事里，把太阳、月亮描写成兄妹二人。妹妹月亮比哥哥太阳漂亮可爱，于是太阳哥哥生了妒心，一怒之下，把一些泥土扔到自己妹妹的脸上，妹妹不洗脸就到母亲那儿告状。母亲看到她脸也不洗，非常恼人，决定把泥土永远糊在她的脸上以示惩罚。从此以后，月亮就没有太阳光亮。星星被认为是管季节和年份的神。晨星警告公鸡，白天就要来临，它们应该开始啼叫，这样人们可以醒来。晚星出来意味着可以把鸡关起来过夜。对陨落的星星有一个有趣的解释：一次，一个叫达斯迪斯·明提尔的星星同地上的一团泥结婚了。以后，他警告其他星星，再不要和地上的泥土结婚，否则难以归天，但是直到今天他还没忘记他旧时的爱人，所以不时到地球上来看望她。

迦洛人还相信，像打雷、闪电、下雨、刮风、地震、潮水、日、月食等自然现象都是由一些神掌管的，因此，人们须经常向这些神供奉祭品，用来消灾避难。

比如，闪电是高邪拉神晃动自己宝剑的结果，当他发怒时，发出的响声就是雷。对于地震的解释也很奇妙：认为地球是一个平四方块，由四根从天上垂下来的绳子吊着，每根绳上住着一只松鼠，它在啃咬绳子。四个瞎子拿着竹竿站在每个角的外面追赶松鼠，但是有时由于松鼠跑得太快，他们无法打着，这样就引起了地震。另一种说法是：平方的地球像一张桌子，由四条腿支着，当一只老鼠随便从哪一条腿上爬下时，就会引起地震。

迦洛人认为，纳旺格神吞下太阳和月亮，就会引起日食和月食，因此必须敲鼓把他赶走。每当刮起一阵意外的大风时，人们就拿起一把剑，在门外乱舞，嘴中不住地说："去，去到山涧深谷里。"

为了求雨，或因天气太冷而祈求太阳，就在一块专门设置的土地上举行仪式。求雨时，林里的人们每人手提一葫芦水来到一块大岩石旁，祭司念诵咒语，供奉一头羊，把羊血洒在岩石上。然后，所有的人都把葫芦里的水倒在可怜的祭司身上。为了求太阳，在岩石前点起火，供奉一头羊或一只鸡，这样太阳就会出来。

9. 姓氏"神授"——印度的种姓制度

印度的种姓制度，是个非常复杂而又奇怪的问题，今天在世界上也是少见的。印度人口众多，百分之八九十为印度教徒，其中又分为不同等级的社会集团。这些不同等级的社会集团印地语称为"贾蒂"，西方人称为"卡斯特"，我国通常译为"种姓"。种姓制度不仅在印度教徒中存在，在伊斯兰教、锡克教中也有不同程度的影响。种姓制度不但奴役、残害了广大劳动者，剥夺了他们做人的权利，也是印度社会发展的一大障碍。直到今天，它对印度社会、经济、政治、文化以及人民生活等方面仍有很大影响。

种姓的形成及特点

印度教的种姓，把人分为四个不同等级，即婆罗门、刹帝利、吠舍和首陀罗。婆罗门即僧侣等，为第一种姓，地位最高，从事文化教育和祭祀；刹帝利即武士等，为第二种姓，地位仅次于婆罗门，从事行政管理和打仗；吠舍即平民，为第三种姓，经营商业贸易；首陀罗为第四种姓，地位最低，从事农业及各种体力劳动和手工业劳动等。后来随着生产的发展，各种姓又派生出许多副种姓。据说这些副种姓全国有3 000多种。各种姓都有自己的道德法规和风俗习惯。

除以上四大种姓外，还有一种被排除在种姓之外的人，即所谓的"不可接触的贱民"，又名"哈里真"。他们的社会地位最低，最受歧视，好像被排斥在社会之外，他们的工作是扫地、扫厕所、处理动物尸体等。在农村，他们只能居住在村外，或某一指定区域，不能和其他种姓的人使用同一口井，无权进庙拜神等等。

种姓制度由来已久，有3 000多年的历史。早在原始社会的末期就开始萌芽，最早的宗教典籍《梨俱吠陀》中使用了"瓦尔那"（即颜色、种）和"达萨"（即奴隶）的字眼，用以区别雅利安人和被征服的土著，当时的土著称为"达萨"，后来由两个等级发展为四个等级。在阶级分化和奴隶制形成的过程中，这种原始的社会分工后来形成等级化和固定化，逐渐形成了森严的等级制度。以后，随着社会分工进一步发展，这个"瓦尔那"又逐渐分裂出许多副种姓。古代统治阶级一向对种姓制度大肆吹嘘，为此还编造了一种神话，说婆罗门是从梵天的口里出生的；刹帝利是从双臂出生的；吠舍是从他的两腿出生；首陀罗则是从他的两脚出生的。由于出生的部位不同，所以地位有别，分尊卑高低。

种姓是世袭的，代代相传，不能更动。各种姓的社会地位的高低，经济情况的好坏，大都同种姓有关。几千年来，人们受种姓思想的约束，在日常生活和风俗习惯中影响很深。不同种姓有不同的道德标准，有些地区现今还非常严格，如若违反，轻者受到惩罚，重者则被开除出种姓。在四个种姓中，首陀罗受苦最深，至于被排除在四个种姓以外的"不可接触的贱民"，其处境更加悲惨。印度独立以后，虽然规定不允许种姓歧视，但是由于几千年来种姓制度根深蒂固，种姓歧视至今仍未消除，尤其广大的农村情况还十分严重。

种姓的表现

各种姓之间在饮食方面有种种限制。他们把食物分为三类，即水果及奶制品、熟食和生食。水果类食物包括水果、牛奶、奶制品；熟食指用油和酥油炸的食物；生食指用开水煮熟的食物，如米饭等。一般来说，印度教徒只能吃本种姓或同级种姓或高于自己种姓的人做的"生食"，也可以吃低于自己种姓的人做的"熟食"。高级种姓的人不能从低级种姓的人手里接受任何食物和饮料，但高级种姓的婆罗门做的"生食"或"熟食"，其他种姓的人都可以吃，而首陀罗做的任何食物其他种姓的人都不吃。当然，对用水也不例外，各种姓不能合用一口井。尤其是首陀罗，必须使用自己的水井，否则会被认为他们玷污了井水，就会遭到痛打或处死。

婚姻方面也有严格的规定。①只许在同种姓内部通婚，同种姓的各副种姓之间可以互相通婚，但不能与副种姓以外的人通婚。②一般允许"顺婚"，而禁止"逆婚"，即高级种姓的男子可以娶低级种姓的女子，但较低种姓的男子不能娶高级种姓的女子，否则高级种姓的人会被开除出种姓之外。

不同种姓有不同的地位和权利。婆罗门的权利最大，社会地位最高；首陀罗的地位最低，备受歧视，无权上学读书，没资格进庙敬神，甚至有些地方的首陀罗不配让高级种姓的人看见自己的面孔。有时，老远发现有婆罗门种姓的人过来，首陀罗就得赶紧躲在路旁，等着婆罗门过去后自己再走，不然就要挨打，甚至还会活活被打死。有些地方，首陀罗身体的影子都不能落到婆罗门种姓的人身上，否则就会被认为是玷污了高级种姓的身体而遭到痛打，婆罗门种姓的人回家后得赶快洗澡，以去晦气。

各种姓的人有自己传统的固定职业，而且这种职业也有高低贵贱之分，并世代相传。凡是同宗教有关的职业，都认为是神圣的、高贵的，由婆罗门承担，例如祭司之类的工作；凡是同脏东西有关的工作都被认为是下贱的，如扫地、洗衣服之类的工作，大都由低级种姓的人来做。此外，与此相类似的工作，诸如当护士、理发、织布、染布、当差、当皮匠等，都被认为是下贱的，而这些下贱工作也有三、六、九等之分，一般认为扫地和当皮匠的最下贱。

各种姓的职业一般固定不变。高级种姓的人限制和反对本种姓的人改行从事外种姓的职业。例如，孟拉加邦有位婆罗门种姓的学生，虽已毕业，但因找不到工作，只好开了个理发店。当其他婆罗门得知这一消息后，则群起而攻之。这种例子在各地也是屡见不鲜的。因此，在印度还有另一种怪现象，一个家境贫穷的婆罗门，即使被迫给别人当佣人、看孩子、做饭，但绝不给人家打扫厕所，否则就认为降低了自己的身分，不少主人也知道这一点，因此，对她们不扫厕所也给予原谅。

印度种姓制度还规定，高级种姓的人不能吃肉、鱼和蛋类等。印度本是个发展中国家，经济并不富裕，不少人得不到足够的牛奶、黄油、水果和蔬菜等一些富有营养的食品，如果再不吃肉、蛋等食物，会影响人们的体质和智力的发育。印度人一般体弱多病，这是众所周知的事实，其原因固然很多，但其中也与食物有关。现在不少人也开始重视这一问题了。

另外，有些农民认为，化肥与白骨和肉类有关，因此，他们种地不施化肥，这就无形中影响了农业的发展。

种姓的危害

印度的种姓制度把印度教社会分成若干社会集团，集团之间有高低之分，贵贱之别，有的种姓之间彼此仇视，相互诋毁。这种情况，不仅限于印度教徒内部，对穆斯林、基督教徒等也有不同程度的影响：一不利于他们之间相互帮助，二有碍于他们彼此间文化交流。

由于种姓制度的限制，一般人对职业无权挑选，世代所传的职业不得随意更改。这样一来，便束缚了一个人的积极性和聪明才干的充分发挥。

种姓制度的存在，是妇女处境不佳的原因之一。正如著名学者穆克尔吉所指出的那样："在维护种姓的名义下，妇女的权利一天天丧失，获得的权利也得不到落实，不懂何谓结婚就被出嫁，每年生孩子，每天做家务、当仆人，好好侍奉是她们的工作，一旦成了寡妇也无权改嫁再婚。"

高级种姓享有特权，有些人利用特权，甚至打着宗教的幌子，满口仁义道德，却干着令人发指的勾当。所谓戴沃达锡风俗即其中一例，婆罗门祭司等人利用这一传统习惯，名为把一些少女买进寺庙为女神服务，实为把漂亮的姑娘买进寺院供他们蹂躏。有人严肃地指出："这些高级种姓的祭司把寺院变成了妓院，这些姑娘的生活实际上比妓女还悲惨。妓女还能靠此养家糊口，而这些姑娘不但分文不得，反而还得服从任何一个男子与自己同床的要求，哪怕是个麻疯病患者。"

受害者当然首先是低级种姓的人。据有关调查，当戴沃达锡的人90%以上是低级种姓的。例如，卡纳塔克邦的白勒岗地区的一座寺院，每年1月份就有5 000名少女或年轻妇女沦为戴沃达锡，情况可谓严重。除此之外，奥里萨、拉贾斯坦和马哈拉施特拉等邦也都有发现。

由于种姓制度内部通婚，也带来了不少社会弊端。谁家的女子都想嫁个高级种姓的男子，于是，在社会上出现了你争我夺高价购买新郎的风气。这种情况多以女方多出嫁妆的形式出现，以满足对方的要求。一些贪婪之家，婚后还向女方索取嫁妆，因得不到满足，将儿媳妇活活烧死。为了"先下手为强"，早早将女儿嫁出，童婚也就应运而生了。童婚的流行，影响了儿童的正常发育，因此不少人夭折，对社会造成了危害。这也是印度人平均寿命短和儿童寡妇较多的原因之一。

总之，种姓的危害很大，对国家的发展和个人生活的改善均有影响，人民，尤其是低级种姓的人对此强烈不满，不同形式的斗争此起彼伏，一再发生。政府也很重视，制定了有关法律，因而情况有所改变。

种姓的变化

在印度，随着工业的发展和城市的扩大，出现了一些新情况和新职业。有些新的职业不可能再以种姓来划分，一个人的能力和特长往往显得更加重要。这样，低级种姓获得了提高自己地位的机会，对传统的种姓势力有所冲击。另一方面，随着资本主义的发展，今天金钱的作用更为重要。在城市里，有些富人，不管他们原来属于哪个种姓，这时候他们在某种程度上要比那些高级种姓的穷人更吃得开，受人尊重（在乡村则不然，低级种姓的人再有钱，高级种姓的人还是歧视他们）。婆罗门的重要性同宗教有关，而今天信教的人数日益减少（尤其在文化界），婆罗门的作用自然有所下降。一个婆罗门，若无文化、收入不多、能力又差，人们也不认为他天生就聪明能干。

变化最大的是贱民。一方面有法律规定，对他们不准歧视，与其他种姓享有同等特权，在政府部门，新入学的学生人数中保证50%的比例，这是个进步。不过，婆罗门的最高贵的职业——祭司，贱民的最下贱的职业——扫地等，至今并无变化。不管哪一家结婚，举办婚礼时，没有看到由贱民做祭司的，也几乎没有看到一个婆罗门当佣人时给人家打扫厕所的。即使现代文明的都市都是如此，其他城镇和广大农村可想而知。

种姓的内婚制也受到了冲击。印度教的历来传统是实行内部通婚，这在城市里有所变化。由于教育的发展和科学的进步，今天在政治生活、社会生活、经济生活等各方面，男女之间可以彼此来往和相互接触，再加上法律的保证，出现了一些自由恋爱和晚婚现象。虽然不多，也是个可喜现象。这种婚姻有利于种姓歧视的消除。例如，有的婆罗门女子和刹帝利的男子自由结婚，尽管女方家里坚决反对，最后男女还是结婚成亲了。有的双方种姓不同，虽已结婚，家长并不承认，一年两年家长不予理睬，但久而久之，生米做成熟饭，只好认可同意。这种情况虽不多见，但也说明印度的种姓制度随着文化教育的发展正在开始变化。当然，这些现象还仅仅是出现在城市或一些有文化的青年之中，在广大农村则是另一回事。

对职业的看法也有所变化。种姓制度把职业分为高低贵贱，主要同宗教有关。今天的印度，衡量职业的高低不再都是以宗教思想为基础，而是以金钱、权力等作为标准。这个新尺度对当代新职业更为适用，一些传统的旧职业的地位则大大下降，有钱有权的职业被视为最高贵的了，因为它实际上决定一个人的社会地位和威望，所以今天的祭司职务在不少人看来，要比一个政府部门的职位低了。一个婆罗门，他若放弃祭司的职业而去从事商业，赚了很多钱，那么他的社会地位自然也会提高了。还有另一种情况，制鞋匠的职业本来是最低贱的，可是，他若开了个很大的制鞋厂，赚到很多钱，他也会受人尊敬。由此可见，工业化带来了新情况和新的社会价值观念。这个尺度不是一成不变的，也不是说现在职业高低的旧观念已经完全消除了，而是说以前认为好的职业现在不一定像以前那样认为重要，更不是说种姓制度不重要了，现在种姓还仍然在起作用。例如，在印度的文化古城贝拿勒斯，那里印度教盛行，若你说自己不是婆罗门，而是刹帝利或首陀罗，恐怕连找个住宿地都成问题。你若租房，房主首先问你是哪个种姓的，即使是婆罗门，也要问你吃肉与否，因为吃素者要高于吃肉者。这还是在城市，乡村则更加严重。

饮食上的限制也有变化。随着工业的发展，教育的提高和交通的发达，各种姓之间的来往接触的机会增多了，这样，饮食方面的限制也发生了一定程度的变化。城市里，出现了经济、政治、社会、文化等多种团体与组织，其种姓各不相同。他们为了共同的目的，彼此来往接触，去旅馆、饭店总不能再问彼此是什么种姓，吃些什么东西，饭菜是谁做的，用饭者都是些什么人等等。另外，政府也号召平等相待，反对歧视，结果使一些人思想渐渐解放。其实，吃什么食物，也不是一成不变的。例如，古时候婆罗门也吃肉，在《吠陀》里就有记载。有些动物的肉可做祭品，如山羊、绵羊、马等，由于受到佛教、耆那教和毗湿奴教的影响，后来认为吃肉的习惯不好，在《摩奴法典》和《雅迦沃格耶》法典中便禁止吃肉了。印度各地情况也不尽相同，至今印度有些地区，例如孟加拉邦和克什米尔地区的婆罗门还是吃肉的，这同地理环境有关，因为西孟加拉邦靠海，产鱼较多，自然有吃鱼的习惯；克什米尔大米较少，气候凉爽，吃肉自然较多。印度又有些地区，例如古吉拉特等地，就连低级种姓的人也不吃肉。另外，印度不少知识分子懂得科学，注意食物营养，有些人虽不吃肉，也吃大葱、大蒜（按规定不准吃）；有些人虽不吃肉和鱼，但是吃鸡蛋（照理也不能吃），因为他们知道鸡蛋里营养丰富，就连印度电视台也常宣传吃鸡蛋的好处。当然，还有另一方面的问题。一些低级种姓，例如首陀罗等，为了上升到高级种姓也放弃吃荤，改为吃素，向一些高级种姓进行机械模仿，以求改变自己的地位，虽然这种情况很少，但也是有的。总之五花八门，有各种各样的变化。

随着上述种种的变化，对首陀罗的歧视情况有所改变。有史以来，由于种姓歧视严重存在，引起了多次种姓斗争，发生了多次重大政治运动。结果作出了一些有利于改变种姓歧视的法律规定，取得了一些进展。例如，允许首陀罗进庙敬神，去旅馆住宿，到公共场所娱乐，可改行从事其他职业，等等。有些地方，也确实有了点变化，但总的说来变化不大。有些法律规定，收效甚微，形成法律条文是一回事，实际情况是另一回事，更有甚者，有些人公开认为：有些法律规定是错误的，因为它违反了历史传统；也有不少农村，还不知道什么是法律规定。在城市里，也有人明知故犯。例如，在今天一些学校里，教师知道不应歧视首陀罗子弟，但还是看不起他们，对他们态度不好。有些学生也是同样，例如，在食堂工作的首陀罗，有些学生知道了他们的种姓出身以后，便不再吃他们用手拿过的食物。

印度的种姓制度发生了上述变化，而且还在继续变化。但是何时基本上消除种姓歧视，目前尚难预料，至于说彻底根除，则是很遥远的事。因为种姓由来已久，根深蒂固。回顾历史，宗教对种姓的形成与保持起了相当大的作用，印度人笃信宗教，至今如果不叫他们信教是很难想象的。在不少人看来，不信宗教简直不可思议。另外，印度人中还有大量文盲，尤其是广大农村，缺乏教育，宗教迷信思想很浓，对国家领导人有时不一定知道，但对神名却了如指掌，背得很熟，想让他们去掉宗教迷信思想相当困难。

印度政府对这不合理的种姓制度力图解决，电视台上经常宣传，报纸上时有揭露。只是由于几千年来种姓制度根深蒂固，故种姓制度至今未能根除。当然它同经济和文化教育问题也不无关系，因此它的解决，恐怕是个长期而又艰巨的任务。

不可接触的贱民

关于印度教的四个主要种姓，即婆罗门、刹帝利、吠舍和首陀罗的问题，上面已经提到。除上述外，在社会上还有一部分人，传统上称他们为"阿丘得"，即不可接触的贱民，有的也称其为第五种姓，今天称之为"哈里真"或"表列种姓"。他们受到高级种姓人的欺压和凌辱，甚至惨遭杀害，前几年印度内政国务部长指出，近两年又有近千名"贱民"遭到杀害。

他们之所以被称为"阿丘得"（不可接触者），是认为他们所从事的职业是低贱的、不圣洁的。凡体内排出的东西，在高级种姓的人看来都是不圣洁的。因此，凡与上述这些东西有关的职业，例如扫地、洗衣、理发、修鞋等都被认为是不干净的职业。而从事这些职业的人也被认为是低贱的和不圣洁的，人们看不起他们，不愿接触他们，甚至连看"贱民"一眼，接触一下他们的影子，也被认为是玷污了自己，因此，避免同"贱民"接触，这便是"阿丘得"即"不可接触者"的由来。

种姓歧视由来已久，早在原始社会末期，就开始萌芽。后来在阶级分化和奴隶制形成的过程中，原始社会分工逐渐固定化和等级化，慢慢形成了等级制度。

在印度最早的宗教经典《吠陀》中，除了"达斯"以外，还使用了"旃陀罗"、"尼沙达"等词，他们被认为是社会地位最低的人。在吠陀后期，进行祭祀、宗教活动时，有关的圣洁思想便很严格讲究起来。尤其在《摩奴法典》时期，不可接触的思想是明确的。例如，一个婆罗门女子和一个首陀罗男子所生的孩子叫"旃陀罗"，最受歧视，对这种"不可接触者"不仅要驱逐出村外，而且让他们做那些表明他们是"最下贱"的工作。《摩奴法论》还明文规定：禁止一个"不可接触者"听、念《吠陀》经典咒语，否则就要被割掉耳朵；"不可接触者"无资格戴金首饰，穿绸衣服，用好炊具。到中世纪，甚至到独立之前，"不可接触者"还被禁止使用上述用品。"不可接触者"只能住在村外，而且要住在村镇外风向的下方，即风先从高级种姓的住处吹过才成，而不能相反。上学也受到限制，高级种姓的学生不愿同他们坐在一起，教师歧视他们，理发师不给他们理发等等。在历史上有些人受到耆那教和佛教影响，对"不可接触者"的处境深表同情，试图改革，可是直到穆斯林统治印度为止，贱民的情况并无明显改善。尽管纳那格、查德埃等社会改革者做了大量工作，使成千上万受高级种姓压迫的"贱民"加入了伊斯兰教。英国人入侵后，当局也做了大量工作。独立后，印度政府也采取了一些措施，力图解决历史上遗留下来的这一难题，致使情况有所好转。

所谓的贱民，受到社会的种种歧视，归纳起来，主要表现在以下几个方面：

（1）经济方面。他们的经济状况很差，他们的职业一般世代相传，不得随意更改。例如，理发的世代理发，修鞋的祖辈修鞋，洗衣匠的后代永远洗衣，即使有从事其他工作的能力和才干，也无权改行。在同一工厂，他们只能从事条件最差的工作。所以他们一般生活艰苦。在农村，他们大多数无地，只能给人当雇工、做奴隶。另外，以宗教为名对他们进行欺骗，把他们所忍受的一切都说成是合理的，"若这一生不好好干活，下世生活将会更悲惨"。对他们残酷剥削，"一年劳动所得无几，只能过着衣不蔽体，食不果腹的生活，最后一旦生病，只能像牲畜一样，药吃不上一剂，只好默默悲惨死去"。有不少人靠借债维持生活，负债累累；有些人终身或几代当债务奴隶。

（2）在社会上倍受歧视。有人说他们比奴隶还惨，这话不无道理。因为奴隶至少还有个"主人"，同主人有"人"的关系，而"不可接触者"全家受到全村人的压迫，如同全村集体的奴隶，任何一个"不可接触者"无资格同高级种姓的人有"人"的关系，从这个意义上讲，确实连奴隶都不如。由于他们社会地位最低，高级种姓的人对他们另眼看待，就连他们的目光及身体的影子都不能落到高级种姓人的身上，一旦不慎，接触之后，高级种姓人则认为是一种倒霉或不祥之兆，"不可接触者"会招来麻烦，轻者挨骂，重者挨打，甚至会被活活打死。

（3）政治上对他们非常歧视，他们的权利得不到保障。印度独立以后，政府采取了不少措施，有些情况已经杜绝。但是应该看到，种姓歧视流毒较深，至今影响仍在。例如有些地区，"不可接触者"上学受到限制，受教育的权利得不到落实，就连正常生活都受到种种限制，有些地方，至今"不可接触者"住旅馆、去食堂，以及学生在校住宿等都受到限制和刁难。南印度有些地方情况更为严重，他们连穿干净衣服、戴首饰的权利也没有。若路途发现有高级种姓的人走来，他们必须恭恭敬敬站立一旁，等着别人过去，自己再上路。更可悲的是，"不可接触者"自己也彼此歧视。他们本身又分许多"亚种姓"，相互歧视，例如鞋匠不愿接触洗衣匠，而洗衣匠又不愿意接触清道夫，如此等等。

（4）在宗教方面的歧视表现得也很严重。虽然法律规定，公民有信仰自由，但实际上并非如此。不少地方的"贱民"无权进庙敬神，甚至他们连读宗教书籍或参加宗教仪式的权利也被剥夺了。

对"不可接触者"的歧视危害很大，既不利于国家统一和民族团结，又妨碍经济繁荣和生产的发展。因此不可避免地引起下层人民的反对，出现了多次反抗运动。早在1865年就出现过以温叠约巴特耶为首的改善"贱民"状况的运动。继他之后又出现过以欣泰为首的声势浩大的运动，后来又在孟买成立了"被压迫阶级协会"，这些都产生了一定影响。继他们之后，在辛白德格尔的领导下，抗议活动搞得轰轰烈烈。后来又有"全印被压迫阶级协会"和"全印被压迫阶级联合会"相继成立，推动了运动的进一步发展，产生了一定影响。1914年在德拉温高尔地区"贱民"们又掀起了争取宗教权利的斗争，斗争取得了一定的胜利。

1931年，甘地在孟买成立了一个协会，并且展开了绝食等斗争。绝食斗争失败之后，协会在孟买举行了一次会议，成立了一个"哈里真服务同盟"。在穆罕·马勒威耶的领导下，协会一致通过了一项决议，决议中说：从今以后，种姓中不再以一个人的出身定为"不可接触者"，那些一直被称为"不可接触"的人将和其他印度教徒一样，享有进庙敬神，去井里汲水，上学读书，在公路上行走以及参加其他公共团体的权利。

"哈里真服务同盟"在各邦都有它的分会。这个组织在宣传消除种姓歧视，主张平等精神，争取哈里真进庙敬神的权利等方面做了大量工作。同时，为改善贱民的经济状况开展了一些同企业有关的训练工作。还为发展他们的家庭手工业和提供更多的医药援助作了不懈努力。另外为他们开办了学校，并向家庭有困难的学生提供助学金和奖学金。通过这个组织的努力，南印度不少庙宇为"贱民"敞开了大门。这个组织利用宣传、广告、话剧、传单、集会等手段来努力宣传消除种姓歧视的必要性和重要性。

当时，全国性的维护"贱民"利益的组织有"印度被压迫阶级同盟"。这个组织也有不少分支，分布于全国各地，工作开展得很活跃。它们主要是做些宣传工作，通过他们的工作，不少"贱民"得到了进庙敬神、去旅馆住宿和到公共水井汲水的权力。

1936 年，当局制订了改善"贱民"生活状况的计划。1936 年至 1940 年，为改善"贱民"健康和教育条件提供了一些经济援助。

尤其印度独立后，政府为改善"贱民"的状况做了大量工作，1948 年国会曾通过一项废除种姓制度的议案。后来在《宪法》中又作了保护他们利益的法律规定，例如 1955 年通过了消除种姓歧视的宪法条款，各邦政府也制定了相应的法律。根据法律规定，"贱民"有权去公共场所祈祷，有资格去圣河、圣湖沐浴或取水，有权去商店、旅馆或公共娱乐场所，谁若阻挡或刁难，将依法受到惩处，每个人都有权在村、镇里居住和戴各种首饰。有权去公共医院看病、买药，有权上学读书和在校住宿等。同时，还作了明文规定，他们有权挑选职业，阻拦者将以鼓动种姓歧视论罪，并受 6 个月的监禁，或被罚款 500 卢比。

特别在教育方面更是采取了一定措施，例如为他们提供食宿方便，提供必要的费用，如助学金、学杂费等。因此，过去 30 多年来，他们识字率有了提高。尽管从总的来说，他们的文化水平仍偏低，但毕竟有了很大进步，据有关统计，表列种姓中，识字率为 14.7%（而全印度为 33.8%）。他们中的妇女识字率仅占 6.44%（而全印妇女识字率为 22.5%）。她们中学习成绩好的还可被派往国外学习，为她们提供一切方便。

对他们进行支援投资。从 1951 年到 1980 年底，即过去的 30 多年中，为表列种姓和表列部族提供了大量物资援助，价值 2030.3 千万卢比以上，第六个五年计划中即 1980—1985 年为表列种姓和表列部族投资为 960.3 千万卢比。第六个五年计划的主要目的之一是消除其穷困。因此，在第六个五年计划中，为发展表列种姓的经济，在实际纲领中，强调了土地开发、农业生产和畜牧业、饲养业的发展等问题。

在强调发展经济的同时，政府还注意了改善他们的卫生保健设施和居住条件，诸如开办医院、解决用水、建立婴儿和产妇的福利中心以及修路筑桥发展交通事业等。

从以上不难看出，政府为改善"不可接触"的"贱民"状况做了不少工作，也收到一定成效，但是仍存在不少问题。

　　虽然在法律上有消除种姓歧视的种种规定，但由于阶级矛盾和社会矛盾的激化，种姓制度的劣根仍在印度社会中顽固地存在着。因此在执行法律的过程中还存在不少问题，有些地方歧视"贱民"的现象还非常严重。根据印度官方公布的数字，20世纪70年代以来，迫害"贱民"的事件仍十分严重，印度人口81%是分布在农村，这些人大多没有文化，受着宗教和迷信思想的束缚，因此，对他们来说，宁可不遵守法律规定，也要遵守宗教传统和陈风陋习。所以种姓歧视有它广泛而又顽固的社会基础和宗教基础，一下子不可能解决。

　　尽管种姓已经发生了不少变化，但它仍然是"印度进步和强盛道路上的基本障碍"，随着社会的进步和经济的变化，种姓问题最终会得到解决的。不过像印度这样一个国家，种姓的历史久远，根深蒂固，再加上各种矛盾错综复杂，因此，可以断言不经过艰苦长期的努力，不付出巨大的代价是不行的。也就是说，只要印度教徒的思想不彻底改变，种姓歧视就不会消除，而且实际已经表明，解决种姓问题不能只靠法律，法律只不过是一种辅助手段，而且这一道路势必是漫长、艰辛的。

备受摧残的女性

　　在印度，不但存在着种姓间的等级差别，性别之间的不平等同样显著，女性地位的低下表现得十分突出，这可以从女方嫁妆和寡妇地位这两点中充分体现出来。

　　（1）女方嫁妆。

　　印度教徒结婚花费之大是令人咋舌的。凡是参加过印度教婚礼的人，无不深有体会。出嫁妆、送彩礼、设宴会、招待来客和迎亲队等等如同盛大庙会一样，张灯结彩，锣鼓喧天，他们认为花费越大，越光荣体面。因此，人们结婚往往像比赛一样，看谁花的钱多。为了维护所谓的尊严和荣誉，许多人家几乎弄得倾家荡产。

　　遭受经济负担重压的是女方而非男方，这大概也是印度的一大特色。在印度的广大地区，都时兴女方给男方一大笔钱和物，作为嫁妆。

　　印度物价昂贵，而且不断涨价，印度有3/4的人仅能维持最低生活水平，若给女儿办婚事，偌大一笔钱从何而来？父母为此愁眉深锁。因此往往有这种情况，在订婚时，男方显得高贵，女方显得低贱。在相互交往中，男方态度傲慢，女方则只能忍气吞声甘受对方的歧视和欺侮。最后谁家给的嫁妆多，男方就答应同谁家的女子结婚。男子像被拍卖的商品一样，待价而沽，谁多出钱，就被谁拿走。

　　这样，普通人家若有几个待嫁闺中的女儿，处境便十分困难。嫁妆少，女儿就嫁不出去。由于女儿年龄已大，父亲每每抱着很大希望外出寻找合适的女婿，

— 176 —

当一听到男方提出的种种苛刻要求，心就冷了，只好快快而返。每当如此，为父的满脸愁容，妻子也老泪纵横，女儿悲悲切切，后悔不该到这世界上来。一家人无计可施，只好卖掉家里的首饰、家具等。但也杯水车薪，无济于事，只好到处借贷。就是借到一点钱也有限，不能"买"到一个称心如意的女婿，于是只好强迫女儿屈嫁给不相配的男子。这在父母看来，总算了却了一桩心事。但是，由于出的嫁妆少，嫁出去的女儿在男家只好忍气吞声，看婆婆和小姑子的脸色过日，忍受着嘲讽、责备甚至毒打，苟且偷生。有些还会被摘下身上的首饰，或扒下身上的衣服痛打一顿，然后把她们赶回娘家，硬逼她们去要嫁妆，女儿害怕父母听到自己的苦楚心里难过，再为自己设法弄钱，因此，不少懂事的女子，因无法忍受痛苦，宁可自杀身亡，也不再向父母要钱。

过去有些人曾经想把女孩子毒死或杀死，这样一了百了。在英国人统治时期，这种做法一度蔓延，曾经引起英国人的注意。于是殖民政府出来干涉，制定了法律，禁止杀害女孩。女儿本父母所生，结果父母却成了杀害亲生骨肉的刽子手。这也是人间的一大悲剧。

印度教社会一般认为，生男孩幸运，生女孩倒霉，其原因同女孩结婚时要嫁妆有关。而男孩在结婚时却可以得到大量的财产。因此男孩在某种程度上被认为是摇钱树。男孩一出生，全家心花怒放，个个喜笑颜开；而女孩一生下来，全家扫兴，个个愁眉苦脸。更有甚者，就连生女孩的母亲也要遭到虐待。一家若有两个年龄相仿的男孩和女孩，待遇则有天壤之别。平时，给男孩吃的牛奶、黄油、糖果等要比给女孩的多；在穿着、玩具等方面，男孩也优于女孩，往往是先满足男孩的要求，然后再给女孩。上学受教育的时间也不同，让男孩上学的时间长，供女孩上学的时间短。不少人认为，只要女孩能写信，能读《罗摩衍那》就可以了。这是比较普遍的社会现象。

女孩的不幸远不止此。有的女孩已到结婚年龄，由于男方索取嫁妆太多，女方出不起，有的家长就迁怒于女儿身上，于是从小到大，女儿一直处于被歧视的地位。

有的学者调查，不少印度教徒家庭收入的1/3用于婚事，钱财不够，于是想出种种办法，不法行为到处泛滥。可以肯定地说，嫁妆影响了社会秩序和人身安全，阻碍了社会的发展，成为人民生活贫困的原因之一。

有的学者对高级种姓的家庭作过专门调查，发现有不少姑娘已达32~35岁还未结婚成家，这也同嫁妆有关（按印度教风俗，高级种姓女子不能嫁给低级种姓男子）。像这些女子，据说大多一辈子守在家里。她们忍受着各种痛苦，过着死人一般的生活。也有的女子索性自己做主，同不理想的人结婚，有的甚至沦入妓院。因此印度政府呼吁有效地消除嫁妆陋俗带来的日益严重的危害，严厉抨击了印度传统的嫁妆习俗。

(2) 寡妇的命运。

寡妇各国皆有，但其处境之悲惨，以印度教寡妇为最。印度教的女子一旦死了丈夫，就等于失去了做人的权利。她们从此不能再穿带花带色的衣服，不能佩戴首饰，甚至被视为凶兆，谁若碰上她，被认为是一件倒霉的事情。因此，她们只好终生在家干繁重的家务，为他人照看孩子。即使头脑中闪了一下自己想生孩子的念头，也是一种罪过。她们被看成是家中的负担，不得不忍受全家人的呵斥。她们在生活中没有快乐和任何享乐的权利，只得过忍耐再忍耐的日子。哪怕是位年纪很轻的寡妇，也只能这样度过一生。这种情况，在印度所谓高等种姓和中等种姓中以及广大农村较为多见。

印度有个传统习惯，男子死了妻子，可以再娶，一个、两个、三个，只要妻子死去，丈夫就可以再娶。但是，若是丈夫死掉，妻子则不能改嫁。远在吠陀时期，寡妇是可以改嫁的，没有什么限制和规定。往后，寡妇改嫁逐渐减少，尤其到了公元 2 世纪以后，寡妇改嫁就开始遭到反对了。大约到公元 10 世纪以后，情况进一步恶化，尤其到了 11 世纪，情况的恶化几乎达到了顶峰，寡妇改嫁全被取消，即使幼年寡妇也不许改嫁。

印度教寡妇生活很惨，她们虽然活着，但几乎和死人一样。在有的地方，她们甚至被剃成光头。至于丈夫留下的财产，寡妇无权享受。到后来，寡妇殉葬制度非常流行。1829 年英国政府通过法律，才废除了殉葬制度，但改嫁问题并未真正解决。在过去的七八十年间，由于文化的提高及西方的影响，改嫁问题有所变化，但变化不大。今天印度寡妇仍有 3 000 万以上。追其原因，有以下几个方面：

首先，把结婚看成永久的关系。在印度教徒看来，一个女子的丈夫虽然死掉，但他们来世仍是夫妻，妻子无权破坏。丈夫死后，忠贞的妻子才能得到"解脱"，死后才能升天，俩人才能在天堂相会。

其次，宿命论的思想。他们相信命运，一位女子成了寡妇，归之于她的恶运，认为命运不佳。因此，其他男子也不敢或不愿同她结婚。

再次，森严的种姓制度也妨碍了寡妇的改嫁，一位寡妇若要改嫁，则有被逐出种姓之外的命运。

最后，文化落后也是一个重要的原因。印度绝大多数妇女是文盲或半文盲，她们一方面迷信，宗教思想很浓；另一方面受传统旧思想影响很深，这也阻碍了她们改嫁。

限制寡妇的改嫁，产生了各种社会问题，成为印度的严重社会问题之一。

①寡妇自焚殉夫时有发生。由于限制寡妇改嫁，从前，妻子殉葬风俗普遍，丈夫死后，在焚烧丈夫的尸体时，妻子跳入火中，活活被烧死。这有两个原因：第一，认为妻子永远属于丈夫，丈夫死掉她也应该跟去，这样才是忠贞的妻子。

第二，丈夫死去，留下妻子守寡，生活难过，为免受各种折磨，死去反比活着好些。

②造成自杀事故。寡妇自杀，往往由于生活过分艰难，忍受不了折磨和虐待，因而寻了短见；也有些年轻寡妇同别人发生了关系，怀孕或生了孩子，出于羞愧和害怕，一死了事。

③妓女的数量增加。寡妇是印度社会中妓女主要来源之一。从一些调查证明，由于限制寡妇改嫁，不少人沦入妓院，当了妓女。这里有几种情况：第一，寡妇忍受不了家中对她的歧视和虐待，因而索性到了妓院。第二，有的因为丈夫死后，家中经济困难，无法维持生计，因而来到妓院谋生。第三，有的年轻寡妇不愿守寡，已同别人发生了关系，因而来到了妓院。或者是被家中赶出，走投无路，当了妓女。

④改信异教。据有的学者研究，由于限制寡妇改嫁，寡妇又受不了家人的折磨，不得不脱离印度教，改信了伊斯兰教或基督教等。改教以后，再进行改嫁，从此可以过上正常人的生活。

⑤构成社会犯罪的原因之一。通过各邦警察提供的犯罪数字表明，属于寡妇打胎、卖淫、酗酒、赌博、自杀、凶杀的犯罪比例很大。

印度寡妇最悲惨命运莫过于殉夫了。丈夫去世后，在焚烧他的尸体时，妻子跳入火中，其亲生儿子举火点柴，焚烧其母，此时此刻，儿子无怜惜之心，谓从母之志，可使母亲享福于九泉之下，亲友对此不以为惧，反而庆贺的习俗。

男尊女卑，古今中外，不乏其例。但焚烧寡妇的陋习，恐怕只有印度一国如此。

印度寡妇殉葬的习俗始于何时，众说纷纭，莫衷一是。这一习俗之所以形成，与歧视妇女有直接关系。据史书记载，在雅利安人社会里，重男轻女，妇女地位相当低下。人们认为：妇女的本分是结婚，做妻子，干家务，恃候丈夫，生育主持祭祀的男子。妻子对丈夫要绝对服从，保持贞节，贞节被看做是妇女的最高美德。到了吠陀时代末期，寡妇再婚开始受到一定限制，只允许无子的寡妇改嫁，但在吠陀时代文献中，没有发现寡妇殉葬风俗的记载。不过，也有的学者研究，在吠陀时期，"有个别寡妇随夫尸体被焚烧的事例"，也有人认为，在这一时代，不能排除有出于对丈夫的感情而自愿殉葬的寡妇。但是到了史诗时代，情况有了变化。在两大史诗中，提到妻子殉夫的事。据记载，公元前 4 世纪，在旁遮普的迦特族中寡妇殉葬十分盛行。

到了印度教时代，寡妇的地位进一步下降，殉葬的事情更多了，同时对寡妇的清规戒律也更加苛刻。根据《摩奴法论》的规定，"妇女不当独立"、"寡妇禁止再嫁"。"丈夫死后，寡妇以花根、果为食，以消瘦身体，并且不准再提其他男子的姓名。"生活如此悲惨，有些寡妇感到无法忍受，与其偷生于世，受人千般虐待，不如一死了事，于是殉葬的人数自然增多。据记载，当时在上层和拉其普特人中，寡妇殉葬的风俗非常盛行，要么与丈夫尸体一起焚烧，要么单独自焚，各种情况均有。同时还规定，死者若有数妻，则正妻与死夫一起殉葬，其余妻子要单独自焚。此外，为丈夫殉葬有两种形式：一种叫做同丈夫一起殉葬，即妻子与死夫尸体一起火化；一种叫模仿殉葬，即妻子与故去丈夫的遗物一起火化。假如丈夫死时，妻子有孕在身，则等她分娩后再同丈夫的遗物殉葬。若同时有几个妻子，则只有正妻有权同死去的丈夫一起火化，其余妻子各自随死去丈夫的遗物殉葬。若有特殊情况，如丈夫死在异国他乡，他忠诚的妻子闻讯后先用丈夫的鞋接触一下自己的胸口，然后跳入火中自焚。若不殉葬，则被人认为是失去贞节的人。据当时外国一位目睹者的书中记载：寡妇殉葬十分凄惨。妻子知道丈夫确实已死，则先去洗澡，然后穿上新衣服，戴好首饰，来到焚尸场附近的树荫下。焚尸场附近定有个池塘，树荫下有婆罗门和其他人聚集那里，还有乐队伴奏，池塘边燃烧着一堆熊熊烈火。在树荫下准备殉葬的妇女，到池塘中洗完澡后，身上只披一件单衣，把脱下的所有衣服和摘下的全部首饰，一一扔进火里，然后自己跳入火中。这时，锣鼓声、乐声骤起，在场的人手持木棒，向火中女子身上砸去，以免她跳出火外。作者目睹如此惨景，吓得昏死过去。

据记载，在孔雀王朝时期（公元前4~前2世纪），殉葬制虽不盛行，但仍有妇女殉葬之事。一些希腊历史学家也曾提到在旁遮普的迦耶特种姓中盛行殉葬的事情。在笈多王朝时期（公元4~6世纪）允许寡妇改嫁，但也有所谓自愿殉葬的，情况比较复杂。到戒日王朝时期，殉葬习俗仍然保持，戒日王之母据说是自愿殉葬的。另据记载，有的妻子在丈夫未死前，竟先跳火自焚。凡此种种，不胜枚举。

到了中世纪穆斯林进入印度以后，对"斯迪"制度起到了推波助澜作用，使这一陋习得到进一步发展。特别是莫卧儿帝国建立以后，妇女的地位更加悲惨。婆罗门为维护印度教，保持妇女所谓的贞节和血统的纯洁，不愿与穆斯林通婚。这样一来，丧夫的寡妇也难免深受其害。于是，一方面女子结婚的年龄越来越小，八九岁的儿童被迫出嫁，童婚更加盛行；另一方面，对妇女尤其是寡妇又作了更加严格的规定，"殉葬已不再是凭寡妇自愿，而是全凭行政命令"，大有把寡妇这一名称从社会上清除掉之势，不少寡妇由于受苦太深，感到无法忍受，只想殉夫一死，以"获天堂之乐"。因此这一时期，殉葬制度变得更加惨无人道、骇人听闻。总之，为维护妇女的贞节，印度教徒把妇女从生到死置于严密控制之下，她们的生存权和自由权被剥得精光，甚至有逼迫寡妇服毒的惨事。

寡妇殉葬的陋习所以日益严重，与一些立法者们对"斯迪"制度的大力支持和鼓吹有密切关系。他们大肆宣传所谓殉夫的好处，如"若殉夫而死，可赢得来生幸福。凡女人甘愿与亡夫之身同焚者，不但今世可流芳青史，且其来生必享无穷之快乐"。这些纯属欺人之谈的花言巧语，欺骗了许多无知的妇女，她们信以为真，认为殉夫是至高无上的美德，既可获得天堂之乐，又可光耀门庭。再加上印度教轮回思想影响，成千上万的妇女受骗上当，甘愿殉夫，使这一习俗得以延续，不过，并非所有殉葬女子全都自愿，被迫者大有人在，特别在国王逝世时，往往有强迫多数妇女殉葬的事情。据有关史书记载，直到14、15世纪时数百嫔妃宫女殉葬还时常发生。

殉葬制度始于王公阶层，而且流行很早。大约最早是从王公逝世时妃嫔殉葬之风发展而来，进而扩大到上流阶级，以后普及于一般妇女。

一些古代立法者、经典家对"斯迪"制度积极支持，使许多妇女死于殉葬，但也有不少有识之士满怀义愤，以不同形式表示反抗和进行斗争。尤其值得一提的是17世纪的著名社会改革家罗姆·摩汉·罗易，他为取消"斯迪"制度，提高妇女的地位，作出了杰出的贡献。是他首先站出来坚决反对寡妇殉夫，他撰写文章，发表演说，严厉抵制这一陋习，指出它是"吃人的制度"。他的行动，遭到守旧派的强烈反对和围攻，甚至影响到生命安全，但他仍坚持不懈地进行斗争。在他的领导下，孟加拉邦内开展了声势浩大的反对寡妇殉葬自焚活动。英国当局于1829年宣布禁止寡妇殉葬。此禁令使一些守旧的印度人哗然，起劲反对，请求免除禁令，并且宣称，禁令"是干涉印度的宗教信仰"。反对未获成功，最后强行贯彻，首先在孟加拉执行。后来，由于社会改革者不断努力，英国当局于1856年又作了法律规定，废除"斯迪"陋习。以后情况有所好转，但是寡妇殉葬还时有发生，直到独立后也未杜绝。到20世纪80年代还屡有发生。让人不可思议的是1980年12月间，"在新德里竟有数百名妇女上街游行，鼓吹这种所谓贞节"。印度各界对这一事态的发展深表关切，当时的印度总理甘地夫人明确表示，她的政府反对恢复"斯迪"。

由此证明，印度的"斯迪"制度根深蒂固，流毒甚广。这同印度的宗教信仰、妇女地位低下、文化落后有关。要彻底根除这一陋习，杜绝"斯迪"发生，还得经过一番努力，需要一段时间。

第七节　西方神典——《圣经》

1. 创　世

在宇宙天地尚未形成之前，黑暗笼罩着无边无际的空虚混沌，上帝那孕育着生命的灵运行其中，投入其中，施造化之工，展成就之初，使世界确立，使万物齐备。

上帝用七天创造了天地万物。这创造的奇妙与神秘非有形之笔墨所能写尽，非诉诸言语所能话透。

第一日，上帝说："要有光!"便有了光。上帝将光与暗分开，称光为昼，称暗为夜。于是有了晚上，有了早晨。

第二日，上帝说："诸水之向要有空气隔开。"上帝便造了空气，称它为天。

第三日，上帝说："普天之下的水要聚在一处，使旱地露出来。"于是，水和旱地便分开。上帝称旱地为大陆，称众水聚积之处为海洋。上帝又吩咐，地上要长出青草和各种各样的开花结籽的蔬菜及结果子的树，果子都包着核。世界便照上帝的话成就了。

第四日，上帝说："天上要有光体，可以分管昼夜，做记号，定节令、日子、年岁，并要发光普照全地。"于是上帝造就了两个光体，给它们分工，让大的那个管理昼，小的那个管理夜。上帝又造就了无数的星斗。把它们嵌列在天幕之中。

第五日，上帝说，"水要多多滋生有生命之物，要有雀鸟在地面天空中飞翔。"上帝就造出大鱼和各种水中的生命，使它们各从其类；上帝又造出各样的飞鸟，使它们各从其类。上帝看到自己的造物，非常喜悦，就赐福这一切，使它们滋生繁衍，普及江海湖河、平原空谷。

第六日，上帝说："地要生出活物来；牲畜、昆虫、野兽各从其类。"于是，上帝造出了这些生灵，使它们各从其类。

上帝看到万物并作，生灭有继，就说："我要照着我的形象，按着我的样式造人，派他们管理海里的鱼、空中的鸟、地上的牲畜和地上爬行的一切昆虫。"上帝就照着自己的形象创造了人。

上帝本意让人成为万物之灵，就赐福给他们，对他们说："要生养众多，遍满地面，治理地上的一切，也要管理海里的鱼、空中的鸟和地上各样活物。"按《圣经》的说法，人类是这个世界的管理者和支配者。

第七日，天地万物都造齐了，上帝完成了创世之功。在这一天里，他歇息了，并赐福给第六天，圣化那一天为特别的日子，因为他在那一天完成了创造，歇工休息。就这样星期日也成为人类休息的日子。

"造化钟神秀，阴阳割分晓。"上帝就是这样开辟鸿蒙，创造宇宙万物的。

2. 伊甸园

造人，是上帝最后的也是最神圣的一项工作。最初的时候，天上尚未降下雨水，地上却有雾气蒸腾，滋生植物，滋润大地。上帝便用泥土造人，在泥坯的鼻中吹入生命的气息，就创造出了有灵的活人。上帝给他起名叫亚当。但那时的亚当是孤独的，上帝决心为他造一个配偶，便在他沉睡之际取下他一根肋骨，又把肉合起来。上帝用这根肋骨造成了一个女人，取名叫夏娃。

上帝把夏娃领到亚当跟前，亚当立刻意识到这个女人与自己生命的联系，他心中充满了快慰和满意，脱口便说："这是我骨中的骨，肉中的肉啊！可以称她为女人，因为他是从男人身上取出来的。"男人和女人原本是一体，因此男人和女人长大以后都要离开父母，与对方结合，二人成为一体。

亚当的含义是"人"，夏娃的含义是"生命之母"。他们是中东和西方人传说中人类的生命之初，是人类原始的父亲和母亲，是人类的始祖。

上帝在东方的伊甸，为亚当和夏娃造了一个乐园。那里地上撒满金子、珍珠、红玛瑙，各种树木从地里长出来，开满各种奇花异卉，非常好看；树上的果子还可以作为食物。园子当中还有生命树和分辩善恶树。还有河水在园中淙淙流淌，滋润大地。河水分成四道环绕伊甸：第一条河叫比逊，环绕哈胖拉全地；第二条河叫基训，环绕古实全地；第三条河叫希底结，从亚述旁边流过；第四条河就是伯拉河。作为上帝的恩赐，天不下雨而五谷丰登。

上帝让亚当和夏娃住在伊甸园中，让他们修葺并看守这个乐园。上帝吩咐他们说："园中各样树上的果子你们可以随意吃。只是分辩善恶树上的果子你们不可吃，因为你吃的日子必死。"

亚当和夏娃赤裸着绝美的形体，品尝着甘美的果实。他们或款款散步，或悠然躺卧，信口给各种各样的动植物取名：地上的走兽、天空中的飞鸟、园中的嘉树；田野的鲜花。

他们就这样在伊甸乐园中幸福地生活着，履行着上帝分配的工作。

3. 原　罪

伊甸园中有棵禁止享用的果树，叫分辨善恶树，是上帝为考验人的信心而设置的。据说撒旦原是上帝的天使，后来堕落成为魔鬼和恶灵的首领。有一天，他以蛇的形状向夏娃显现，并以十分狡诈的口吻试探夏娃说："上帝岂是真说不许你们吃园中所有树上的果子么?!"

传说蛇最初人身长尾，还有一对漂亮的翅膀，能在空中飞翔，长得非常美丽；那时候所有的动物都很温驯善良，只有蛇因为有恶灵附体，非常狡猾。蛇从空中飞落到地面，从地上立起身子来与夏娃说话，形状有点像个大问号。疑问在夏娃心中萌动了。夏娃虽然有些动心，但信心的根基并没有动摇。她如实地转达了上帝的诫命："园中树上的果子我们可以吃，唯有园当中的那棵树上的果子，上帝说：'不可以吃，也不能摸，免得你们死。'"

撒旦听出夏娃口气中的丝微犹豫，他扬扬翅膀展开了攻势："你们不一定死，因为上帝知道你们吃了果子。眼睛就亮了，你们便和上帝一样知道善恶了。"

夏娃见那树上的果子非常鲜嫩光洁，悦人眼目，惹人心爱，比她吃过的任何果子都要好。她听说吃了它还可以具有与上帝一样的智慧。她纯洁天真的心理天平倾斜了，上帝的告诫被抛到九霄云外。她终于伸手摘了那本来禁止人摘的果子，吃了下去；她又给了亚当，亚当也吃了。

两颗果子好像强力剂注入了混饨蒙昧的两颗心。二人的精神世界顿时澄清了，明晰了，他们的眼睛明亮了。他们开始分辨物我，产生了"自我"的概念，他们无比沮丧地发现，自己赤裸着身体，是羞耻的事情。于是他们用无花果的叶子为自己编织了裙子，来掩饰下体。

上帝造人以后，这是人第一次违背上帝的命令，因而犯下了必须世代救赎的罪孽，称为原罪。意即原初的，与生俱来的罪。

4. 失乐园

亚当和夏娃偷食禁果以后，世界便为此颠倒。原来温暖如春的天空中盘旋着背离上帝的寒流，凉风一阵紧似一阵地吹过来，世间的一切都开始变得紊乱而不和谐。道分阴阳，动静相摩，高下相克。人失去了天真烂漫、无忧无虑的童年，注定要经历酸甜苦辣的洗礼，体验喜怒哀乐的无常。智慧是人类脱离自然界的标志，也是人类苦闷和不安的根源。

上帝在园中行走，亚当和夏娃听见他的脚步声。此时他们的心与上帝有了罅隙，出于负罪感，他们开始在树林中躲避上帝。上帝对人的堕落发出了痛切的呼唤："亚当，你在哪里？人哪，你在哪里？"

这呼唤中包含着上帝对人犯罪堕落，失掉了赐给人原初的绝对完美的忧伤与失望，又包含着对人认罪归来，恢复神性的期待。然而在上帝一步紧似一步的追问面前，亚当归咎于夏娃，夏娃委罪于蛇。这就是上帝对人类最初的失望与忧伤，这就是人类背离上帝的最初堕落与痛苦。

亚当对上帝说："我在园中听见您的声音，就害怕，因为我赤身露体，我便藏了起来。"

"谁告诉你赤身露体的呢？莫非你吃了我吩咐你不可吃的那树上的果子么！"上帝知道他已背离了自己的意志，愤怒地质问。亚当辩解说："您所赐给我与我同居的女人把那树上的果子给我，我就吃了。"

上帝回顾夏娃，问她："你都干了些什么呢？"

夏娃说："那蛇引诱我，我就吃了。"

上帝知道人的僭越已无法挽回，既然他具有智慧，就应承担与智慧相称的责任。上帝责罚罪魁祸首的蛇说：

"你既做了这事，就必受咒诅，比一切的牲畜禽兽更甚，你必用肚子行走，终身吃土。我还要叫你和夏娃彼此为仇，你的后裔和她的后裔也彼此为仇。她的后裔要伤你的头，你要伤他的脚跟。"于是蛇就失去了翅膀和人身，变成了一根弯弯曲曲的长虫，令人生厌。它只能用肚子爬行，钻洞吃土。

上帝接着责罚率先堕落的女人夏娃道："我必多多增加你怀胎的苦楚，你生产儿女必多受痛苦。你必恋慕你丈夫，你丈夫必管辖你。"

最后，上帝对亚当说："你既听从了妻子的话，吃了我所吩咐你不可吃的那树上的果子。土地必因为你的缘故受咒诅，你必须终身劳苦，才能从地里获得粮食。土地必给你长出荆棘和蒺藜来。你也要吃田间长出的蔬菜，你必汗流满面才能糊口，直至你归了土。因为你是从土里创造出来的，你本是尘土，仍要归于尘土。"

人类因为发挥智慧而创造了文明；因为滥用了智慧而受到诅咒。沃土长上荆棘，绿色原野成为荒漠，晴朗的天空变得乌烟瘴气，清澈的河流秽物漂流。人性如果受到邪恶败坏，就会导致可怕的后果——毁灭，人就可能失掉永生（生生不息繁衍）的权利，他将出于尘土而复归于尘土。这是一个古而常新的警钟。

上帝说："那人已经与我们相似，能知道善恶，现在恐怕他伸手又摘生命树的果子吃，就永远活着。"上帝因为亚当和夏娃是自己的造物，惩罚了他们，同时也很怜惜。他用兽皮做了衣服给他们穿，接着打发他们出伊甸园，赐土地给他们耕种。

上帝把亚当和夏娃逐出伊甸园后，便在园子的东边安设基路呐（传说中带翅膀的动物）和四面转动发火焰的剑，来把守通往生命之树的道路。

从此，上帝失落了人；人也失落了上帝。

5. 最初的嫉妒

亚当、夏娃被逐出伊甸园后，为了自身的生存，不得不学习劳动，刀耕火种，胼手胝足，自食其力，尽管辛苦，也乐在其中。他们因上帝的咒诅，已认识了死亡。为了死后地上仍然有人种留传，他们想到了生儿育女。有一天，亚当和夏娃同房，不久夏娃就怀孕，生了长子该隐。该隐是"得"的意思。没几年，该隐又有了一个弟弟，叫亚伯。该隐长大以后，从事农业，当了一名种地的农夫。亚伯长大以后，从事牧业，成了一个牧民。有一天，该隐拿地里出产的作物献祭给耶和华（即上帝），亚伯则拿羊群中头生的羔羊和羊油献给他。不知道是什么原因，上帝高兴地接受了亚伯的供品，而对该隐的供品却不屑一顾。

该隐大为光火，嫉妒使他气得脸都变了颜色。耶和华看在心里，就问该隐："你为什么恼怒呢？为什么脸色都变了呢？"又对该隐说："如果你行好事，你的供物就一定会被接受的；如果你干坏事，罪孽就会伏在你的门前，它必迷恋你，你却要制服他。"现在看来，该隐平时一定有什么把柄抓在上帝的手里，所以上帝不受他的贡。

然而，该隐把神的告诫当成了耳边风。嫉妒迷惑了他的心窍，他把亲兄弟亚伯骗到田野杀害了。

上帝看到该隐杀了自己的弟弟，就对该隐说："你弟弟亚伯在哪里？"

该隐答道："我不知道。我又不是他的看守呀。"犯了杀人之罪还想狡辩。

上帝勃然大怒，喝斥他道："你都干了些什么事呀？你弟弟的血从地下面向我哀告，连土地都裂了口从你手中接受你兄弟的鲜血。现在你该受土地的咒诅。你种地，地不再给你效力，你必须在地上飘荡。"

该隐可怜地说："我必须在地上流离飘荡，又犯了杀弟的大罪，遇上我的人必定会有人杀我的。"

上帝是要该隐经历苦难而悔改，不想让别人杀了他，就给该隐作了一个记号，并说："杀该隐的，必遭报七倍。"免得人遇见他就杀他。

6. 奇人辈出

该隐离开了上帝，开始过被放逐的生活。后来他在伊甸园以东，一个叫挪得的地方住了下来，在那里娶了妻子。该隐与妻子同房，他的妻子就怀孕，生了以诺。该隐还修筑了一座城堡，并用他儿子的名字命名这城市。

那时候，亚当的后代都异常长寿。以诺活到65岁时，修炼出了一种特殊的能力，能够"与神同行"（to walk with God）。以诺大概此时已得道"成仙"了。它是《圣经》中仅有的几个没有用"死"记录其终结的人物之一。此后，以诺在世300年，也就是在他365岁时，"神将他取去，他就不在世上了"。

以诺后代中又有个叫以诺的，他65岁得道，生长子玛土撒拉。玛土撒拉活到187岁时生了拉麦，之后又活了782年，并且生儿育女。玛土撒拉共在世969岁，在亚当的家族中高居榜首，成为活得最长的老寿星，后世西方人就以"比玛土撒拉还要年迈"来恭维别人享有高寿，犹如中国人说某某寿如彭祖之类。

玛土撒拉的儿子拉麦是个惹不起的人物，比他的曾祖父该隐还要厉害许多倍。有一天，他对他两个妻子夸耀自己的残暴，唱道：

"亚大、洗拉听我的声音，
拉麦的妻子细听我的话语，

壮年人伤我，我把他杀了；

少年人损我，我把他害了。

若杀了该隐遭报七倍，

杀了拉麦必遭报七十七倍。"

这成为希伯来早期著名的《拉麦复仇之歌》。小诗虽短，野蛮人时代嗜血复仇的性格却跃然纸上。

拉麦的儿子还算争气，他的妻子亚大生了个儿子叫雅八，后来雅八成了一切牧人和流牧人的始祖。妻子洗拉生的儿子犹八，是一切以吹拉弹唱为生的人的始祖。洗拉还有个儿子叫土八该隐，他是个手艺人，是个做铜铁活的能工巧匠，后世西方铜铁匠尊其为祖师。

拉麦活到182岁时他妻子生了一个儿子，叫诺亚。生下来拉麦就预见了他将建立盖世之功。这个诺亚就是后来原始洪荒中的幸存者。拉麦享年777岁。

诺亚500岁时生了三个儿子：一个叫做闪，一个叫做含，一个叫雅弗。

7. 诺亚方舟

亚当活了930岁，他和夏娃的子女无数，他们的后代子孙，传宗接代，越来越多，逐渐遍布整个大地。但是人类打着原罪的烙印，上帝诅咒了土地，人们不得不付出艰辛的劳动才能果腹，因此怨恨与恶念日增。人们无休止地相互撕杀、争斗、掠夺，人世间的暴力和罪恶简直到了无以复加的地步。

上帝看到了这一切，他非常后悔造了人，对人类犯下的罪孽心里十分忧伤。上帝说："我要将所造的人和走兽并昆虫以及空中的飞鸟都从地上消灭。"但是他又舍不得把他的造物全部毁掉，他希望新一代的人和动物能够比较听话，悔过自新，建立一个理想的世界。

在罪孽深重的人群中，只有诺亚在上帝眼前蒙恩。上帝认为他是一个义人，很守本分；他的三个儿子在父亲的严格教育下也没有误入歧途。诺亚也常告诫周围的人们，应该赶快停止作恶，从充满罪恶的生活中摆脱出来。但人们对他的话都不以为然，继续我行我素，一味地作恶享乐。

上帝选中了诺亚一家：诺亚夫妇、三个儿子及其媳归，作为新一代人类的种子保存下来。上帝告诉他们七天之后就要实施大毁灭，要他们用歌斐木造一只方舟，分一间一间地造，里外抹上松香。这只方舟要长300寸、宽50寸、高30寸。方舟上边要留有透光的窗户，旁边要开一道门。方舟要分上中下三层。他们立即照办。

上帝看到方舟造好了，就说："看哪，我要使洪水在地上泛滥，毁灭天下，凡地上有血肉、有气息的活物无一不死。我却要与你立约，你同你的妻子、儿子、儿媳都要进入方舟。凡洁净的畜类，你要带七公七母；不洁净的畜类，你要带一公一母；空中的飞鸟也要带七公七母。这些都可以留种，将来在地上生殖。"

2月17日那天，诺亚600岁生辰，海洋的泉源都裂开了，巨大的水柱从地下喷射而出；天上的窗户都敞开了，大雨日夜不停，降了整整40天。水无处可流，迅速地上涨，比最高的山巅都要高出15寸。凡是在旱地上靠肺呼吸的动物都死了，只留下方舟里人和动物的种子安然无恙。方舟载着上帝的厚望漂泊在无边无际的海洋上。

8. 和平鸽与橄榄枝

洪水汹涌，共泛滥了150天。上帝惦记着诺亚方舟和里面的生灵，于是叫雨停住，让大风吹地面，水势渐落。但是水退得很慢，雨停了150天还看不到一片陆地。7月17日，方舟停搁在亚拉腊山上。到10月1日，山顶大都露出了水面。又过了40天，诺亚开了方舟的窗户，放出一只鸽子，以便了解能否找到陆地。但那只鸽子飞回来了。他又放出一只鸽子，但那只鸽子也飞回来了，因为找不到落脚休息的地方，诺亚伸手把那鸽子接进了方舟。再过了7天，诺亚又把那只鸽子放出去。傍晚时分，鸽子衔着一个橄榄枝飞回来了，这意味着大地某个地方露出了旱地。再等了七天，诺亚又把鸽子放出去，这回鸽子没有飞回来，因为大地干了，洪水全退了。这就是为什么今天人们把叼着橄榄枝的鸽子当成平安、和平的象征的原因。

元月1日，诺亚撤去方舟的盖子眺望四野，看到地面已经变得干爽了，他和他一家人走出方舟；他把方舟上的动物也都放了出来。诺亚筑了一座祭坛，拿各类洁净的牲畜、飞鸟供在坛上为燔祭，奉献给上帝，以感谢他赐生之恩。上帝闻到燔祭的馨香之气就在心里说："我不再因人的缘故咒诅他，也不再按着我才行的，灭各种活物了，地还存留的时候，稼穑、寒暑冬夏、昼夜就永不停息了。"

上帝赐福给诺亚和他的儿子们说："你们要生养众多，遍满地面。凡地上的走兽和空中的飞鸟都必惊恐惧怕你们，连地上一切的昆虫并海里一切的鱼都交付你们的手。凡活着的动物，都可以做你们的食物，这一切我都赐给你们，如同蔬菜一样。唯独肉带着血，那就是它的生命，你们不可吃，流你们血、害你们命的，无论是兽是人，我必讨他的罪，就是各人的弟兄也是如此。凡流人血的，他的血也必被人所流，因为上帝造人是照自己的形象造的。你们要生养众多，在地上昌盛繁茂。"因为这道诫命，世界上信仰上帝的人大都不以动物的血或血制品为食。

上帝与人和其他一切生灵立约，决定以后不再如此毁灭世界："凡有血肉的不再被洪水灭绝，也不再有洪水毁坏地了。"上帝用天上的七色彩虹作为盟约的标志，以此纪念他与地上的生灵订立的这个盟约。

为了重建家园，诺亚又重新干起了农活，他耕种土地，饲养牲畜，栽培葡萄园，还学会了酿酒。有一回他喝酒喝多了，昏醉中他把自己身上的衣服都扒光，赤身裸体地在帐篷里睡着了。他的儿子含，看见他赤着身子酣睡在帐篷中，就笑着把这个情景告诉了两个兄弟。但闪和雅弗对父亲比较尊敬，他俩拿了衣服把父亲的身子盖上，为了不看见父亲赤身，他俩是倒退着进入帐篷的。诺亚醒来后，知道了含的所作所为，大发脾气，他诅咒含，说他的后代必将成为闪和雅弗的奴隶。

9. 巴比伦塔

洪水过去后，诺亚又活了 350 岁。诺亚是 950 岁时死去的，诺亚的三个儿子的后裔形成了人类的三大支系，居住在世界各地，雅弗是北方民族的始祖，闪是闪米特人的始祖，而含则是非洲民族——含米特人的始祖。

诺亚的后代繁殖得越来越多，遍布地面。那时候人们的语言、口音都没有分别。他们在往东边迁移的时候，在示拿这个地方遇见一片平原，就在那里住下。因为在平原上，用做建筑的石料很不易得到，他们就发明了制造砖的方法，用泥做成方块，再用火烧透，他们就拿砖当石头，又拿石漆当灰泥，建造起繁华的巴比伦城。

人们为自己的业绩感到骄傲，他们决定在巴比伦修一座通天的高塔，来传颂自己的赫赫威名，并作为集合全天下弟兄的标记，以免分散。因为大家语言相通，同心协力，阶梯式的通天塔修建得挺顺利，很快就高耸入云。

上帝是不允许凡人达到自己的高度的。他看到人们这样统一强大，心想，他们语言都一样，如果真修成宏伟的通天塔，那以后还有什么事干不成呢？上帝曾把希望具有他那样智慧的人赶出伊甸园，又用剑与火看守生命树上的果子，不让人分享。今天他要再一次制止人类接近自己的狂妄。上帝就离开天国到人间，变乱了人们的语言。人们各自操起不同的语言，感情无法交流，思想很难统一，就难免出现互相猜疑，各执己见，争吵斗殴。这就是人类之间误解的开始，当然这也注定世间要增加一种本属多余的职业——翻译。

修造工程因语言纷争而停止了，通天塔终于半途而废。人类分裂了，按照不同的语言形成许多部族，又分散到世界各地。上帝在这里变乱了人们的语言。"变乱"一词在希伯来语中读做"巴比伦"。所以，以后人们就管那座城市叫巴比伦城，管那座半途而废的塔叫巴比伦塔。

10. 吾珥的富翁

诺亚的三个儿子分别立国，闪的后代中有一个富翁，叫他拉。他拉生活在苏美尔的古城吾珥（遗址现称泰勒盖那尔）。吾珥城最初是由古代苏美尔人于公元前4000年左右建立，1 000年后，这里成了苏美尔国的首都。我们的故事大约就发生在这个时期的吾珥。

那时，吾珥异常繁荣。城市曲曲弯弯的大街小巷总是熙熙攘攘的，一派热闹景象。宽敞的街道拥挤万分。驮驴商队或者国王的卫队不时地吆喝着从人群中费力地通过。只有当身穿白色法衣的祭司步履庄重地走过来时，人们才毕恭毕敬地闪开道路。吾珥城中央耸立着一座远近驰名的圆形金字塔，塔顶上是供奉月神南纳辛的神殿。

当时吾珥城的郊区看起来就像是百花盛开的花园。大大小小纵横交叉的人工渠里缓慢地流着从幼发拉底河引来的河水。运河是本城的自动给水系统，全城人都靠饮用这水生活。一块块"井"字形的田地里种的大麦和蔬菜郁郁葱葱，橄榄树、椰枣树，肥美的草原沐浴着温暖的阳光。到处可以看到农民和奴隶赤着黝黑的上身，在田地里劳动。幼发拉底河上航行着一艘艘装满货物的大木船。远行走累了的商人和放牲口的牧人三三两两地偎依在门旁和城墙边歇息。

他拉就在这样的环境中生活，到70岁时生了三个儿子：亚伯兰、拿鹤、哈兰。哈兰英年早逝，留下孤儿罗得。

那个时候他拉一家信奉的不是《圣经》中的上帝耶和华，人际伦常也不像今天这样，兄妹之间，叔侄之间都可以结合。亚伯兰和拿鹤各娶了妻子，都是自己的亲戚。亚伯兰的妻子叫撒莱，是他同父异母的妹妹，比他小10岁。拿鹤的妻子叫密迦，是哈兰的女儿，是自己的侄女。

他拉很富有，他住在华丽的房子里，家中奴仆成群，养了千百只羊，还有一间盛满金银财宝的宝库。他的儿子们帮助他料理家务，管理那些替他放牧的奴隶。他拉早就放弃了游牧生涯，经营起商业来。他还是吾珥城中受人尊敬的著名族长。

他拉的家就建在城里自由民区，紧依着城墙。那是一栋两层楼房，用砖盖的，刷上了白灰的外表显得庄严肃穆，就像它的主人一样。房门后的穿堂里安有水池，客人来了可以净手和洗脚。院子里砌上了石头，整洁、宽敞，空气和阳光都很充足。有一架石梯通向楼上，楼上是几间卧室，各卧室之间由四根柱子支起的室外走廊相连接。室外走廊上面覆着坡度很大的盖，雨水顺着良盖流到院子里，再顺着院中的水渠流到大街上去。梯子栏杆后面是陶瓷盥洗间，还有厨房、仓库和磨房，女奴们在那里推磨碾面。房子的第一层里有祈祷室，里面供着家神雕像，祈祷室的石板下面是家族里死去的人的泥棺。

他拉经管整个家业，他安排人力，管理账目，处理买卖业务。每天早晚他都向家神膜拜，每逢节日则到金字塔塔座前，虔诚地祷告月神。他已经老态龙钟，挣来了一大笔家产，看样子，他将在富足与宁静中度过余生。但忽然有一天他拉决定放弃吾珥城舒适的生活，关上家门，离开故城吾珥，迁移到遥远的位于幼发拉底河上游的哈兰去。

11. 迁往商城哈兰

古代，牧民是最早的旅行者，也是贸易的中间人（经纪人），游牧者赶着牲畜从一个草场跋涉到另一个草场，往往走得很远。开始时，他们不过是拿自己的产品——皮革、羊毛织品、油脂、羊奶去换取他们自己所不生产的东西。

慢慢地他们发现，他们可以从一个地方买东西，然后拿到另一地方去卖，从中获取利润。牧民们一年四季不断地迁徙，城乡居民很乐意同他们作买卖，从而促进了这种贸易的发展。

他拉的家产就是这样挣来的。后来，他觉得他应该放弃游牧生活，定居在吾珥城，当游牧部族和市民之间的经纪人，这更有利可图。游牧人和游牧商人闲谈中对他拉讲了很多关于哈兰及其郊区的有趣故事。哈兰是当时最热闹的贸易中心之一，是从波斯湾方面来的商队必经之地。这些商队到了哈兰之后，向西南方向兜一个大圈，经过卡代施和大马色（大马士革），顺着地中海沿岸，横越迦南，最后到达埃及边界。这是一条漫长的弯路。为什么讲求实效的商人不从吾珥城直接去迦南，而要绕几百里的大弯呢？原来他们不得不这样，因为走直道的话，他们就得经过无水源、令人生畏的叙利亚大沙漠。只有骆驼商队才可以冒这种风险，但那时候人们还没有学会驯服骆驼驮货（骆驼被用做驮货还是纪元前7世纪的事。在纪元前7、8世纪，遥远神秘的阿拉伯国才登上历史舞台，那里的贝都印人首先驯服骆驼驮载东西）。

他拉心想，既然人们都奔向哈兰，那里土地一定十分肥沃。牧人和商人们对他说，哈兰那地方有不少果园，有许多可耕的土地和辽阔的牧场。他了解到，哈兰那地方水量充足，幼发拉底河和纳马利河一年四季能保证农田用水。尤其重要的一点是，哈兰成了一个繁荣的国际贸易市场，从美索不达米亚和埃及远道而来的客商都到哈兰交流商品。他拉想，在哈兰他可以大作买卖，同时又可以兼管他们家族传统的畜牧业。

再说，当时的吾珥城情况越来越复杂。威名赫赫的巴比伦王，伟大的立法者汉漠拉比强迫被征服的各族人民接受统一的国教，他要求整个美索不达米亚都要信奉他的部族神。凡是不听他摆布的城邦、部族都遭受残酷地镇压，人民沦为奴隶。像他拉一家这样的月神的虔诚信奉者，只好迁移到汉漠拉比王的铁手尚未达到的地方，才能遂心如意。因此，很自然地，哈兰城内聚集着许多来自美索不达米亚各地的移民。这些移民在哈兰建起了一座雄伟的寺庙，于是哈兰就成了仅次于吾珥城的第二个崇拜月神的中心。哈兰城还住着他拉的许多亲朋。这样，他拉一心向往陌生的哈兰，就毫不奇怪了。

12. 哈兰悟道

他拉一家顺利地迁到哈兰，生活仍然不错。家长他拉照旧经营商业，他把牲畜交给儿子们在城郊草地上放牧。哈兰真是个美丽富饶的地方。城里圆顶房屋鳞次栉比，城外绿草如茵，繁花似锦。不分白天黑夜，溪水潺潺不停。阳光下的城西，一眼望去，安梯塔布尔山隐约可见。

亚伯兰经常和牧人们一起在篝火旁过夜。气温凉爽宜人，夜色幽雅宁静，令人心旷神怡。亚伯兰经常久久地观看星空，感到宇宙无限辽阔、伟大、美丽、和谐，他越是思索，对月神就越是失去信仰。有一回他忽然悟道：一定有一位看不见，但又无所不在的、威力无穷的、慈悲为怀，但又嫉恶如仇的统一的神创造了宇宙，创造了太阳、月亮和星辰。这个想法最后成为亚伯兰的一种信仰，他公开地在哈兰城里宣传起来。

这位先知、宗教发明家逐渐有了一批忠实的追随者。亚伯兰的妻子撒莱、侄子罗得和他的奴仆都成了一神教的信徒。但哈兰城内那些笃信月神的人们都和亚伯兰断绝了来往。小小的新宗教团体开始了自己的生活。他们有一套严格的、清教徒式的教规，崇尚游牧祖先的简朴的生活方式，奉祀他们还不十分清晰、不十分明确的神灵。月神的崇奉者们对这个新教派十分敌视。连撒莱和拿鹤都渐渐对亚伯兰不满起来，只有罗得对亚伯兰宣传的新教笃信不疑。不过古代人的家庭观念十分强，他拉在世期间，家里并没有发生不和，大家依旧共同生活在一起。

他拉终于去逝了，他活了205岁，他拉死后，亚伯兰和拿鹤分了家，这个家族分成了两支。从此亚伯兰没有什么牵扯了。上帝耶和华的声音在他心灵深处回荡：

"你要离开本地、本族、父家，往我所要指示你的地方去。我必叫你成为大国，我必赐福给你，尊你的名为大，你也要叫别人得福。为你祝福的，我必赐福与他；那咒诅你的，我必咒诅他。地上的万族都要因你得福。"

他虽然已经75岁，仍决心离开哈兰，他厌弃舒适的城市生活，向往祖先的游牧生涯，向往广阔的天地，羊毛织的帐篷，新鲜的空气。在那里他可以全身心地奉祀自己的神，向自己的人传教布道，使他们避开城市生活的诱惑，保持心灵的纯洁。

在一个天刚蒙蒙亮的早晨，亚伯兰带着妻子撒莱，按照上帝的指引向迦南进发。侄子罗得，还有家奴、仆人也追随着他。他们的驴背上载着在哈兰辛勤积累起来的财物。

13. 迦南之路

他们一队人马押着畜牲，携着辎重，缓缓而行。亚伯兰和撒莱二人骑着两头强壮的大驴，走在最前头，后面跟着大批驴子，驮着粮食、水囊、帐篷、衣服稍许及家用什物。再往后是牧人赶着一大群山羊和绵羊。殿后的是罗得带领的卫队——几名手持弓箭的奴隶。那时候行路是不大安全的，沙漠里常有匪盗出没，任何一个商人或部落都不敢不带卫队就远行。

从哈兰到迦南要走 1000 多英里路程，但是旅行队并不感到寂寞枯燥。大路上很热闹，常常可以碰到从埃及回来的商队，留着大胡子的商人们讲述很多关于迦南和埃及王国的有趣的见闻。此外，亚伯兰的队伍经常穿过村庄城镇，有一回还从当时名城卡代斯经过。

最后，经过几星期的跋涉，亚伯兰一行高兴地看到眼前是名城大马色（大马士革）。亚伯兰决定在大马色停下来，让人、牲畜好好休息一下。他吩咐家人在城门附近的田野里搭帐篷，他本人则携带礼物进城去见国王，请求给予方便。

大马色居民好奇地打量着亚伯兰一行人。黑色的帐篷旁，男人和女人们忙碌着，小孩子们奔跑着，嬉戏着；他们的服饰和大马色的贝都因人的完全不同。贝都因人披白色的带风帽的斗篷，而这些男人都穿红蓝两色的花裙子。内陆沙漠地区昼夜温差大。傍晚天凉的时候他们再穿上一件短袖衬衣，披上杂色的斗篷。这斗篷夜间就当被子盖。

这些女人最喜欢绿色，她们穿的衣服中以绿色的居多。她们贴身穿的是色泽光洁的白色长袖衬衫，外面披一件长披风。她们用长长的鲜艳的披风把头包起来，那披风的两端在背后奔拉着，和披风的下摆一般齐。这些女人戴着各种各样的饰物，打扮得很俊俏。她们用锑染头发，用弄成粉末的孔雀石和绿松石描眼圈，用红色来涂嘴唇和脸颊。她们的脚、脖子上和手腕上带着银锡，脖子上挂着用各色玻璃球串成的项链。当黄昏降临时，这些来自遥远的哈兰的人们，围坐在篝火旁，在小小的里拉琴的伴奏下，唱起悠扬的十分动听的歌曲，小孩子们在优美的歌声中，依偎在母亲的怀里甜蜜地进入梦乡。

亚伯兰在大马色东奔西走，拼命地做生意，购买下一旅程所必需的东西。在做生意的过程中他结交了很多朋友。有一次他结识了一个机灵的大马色青年，这个青年叫以利以谢。他帮了亚伯兰很多忙。亚伯兰很欣赏这个小伙子，认他做义子，把家里最重要的事情交给他办。以利以谢成为忠实能干的仆人。亚伯兰家的事业有他的一份功劳。

14. 乐土迦南

经过长时间的艰苦跋涉，他们终于到了迦南的示剑，在摩利橡树下安营扎寨。

与热闹繁华的大马色相反，迦南那时还是一个很不开化的人烟稀少的地方。在宽阔的盆地里偶尔可以见到一些居民点，确切地说是一些要塞，那里住着当地的头人和保安队。其他居民住在要塞之外，住在帐篷和窝棚里，耕种土地或者栽培果园。只有当外界好战部族为掠夺财物来侵袭时他们才躲进要塞里去。

亚伯兰一行绕过盆地和大的居民点，选择荒凉的高地通行，那里虽然行进吃力，但可以自由自在地放牧。亚伯兰一家从出发到现在，没有遇到过什么障碍。土著居民对于四处迁徙寻找牧场的游牧部族早已习以为常。他们看到亚伯兰一行并没有歹意，便乐意与他们做生意。何况他们知道亚伯兰有几百名精壮强悍的家丁，他们就更不愿惹事了。

一天，上帝向亚伯兰显现，说："我要把这地赐给你的后裔。"亚伯兰马上跪下默祷，并在那里设坛献祭。

在示剑作了短暂的停留后，亚伯兰又把据点迁到伯特利东边的山上。这座山东边是伯特利，西边是艾。亚伯兰照样设坛为祭，感谢上帝的保佑之恩。直到那里的牧草吃光了，只好另寻他地。

不断地跋涉，不断地南移，最后到达了与埃及接壤的迦南南部的涅吉布。

传说中是流着牛奶与蜜的迦南实际上没有那么好。在他感到自由自在的高地上，土壤贫瘠，牧草稀疏，树木凋零，缺乏做饭的烧柴，连水都得到很远的地方去打。迦南还常常闹旱灾。亚伯兰在涅吉布时就遇上了饥荒，牧草全干死了，人和牲畜都面临饿死的危险。

濒于绝境的亚伯兰，只好进入埃及境内，请求法老的官吏收留他们。

15. 以柔克刚

埃及地处尼罗河三角洲，土地肥沃，灌溉方便，一般的旱灾不足以构成对农业、畜牧业的重大威胁。因此，遭受旱灾的游牧民族常常来这里逃荒。

埃及人可以向到来的难民们提供尼罗河口附近的辽阔草原做牧场。当然他们也知道用重兵、要塞和界墙去迎接烧杀抢掠的侵略者。

对于和平的游牧部落，埃及人通常会给予款待。当然，这得以某种方式的代价作为报酬。比如说，向客人勒索金银财宝；有时他们还会抢走牧人家的美丽女子，送给达官显贵甚至法老（埃及国王的称号）本人做妻妾或嫔妃。

亚伯兰的妻子撒莱生就一副闭月羞花之貌、沉鱼落雁之容。游牧民族以帐篷为宅，女人们总得在外抛头露面。在被别人虎视眈眈的环境里，经验丰富的亚伯兰知道妻子的美貌难免会招惹是非。为了自身的安全，为了族人的生存，他把爱妻叫到跟前郑重地说："我知道你是个容貌俊美出众的妇人。埃及人看见你必说：'这是他的妻子。'他们就会杀了我，让你留下供他们玩乐。求你在外边说，你是我的妹子，使我因你得平安，我的性命也因你得保全。"

撒莱是个温顺的女人。于是到埃及后，亚伯兰和撒莱便恢复以兄妹相称。

到埃及没有多少时间，撒莱的美丽便出了名。法老的臣宰（宰相）借故招见亚伯兰兄妹，要亲自考查一番。他一见撒莱就惊得话都说不清楚了。这臣宰如此这般地向法老夸耀一番，撒莱就被带进宫去，果然深得法老宠爱。

做了国舅的亚伯兰因为撒莱得宠，得到了许多赏赐，他失去了妻子却增加了许多牛羊、骆驼、公驴、母驴和仆婢。

然而埃及法老因夺人之妻受到上帝的惩罚。埃及突然遭到可怕的天灾。法老招集群臣商议，才知道是他把一位部族首领的妻子纳入后宫，从而激怒了希伯来人的神。他召见亚伯兰说："你这是玩的什么把戏呀？你为什么不对我说，她是你的妻子呢？"

亚伯兰竭尽所能地辩解，但不管怎么说，这仍然是一桩欺君罪。不过法老害怕再一次得罪希伯来人的神，就放亚伯兰全家出埃及，回迦南去了。

16. 叔侄分家

亚伯兰带着家人和罗得回伯特利去，在伯特利和艾中间，也就是他们最早在迦南筑坛的地方，又像从前那样支起帐篷，铺开营盘。然后向耶和华祷告。

罗得已经结婚，且有许多牛羊、奴隶和仆人。罗得和亚伯兰都在伯特利，另外还有土著居民，所以显得很拥挤。两家的牧人常常因为争水争草发生争执，亚伯兰就对罗得说：

"你我不可相争，你的牧人和我的牧人也不可相争。因为我们是亲骨肉。整个大地不都在你眼前吗？你年龄不小，已经成家立业。请你离开我独立地生活吧。你可以先选择。你如果向左，我就向右；你如果向右，我就向左。"

罗得也不谦让，他举目四望，看中约旦河谷平原，直到琐珥。那里土地肥沃滋润，好像上帝的伊甸园。唯一让人失望的是那里住着臭名昭著的所多玛人。罗得的帐篷渐渐地接近所多玛，而此时上帝已经决定要惩罚罪大恶极的所多玛人了。

罗得离别亚伯兰后，耶和华对亚伯兰说："从你所在的地方，你举目向东西南北观看，凡你所看见的所有地面，我都要赐给你和你的后裔，直到永远。我也要使你的后裔如同地上的尘沙那样多；人若能数算地上的尘沙，才能数算你的后裔。你起来，纵横走遍这地面，因为我要把它赐给你。"亚伯兰就搬了帐篷，来到希伯伦附近的曼利。他在茂密的橡树荫下支开帐篷，给上帝筑了一座新的祭坛。亚伯兰是个虔敬谦卑的人。

第八节 佛教拾趣

1. 立地成佛——释迦牟尼王子

在佛教寺庙中总会看到大雄宝殿的正中供奉着一尊佛像，他神态庄重、目光慈祥，端坐在莲花台上，俯视着芸芸众生。这样的佛像，在泰国、日本、缅甸、斯里兰卡、柬埔寨等国也能看到。这尊佛像是谁？人们为什么要供奉他？

他就是释迦牟尼，佛教的创始人。佛教徒认为他是一个法力无边，全知全能的圣人。其实，释迦牟尼并不是神，而是一个历史人物。他同我国大思想家孔子是同时代的人，是古印度北部迦毗罗卫国（现在的尼泊尔境内）国王的儿子。

释迦牟尼出家前本姓乔答摩，名悉达多，释迦是他的族姓，牟尼是"圣人"、"能人"的意思，释迦牟尼是佛教徒对他的尊称，意思就是"释迦族的圣人"。

好端端的一个王子，为什么放着王位不继承，偏偏要出家修行呢？佛教是怎样产生？又怎样发展的呢？这得从约公元前 1000 年的古印度社会谈起。

在古印度社会，人们被分成四个种姓（等级），第一种姓叫婆罗门，是僧侣贵族，他们掌握着宗教大权，占有大量的土地和财富，社会地位最为尊贵。第二种姓叫刹帝利，是军事贵族，掌握着军政权利，也有很多的田地财产，地位比婆罗门低一等。第三种姓叫吠舍，他们是农民、牧民和工商业者，向第一和第二姓交租纳税，地位又比刹帝利低。第四种姓叫首陀罗，他们是奴隶和其他劳苦人民，必须为高级种姓服役，受着残酷的剥削和压迫，地位最低。

各种姓间贵贱悬殊，极不平等，真是一个在天上，一个在地下。如果有人犯了法，对各种姓的处理也不相同。法律上写着，婆罗门杀死一个首陀罗，就像杀死一只猫，打死一条狗一样，不必偿命，只须忏悔一下，或者交一点赎罪金就没事了。相反，首陀罗只要对婆罗门有一点不恭的行为，就会大祸临头，不是割舌头，就是用滚烫的油灌嘴巴和耳朵。

各种姓之间界线也很严格。每一个种姓都是固定不变的，父亲是木匠，儿子、孙子也得干木匠这一行，不能随便改变。婚姻上的限制更严厉。按照法律规定，两个不同种姓的男女，不管有多么深的爱情，也是不能结婚的。如果首陀罗的青年违反了这条规定，生了子女，这些子女就要罚为"贱民"。贱民被视为"不可接触者"，最受压迫歧视，他们不能和别的种姓的人混在一起住，只能住在村子外面，穿死人用过的衣服，用破破烂烂的食具。外出的时候，还要用手摇着铃，脖子上吊一个钵子。摇铃是告诉高级种姓的人，别在这时出来，以免遇到他玷污了灵魂。脖子上的那个钵子是盛痰用的，免得痰吐在地上，高级种姓的人踩上去受到亵渎。这是一种多么野蛮残酷的阶级压迫制度啊！

为了维护这种制度，婆罗门编造出一个神话，说梵天大神口中生长出婆罗门，手臂长出刹帝利，大腿长出吠舍，脚掌长出首陀罗。口宣讲教义，在身体上最圣洁，因此，婆罗门在社会上地位最高贵；双手可以保卫身体，也很重要，但比起口来差一点，刹帝利就该在婆罗门之下，别的种姓之上；大腿终日奔走，为别的部门服役，所以吠舍的地位又要低一等；脚掌是身上最卑贱的部分，首陀罗的地位自然卑微下贱，不能和别的种姓相比。婆罗门把种姓压迫说成是神安排好的，永世不会变化，叫被剥削被压迫的人们不要反抗，可是，在这种残酷的压迫下怎能没有反抗斗争呢？

公元前 6 世纪，一位名叫马克哈利·果萨拉的首陀罗号召人们消灭种姓，打倒婆罗门。他愤怒地呼喊着："这个世界上本没有什么神，没有什么灵魂，也没有什么公正的婆罗门！一切都无根据，全是骗子捏造出来的！"

起来反抗的人，不只是受压迫最深的首陀罗，刹帝利和吠舍上层对婆罗门也不满意。吠舍上层是工商业奴隶主，经济实力雄厚，但苦于没有权力，又恨婆罗门的敲诈勒索。刹帝利虽握有军政大权，可也要受婆罗门控制。婆罗门运用宗教特权，假托神意，干涉这干涉那，他们之间的矛盾也不小。在这种历史条件下，一个代表刹帝利和吠舍上层利益，反对婆罗门的新宗教——佛教，便应运而生了。

悉达多在宫中长大，15 岁被立为太子，成了王位的继承人。成年后，父亲又为他娶了年轻美貌的妻子。29 岁那年，他又得了个儿子，真是荣华富贵，享受不尽。可是悠闲奢侈的生活并没有使他快乐，他感到十分空虚。

有一天，他驾着车子在东门外游玩，看见一位老人拄着拐棍，艰难地走着。几天后，他出南门，又看见一位病人倒卧在污泥中。第三次他出西门，正好碰到一群鸟在围啄一具死尸。悉达多看见这些情景，心里很难过，他想：人生在世总免不了要老、要病、要死，怎样才能摆脱这些烦恼和苦难呢？悉达多百思不解，不住地叹气。后来，他出北门，看到一个出家人，赤着胳膊，捧着瓦钵，脸上显出一副无牵无挂、悠闲自得的样子。悉达多很是羡慕，便上前问他为什么没有烦恼。出家人对他说："世事无常，只有出家修行，才能得到解脱。"悉达多听了这话，浑身颤栗，泪如雨下，顿时产生了厌世出家，修行寻道的念头。

一天夜晚，悉达多偷偷告别了熟睡的娇妻爱子，走出王宫到深山去修行。他在山中少食少睡，苦苦修炼了 6 年，可还是没有得道。他又下山南行，静坐在一棵菩提树下沉思默想，整整过了 7 天，突然心灵开窍，悟出了生和死的真理，发现了人生解脱的大道。从此以后，悉达多开始收徒传教，宣传自己"悟"出的道理。佛教的教义就这样产生、传播开来了。悉达多在 80 岁那年"槃"（nièpán，佛教幻想的超脱生死的境界，实际是"死"的代名词）。信徒们把他火化后的遗骨（即舍利）保存起来，把他当做"佛"来崇拜，"佛"的意思是大智大慧，悟出了人生究竟的圣人。每年在他的生日、成道日和死去的日子，还要举行各种纪念活动。佛教的几个节日，佛诞节（又称浴佛节、泼水节）、佛成道节、涅槃节就是这样起源的。

释迦牟尼创立的佛教教义提倡"众生平等"、"生死轮回"和"因果报应"，他告诉人们，人生是"无常"的、痛苦的，但是人人都可以修炼，得到解脱。灵魂不死，一切生物和人类都在不断地轮回中生活，就像一个不断旋转的车轮一样，循环不已。他还告诉人们，上等人不能永远是上等人，贱民也不永远是贱民，种姓是可以改变的。恶有恶报，善有善报，在因果报应面前众生一律平等。贱民只要修行积德，来世就会生为上等种姓，进入天界；而上等种姓的人，做了恶事，来世就要变成贱民，甚至要下地狱受惩罚。

释迦牟尼的教义既反对婆罗门垄断大权，在一定程度上反映了被压迫种姓的平等愿望，又代表了刹帝利和吠舍上层人物想分享婆罗门的特权，又害怕首陀罗起来造反，把一切种姓特权都毁掉的心情。它一面把被压迫阶级受苦受难的原因推卸到被压迫阶级自己身上，说那是前世造孽的结果，一面又劝说被压迫阶级修行积善，忍受苦难，把希望寄托在来世的轮回升天上。所以它对处在婆罗门压迫下的人们有很大的吸引力。人们纷纷信仰起佛教来，后来，到公元3世纪孔雀帝国的时候，佛教广为流传，成为在古印度占统治地位的宗教。

2 000多年过去了，佛教传播到中国、日本、朝鲜、泰国、柬埔寨、缅甸、越南、老挝等国。据统计，全世界信仰佛教的教徒有3亿多人，成为世界上最大的宗教之一。

2. 菩提生慧——佛教教义的产生

佛教教义果真是释迦牟尼在菩提树下冥想7天"悟"出来的吗？事情当然不是那么简单。释迦牟尼之所以能够"得道"，是他经过6年观察和思考的结果。身为王子的释迦牟尼，厌世出家的原因，并不仅仅是因为遇见了某个老人、病人、死人和出家人，因为他面对当时社会矛盾，找不到一个正确的解决办法。他不满婆罗门的专横，为刹帝利之间的弱肉强食、互相杀掠而苦恼，又怕被压迫阶级起来反抗，所以要寻找精神上的安慰和寄托。在出家的6年里，释迦牟尼接触了社会各个阶层的人，也研究了许多种宗教思想，他把这些加以吸收改造，才创立了佛教的教义。

释迦牟尼在菩提树下获得的"人生真谛"是什么呢？释迦牟尼把它归结为"四谛"，就是苦谛、集谛、灭谛、道谛。"谛"是真理的意思，"四谛"就是四条颠扑不破的真理。佛教的教义都是以这"四谛"为理论基础的。苦谛的意思是：人生只是一个痛苦的大海，无边无际。一个人从娘胎里就坠入了苦海，要不然，为什么婴儿一降生总要放声大哭呢？小儿慢慢长大，这中间会有各种疾病来折磨他，等到了老年，身体衰弱了，行动艰难了，这些都是痛苦啊！至于死亡的"苦"那就更不用说了。除了生、老、病、死，人世间别的事也无一不"苦"。你看，母亲送儿子远行，难分难舍，老人辛劳一生，到头来两手空空，不都是"苦"么？穷人没吃没穿，是苦；富贵人吃得太多，闲得发慌，也是苦；抬轿的人，压肿了肩，磨破了脚板，是苦；轿子里的老爷、太太坐久了，腰背不舒服，也是苦呵！你看，这天底下，除了"苦"以外，还能有什么？人生真是"苦海无边"啊！

这些"苦"又是从哪里来的呢？释迦牟尼在"集谛"里作了解释。他说，人生的痛苦都起源于人的欲望，欲望是烦恼的根源。由于人有爱情欲、生存欲、繁荣欲这三种欲望，必须要受到人世间种种引诱，产生贪婪、忌妒等种种烦恼。比如小伙子遇到一位美丽的姑娘产生爱慕，就想方设法去追求她；一个爱酒的人，闻见了芳香扑鼻的美酒，馋涎欲滴，这都是贪婪的欲望在作怪，这些欲望得不到满足，自然要引起烦恼和痛苦。

人有这么多的痛苦、烦恼，能不能解除呢？"灭谛"说，解除苦恼是完全能够办到的，只要你认识到宇宙是虚幻无常的幻境，看破了"红尘"，出家修行，逐渐将情欲斩断，最后进入"涅槃"，那就摆脱了一切烦恼和痛苦，得到了彻底的解脱。

怎样才能达到"涅槃"的境界呢？"道谛"给人指出的路是：扑灭自己的一切欲望，忍耐、服从，远离有杀生、偷盗、邪淫等恶行的地方，按照佛教的教规修行。这样就能由"凡"入"圣"，达到"涅槃"的最高境界。

我们都知道，在阶级社会里，劳动人民的痛苦，主要是阶级剥削和阶级压迫造成的。佛教讲一切皆苦，把穷人的苦和富人的"苦"混为一谈，这不是掩盖了劳动者受苦的真正原因吗？佛教要人们斩断一切欲望，用出家修行的办法去解脱痛苦，这不是把人们生活中的一切正当要求都否定、抹杀，而且要人们逃避现实，对不合理的社会制度也不去反抗斗争吗？

有了这"四谛"对人生的解释，释迦牟尼觉得还不够圆满，他又从婆罗门教那里搬来了灵魂轮回和因果报应的说法，大加发挥。他说，人会死，肉体要腐烂，灵魂却是永远不灭的。人在世上活着叫今世，今世之前有个前世，今世之后还有来世。灵魂生生死死，不断轮回。某个地方一个老人死了，同时另一个地方就降生一个婴儿，那就是死去老人的灵魂投了胎，落到了婴儿身上，算来又是一世了。

轮回是受因果报应支配的。世上的人如果不杀生（不杀害有生命的东西）、不偷盗、不邪淫、不妄语、不饮酒、不做恶事，专行善事，将来一定会得到善报；而违反这"五戒"，做了恶事，将来就必定有恶报。报应分为天堂、人类、魔鬼、畜牲、饿鬼和地狱六大类。天堂是极乐世界，它的大门为行善多的大好人敞开着。地狱由十位阎王主管，阴森冷酷，那里有割舌头、挖心肝、烈火焚烧、下油锅熬煎等等酷刑。生时犯了大恶的人，死后投到那里受苦刑。在大善人和大恶人之间，有许许多多一般人，他们的善和恶有的多点，有的少点，那也要有报应，或为人，或为鬼，或为畜牲，这都和他的前世做的事有关。

同样是人，为什么有的富贵，有的贫贱？释迦牟尼说，这还是因果报应在起作用。那富贵贫贱都是前世注定的，好比那春夏秋冬四季，一年更换一次，任何人都无法改变。在前世行善做了好事的人，今世报应，才有荣华富贵的享受。贫苦人受折磨，那只是因为前世做了恶，才有这般报应。今生今世的命运是前世注定，无法改变了，为了来世着想，倒可以想点办法，这就是忍受苦难，服从命运，设法赎洗罪过，等到来世，那就有希望得到好的报应。如果这一世还要作恶，来世就要变牛变马，甚至下地狱受更大的惩罚。

有了"四谛"，有了"灵魂轮回"和"因果报应"，佛教的教义基本圆满了。你看，富贵的人总想永世享受富贵，要修行念佛；那贫贱的人想要改变受苦的命运，甘心忍受一切苦难，把希望寄托在来世；就连那做尽了坏事的人，也怕遭报应，受地狱之苦，拿出钱来布施，积德行善。鲁迅的小说《祝福》里有一位受尽封建剥削压迫的妇女祥林嫂，她丈夫早死，自己被婆婆卖掉，不久再嫁的丈夫又死了，儿子被狼吃掉，她不明白使自己受苦受难的原因是封建地主阶级的压迫，反认为这是自己命不好，前世罪恶的报应。为了避免将来到阴间，被阎王把她锯开分给两个死鬼丈夫，就用钱去庙里捐了一条门槛，叫千人踏，万人跨，好赎洗自己的罪过，免得来世受苦。在佛教思想的愚弄下，祥林嫂默默地结束了她悲惨的一生。

什么都是命里注定，不必计较富贵得失，不要反抗，只要忍耐，大家只要好好修行为善，当顺民，就能来世交好运。这"灵魂轮回"、"因果报应"的麻醉作用可真大呀！历代的封建统治者大力宣扬佛教，到处兴修寺庙，不惜花费巨大的人力、物力，为菩萨塑金身。就是因为他们看到了这一点，懂得要维护封建统治，佛教真是一件很好的法宝。

3. 天堂地狱——佛教的本质

在我国重庆丰都县有座"鬼城"。那里，一尊尊形象逼真的塑像，为人们展现了"地狱"里阴森可怖的景象。在阎王殿里，凶神恶煞的阎王端坐在大堂上，青面獠牙、牛头马面的判官、小鬼站立两旁。一个个刚刚在阳间死去的人，都被带到堂前审判。凡是生前做过坏事、恶事的人，都逃不脱地狱里扒皮、抽筋、上刀山、下油锅、大卸八块等种种酷刑的惩罚。罪孽越大，受到的惩罚越重。鬼怪们狰狞可怖的面目和受刑人痛苦的挣扎，使整个"地狱"笼罩在恐怖的气氛中，让人不寒而栗。

凡是做了恶事的人都得进地狱，只有那些修行积善的人才能进天堂。这是佛教对世人的劝诫。你看，地狱是这样的可怕，可那天堂却是宝石盖屋、黄金铺地、百花盛开、果实累累，人在里面，吃的是美味佳肴，穿的是绫罗绸缎，睡的是宝石铺成的床。真是个无忧无虑、令人向往的极乐世界呀！

人人都害怕堕入地狱，都向往那幸福的天堂，可是佛教规定，只有遵守"五戒"的人，才能进入天堂。那五戒中的第一戒就是不杀生。谁要是伤害了有生命的东西，就是做了极大的恶事，死后自然不能进天国。所以，和尚们走路都得小心，为的是怕踩死了蚂蚁。蚂蚁虽小，但它也是有生命的呀！"善有善报，恶有恶报"，按这么一说，那些杀人如麻的残暴君王，为富不仁的豪门恶霸，不更是罪大恶极，只有下地狱的分了吗？可这样一来，佛教怎能让统治者们喜欢呢？不过，你别忙，佛教早已为统治者想好了，他们说："放下屠刀，立地成佛。"虽然你杀人很多，干尽了坏事，这都不要紧，只要你一旦悔悟，把屠刀放下来，也可以立地成佛，一样进入天堂。

古代印度的东南，有个小国叫羯陵迦。孔雀帝国的阿育王率领大队骑兵、步兵、战车、战象来攻打它。羯陵迦人奋起抵抗，战争打得十分激烈残酷。由于寡不敌众，羯陵迦被阿育王吞灭了。

残酷的战争刚刚结束，阿育王来到一座小山上。他举目四望，到处是残垣断壁，横七竖八的尸体布满了原野，孤儿寡妇的哭泣声随着风儿阵阵传来。据说，骄傲的阿育王面对着悲惨的景象，禁不住忏悔起来。他深深地叹口气，下令说："战争太残酷了，从今往后，再也不出征打仗了。"后来，阿育王果然一心皈依佛法，大力提倡佛教，成了一个有名的佛教国王。

至于那天堂和地狱到底有没有，我们先不要去管它。你看，双手沾满鲜血的阿育王，放下了屠刀，真的立地成了佛。一个杀人如麻的君王，为什么突然有了慈悲心肠，"忏悔"起来了呢？其实，阿育王经过多年征战，几乎把整个古印度统一了，打羯陵迦是他最后的一个战役。扩张的任务已经完成，事实上用不着再打仗了。阿育王懂得，统治这么多靠武力夺来的土地和人民，单靠暴力来维持是不行的。也需要用宗教思想来麻痹人民，让人民顺从忍耐。阿育王的忏悔，完全是为了巩固自己统治的需要啊。革命导师列宁说过："对于工作一生而贫困一生的人，宗教教导他们在人间要顺从和忍耐，劝他们把希望寄托在天国的恩赐上；对于依靠他人劳动而过活的人，宗教教导他们要在人间行善，廉价地为他们整个剥削生活辩护，廉价地售给他们享受王国幸福的门票。"这段话揭露了宗教的本质，说得多么好啊。

为了宣扬佛教，阿育王在全国各地建造了8万多座佛塔，盖起了许多寺院，让人编出大量佛经，还把佛教定为国教，让所有的人都来信奉。这样，佛教就在印度迅速地发展起来，并且开始向周围的国家传播了。

佛教向亚洲各地传播，大致是沿着两条路线。向北的一条，经帕米尔高原传入中国，再由中国传入朝鲜、日本、越南等国。向南的一条，先传入斯里兰卡，再传入缅甸、泰国、柬埔寨、老挝等国。

佛教传入亚洲各国，在那些国家里兴盛起来了。可是公元4世纪以后，佛教在它的发源地却几乎消失了，一种新兴的宗教——印度教起来代替了它。这看来挺奇怪，其实也不难理解，佛教虽然衰落了，可它的许多教义却被印度教吸收。

印度教是古老的婆罗门教和佛教的一种混合物。天堂地狱，灵魂轮回等说法都保留下来了。人类社会不断发展，宗教适应形势，跟着变化，以新的姿态出现，这在历史上是常有的事。

4. 我行我素——佛教的派别

释迦牟尼逝世以后，他的弟子们对老师口授的佛教教义和戒律有了不同的理解，开始争论起来。对一个问题，你说应该这样理解，他说应该那样解释，真是公说公有理，婆说婆有理，谁也不肯相让。于是佛教便分裂为上座部和大众部两个派别。后来这两个派别又进一步分裂，形成好多派别。就这样争吵了几百年，到公元 1 世纪，佛教史上的一个重要派别——大乘佛教出现了。

大乘佛教的信徒把自己这一派称为"大乘"，把以前不同于自己的教派贬称为"小乘"。"乘"是梵文"运载"、"车辆"的意思。按照大乘佛教的说法，"小乘"这种教派自私自利，只不过是一辆只能装载自己脱离苦难的"小车"。而大乘佛教则是一辆很大很大的车子，它不但能使自己脱离苦海，还可以普渡天下的众生，运载大家一同进入幸福的天堂。一个车大，一个车小，一条路宽，一条路窄，所以要成佛，还是应该乘大车。

尽管大乘佛教的"大车"很诱人，可小乘佛教仍然保持原来的教义，不肯同意大乘佛教的教义，你走你的阳关道，我过我的独木桥。大乘佛教和小乘佛教成了佛教两个最主要的派别。后来，大乘佛教往北发展，传入了中国、朝鲜、日本、越南、印度尼西亚、马来西亚和新加坡。小乘佛教向南发展，传入了斯里兰卡、缅甸、泰国、老挝、柬埔寨等国，今称南传佛教，或南传上座部佛教。

大乘佛教和小乘佛教有很大的区别。小乘佛教主张：人不过是由血、肉、骨头、思想、感情等因素凑成的，处于生灭变化之中，是虚幻的，不真实的。而客观世界的各种事物还是真实存在的。大乘佛教的主张则比小乘佛教更进了一步，不但认为主观世界是空的，就连客观世界也是虚无的。在"因果轮回"、"善恶报应"的解释上，小乘佛教说，富贵人所以坐享富贵，是他们前世做了好事，积了德，穷苦人受苦受难，是因为前世造了孽，犯了戒。所以只要独善其身修行，就可以来世得到好的报应。大乘佛教则说，人不但需要今生富贵，还需要永世长乐，天下的一切众生都有佛性，修行的人不但要利己，还要普渡众生。

在对释迦牟尼的看法上，小乘佛教开始只把他看做是一个教祖和传教的老师，而大乘佛教则编出许许多多神奇的故事，说他是一个神通广大、法力无边、大慈大悲的神。在修行方法和修行的目的上，大乘佛教和小乘佛教也有很大差别。小乘佛教一般要修行求得自我解脱，而大乘佛教除了自身修习，还要去导化别人。

5. 政治外衣——出家做和尚的皇帝

佛教自汉代传入中国以后，就慢慢地发展起来了。开始是一些西域的僧人到内地来翻译佛经、传授佛法，后来，一些当地人也出家当了和尚。不过那时候，人们只把它看成是神仙道术的一种，真正信奉它的人还不多。到了魏晋南北朝时期，佛教寺院里的香火突然兴盛起来，不但许多平民百姓信佛，就连那些皇亲国戚、文武大臣，甚至连皇帝也都信起佛来。大大小小的佛教寺院遍布全国，有几千所之多，寺里的和尚、尼姑有好几十万人，许多寺院还拥有大片土地和房屋财产。佛教不仅成为影响人的巨大思想力量，而且有了相当的社会经济势力。

在这个时期崇信佛教的皇帝里，最有名的是梁武帝。他看到佛教宣传的因果报应有利于自己的统治，就把佛教定为梁朝的国教。他想让百姓相信，只要规规矩矩，吃斋念佛，死后就可以进天堂，如果不遵守皇家的法律，犯上作乱，死后就要下地狱。梁武帝让百姓们信佛，自己也装出十分虔诚的样子信佛。他不但常常吃斋念佛，还先后 4 次"舍身"到寺院里当和尚，每次出家后都让大臣们用大笔的钱把他赎出来。经他这么一提倡，全国各地都建起了佛寺，许多人出家当和尚、尼姑。光是京都建康（今南京）就有佛寺 700 多所，和尚、尼姑十几万人。这些人只会吃斋念佛，不参加生产劳动，成了靠老百姓养活的寄生虫。

佛教为什么在魏晋南北朝时期兴旺发达起来呢？这是有社会根源的。

魏晋南北朝是我国历史上一个大动乱的时代。封建统治者荒淫残暴到了极点，社会阶级矛盾、民族矛盾都很尖锐。连年战争不断，处处闹饥荒。拥兵自重的军阀常常纵兵烧杀掳掠，屠杀几万人，甚至几十万人。有些地方人口减少了一大半，剩下的人也在饥饿和兵荒马乱中受着煎熬，就像生活在地狱里，痛苦不堪。人们在现实生活中找不到出路，感到绝望，就幻想到天国里寻求安慰，把希望寄托到来世，求助于神佛的保佑。一些王公贵族也深感世道太乱，世事变幻无常，自己的权势、命运没有保障而惶惶不可终日。在这种情况下，佛教就成了穷人和富人都能从中找到安慰和寄托的一条出路。尽管由于皇帝带头，信佛在全国成了风气，可也有人不受这种风气的影响，不但不信佛，而且对佛教的唯心思想采取坚决的批判态度，齐梁时候的范缜就是这样一个人。

有一次，崇信佛教的南齐竟陵王知道范缜不信因果报应，就请来许多客人，当众问他："你不相信因果报应，那么，为什么人有富贵贫贱之分呢？"范缜不慌不忙地答道"人生好比树上的花，随风飘落，有的落在厅堂里，有的掉在粪坑中。您生在帝王家，同那落在厅堂里的花一样；我是贫民百姓，就好比那掉在粪坑里的花一样。我们的地位虽然悬殊，可都是一棵树上的花，哪有什么因果报应呢？"一席话把竟陵王说得哑口无言。

为了批驳佛教"灵魂不死"的思想，范缜写了一篇名叫《神灭论》的文章，他在文章里说：人的肉体和精神，就好像是一把刀，说这把刀很锋利，其实是刀刃在发挥作用。离开了刀刃，就不会有锋利，离开了肉体，也就不会有精神，所以，人死灵魂不死的说法是不对的。"范缜还列举了崇信佛教的种种危害，说佛教用虚渺的谎言来迷惑人；用地狱的痛苦来吓唬人；用天堂的快乐来引诱人，使人们出家拜佛，家家骨肉分离，子孙灭绝。士兵在战争中打败仗，官吏在衙门里吃空缺，粮食被游手好闲的和尚、尼姑吃光，财富被修建奢华的寺院耗尽，对社会上的坏人不认真处置，却在大念"阿弥陀佛"。这样下去，它的祸害无法估计。

范缜说，只有废弃佛教，鼓励农夫耕种，农妇养蚕，才能人民富足，国家平安。范缜的《神灭伦》激怒了许多信佛教的人，可是他们没有一个人能驳倒范缜。后来，梁武帝怕范缜影响他崇信佛教，就找了个借口，把范缜流放到遥远的地方去了。然而，真理是封锁不住，消灭不了的。范缜的无神论思想还是流传了下来。它像暗夜中的火花，给了当时人们非常宝贵的启示。

6. 曲高和寡——奇特的喇嘛教

在我国的西藏、青海、内蒙古等地区，有许多金碧辉煌的寺庙。这些寺庙不但建筑风格很奇特，和内地的佛教寺庙不大相同，就连寺里僧人的穿戴打扮也和内地的和尚不一样。他们头戴高高的僧帽，身披紫红色的袈裟，手里不停地转动着一个里面装有经卷的经轮。据说，他们手中的经轮每转动一圈，就等于把里面的经卷念上了一遍。

这种流传于藏族、蒙古族地区的宗教也是佛教的一支，叫"藏传佛教"。因为当地人管藏传佛教的出家人叫"喇嘛"（藏语是"上师、师长"的意思），所以人们又把这种宗教称做"喇嘛教"。

佛教传入西藏，大约在公元 7 世纪。那时候，藏王松赞干布统一了西藏各部落，建立了吐蕃国。松赞干布和邻近的唐朝、尼泊尔建立了友好关系，他迎娶了唐朝的文成公主和尼泊尔的赤尊公主做妻子。文成公主和赤尊公主都是崇信佛教的人。她俩在进藏的时候，不但带了大批农具、种子和精通各种技艺的能工巧匠，还带去了大量文史、医药、生产技术的图书和佛教典籍。由于佛教很适合松赞干布的口味，他也很快地接受、信奉了佛教，并且下令兴建了大昭寺和小昭寺，把两位公主带去的佛像供奉起来。佛教就这样在藏族地区渐渐地流传开来了。经过近千年的发展，传入西藏的佛教，同当地原有的宗教本教相互影响，相互渗透，形成了一种具有西藏地方特色的藏传佛教。

藏传佛教有红教、白教、花教、黄教等许多教派。现在最主要的教派黄教，是明朝初年一个名叫宗喀巴的僧人创立的。他主张僧侣严守戒律，禁止娶妻、饮酒和杀生，确立了活佛转世的制度。因为他这一派的僧侣戴的都是黄色的帽子，所以人们就称它为"黄教"。在清朝政府的大力支持下，黄教成了西藏地区占统治地位的宗教。

虽然藏传佛教和内地的佛教崇拜的神都是释迦牟尼，可是藏传佛教有自己的特点。首先是政教合一制度。汉族地区的佛教虽然很受历代封建统治者的重视，香火一直很盛，但它一直是和政治统治权相分离的。而藏传佛教不但控制着宗教权，还拥有西藏地方的政治统治权。元朝的时候，有个名叫八思巴的藏传佛教僧人，创制了蒙古文字，被元世祖忽必烈尊为帝师，封为"大宝法王"兼藏王，让他管理西藏地方行政。从那时候起，西藏的"政教合一"制度便正式开始了，一直延续到西藏和平解放的时候才结束。

活佛转世制度是藏传佛教的另一个特点。汉族地区佛教首领人物的继承，是以师傅传位给徒弟，或徒弟继承师傅衣钵的方式来完成。而藏传佛教则不同，是采用活佛转世的制度。藏传佛教的宗教首领有两个，一个是达赖喇嘛，一个是班禅额尔德尼。"达赖"是蒙语"大海"的意思，达赖喇嘛就是学问博大，犹如大海的上师。"班禅"意思是"大学者"。按照藏传佛教的说法，达赖喇嘛是观音菩萨的化身，班禅大师是金刚的化身。他们死后，灵魂会寄胎转生，再来担任以前的职务。这样，每当达赖喇嘛或班禅大师逝世以后，西藏地方政府就派人去各地，根据达赖喇嘛或班禅大师生前的转世预言、征兆，寻找聪明伶俐的儿童作为转世灵童。一般情况下，要先选出几个候选人，然后再经过金瓶掣签等仪式，从中正式挑选出转世灵童。入选的转世灵童先供养在寺院里，经过几年系统的经学学习后，再举行正式的坐床典礼，继任法位。现在，达赖喇嘛已经传到14世，班禅传到了10世。从第一代活佛转世起，各个达赖、班禅，都受到了元、明、清、民国历代中央政府的封赠，他们的转世灵童或继位人也要呈报中央政府批准。

在西藏实行民主改革以前，土地大部分集中在农奴主手里，上层宗教势力利用神权、政权剥削压迫广大的农奴和奴隶。农奴不但要交纳高额的地租，还要服大量的劳役，稍有反抗，就要受到严酷的镇压。西藏和平解放以后，藏族人民在中国共产党领导下，实行了民主改革，消灭了黑暗、野蛮的农奴制度，结束了藏传佛教政教合一的局面，藏族人民和藏传佛教的爱国喇嘛们以及十世班禅享受着宗教信仰自由。1989年圆寂（即逝世）的第十世班禅额尔德尼·确吉坚赞大师，为宏扬藏传佛教，维护祖国的完整统一，反对分裂主义，建设繁荣富裕的新西藏，作出了杰出的贡献，受到了藏族人民和全国各族人民的爱戴。

7. 文化大使——两个值得纪念的和尚

唐僧取经是我国家喻户晓的故事。在孙悟空、猪八戒和沙和尚三位徒弟的保护下，唐僧跋山涉水、风餐露宿，战胜了无数妖魔鬼怪，克服了许多艰难险阻，经历了九九八十一难，终于从西天取回了真经。

在这个美丽动人的神话故事中，虽然那三位本领高强，善于腾挪变化的徒弟是人们想象出来的，现实生活中根本不存在，可那个去西天取经的唐僧，历史上却真有其人。《西游记》这部神话小说，就是根据他的事迹写出来的。这位唐朝的僧人，名字叫玄奘，是唐代有名的佛学家。不过，这个唐僧既不像《西游记》说的那样，是如来佛的弟子"禅和子"下凡，也不像故事里描绘的那样，真假不辨，善恶不分，一遇妖精就不知所措。他是一个勇敢坚毅、不畏艰险的和尚。玄奘只身到人们称为西天的古印度求法，为佛教在中国的传播和中印文化的交流作出了不平凡的贡献。

唐朝是我国历史上一个很强盛的时期，它同世界上许多国家有过友好密切的联系。那时候，不仅一批批来自印度的佛教僧侣到我国内地翻译佛经、宣扬佛法，中国的一些和尚，为了钻研佛学，也纷纷沿着丝绸之路，去佛教的发源地——印度——求经问法。玄奘就是他们当中最杰出的一个。

佛教自汉代传入中国后，历代的僧人曾翻译了许多佛经，不过，玄奘认为这些辗转传来的佛经有的翻译得不好，让人不易理解，有的走样失真，歪曲了原来的意思。为了求取真正的佛经，玄奘决定西去印度取经。

公元629年，玄奘从唐朝的都城长安出发了。他沿着河西走廊前进，准备经过当时称为西域的新疆进到中亚，然后再从那里南下，转入印度。这条路历来就有人走，是闻名世界的丝绸之路，来来往往的商队把中亚、西亚的药材、香料运到中国，又把中国的丝绸、茶叶和瓷器运到西方。但是，这条路十分艰险，沿途多是戈壁荒漠，冰山雪峰，许多人冻死、饿死、渴死在途中，有时候，就连人数众多的商队也不能幸免。玄奘只身在这样的环境里旅行，遇到的困难和艰险就更大了。这需要多大的勇气和毅力呵！

有一次，玄奘在荒无人烟的戈壁中前进，盛水的皮囊不小心跌落在地上，水全洒掉了。这可怎么办？是往回走，还是继续前进？如果前进，要是碰不到泉水，就会活活渴死！然而，玄奘没有被困难吓倒，他毅然往前走。一连好几天，没有见到水源，玄奘干渴得实在支持不住了，一头晕倒在地上。说也凑巧，在生死存亡的关头，忽然一阵凉风吹过，使他又苏醒过来。玄奘又挣扎着起来向前走。不久，一泓清澈的泉水出现在眼前，玄奘喜出望外，饱饮之后，又愉快地踏上了征途。玄奘到了印度以后，游历了各地，向印度的佛学大师们学习译经，自己也到处讲学，许多印度佛教徒都倾心地佩服他。玄奘在印度住了十五六年，回国的时候，带回了600多部佛经。后来，他把这些佛经精心翻译成汉文。玄奘还把他在西行取经途中的见闻写成了一本叫《大唐西域记》的书，这本书后来成为我国古代历史、地理名著，也是一部优秀的文学作品。玄奘西行取经，不仅促进了中外文化交流，对丰富祖国文化作出了贡献，他那种不畏艰险、勇往直前的精神，也永远鼓舞激励着后人。

在唐朝，还有一位值得纪念的和尚，他的名字叫鉴真。鉴真没有像玄奘那样去西域取经，而是东渡日本，把中国的文化和生产技术传给了我们的东邻。

鉴真是位学问渊博的和尚。公元742年，他接受了日本僧人的邀请，到日本传播佛教戒律。可是，中国和日本之间隔着茫茫的大海，鉴真一连四次东渡都由于风浪的阻碍没有成功。公元748年，鉴真又开始了第五次东渡，这次他们又遇到了大风浪，在海上颠簸漂流了十几天，只能靠嚼生米，喝雨水维持生命。最后，他们漂到了海南岛。五次东渡失败，都没有使鉴真东渡灰心。尽管他已经是63岁的老人，双目也已失明，他还是在公元753年第六次出发了。这次他和他的弟子们战胜了海上的风浪，终于到达了日本，实现了东渡传法的愿望。鉴真来到日本后，校勘了日本的佛经，传授了医药知识，带去了许多书法、绘画、雕塑作品和许多生产技术。直到今天，日本人还把他奉为榨糖、缝纫、做豆腐和做酱油的祖师呢。

玄奘和鉴真两位和尚，一个西行取经，一个东渡传法，除了传播佛教，还使中外的文学、哲学思想、雕刻、建筑、音乐、舞蹈和生产技术得到了交流发展，为增进各国人民的友谊作出了贡献，他们是永远值得人们纪念的两个和尚。

8. 精美绝伦——石窟中的佛教艺术

云冈石窟是我们祖国的一座佛教艺术宝库。当慕名而来的中外游客看到那些有上千年历史的石刻艺术珍品的时候，都会情不自禁地发出阵阵赞叹。

云冈石窟位于山西省大同市西郊的武周山南麓，它依山开凿，东西绵延1公里，有大小石窟和佛龛1 300多个，石雕的佛像5.1万多尊。云冈石窟最早开凿于北魏时期，距离今天已经有1 500多年的历史了。

里面约20米高，中间有塔柱支撑着洞顶。塔柱上和洞壁上刻满了大大小小的佛龛和装饰物，几乎找不到一点没有雕刻过的空隙。端坐在洞窟中央的一座大佛像，足有17米高，它神情威产，那凌驾于一切的神气，令人肃然起敬。在大佛的周围还有许多神像，它们一级一级地排列着，一个低过一个，都显示出恭顺的模样。洞内还刻有飞天和侏儒的形象，飞天是云水女神，她们体态轻盈，手拿乐器，在天空中飞舞，为大佛演奏乐曲。侏儒是身材矮小、健壮的人，他们在佛龛的基座和柱子的顶端用力支撑着重物，那欢喜的样子，似乎在说，能为大佛服役是多么荣耀啊！你看，这个神佛的世界同我们人间的封建社会是多么相似！那威严的大佛不就是站在臣民之上发号施令的君王吗？那些围绕在大佛周围的各级小佛，就是封建帝王身边的大小群臣，那飞天和侏儒是服劳役的平民百姓。他们在各自的位置上，尽心尽力，支撑着这个世界。这是一幅多么和谐的封建统治图呀！

和云冈石窟同样有名的佛教艺术宝库，还有敦煌石窟和龙门石窟。敦煌石窟位于甘肃省敦煌市的鸣沙山。相传公元366年，一个名叫乐樽的和尚来到鸣沙山脚下，他看到在夕阳的照耀下，鸣沙山闪烁着金光，认为这是一处圣地，于是他用募化来的钱雇来工匠，在山崖上开凿出第一座石窟。后来，不断往来在这条丝绸之路上的官员、僧人、商人和普通老百姓也相继出钱开凿石窟。1 000多年过去了，经历了隋、唐、宋、元、明、清各代，先后共开凿了大大小小的石窟1 000多座。保存至今的有492座。

在这些石窟里，有4.5万平方米的壁画，2 400多尊彩塑，这些壁画除了描绘佛经故事，还绘出了当时人们耕种、狩猎、捕鱼等生产活动，歌舞、杂技、旅行、治病和婚丧嫁娶等生活场面。如果把这些壁画一幅一幅地连接起来，可以排成25公里长的大画廊。19世纪末，在敦煌的一座洞窟中，还发现了数量巨大的古代经卷、文书和画卷。敦煌石窟真可以说是一个巨大的古代文化艺术宝库啊！

龙门石窟在河南洛阳附近，它有石窟1 300多个，佛像10万多尊。其中最大的佛有17米高，最小的仅有2厘米。它们一尊尊雕刻得神态各异，栩栩如生，是不可多得的艺术珍品。像云冈、敦煌、龙门这样的石窟，还有甘肃天水的麦积山石窟、新疆克孜尔的千佛洞，重庆的大足石刻等许多座。这些也都是一座座珍贵的艺术宝库。

为了宣扬佛教思想，佛教徒们开凿了像云冈、敦煌、龙门这样规模宏大的石窟，建起了许多精美的宝塔和寺院。虽然为了修建它们，耗费的财富数也数不清，但这些雕凿精美的神佛龙门石窟塑像，宏大瑰丽的寺庙建筑也凝结了无数劳动人民的聪明智慧，它对我国雕塑、绘画、建筑艺术的发展也起了很大的推动作用。世界上的事就是这样怪，一件事总有两个方面。宗教除了有消极落后的一面外，还有积极的一面，塑造了一尊尊精美的塑像。不只是佛教，像基督教、伊斯兰教和世界上的其他宗教一样，它们都同人类的文化发展密不可分，对所流传地区民族的精神、文化、科学技术、道德风俗和生活方式都产生了不可低估的影响。

第九节　众神崇拜大观

1. 万物之灵——人创造了神

走进神秘的宗教王国，首先遇到的问题是：是神创造了人，还是人创造了神？

无论哪种宗教，都有教徒信仰的"神"。宗教信徒们认为，"神"是一种超自然的力量，它主宰着世界的万事万物，世界上几乎没有它不能够办到的事，就连"万物之灵"的人类，也是由它创造出来的。

关于神造人的故事，各种宗教有不同的说法。基督教的经典《圣经》第一卷《创世纪》里有这样一段记述：大约在 7 500 年以前，万能的上帝耶和华在第一天里创造了光；第二天创造了空气；第三天创造了大地、海洋和各种植物；第四天创造了日月星辰；第五天创造了水中的游鱼和空中的飞鸟；第六天创造了牲畜、昆虫、野兽，并且按照自己的样子，用泥土捏了个男人，取名叫亚当，让他在伊甸园里耕作。后来，上帝看到亚当一个人太孤独，就趁他熟睡的时候，从他的身上抽出一根肋骨，造出了女人夏娃。从此，他们就在大地上生活，生儿育女，繁衍后代。人类就这样产生了。

人是不是神创造的？科学已经作出了正确的回答。人是由猿进化而来的，不是神创造的。在科学知识普及的今天，这早已经不成问题了。可是，人怎样创造了神，这恐怕就不是人人所知道的了。那就让我们一同回到人类的童年时代，看看神是怎样被人创造出来的吧。

人类在地球上出现，是大约 300 万年前的事。那时候，到处草莽丛生，野兽横行，原始人用棍棒、石块做工具，同大自然作斗争。他们追打野兽，攀摘野果，弄到了食物就饱吃一顿，弄不到就挨饿。他们的大脑和现代人比起来还不发达，思维能力很低，没有清楚的自我意识和丰富的想象力，整天为填饱肚子奔波忙碌，至于四周的高山、大河，天上的太阳、月亮同人有什么关系，他们根本不去理会，也理解不了。那时候，抽象的神的观念是产生不出来的。

随着时光的流逝，几百万年过去了，原始人在生产劳动中前进。他们的工具有了很大的改进，除了石斧、石刀，还发明了渔网、弓箭，有了陶器，农业、畜牧业也产生了。这时候的原始人，大脑已慢慢增大，有了抽象思维的可能。原先，原始人对身边的自然现象习以为常，从不过问，现在可不同了，他们开始向自己发出一个又一个疑问：晴朗的天空为什么会变得乌云密布、电闪雷鸣？缓缓流淌的河水为什么突然暴涨、四处泛滥？那猛烈的火山喷发和震撼大地的地震又是怎么回事？好好的同伴为什么突然发高烧，躺倒在地上爬不起来？……原始人把这一切看在眼里，既惊讶，又恐惧，更无法解释和抗拒。要知道，一次洪水能夺去多少同伴的生命，下一场大雪也能冻坏人啊！

原始人睡觉的时候，有时做梦，梦见自己干着各种各样的事，可是，一觉醒来却什么也不见了。有时候，原始人梦见已经死去的同伴和亲人，自己和他们一起生活、劳动，就像他们还活着一样。人睡着了，身体躺在原地不动，为什么梦中却可以长途旅行，同仇人格斗？死去的亲人和同伴，躯体早已腐烂，为什么能在梦中和自己会面交谈？原始人怎么也找不出原因，于是他们设想：人的肉体里寄居着一个看不见的"灵魂"。做梦的时候，人的肉体睡了，灵魂却可以脱离肉体四处游荡，干各种各样的事情。死去的人，尽管躯体变成了冰冷的僵尸，腐烂了，但是灵魂却不会死，它脱离人的躯体永存在世界上。

原始人梦见死去的亲人，不知道死亡是怎么一回事，也不了解人的肌体和精神活动的关系，他们看到人流失了大量的血会死亡，就想：灵魂一定寄居在血液里，血流干了，灵魂没了寄居的地方，就会到另一个活人见不到的世界去生活。有了灵魂不死的想法，原始人对于同伴、亲人的尸体就不再随便抛弃了。他们把尸体安葬在住地附近，在死者的周围撒上一圈红色的赤铁矿粉。因为在原始人的眼里，红色是火、血、生命和温暖的象征，撒上它等于给死者"输血"，死者就有可能再生。为了让死者在另一个世界里生活得更好、更方便，他们还把死者生前常用的东西随着一起埋葬。

有了灵魂不死的观念，原始人就不再总停留在惊讶、恐惧上了。他们开始对原先那些神秘难解的自然现象进行反复地琢磨、类比。心想：自然界的万物，大概和自己差不多，都有生命力吧？每个自然物里一定也寄居着一个灵魂，不是么？既然人有灵魂，自然界的万物也一定会有。

人的灵魂寄居在人体里；山的灵魂住在大山里；太阳、月亮的灵魂住在太阳、月亮里。山有山精，树有树怪，每一个自然物都有神灵主宰，整个大自然是一个充满了精灵的世界。原始人这么一想，自然界的种种秘密就似乎全揭开了，一个个难解的疑问都得到了圆满的回答。当洪水咆哮泛滥的时候，他们说："河神发脾气了。"当树枝随着风儿摇曳的时候，他们告诉小孩："瞧，树神在跳舞呢！"当亲人或同伴病倒了，他们又皱紧了眉头："唉！他给恶鬼缠住了。"

世界上万物都由神支配，有的神给人类快乐和幸福，有的神却给人类带来痛苦和灾祸。人能不能影响神，避免灾祸，求得幸福？原始人想：神和人一样，也有喜怒哀乐，只要人对神唱赞歌，崇拜它，祈祷它，讨好它，神是一定会保佑人的。于是，一个个神在人们的想象中创造了出来，一套套崇拜仪式也发明了出来，原始的宗教就这样形成了。

原始人创造了神，可是，神，手摸不着，眼看不到，总该有个形象吧！要不，怎么让人去顶礼膜拜呢？本来，神灵和鬼怪是现实生活中根本不存在的，原始人的想象力再丰富，要凭空把它们描绘出来也不容易。不过，这并没有难住原始人，他们把周围的各种事物，分解组合起来，再加以夸张和想象，一个个形态怪异的神灵和鬼怪就创造出来了。

最初，人最熟悉、最看重的是动物，所以那时候描绘出的神大多是动物形象的组合。后来，人类征服自然的力量逐步增强，认识到自己实际比动物高明得多，有力量得多，神的形象就开始变成一半是人，一半是兽，最后，完全按人的形象创造的神也出现了。说来也真有趣，世界上各民族的人眼里的神却是那么不一样。欧洲的白种人皮肤是白色的，他们描绘的神，肤色也是白的，令人生厌的魔鬼肤色是黑色的。而在非洲黑人的眼里，白皮肤的却是魔鬼，黑皮肤的才是神。更有趣的是，无论是哪个民族创造的鬼神，都有同人一样的心理、需求、爱好和性格。它们也要吃喝玩乐，生儿育女，也会争权夺利，偷鸡摸狗。不同的只是，它们是永生不死的，比人更高大，更有力量，主宰着人间的祸福。

人创造的神和人自己是多么地相像呀！难怪 2 500 年前的古希腊哲学家塞诺芬尼要说："如果牛、马、狮子都有手，或能像人一样用手绘画和创造一切，它们就要按照自己的面貌画出神来：马神像马，牛神像牛……"

世界各种宗教教义中总是这样说：宗教观念是永恒存在的，信仰宗教是人类的天性。我们了解了人是怎样创造了神，就可以明确得出这样的结论：宗教观念并不是人类社会一开始就有的，而是在距今 4 万至 10 万年前，人类童年时代产生的一种社会现象。它只是客观世界在人们头脑中的一种反映，而且是虚幻的、不真实的反映。

2. 美好向往——神奇的图腾崇拜

人类自从有了灵魂不死的观念，就开始有了对神灵的崇拜。

最初，人类只崇拜自然的力量。在原始社会，人类的生产力水平十分低下，每天能不能猎捕到鸟兽鱼虾，采摘到野果、野菜，全都依赖大自然的恩惠。有时候，原始人会满载而归，饱餐一顿；有时候却一无所获，饿着肚子。人类依赖着、爱恋着大自然，因为大自然是人类的衣食父母。可是，大自然有时候又使原始人感到恐惧和神秘，那日出日落的昼夜更替；一年四季的季节交换；风雨雷电、火山地震、雪崩海啸等无穷无尽的自然现象，使原始人这样想：大自然和自己一样，有喜，有怒，是有人格、有意志的实体。正是这些威力无穷的神灵统治着整个世界。

在日月星辰等自然物中，太阳对人类的影响最大，是最受崇拜的。清晨，一轮红日从东方冉冉升起，照亮了大地万物，给人类送来了光明和温暖。可是，当它落下去的时候，黑夜和寒冷降临，毒虫猛兽出没，多么恐怖可怕呀！当漫长的黑夜终于熬过，太阳又升起在东方的时候，原始人该是多么高兴啊！他们朝着初升的太阳跪拜、舞蹈，用最美好的语言来赞美它，歌颂它，祈求它不要再回去，因为人类是那么地需要太阳！

除了崇拜太阳神，原始人也崇拜月神，他们认为，是月亮柔和的光线带来了凉爽和露水，滋润着万物生长。每当月食发生的时候，人们就感到无比的恐惧，以为灾难就要降临，他们拼命敲打着一切可以发出声响的东西，以为这样做可以吓走企图吞吃月亮的天狗，使月亮重现光明。

夜晚的天空闪烁着点点繁星，它们常常为四处迁徙的原始人指示方向。望着高远深邃、星光灿烂的夜空，原始人把一座座星群联想成人、动物和器物的形状，更觉得它是那样的神秘莫测。他们相信，星辰的移动变化能影响地球上事物的变化，决定人的命运。不是吗？地上每一个活着的人，天上都有一颗代表他的星，天上的星陨落，人就要死去。一代又一代，人们总是这样传说着。

风雨雷电、山川湖海和人类的关系也十分密切。当狂风吹倒了树木、房屋，吹坏了庄稼的时候，原始人就把风神说成是凶神、恶神。当雷雨来临，隆隆的巨响，伴随着电光闪耀，使森林起火，人畜丧命的时候，原始人是那么恐惧。可是，雷雨也为人类带来了渴望已久的雨水，所以原始人对雷神、雨神又是那么依赖和敬畏。河流为人类带来了赖以生存的水源，原始人总是把它视做神明来崇拜，可是有时候它也会泛滥，危害人类。为了讨好它，希望它不再兴风作浪，原始人就把小孩子或年轻的姑娘投到河里去，祭献给河神。

后来，原始农业和畜牧业不断发展，人同动物、植物的关系一天天密切，人类对动物、植物神的崇拜便兴盛了起来。原始人相信森林是由树神掌管着的，所以当他们伐树的时候，总要在被砍伐的树旁放上一块石头，树越大，放的石头也越大，这是献给树神的，作为砍树的报酬。原始人想，如果不这样做，树神是会发脾气的，砍树的人就会被大树压死。原始人一面取用动物、植物，一面又感到损伤了它们，很抱歉，所以要举行某种仪式，给主宰的神一点报偿。

时间一年又一年地过去，原始人对动物、植物神的崇拜渐渐变得复杂起来。和人类相比，动物、植物有许多优越于人的地方，有的动物有巨大的身躯、惊人的力量；有的有敏锐的视觉、嗅觉；有的能上天翱翔，有的能入水遨游。许多植物不但有旺盛的生命力和繁殖力，而且寿命长得惊人。原始人对这一切羡慕不已，于是崇拜它们，模仿它们，希望自己也有和它们一样超凡的能力。原始人想：既然灵魂来无踪去无影，可以寄居于猛虎、狐狸或大树，也可以进入美女、壮男的身体，那么，自己的祖先一定和那些同生产生活密切相关的动物、植物同出一源，那些动物、植物就是自己的亲属。

原始人和动物、植物认了亲，就把它们当做"图腾"来崇拜。"图腾"这个词出自印第安语，意思是"它的亲族"。澳大利亚有一个氏族，是以袋鼠为图腾的，每当他们提到袋鼠的时候，就说，"我那兄弟如何如何"。

为了表示对图腾的崇敬，原始人不但禁止伤害和食用图腾动物，还把它们的名称作为本氏族的名称，把它们的图形刻画出来，立在或挂在村前或屋门口，当做氏族的标记。生活在北美原始部落的印第安人，每当重大的事件或节日来临，便要穿起五彩斑斓的衣服，戴上模仿图腾动物的面具，围绕着刻有鸟兽图形的图腾柱高歌狂舞。原始人和动物、植物攀亲戚，甘心情愿做它们的子孙，是因为原始人相信，世上没有不爱护自己子孙的祖先，祭祀祖先，敬拜祖先，子孙们就一定会得到祖先的庇护，自己的氏族就一定会兴旺发达起来。

几百年前，当沙俄殖民者侵入西伯利亚的时候，那里有一支还处于原始社会的埃文基人，他们靠狩猎为生，每当猎到一只熊，不是忙着剥皮割肉，而是先要对躺在地上的死熊说："请不要生我们的气，打死你的是俄罗斯人，不是我们。"明明是自己杀死了熊，干吗要撒谎、诬赖别人呢？原来，熊是埃文基人崇拜的图腾动物，尽管图腾动物是禁止捕杀的，但在缺乏食物的时候，人们就顾不得许多了。不过伤害了氏族的祖先，就是犯下了罪孽，埃文基人觉得很对不起熊，自然要请求它的宽恕了。埃文基人很讨厌那些入侵的沙俄殖民者，所以就把杀害熊的罪责推到了他们身上。

图腾崇拜的遗迹在我国也有许多。在距今5 000~7 000年的仰韶文化遗址出土的彩陶上，绘着许多鸟、鱼、青蛙和人首虫身的图形，这些可能就是当时一些氏族部落崇拜的图腾。传说，黄帝曾经调动龙、虎、熊、貔（pí）、貅（xiū）等猛兽同炎帝作战，取得了胜利，其实，这些传说中的猛兽就是黄帝部落中以各种野兽为图腾的氏族。

在我国封建时代，龙是皇帝的象征，可是，威风凛凛、张牙舞爪的龙在现实世界中并不存在，它只是想象中的动物。从龙的身上，我们也可以找到古代图腾崇拜的痕迹，它集蛇身、兽脚、狗爪、鹿角、鱼鳞、鱼须和马的头、尾、长鬃于一身，实际上是许多种动物图腾组合而成的。据历史学家和考古学家推断，它很可能是在部落兼并、融合的过程中，以一些崇拜蛇的氏族为主，又吸收了其他氏族的图腾特征形成的。

原始人崇拜图腾，敬奉某些动物、植物，是受生产力水平制约的结果。当社会生产力进一步发展，人类支配自然的能力有很大的提高，认识到自己才是自然界中的"老大"的时候，这种以动物、植物为祖先加以崇拜的局面，就开始发生变化，渐渐地过渡到了"祖先崇拜"。

3. 英雄化身——人类社会发展过程中的神

人类社会不断地向前发展，四五千年前，由母系氏族社会进入了父系氏族社会。这时候，生产更加发展了，人类掌握的生产工具和生产技术更多了，不但学会了种庄稼，还驯化了马、牛、羊、猪、狗、鸡等家畜和家禽。过去，男子在氏族的生产中分工狩猎，但是收获往往很有限，有时甚至空手回来。妇女们分工采集植物的种子和果实，收获比较稳定可靠，在氏族生产活动中起着主要的作用。所以那时候，氏族的首领都由妇女来担任。可是这时不同了，畜牧业和农业发展起来了，男子由于在体力上比妇女有许多优越的条件，逐渐成了社会生产活动的主角，他们的社会地位随之上升，最后终于占据了统治地位。于是"女娶男嫁"的母系氏族社会，被"男娶女嫁"的父系氏族社会替代了。氏族部落不再以母系的血缘为纽带组成，而是根据男子的血缘组成了。

氏族部落里，一些男子身强力壮、勇敢坚强、足智多谋，在生产劳动中，在同其他氏族部落的战争中，表现得十分出众，为氏族的生存和发展作出了巨大的贡献，自然成了全氏族人心目中的英雄，享有很高的威信。即使他们已经死去，人们仍然怀念他们，相信他们的灵魂依然有强大的力量，可以世世代代佑护着自己。原始人想：灵魂可以存在于血里，那么只要保存着某个人的血，就能召回他的灵魂。在和其他氏族的人作战的时候，原始人总要带上滴有自己祖先的血液的石头，就是希望凭借着这块石头，把已经死去的祖先的灵魂召唤回来，帮助自己，战胜敌人。

过去，人类刚刚萌生灵魂不死观念的时候，只觉得人死后灵魂会继续存在下去，并不认为它跟活人有多大关系。这时，他们认为灵魂不仅可以不死，还有超人的能力，而且喜欢干预活人的生活。灵魂既会帮助人，也会报复和加害那些它们不喜欢的人。死人的灵魂随时随地都在暗中监视着活着的人，如果谁做了错事，违背了祖先的意愿，就将受到严厉的惩罚。每当原始人遇到意外伤害，得了病或死亡的时候，他们就想，那一定是那些变幻莫测的灵魂在作怪！

这样一来，原始人更加惧怕灵魂，对自己的祖先更加敬畏，更加崇拜了。起初人类最崇拜动物，总觉得人不如动物，如今人不仅能猎获动物，而且还能驯养、役使动物，人类开始意识到自己实际上比动物更聪明，更有办法。于是，人类开始自信起来，不愿再屈服于动物，也不愿再崇拜它们，把它们当做自己的祖先了。他们开始崇拜自己祖先中的英雄人物，用种种崇拜仪式纪念和歌颂祖先的功绩，定期地祭祀他们，用对祖先的崇拜来加强氏族的血缘观念，巩固部落内部的团结。

我国古代的传说中，有一位叫神农氏的神，他尝遍了百草，教会人们耕种和采药治病；有一位叫燧人氏的神，教会人们钻木取火；还有一位叫伏羲氏的神，教人们用绳织网渔猎。实际上，这些生产工具和技术的发明是要经过许多代人的努力才能实现的。那些传说中的神，实际上就是氏族社会中某些英雄人物的化身。人们对他们的崇拜，也就是对自己祖先的崇拜。

人类有了动物崇拜、祖先崇拜，就相应地创造出许多崇拜的仪式。澳大利亚的原始部落，每次准备出去打猎的时候，总要先在地上画一头野兽，然后集体围绕着跳起模仿那野兽动作的舞蹈，一边跳一边模仿着野兽的叫声。他们用这种仪式祈求狩猎取得丰收。在干旱的季节里，非洲的黑人常会爬上屋顶向下洒水，以为这样就可以使天上的雨神下起雨来。原始人的这些活动叫巫术，这在今天的人看来的确荒唐可笑，可是原始人做起来却十分认真，因为他们把这些看做是十分神圣的事。

起初，原始人举行崇拜仪式，氏族的成员个个动手、人人参加，大家戴起面具，跳起舞蹈，内容不复杂，仪式也不烦琐，不需要什么人的帮助。后来，宗教崇拜的内容越来越复杂，崇拜的仪式也神秘起来。这时候，一些专门组织指挥崇拜仪式的人产生了。他们知道如何举行崇拜仪式，能够预言什么时候适合做哪些事，什么时候不适宜做哪些事。氏族部落里遇到了重大的事情，也要请他来预测凶吉。这时候，人们生产的东西已经有了一些剩余，可以使这些人脱离生产劳动，专门从事占卜和崇拜仪式的活动来了。这些人就是巫师和僧侣。不过，早期的巫术和科学文化并不是截然分开的。巫师和僧侣既研究巫术和宗教崇拜，也研究一些自然和社会现象。这种研究，对于以后科学、艺术的发展，奠定了基础，起了一定的作用。

4. 时代变迁——众神崇拜

在一些神话小说里，你会看到这样的情景：至高无上的玉皇大帝，端坐在天廷的宝座上。他主宰着天地万物，安排着人间的一切，是那样威严、那样令人敬畏。在他的脚下，一群大大小小的文武神仙对他顶礼膜拜，毕恭毕敬。森严的等级，就像人间的封建王朝一样。

可是，原始社会的神却和这大不相同，他们既没有这么大的权力，相互之间也很平等。

为什么会这样呢？说来也不奇怪。神既然是人创造出来的，人类社会在不断地发展变化，反映到人的头脑、观念中的神的形象，自然也会随着起变化！

在原始社会里，人们生活在氏族部落中，他们一起打猎、捕鱼、种地、养牲畜，大家共享劳动成果。勇敢的人，有智谋的人，被大家选出来当氏族部落的首领。他们也一样参加劳动，一样平均分配，没有什么特殊的地方。那时候，生产力水平很低，人的生活相当艰苦。但是人与人之间的关系却很平等，也很民主。在这样的社会条件下，原始人只能按照自己的模样来描绘神的形象。他们认为自然界存在着许多神，这些神各自分管着一部分自然现象，如风神管风，花神管花，天神管天，火神管火，大家的地位是平等的，没有谁大谁小、谁高谁低的区别。因为原始人敬拜的不是一个神，而是许许多多的神。这种崇拜多神的现象，我们就把它称为多神崇拜。

当原始社会开始解体，阶级社会就要诞生的时候，在平等的氏族成员中出现了一批特殊的人物。他们掌握着氏族部落的领导权，不肯让给别人，又利用权力侵占公共财富，成为有财有势、不劳而获的贵族。氏族里的平民，受到剥削，一天天地贫困，贵族们不断发动战争，把其他氏族部落的人掳掠过来做自己的奴隶。这样一来，社会上出现了富人和穷人，有了奴隶和奴隶主的不同等级。人间的变化也反映到神的世界里，那些原来是平等的众神，开始有了尊卑贵贱的分别，有的权力大、地位高，是统治者，有的地位低微，成了被统治者。

古希腊神话传说中有一个争金苹果的故事，就反映了这一时期的变化。有一次，海洋女神邀请众神喝酒，一时大意，把争吵女神厄立斯给忘了，这可招来了麻烦。厄立斯认为自己受了侮辱，决意要报复，要搅得大家不得安宁。在灯火辉煌的厅堂里，当众神举杯畅饮的时候，厄立斯把一只金苹果抛到了宴席上，苹果上面写着"送给最美丽的女神"的字样。

在座的神后希拉、智慧女神雅典娜和美神阿芙罗狄看到这金苹果，十分喜爱，立即争夺起来，都说自己是最美丽的女神。几位女神互不相让，事情闹到了天神宙斯那里。宙斯是众神之神，是最有权威的，众神出现了纠纷总要他来最后裁决是非。可是这一次，宙斯也不知该怎样裁决了，因为希拉是他的妻子，雅典娜是他的女儿。最后他决定让人间的特洛伊王子巴里斯去裁决。三位女神听了，立刻飞到巴里斯那里，一个个甜言蜜语地讨好这位王子。

神后希拉说："王子啊！把金苹果判给我，我会使你成为天下最富有的国王。"

"不，给我吧！我能使你成为天下最聪明、最有才能的人。"智慧女神雅典娜抢着说。

美神阿芙罗狄最后开口，她说："判给我，我会为你找一个世界上最美丽的姑娘！"

巴里斯不稀罕财富，也不求智慧，只希望有一个美貌的妻子。于是，他就把金苹果判给了美神阿芙罗狄。后来，美神阿芙罗狄帮助他去了希腊，把天下最美貌的女人海伦拐骗了回来。这一来竟引起了希腊对特洛伊的大战，把许多神和英雄都卷了进去，真是闹得大家都不安宁。

你看，这个故事中的神，各有一份权力，她们地位平等，分不出谁高谁低。但是在众神中间，却出现了一个天神宙斯，他的权力比别的神大，地位也高。故事中的神，不但爱喝酒，喜欢谈情说爱，也勾心斗角，要阴谋，玩手段。我们仔细一想，就不难发现，这些神不就是地上王国的希腊贵族在天上王国中的投影吗？

起初，一些奴隶主贵族统治的小国，君王的权力并不大，他们只不过是一个最大的贵族。后来，各小国在兼并战争中互相融合，渐渐产生了统一的大帝国。帝国的头头是专制的君主，他把军政大权集中在自己手里，独断专行，宣扬"君权神授"，要臣民把他当神来供奉。他的权力和威风远不是那些小国君王所能相比的了。

古代的埃及，最初出现的小国有40个。公元前3000年的时候，它们统一起来，成为一个大帝国。埃及帝王独揽大权，把自己说成是太阳神的儿子，臣民朝见他的时候，必须拜倒在地上，口吻着尘土。为了死后继续享受人间的富贵，帝王又驱使奴隶们修起山一样高的陵墓——金字塔。4 000多年过去了，雄伟的金字塔还屹立在尼罗河两岸，游人们见了，不由会想起当年埃及帝王的专制权威是何等地显赫。

人间发生的这种变化，免不了又要反映到神的王国里。平等的众神慢慢地消失，那突出的大神地位又进一步提高，原来归众神所有的各种权力都集中到他的身上。最后，那唯一的、万能的、主宰一切、让人敬畏的大神终于出现了。从多神崇拜走向一神崇拜，宗教在发展的道路上，又向前迈了一大步。

5. 穷苦人的"救世主"——基督教

时光过得飞快，在佛教产生后 500 多年，又一个世界性的宗教在亚洲西部的巴勒斯但诞生了。这就是当今世界三大宗教之一的基督教。

按照基督教会的说法，基督教是上帝派他的儿子耶稣基督降生人世间创立的。"耶稣"是希伯来文"神的救助"的意思，"基督"是"救世主"的意思。这个耶稣虽然是传说中的人物，历史上并不存在（也有人认为耶稣有其人），可他同我们还颇有一点关系呢！你知道吗？现在世界各国通用的公元纪年，就是以他"诞生"的那年做起点计算的。在耶稣出生以前的年代，记作公元前多少年；出生后的年代就记作公元多少年。

既然耶稣是传说中的人物，可他创教、传教的事又是怎么回事呢？要弄清这个问题，我们还是先看看基督教会是怎样说的吧。

教会说，罗马帝国奥古斯都统治时期，巴勒斯坦北部山区的拿撒勒村有个名叫约瑟的木匠，得到了神的通知，他的未婚妻玛利亚感受了"圣灵"，怀了一个男孩。这个男孩本是上帝的儿子，是上帝为了拯救世上的生灵，派到凡间，替人类赎罪的。不久，男孩降生了，约瑟夫妻俩依从神的意旨，给孩子取名叫耶稣。耶稣一天天长大了，他 30 岁的时候开始自称是救苦救难的救世主，四处宣扬上帝的"福音"。他还招收了 12 个门徒，让他们帮着自己一起传教。一件件有关他的奇事，在人们当中传开了，双目失明的瞎子，只要他用手摸上一摸，就能睁开眼睛，重见光明；两耳失聪的聋子，只消他一摸，就能听到声音；一瘸一拐的跛子，经他一摸，就能健步如飞；甚至连死人，耶稣也能使他复活。不光是这些，耶稣还有许多神力，比如，他能用五张饼、两条鱼让 5 000 人饱餐一顿。这奇迹一传十，十传百，很快轰动了整个犹太人地区。渔夫、牧人、农民、奴隶，所有穷苦的人都把他当做救星。

穷人们喜爱耶稣，可罗马总督却十分仇恨他，认为他是动摇自己统治的危险分子。罗马总督用 30 枚金币，收买了耶稣门徒中一个叫犹大的无耻小人。在犹大的出卖下，罗马总督抓住了耶稣，不由分说，加上一个阴谋推翻罗马帝国的罪名，把他钉死在十字架上。耶稣死去了，可到了第三天，他又突然复活，向门徒们显圣，告诉他们，不久自己将要重下凡间，根据各人在世的善恶表现，来审判世人，建立一个没有贫穷和苦难的千年王国。耶稣复活后又过了 40 天，然后告别门徒，飞升到天上去了。这些有关耶稣的传说，出自基督教的经典《圣经》。

　　虽然耶稣的家谱和传教活动的记叙很离奇，可是，那个时代流传下来的史书里却都没有提到过耶稣这个名字。直到公元2世纪，基督教初步形成以后，耶稣的名字才出现在历史文献中。由此可见，耶稣降生、童年和复活的种种奇迹，不过是基督教会根据自己的需要编造出来的神话。实际上，不是耶稣这个"上帝之子"创立了基督教，而是基督教会塑造了耶稣这个救世主形象。

　　尽管关于耶稣的传说不是历史事实，不过它也多少反映了当时尖锐的社会矛盾和人民希望摆脱苦难的愿望。

　　公元前1世纪的时候，罗马帝国的统治者十分野蛮残暴，他们把奴隶当做一种"会说话的工具"，同牛马一样可以随意打骂、买卖，甚至杀掉。罗马帝国的首都罗马有一个很大的圆形斗兽场，那里常有奴隶和野兽角斗的表演。奴隶角斗士们在奴隶主的逼迫下自相残杀，有时还要赤手空拳地和凶猛的野兽角斗。每当角斗士精疲力竭，在血泊中倒下去，被张牙舞爪的狮子、老虎撕裂着、吞噬着的时候，斗兽场看台上便爆发出一阵阵狂暴的笑声。这是多么恐怖残忍的娱乐呵！

　　为了镇压奴隶的反抗，罗马帝国的奴隶主往往会把奴隶的眼睛挖掉，牙齿敲掉，甚至用烧红了的铁块烙舌头。对特别倔强的奴隶，就把他们的手和脚钉到十字架上，高高地挂在柱子上，让烈日晒，大雨淋，经过几天几夜，奴隶在熬尽一切折磨痛苦后，慢慢死去。奴隶主靠残酷恐怖的办法维持统治，可是这却激起了更强烈的仇恨和反抗。"有多少奴隶，就有多少敌人。"这是罗马奴隶主讲的话，它道出了罗马社会的真实情形。

　　对那些被罗马帝国用武力征服地区的人民，罗马统治者的凶残更加骇人听闻。公元前146年，罗马攻破北非迦太基城，纵兵烧杀掳掠，熊熊的烈火整整燃烧了6个昼夜。一个繁荣富庶的城市被灭了，五六十万人遭到了屠杀，血流成河，尸首遍地。最后残留下来的5万人也全被卖为奴隶。在各行省里，罗马政府的赋税、摇役，又多又重；贪官污吏到处敲诈勒索；高利贷者像魔鬼似地盘剥搜刮，穷苦百姓实在活不下去了，他们纷纷离乡背景，逃亡他乡。不愿意远走的，就铤而走险，拿起武器和罗马统治者作斗争。

　　奴隶和被压迫的人民起来了。公元前73年，斯巴达克在意大利举起义旗，爆发了人类历史上最伟大的一次奴隶起义。公元66年巴勒斯坦的犹太人也掀起了大起义。各地起义浪潮一个接一个，使罗马统治者受到了猛烈的打击。可是罗马统治者凭借着军事上的优势，用火与剑把起义一一地扑灭了。

　　奴隶主凶残暴虐，官府敲骨吸髓，反抗暴动一次又一次的失败，数以万计的起义者被钉死在十字架上，到处是一片血腥。真是上天无路，入地无门啊！灾难深重的人民心情十分沉重，悲观、绝望的空气笼罩着整个罗马世界。何处是穷苦人的出路？那看不到尽头的苦难有没有完结的日子？人们在寻求这一个又一个问题的答案。

这时，据说在帝国的东部的巴勒斯坦，有一位名叫耶稣的犹太教派首领被钉死在十字架上。人们想起先知的预言，被处死的宗教首领就是救世主，就是基督。于是人们便开始搜集他的事迹，展开想象的翅膀，传说着一个又一个有关耶稣的故事：穷苦人的灾难快要结束了，"救世主"耶稣将要下凡，进行一场"可怕的审判"。那个长着 7 个脑袋的野兽——罗马皇帝，是第一个要判死刑的。淫乱的罗马城也不能饶过，它将遭大火烧，全部化为灰烬。到那时幸福的基督王国建立起来，所有的恶人都会受到惩罚，善良的穷苦人将得到永生。

传说故事的人讲得活灵活现，慷慨激昂，吸引住一群群的行人。这中间有额上烙了印的奴隶，有满手老茧的工匠，也有衣服褴褛、面色憔悴的农民、牧人。他们全神贯注地倾听，这故事说得多么好啊！受苦人还能指望别的什么？他们在现实世界里找不到出路，看不到光明，只好仰望着天国，从宗教的幻想中去寻找安慰，把希望寄托到"救世主"身上。"被剥削阶级由于没有力量同剥削者进行斗争，必然会产生对死后的幸福生活的憧憬。"这是列宁说过的话，事情不就是这样么？

基督下凡，创立幸福王国的福音，像春风一样地吹开。各民族的受苦人都热烈地期待着，不少人成了传教人的信徒。他们组织起来，形成小的社团，社团里的人，自动捐献钱财，地位一律平等，都是兄弟姐妹。他们一道作祷告，听讲道，也一道进行聚餐。穷困无助的人们在这里找到精神上的安慰，也能得到一点帮助。

传教人创立社团，信徒称他们为使徒。在社团内，使徒是领导人，有长老和主教作助手。起初信徒大都是穷人、奴隶、流民和罪犯。这样建立起来的社团，从小亚细亚到意大利，各地都有。当公元 2 世纪的时候，它们逐渐联合起来，这就是最初的朴素的基督教教会。

"天国"、"救世主"的观念，在东方犹太教中本已有了。不过这个"救世主"只肯拯救犹太人，带有狭隘的民族性质。基督教继承犹太教传统，把"救世主"作了一番改造，让它变成全世界各民族人民的"救世主"。基督教成为一个世界性的宗教，它符合罗马各族被压迫人民想摆脱苦难的愿望，所以迅速地传播开了。

从"阶下囚"变为"座上客"

公元 64 年，罗马城发生了一场大火，烧掉了大半个城。房屋烧光了，财产化为灰烬，许多人被烧死，损失十分惨重。大火熄灭后，罗马尼禄皇帝下令把废墟推平，辟出一个大公园。又在公园中央修建起一座"黄金屋"。这座用大理石建造的大宫殿，金碧辉煌，到处有雕刻、壁画，柱廊内还矗立一尊高 120 英尺的尼禄皇帝的青铜巨像。同时，罗马城的街道也作了扩建，又宽又直，十分雄伟。

人们对尼禄皇帝的奢侈行为很不满，怀疑大火是他故意放的，为的是拆毁旧城，好修建华丽的新罗马。这个能下手杀死母亲、兄弟的残暴皇帝，有什么坏事干不出来呢？又听说，当熊熊烈火燃烧时，尼禄皇帝一点也不惊慌，还纵情欣赏那席卷长空的火焰！谣传很多，群情激愤。尼禄皇帝脚下的"火山"就要爆发了，他非常慌乱，忙下令捕拿"放火犯"，抓来一些无辜百姓杀掉，这才暂时把市民的怒火平熄下去。据传说，这次被杀的人大都是基督教徒。虔诚的教徒怎么可能去放火呢？很显然，他们都是尼禄皇帝的替罪羊。

从这个时候起，罗马皇帝迫害基督徒的事不断发生。当公元3世纪后期戴克里先做皇帝时，迫害达到高潮。许多虔诚的信徒一批又一批地被抓起来。有些送去喂了狮子，有些钉死在十字架上，有些斩首示众，有些让熊熊的烈火活活烧死。教堂捣毁了，圣书烧掉了，土地财产没收了。罗马皇帝残酷迫害教徒，企图消灭基督教，可并没有收到效果，反而激励了虔诚教徒的信念。为了逃避残酷的迫害，教徒们就转到地下的墓穴隧道里去做礼拜、传道。信徒不但没有减少，还有些增加。现在你如果有机会参观罗马，还可看到当时基督徒秘密集会、传道的地下墓穴。那些阴森森的墓穴有点像现在的大矿坑，绵延纵横好几十里，里面设有简陋的教堂。

戴克里先的残酷迫害失败，君士坦丁皇帝即位后，就改变了办法。公元313年，他颁布一道《米兰敕令》，承认基督教的存在；又把许多像免税、免服兵役等特权授给教会。早先没收的土地财产也一一发还。公元392年，狄奥多西一世皇帝又进一步宣布基督教为国教。基督教从地下走了出来，在皇帝的扶植下，更加迅速地发展起来。

基督教从一种历经苦难、饱受迫害的非法宗教变成了罗马帝国的国教，这当中的变化是多么巨大呀！可是，为什么会这样呢？

原来，初期的基督教宣扬平等、博爱精神，反对富人，诅咒罗马是"魔鬼的住处"，咒骂罗马皇帝是长着7个头的野兽。这样强烈的反抗思想，自然要引起罗马皇帝们的仇视和迫害。尼禄杀基督徒，不光是借以平息罗马市民的怒火，还包含着消灭危险分子的用意，本是一箭双雕。但是，基督教的反抗，纯粹是消极的。它要求的平等，也只是天国里的平等。君士坦丁皇帝仔细听听传教士的讲道，又看看他们的活动，终于明白过来，迫害那些信仰上帝的教徒是多么愚蠢！他们不拿刀，不使剑，不同罗马人拼斗，只仰望着天上的"救世主"，这有什么害处，尽管让他们去信仰吧！再说，基督教的上帝已经不是犹太人的神了，它已经成了全世界各民族能够接受的神。狭隘的罗马城宗教已经不能适应多民族组成的罗马帝国的需要。罗马帝国需要一种适应于各民族的宗教。

时间年复一年地过去，基督教传播得越来越广，不光奴隶和穷苦的农民、工匠虔诚地信仰基督，富有的商人和有权有势的显贵也纷纷加入基督教社团。公元

3世纪时，罗马奴隶制度已经腐朽，快要走到尽头了。社会矛盾重重，危机四伏。皇帝成了军队的傀儡，一个将军今天被士兵捧起来当皇帝，明天又可能被杀掉。有一段时间，15年中皇帝竟然换了10个，平均每个皇帝在位只有一年半的时间。每次换皇帝，必定会有一场屠杀和混战。在这当儿，不少将军、大臣没落了，毁灭了；另一批人爬上去成为新的权贵，但过不了多久，又有更新的贵人来代替他们。富商、地主，经受经济衰落的打击和人民起义的威胁，在混乱的政治夹缝中生活。他们也是一下子兴旺发达起来，一下子衰落毁灭了。罗马富贵人家，不论哪一个阶级，哪一个阶层，都看不清前途，担心着未来。他们掌握不住自己的命运，都需要精神上的安慰和麻醉。基督教不仅为穷人，也为富贵人指出了一条精神上的出路。这样，涌进基督教来的人，眼看越来越多了。

自从富贵人进入基督教以后，基督教教义渐渐发生了变化。"富人进入天国，比骆驼穿过针孔还要困难。""一切人都是平等的。"这些反对富人的口号没有了，平等的思想湮灭了。换成了另一些要人服从、忍耐的口号："从仆们，你们要敬畏主人。不仅要顺从善良、温和的主人；还要顺从那严厉的主人。""不要与恶人作对，有人打你的右脸，连左脸也转过去由他打。""在上有权柄的，人人当顺服他。因为没有权柄不是出于上帝的。"

领导管理基督教教会的人也换了。掌权的不再是穷人而是富人。这时，教会已有许多田地和财产，领导管理大权转到了主教和长老手里。再后，教会也像罗马帝国一样，建立起一套等级制度。教会组织严密起来，富商地主、达官贵人，甚至皇亲国戚都加入了基督教，并且还担任了重要职务。教会落到他们手中，完全变了样。它不再属于被压迫的人民了。

罗马皇帝和后来的统治者，都懂得宗教有麻痹人民思想的作用。他们为巩固自己的统治，总不会忘记尽力扶植、保护宗教的。基督教为统治者所利用，成为奴役人民的思想工具了。这就是基督教变为罗马帝国国教的一个很重要的原因。

束缚人的精神枷锁

公元5世纪，西罗马帝国在奴隶起义和外族入侵的打击下终于覆灭了。封建制王国代替了原先的奴隶制帝国，人类社会又向前迈进了一步。可是，在这场大变革中，基督教并没有随着奴隶社会的灭亡而消亡，相反，它却很快适应了新的统治者的需要，进一步得到了发展。

这究竟是怎么一回事呢？

原来，新上台的封建统治者看到，基督教经过几个世纪的发展，已经有了相当大的经济势力和社会基础，要想消灭它是很难的。再说，基督教的教义讲的内容多是顺从和忍耐，是现成的精神麻醉剂，只要按照封建思想加以剪裁和改造，就可以成为有利于自己统治的工具。能够让被统治被压迫的人甘心情愿地当顺民，封建王国的统治者们自然十分乐意。于是，他们纷纷接受了教会的洗礼，还送去许多金银财宝和土地。

基督教会看到，只要为封建主服务，教会的势力不但可以保存，还可以发展，他们就很快同封建统治者勾结到一起。他们修改教义来适应封建主的需要，从意大利搬来"圣骨"、"圣像"让人们朝拜，还趁机用舔一舔圣徒墓前的栏杆能治喉痛；吃一点圣徒神龛下的土可以止胃痛等等谎话来骗人钱财。这样一来，教会的势力一天天扩大，僧侣贵族很快变成了最大、最富有的封建主。他们和封建国王、世俗贵族一起骑在了人民的头上。

封建统治者如此看重基督教，那么，就让我们来看看它究竟有些什么内容吧。

基督教有天主教、东正教和新教等许多派别（在我国通常说的基督教专指新教而言），它们信奉的教义有一些差别，但也有以下一些各派共同信奉的基本教义。

基督教信奉上帝，认为它统治着宇宙间的万物，是天地的主宰，是世界万物的造物主。"上帝"是世间唯一的、全能的神，它"无所不知，无所不能，无所不在，全善、全智、全爱。"谁要是敬畏它，顺从它，就必然会得福；谁要是违背它的意志，就必然遭惩罚。因为基督教信奉的神只有一个，不像佛教和其他一些宗教那样，相信世间有各种各样的神，所以，人们把这种宗教称做一神论宗教。

基督教说上帝是单一的，万能的，可是，它和其他宗教一样，也有矛盾百出的地方。按照基督教的说法，上帝是由圣父、圣子、圣灵组成的，圣父就是上帝，"天地的全能的创造者"；圣子就是耶稣，"上帝的独生子"；圣灵就是"使圣子受胎成人的一种神秘的精灵"。既然上帝又生出另一个上帝基督，这就出现了一个很大的矛盾，如果基督是上帝的独子，上帝便不再是唯一的神，一神变成多神了。假如上帝真是唯一的神，那么单一的上帝又怎么能创造一切呢？为了自圆其说，基督教便编造出用"三位一体"来解释。就是说，圣父、圣子、圣灵虽然是三位，但却是同一个本体。它以为这样一来就可以既保持了上帝是唯一的神的说法，又可以使上帝创造一切的说法得以成立。其实，三位一体的说法并没有克服矛盾，就连基督教的牧师和神父们对三位一体的解释也是各执一说。显然，要把三说成是一，把一说成是三同样不是件容易的事。

原罪说是基督教的理论支柱。按照基督教会的说法，上帝创造出男人亚当和女人夏娃后，让他俩住在伊甸园里，看守各种果树，并告诫他们，别的果子都可以吃，只是不能吃智慧果。可是，亚当和夏娃并没有把上帝的话放在心上，他们在蛇的唆使下，偷偷地吃了智慧果，从此，人类有了智慧。上帝知道以后，十分生气，便把他们赶出了伊甸园，让他们到尘世上去受折磨，赎清自己的罪恶。亚当和夏娃是人类的祖先，他们犯了罪，传给了后代子孙，所以，后来出生的人，只要一来到人世，就是一个有罪的人，就要永远受到惩罚。

既然人生来就有罪，要受惩罚，那人活着还有什么意义？基督教会便告诉人们说，人生的目的就在于赎罪。只要你在一生中把罪恶洗干净了，来世就能升上天堂去享福。为了帮助人类摆脱苦海，洗去罪恶，基督教还说，仁慈的上帝派了自己的独生儿子耶稣来拯救人类，以耶稣被钉死在十字架上赎了人类的罪恶。怎样才能赎罪呢？办法有许多，斋戒、忏悔、禁欲、出家修行等等，但最要紧的是要能忍受苦难，顺从命运的安排。只要做到了这些，赢得上帝的欢心，赎清罪恶，来世就有希望了。

为了诱骗和吓唬人们相信原罪说，基督教还描绘了一个令人向往的天堂和一个令人恐怖的地狱。按照基督教义的说法，全知全能的上帝，对人世间每个人的所作所为都知道得一清二楚。在末日审判的时候，上帝将要根据每个人是做了善事还是坏事来发落。那些做了善事的人，就可以升入"黄金铺地，宝石盖屋"的天堂，眼里看的都是美景，耳里听到的是美妙的音乐，吃的是可口的美味，真是个极乐世界。而那些做了坏事的人，就要坠入像无底深渊一样的地狱。在那里，不但要受到烈火的灼烧，还要被蛇蝎撕咬，精神和肉体都要受无休无止的折磨。既然人生来就是有罪的，那么只有加入基督教会，才能死后进入"天国"。

世界上究竟有没有天堂和地狱？在科技不发达的古代，人类受认识能力的限制，只能作出种种猜测，不能作出科学的回答。而现在，随着科学技术的进步，人类借助科学手段，不但可以了解地层深处的情况，而且对地球的大气层、太阳系、银河系、河外星系进行探索。人类的种种科学探索活动一再证明，世界上根本就不存在什么天堂和地狱。基督教和其他宗教所描绘的天堂和地狱，是编造出来的。他们这样说，是想让被压迫者相信自己受苦受难是前世决定的，天经地义；是想用这种说法磨灭他们的反抗精神，使他们甘心情愿地顺从剥削者的奴役。一句话，这是一把束缚人们精神的枷锁。

"圣战"旗帜下的罪恶

有一部电影叫《萨拉丁》，它描写了第三次十字军东侵的故事：一边是战袍上缀满红十字的十字军在抢劫、屠杀巴勒斯坦一带的人民；另一边是埃及国王萨拉丁集合穆斯林，和入侵的敌人勇猛地战斗着。那惊心动魄的场面可吸引人啦！

十字军在历史上确实出现过；萨拉丁也是真实的英雄人物。东方和西方之间的这场大战，把700万基督徒和穆斯林拖入战场，时间绵延近200年，破坏之大，在人类历史上是罕见的。十字军这支打着"圣战"旗帜的强盗是怎样组织起来的？它为什么要进攻东方？结果又如何？你想弄明白么？

公元1095年，罗马教皇乌尔班二世在法国南部克勒芒召开宗教大会。在会上，他慷慨激昂地说："耶路撒冷是耶稣出生和埋葬的'圣地'。它现在落到异教徒手里，被糟踏，被玷污，这是我们的奇耻大辱啊！英勇的、虔诚的武士们，可不要忘记我们祖先的光荣。组织起来，到东方去，把'圣地'解放出来吧！要知道，为'主的坟墓'去战斗，那是最神圣的事业。参加远征的人，上帝会赦免他们的罪恶。如果在远征中死去，他的灵魂就可马上升入天堂。"教皇的演说煽起人们的宗教狂热，顿时会场沸腾起来，"这是上帝的愿望！""这是上帝的愿望！"疯狂的呼喊声响彻云霄。

教皇的演说，很快就传遍了欧洲。千千万万的信徒响应号召，立即准备起鞍马行装。这些人中，有的是封建贵族，有的是骑士，有的是农奴。他们这般积极，真是出于虔诚的信仰，为了解救"圣地"吗？除了那些被愚弄受骗的信徒外，到东方去的人原是各有各的打算。拯救"主的坟墓"只是一个漂亮动人的幌子。

欧洲封建贵族对农奴的压榨很残酷，时常激起革命风暴，这就迫使他们在搜刮时，不能不有个限度。但是封建主的贪婪欲望是无止境的。那些来自东方的名贵香料，轻而软的丝绸和五光十色的珠宝，是那样富有诱惑力。谁想得到这些，到东方去吧，听说那里牛羊遍野，香料、珠宝、绸缎到处都是，那就去猎取吧！

"你在这里是愁苦的穷困汉，到那里就会变成百万富翁了！"那些因为不是长子，不能继承遗产，变成了穷光蛋的封建骑士，想起教皇这句话，劲头更加十足，一心要到东方去捞一把。

农奴可另有一种想法。他们在家乡受尽了封建主的残酷剥削压迫，面临着破产和死亡。老天爷又专和穷人过不去，连续闹了7年灾荒。人吃人，把人肉煮熟当牛肉卖的事都发生了。农奴的灾难没有尽头，日子愈来愈混不下去了。干吗不离开这鬼地方！也许东方好过日子些，不是都说东方很富庶么？何况教会还答应对远征农奴给予人身自由。说实在的，欧洲的贵族也鼓励农奴出征。他们害怕走投无路的穷人起来造反。让那些农奴去东征，也许可以缓和一下尖锐的阶级矛盾。

西欧工商业主对远征也满怀希望。他们对东罗马和阿拉伯商人垄断东方市场，不让自己插手这件事感到很恼火。如果能在东方抢得一些港口，打开市场，把东罗马和阿拉伯商人排挤出去，那可再好也没有了。

最热心的人自然还是教皇。远征成功会提高教皇权威，扩大教会势力。战争中抢得的土地和财富，少不了教会的一份。更有一层，远征期间还可向欧洲人民征收十字军税，这也是发财的好机会。好处这么多，难怪教皇那样起劲地鼓励人们、欺骗人们去远征，更难怪在这长期的战争中，教会始终是十字军的组织者和领导者。

耶稣在十字架上受难，后来十字架就成为基督教的标志。现在，出征的人也在衣服上缝上红十字，作为远征标志，因此人们把他们叫做十字军。

十字军东征，从1096年起到1291年止，前后进行了八次。西方封建贵族打着"圣战"的旗帜，浩浩荡荡地向东方进军了。他们每攻占一地，就大肆烧杀抢劫；打进耶路撒冷，更不放过机会。房屋烧毁了，财宝抢光了，六七万人，包括妇女和儿童都不放过，统统杀掉。当时的情景，一个十字军骑士曾有过这样一段描述：

"在所罗门圣殿里屠杀了将近万人。如果你站在那里，死人的鲜血能从你的脚面直染上大腿。……我们骑士……剖开死人的肚皮，为要取出他们生前所吞下的金币……骑士们把尸体堆积起来，烧成灰烬，以便容易找到黄金。在这样大流血之后，士兵又到居民住宅中去，劫取其中一切东西。"

屠杀、抢劫的结果，使十字军骑士都阔绰起来。一个神父说："在欧洲只拥有一个小村庄的骑士，现在成为一座城市的领主，原来只有几个铜板的人，现在成了大富豪。在这里应有尽有，谁也不愿再回欧洲了。"

强盗们占领了"圣地"，建立了几个王国，又组织了一些僧侣骑士团。僧侣骑士团是宗教性的军事组织，归教皇直接领导，专门掠夺、屠杀被征服地区的人民。其中"神庙骑士团"、"医院骑士团"、"条顿骑士团"是最凶恶的。

欧洲强盗的烧杀掳掠，激起东方人民的强烈反抗。在埃及国王萨拉丁率领下，东方人民又夺回了耶路撒冷。

十字军打出来的旗号是征伐异教徒，但是，第四次十字军远征却攻打起信仰同一个上帝的东罗马帝国来。"圣战"的面目彻底暴露出来了。只要有财宝可抢，管它是不是信仰基督。这伙十字军强盗攻下了东罗马首都。他们杀人、放火、抢劫财物，整整七天，不知毁坏了多少艺术珍品，盗走了多少珠宝文物。一个豪华富丽的城市在十字军的脚下变成了残垣断壁，破败不堪，不知要用多少时间才能恢复！

教会的罪恶，在那次称做"儿童十字军"的远征中，显得更加突出。自从第四次十字军出征以后，人们远征的宗教热情渐渐冷淡下来。于是教会忙着散布一个怪论，说远征的成年人，罪孽深重，上帝不保佑，他们所得到的胜利果实还是会丢掉的。要再夺回"圣地"，就只有依靠心地纯洁的儿童了。这个怪论传开后，教会就从德国、法国等地拐骗了几万名儿童。这些受骗儿童，既无盔甲，又无武器，唯一能依靠的是"上帝的帮助"。他们在法国马赛集合，乘上商船，向地中海东岸驶去。谁知上帝也不保佑这些小十字军，在地中海上，他们遭到了大风暴。船打破了，人沉到海底喂了鱼。剩下一些没被淹死的，又全被商人骗到埃及，当做小奴隶给卖掉了。五六万天真无辜的孩子就这样被教会的鬼话坑害了。这是多么严重的罪行啊！

历时200年的十字军东征，破坏了无数的城市和乡村，烧毁数不清的房屋和财产。东方艺术珍品、珠宝文物遭受空前浩劫，有些散失了，有些毁灭了。长年累月的流血厮杀，使好几百万人丧生，留下无数无家可归的孤儿寡妇。"圣战"给东西方人民带来的灾难有多大啊！

罗马教皇利用欧洲教徒的虔诚信仰，诱骗他们去卖命，想实现他让东方财宝源源流入罗马，教皇权威不断提高的美梦。这一股违背历史前进方向的反动逆流，是注定要失败的。欧洲封建主开头抢到手的一些领土，在东方人民的英勇反击下，又陆续地全部丢光。教皇的欺骗伎俩失灵了，教皇的威信一天天下降，不光彩的十字军运动也就此悄悄地结束。

"魔鬼"掀起的风暴

"天堂的门现在已经打开啦！任何人只要把钱币投入银箱，叮当一响，他死去亲属的灵魂便会马上飞升天堂。"1517 年 11 月，德国威登堡大教堂门口，有几个从罗马来的神父，手拿赎罪券向群众兜售，口里这样喊叫着。

在围观的一大群人中，看热闹的多，真格掏钱买赎罪券的没几个。教皇借口修理罗马圣彼得大教堂，派特使来德国搜刮钱财，许多人知道这底细，但谁也不敢吭声。

这时，一个三十多岁的年轻神父大步走了过来，把一张写满了字的大纸贴在教堂的门上。人们纷纷凑上前去，以为又是教会发布了什么布告。看着看着，大家怔住了，那是一份反对赎罪券，要求和教会辩论的提纲！这份提纲共有 95 条，当中有一条这样写道：

"教皇是一切富人中的最富有者。为什么不用他自己的钱来修缮圣彼得教堂，而必须花费可怜的信徒们的钱呢？"

公开反对教皇贩卖赎罪券，这人胆量真不小呀！群众纷纷议论着，心里却着实高兴。那几个卖赎罪券的神父看见这情况，慌忙溜走了。这件事很快传开，激起了巨大的反响。好像一根火柴投进火药桶引起猛烈爆炸一样，一场轰轰烈烈的反对罗马教皇神权统治的宗教改革运动掀起了。

这个年轻的神父名叫马丁·路德，是威登堡大学的神学教授。虽然，痛恨他的罗马教会，咒骂他是"徒具人形的魔鬼"，后来的历史学家却尊称他是欧洲一位伟大的宗教改革家。他的辩论提纲为什么会引起一场巨大的宗教改革运动呢？这要从当时的社会讲起。

16 世纪时，德国城市工商有了发展，资本主义因素已经萌芽，但是封建主的压迫仍然很沉重，一点也没有改变。特别是僧侣贵族，骑在人民头上作威作福，最令人痛恨。他们不但占有德国 1/3 的土地，勒索农民地租；还利用宗教特权，要人民把 1/10 的产品献给教会，这叫"什一税"。什一税名目很多，如"谷物什一税"、"蔬菜什一税"、"牲畜什一税"、"葡萄什一税"、"牧草什一税"

等等，几乎没有什么产品是不上税的。就连教徒去世以后，也要把遗产的1/10献给教会！教会里的圣职原是神圣的，现在教皇竟公开出卖。一些品行恶劣的无耻之徒，只要有钱，也可买到圣职。他们弄到主教、修道院长等圣职后，自然要从这个职务中捞回本钱，还要加上厚厚的一份利息。俗话说得好，羊毛出在羊身上。这笔账又落到老百姓头上。最无耻最叫人愤恨的是贩卖赎罪券这件事。教皇说，人有罪不要紧，只要买了赎罪券，死后灵魂就可以升入天堂，不受地狱之苦。教皇真会想花样，连天国的大门都变成他的摇钱树了。教皇金银满室，生活奢侈腐化，成天追求美女美酒，主教和修道院长也和他一个样。人民咒骂他们是一群"贪得无厌的禽兽"。积压在群众心底的怒火已经积蓄很久，经马丁·路德这么一点，自然就猛烈爆发开了。

教皇下了严厉的敕令，宣布马丁·路德的论点是异端邪说，要受到宗教法庭的严厉制裁。可是，群众却把他的论点到处传抄张贴，集会拥护他，把"徒具人形的魔鬼"的咒骂回敬给罗马教会。

宗教改革一开始，社会各阶级的人都拥进这个运动里来；他们各有各的盘算。诸侯贵族想乘机捞一把，夺取教会的土地财产。那丰厚的教会财产，早就令他们眼红了。中产阶级的市民，主张恢复早期教会的朴素制度，他们不满意僧侣贵族的特权，讨厌繁文缛节的仪式，想要一个简单点的"廉价教会"。劳苦人民却不光只想改革一下教会，还想来一个社会变革，消灭僧侣贵族和世俗贵族的压迫。加入运动的人这么复杂，他们都为着自己的阶级利益而行动，形势变化很快，农民起义此起彼伏。他们同封建统治者和教会势力展开了殊死搏斗。

马丁·路德本人是个教士，他只想改革宗教，并不想推翻封建统治和教会，等到群众起来了，原先显得那么英雄气概的马丁·路德反而退缩了。他是软弱的中产阶级的代表，怕人民起义威胁到他的自身。这个温和的宗教改革家很快便脱离了人民，渐渐地销声匿迹了。

这时候，德国又有一个年轻的神父，举起人民宗教改革的旗帜，振臂高呼，号召大家起来斗争，他名叫闵采尔。他说：

"整个世界必须忍受一次大震荡。这是件关系到不敬上帝的人垮台，而卑贱的人翻身的大事情。"

"不敬上帝的人"，就是那些世俗诸侯和僧侣贵族。闵采尔反对他们，主张用暴力推翻他们的统治，然后建立一个理想的地上的天国。这个天国没有阶级差别，没有私有财产，更没有人压迫人，人剥削人的事。人们都很快活、平等地生活着。闵采尔模模糊糊地向往着一个未来的社会。

闵采尔的理想激励着千百万下层人民，改革的要求愈来愈迫切，到公元1524年便演变成大规模的农民战争。农奴从沉睡中醒过来，拿起武器，把贵族老爷打翻在地。农奴制的基础动摇了，诸侯们赶忙把改革放在一旁，掉转枪尖来镇压农民。中产阶级也吓破了胆，滚到反动的诸侯一边。马丁·路德喊叫着："我只希望笔和笔战，谁叫他们用刀剑硬干起来！"马丁·路德的堕落实在叫人吃惊，他不光骂农民，还叫诸侯把农民当做疯狗去打杀！

伟大的德国农民运动，经过一年多的战斗，在封建统治者的残酷镇压下，最后失败，闵采尔也壮烈牺牲了。那时，农民军兵力分散，缺乏先进阶级的领导，受到当时社会历史条件的局限，遭到失败是不奇怪的。这次战争虽然失败，但却沉重地打击了封建制度和天主教教会。

宗教改革的风暴越刮越猛，很快就席卷了整个欧洲。在这个运动中分裂出来的教派，称为新教。新教又包括许多派别，最重要的除路德教派外，还有一个加尔文教派，是瑞士的约翰·加尔文创立的。他提倡宿命论，说人的命运上帝早已注定。富人是上帝精心挑选出来的"选民"，他们定会得救；穷人是上帝抛弃的"弃民"，他们免不了要死亡。又说上帝恩赐世人，用财富做标志，最有钱的也就是上帝最宠爱的。因此，一个人开工厂，办农场，发家致富，那是无上光荣的事。富人剥削穷人，掠夺殖民地根本不是什么罪恶，那只是上帝的一种巧妙安排罢了！加尔文为人吃人的资本主义制度辩护，代表了最激进的资产阶级的要求。加尔文教派流传很广，分布在英国、法国、匈牙利、荷兰等地。

宗教改革打击了罗马教皇和天主教教会，但是天主教仍然有着相当大的势力。它疯狂地进行着反对宗教改革的斗争，一面同国王、诸侯进一步勾结起来，好取得他们的支持；一面加强教会的团结，扩大宗教裁判所的迫害活动。当时西班牙有一个僧侣，叫罗耀拉。他为实现这个目的，创立了一个耶稣会。

耶稣会要求会员绝对忠于教皇，无条件地服从会长，如果会长指着白的说是黑的，会员听了也必须齐声附和，不得说是白的。会长叫人信仰上帝，一定要坚定如山，在任何危难情况下，都不准有丝毫动摇。

耶稣会为建立组织，煞费了一番苦心。它先在欧洲各地物色十四五岁的少年，集中起来进行严格训练，经过十八九年，培养出绝对服从的精神后，就派到各地去活动。这些会员要打入社会上的各个阶层里去，要适应各地的风土人情，他们不穿僧侣衣服，不禁欲，也不苦修，和俗人过着一样的生活。在活动中，他们会使出各种各样的手段，扩大耶稣会的势力。

耶稣会无孔不入。它踏遍了全欧洲，又远渡重洋，深入美洲、印度和远东各地。明朝末年来我国的那些传教士，也是耶稣会派来的。

这样，天主教总算站稳了脚跟，而且还抢得了一些新地盘。

16世纪时，欧洲封建制度腐朽了，资本主义因素发展起来，宗教改革是个巨大的社会政治运动，它冲击着欧洲封建社会的基础，为资本主义的发展扫清道路。在宗教改革的大风暴中，基督教分出许多新教派。它们都是新兴资产阶级的思想武器。天主教则坚持反动的封建主立场。不过，这种差别只是暂时的，过不了多久，天主教也转到维护资本主义立场上来了。

6. 是谁毁灭了哈拉帕文化?

印度次大陆文明的曙光，究竟从何时开端? 在 20 世纪以前，人们一直是从印度雅利安人进入印度河流域算起，时间在公元前十四五世纪。这样，印度也就难以列入世界文明古国的行列。可是，当人们读到印度最古老的文献——《吠陀经》的一些诗句时，常常发现，雅利安人初侵印度河流域后，曾与原始居民进行过无数次剧烈的战斗，并摧毁了他们的许多城堡。这就不能不使人们产生联想: 在雅利安人到达次大陆之前，这里一定有过居民、城堡和高度发展的文化。可是，这种文化是什么样子? 它是怎样被毁灭的? 特别是它为什么被毁灭得如此彻底，以致在地面上找不到任何痕迹，从而成为世界史上的千古之谜?

历史的迷雾吸引着考古学家的脚步。1922 年，印度考古学家来到了印度河下游的一个名叫摩亨佐—达罗的土丘。这里有一座古代佛塔的废墟，考古学家原想在这里发掘有关佛教的遗物，但是，出乎意料，在此发现了被尘土埋没、沉睡了几千年的古城遗址。之后，学者们在印度河上游的哈拉巴，又发现了一座与摩亨佐—达罗同时代的古城。两座古城的城址，设计复杂，文物多采，宛如一幅幅迷人的画卷，使人们看到了作为世界文明发祥地之一的古代印度高度发展的文化。这类古城的文化常常以哈拉帕遗址命名，故称为哈拉帕文化。

哈拉帕文化的起止时间，说法不一。据 M. 惠勒的考古断年定为公元前 2500 年至公元前 1750 年。另据，D. P. 阿格拉瓦尔把考古和碳 -14 定年相结合，断定为公元前 2300 年至公元前 1750 年。哈拉帕文化的分布范围很广，西起苏特卡根—杜尔（距伊朗东境约 40 公里），东达阿拉姆吉尔普尔（德里附近），北起罗帕尔，南至纳巴达河以南的巴格特拉尔，东西长 1 550 公里，南北宽达 1 100 公里，范围比现今的巴基斯坦尚大得多。

哈拉帕文化的中心是雄伟、庄严的哈拉帕和摩亨佐—达罗两座城市，它们是上古印度文明的见证。哈拉帕城址位于旁遮普地区拉维河（印度河的支流）的左岸，摩亨佐—达罗城址位于信德省（今巴基斯坦境内）的拉尔卡纳县，靠近印度河的右岸。两座城市大小相等，周长大约都有 4.8 公里，城市由位于高岗上的卫城（统治者的居住区）和较低的下城（居民区）两部分组成。两座卫城面积相似，哈拉帕卫城有雄伟的砖墙围绕，高达 15 米，市内占据相当大的面积，像一座坚固的堡垒; 城北有一座大谷仓，还有作坊和两排劳动者的宿舍，据估计，这些宿舍可容纳数百雇工和奴隶。摩亨达—佐罗的城市建筑规模，较哈拉帕略大，遗迹保存最好，是印度河文明的典型城市。卫城的四周有防御的塔楼，中央是一个大浴池，长 10.9 米，宽 7 米，深 2.4 米; 浴池的用途，说法不一，或为沐浴而建，或为履行某种宗教仪式而建。在浴池的东北有一组建筑群，其中的一座大厅，面积为 1 666 平方米，可能是这一地区最高统治者的居住区。在浴池的西面有一个可能是作为大谷仓的平台，南面的一组建筑，则可能是会议厅。下城是居住区，规划整齐，主街又宽又直，达 10 米左右，可以同时并行几辆大车；在街道上，每隔一段距离备有点灯用的路灯杆，便于行人夜间行走。房屋主要用红砖砌成，房屋大小、高低和设备很不一致，有十几间的楼房，也有简陋的茅屋，在富人区还有用烧砖砌成的完善的排水设施，这些说明当时的阶级分化已经十分明显。

总之，两座城市的规模都很大，总面积都约有 85 万平方米，其居民人数，据学者估计，各自都有 35 000 人左右。两城所保留下来的文化遗物，丰富多采，在这里，既有刻有文字、图画的精美印章，还有计量重量的石头砝码，计算长度的介壳尺和青铜杆尺，也有金银珠宝、象牙装饰以及各种青铜工具、武器等。这些令人惊叹的文物，显示出上古印度人民高度的创造才能。光辉灿烂的哈拉帕文化是举世罕见的，它表明印度河流域当时已具有高度的文明。

谈至此，不妨插几句题外话，有关印度河文明的成就，还有这样一个故事。据说，很早的时候，欧洲有一个传说，说地球上存在着一条地下长廊——阿加尔塔，里面储有大量黄金。1923 年，希特勒在慕尼黑起事失败后被捕入狱，他在狱中读了英国作家李顿写的《未来民族》一书，书中说犹太民族很聪明，是很有前途的民族，阿加尔塔的秘密很可能掌握在犹太人手中。这种说法使希特勒大为震怒，他上台后，网罗地理、地质、考古等方面的专家，广泛搜集全世界有关阿加尔塔的一切信息，企图从犹太人手中夺去阿加尔塔的秘密，用雅利安人压倒犹太人。当时希特勒向世界各地派出考察队进行搜寻、探测，前往印度的考察队在考察中找到了一本用梵文写的书，书中有关于阿加尔塔的记载，并提到上古印度有一种叫"众神之车"的交通工具，可以在地道中悬空穿行。希特勒知道后异常高兴：如果有了"众神之车"，在地下长廊中探宝岂不更加方便了吗？于是，他组织了一批人，在已发现的地道里，参照上古印度梵文书中的描绘，仿制起"众神之车"来。后来，他们竟在"众神之车"的基础上研制出"V－1"和"V－2"火箭，直接用于战争中。由此可见，古印度文明之发达程度。

然而，就是这样灿烂的文化在兴旺发达了几个世纪后，到公元前 1750 年却突然衰亡，有些地区，如摩亨佐—边罗则遭到巨大的破坏。从此，印度河流域哈拉帕文明之光熄灭了。

古老文明究竟是怎样毁灭的？由于仅有的一些印章文字和其他铭文尚未释读，这个谜底仍然隐匿在历史的烟云之中。

过去印度史学家根据毁灭后的遗址和遗物，提出种种假说，其中较有影响的有以下两种：

（1）外族入侵说。

此说过去影响较大。持此说的学者认为，在公元前1750年左右，印度河流域的一些城市遭到了很大的破坏，特别明显地表现在摩亨佐—达罗的毁灭。在这座城市的街巷和房屋里留下了不少像是被杀戮的男女老幼的遗骨。例如，在下城南部的一所房屋里，发现有13具成年男女和儿童的骨骼横躺顺卧，杂乱无序。在这些人中，有的还带着手镯、戒指和串环等，显然是突遭杀害的。还有一个头盖骨上留有146毫米深的刀痕，这大概是被入侵者用剑砍杀而死的。在街头井旁，也都发现有尸骨，有些尸骨上留有刀痕，有的四肢呈痛苦的挣扎状。在下城北部的街巷中，发现有另一骨骼群，其中还有两根象牙，这可能为象牙雕刻匠人一家的不幸遭遇。

持此说者认为，摩亨佐—达罗在经过这一次大规模的入侵后，居民东奔西跑，从此古城开始荒凉了。与此同时，哈拉帕文化的其他地区城镇也遭到了或轻或重的破坏。在哈拉帕卫城上层有明显的衰落迹象，特别是在这里发现有新的外来陶器类型与哈拉帕文化并存。这一切说明当时有新的入侵者占据了哈拉帕文化区域。那么，这些新的入侵者是谁呢？

过去很多学者把他们同吠陀时代的印度雅利安人联系起来，可是吠陀时期，印度雅利安人的入侵要晚得多，与哈拉帕文化的毁灭相隔几个世纪。所以有的学者认为，入侵者可能有各种人种集团，其中有居于俾路支斯坦的诸部落；有同伊朗相近的诸部落；还有接近文明中心的周邻部落，其中也可能有一小股先行的印度雅利安部落集团。但印度雅利安人的大规模入侵是以后的事情，而且最初他们主要活动在印度河上游的五河流域。

（2）地质和生态变化说。

持此说的学者认为，印度河床的改造、地震以及由此而引起的水灾都会给古城文化带来巨大的破坏。此外，河水的泛滥、沙漠的侵害、海水的后退也都会引起生态的巨大变化。古城文化毁灭的原因，可能因地而异。例如，海水的后退对沿海的港口城市会带来很大的破坏。有的学者认为，《百道梵书》所记载的当洪水毁灭世界之时，只有人类的始祖摩奴一人在神鱼的启示和帮助下造船得救的洪水传说，可能就是对印度文明毁灭的一个回忆。

除了上述两种学说外，英国学者捷文鲍尔特和意大利学者钦吉提出过另外一种截然不同的、新奇的看法。他们推测道：在公元前1750年，一艘外星人乘坐的核动力飞船在印度上空游弋时，可能意外地发生了某种故障而引起核爆炸，以致给地球上的居民造成重大的灾难。二人推测的主要根据是印度的古代文献。

古印度史诗《摩诃婆罗多》中对摩亨佐—达罗城的毁灭作过这样的描述："空中响起几声震耳欲聋的轰鸣，接着是一道耀眼的闪电。南边天空一道火柱冲天而起，比太阳更耀眼的火把天割成两半，空气在剧烈燃烧，高温使池塘里的水沸腾起来，煮熟的鱼虾从河底翻了起来。地面上的一切东西，房子、街道、水渠和所有的生命，都被这突如其来的天火烧毁了，四周是死一般的寂静……"从描述看，显然这突如其来的天火是一场神奇的大爆炸。史诗《玛哈帕哈拉特》中也记载了远古发生的一次奇特大爆炸：天空中充斥着"耀眼的光辉和无烟的烈火"，"水沸腾了，鱼儿被烧焦了"，人类承受着巨大的痛苦。

另外，考古材料也似乎证明了他们推断的正确性。古城遗址中有一块十分明显的爆炸点，约一平方公里半径内的所有建筑物都化为乌有，而具爆炸中心较远处，人们却挖到许多人体骨架，也就是说破坏程度由近及远，逐渐减弱。此外，在爆炸区域内还发掘过一些黏土烧成碎块，据推算燃烧的温度高达 1.4 万～1.5 万度。令人吃惊的是，古城废墟极像原子弹爆炸后的广岛和长崎，而且地面上还残留着遭受冲击波和核辐射的痕迹。这些究竟是由什么造成的呢？当然，二人的推测只不过是一个大胆的假设，尚缺乏充足的证据。仔细分析一下不难看出，上述观点有一个共同特点，即都是从事物的外部（外因），从某一方面去寻找根源，而且都是把哈拉帕文化的衰落视为突然的事件，这样难免缺乏说服力，至少是不全面的。最近，有一种说法，认为文明的衰落是个渐进的过程，是几个方面的因素相互作用的结果，既有内因，又有外因，而内因则主要是内部阶级关系紧张所致。这一派认为，哈拉帕文化时期，阶级分化已十分明显，阶级压迫和剥削是很残酷的。同时，人们对自然规律认识有限，导致了生态平衡的破坏，水土流失，河流改道，雨量减少，灾害频发，而这一切又给外族入侵以可乘之机，最终导致文明的衰落。现今，这一观点已引起众多学者的注意。当然，注意归注意，这一问题并未因此而最后定案。

敬 启

本书的编选，参阅了一些报刊和著作。由于联系上的困难，我们与部分入选文章的作者未能取得联系，谨致深深的歉意。敬请原作者见到本书后，及时与我们联系，以便我们按国家有关规定支付稿酬并赠送样书。